ein Ullstein Buch

ÜBER DAS BUCH:

Man schreibt das Jahr 1797. Der junge, elegante Leutnant Lord Ramage, Kommandant der Zehn-Kanonen-Brigg »Triton«, muß einen Handelskonvoi von Jamaika nach Barbados eskortieren. Eine Routinearbeit, aber bei allen Offizieren der Royal Navy verhaßt wegen der Scherereien mit den zivilen Kapitänen. Dieser Konvoi bringt Ramage jedoch noch mehr als die üblichen Probleme. Admiral Goddard hat der Familie Ramage Rache geschworen und wird ihm aus dem kleinsten Fehler einen Strick drehen. Außerdem ist die Hurrikansaison gefährlich nahe, und französische Freibeuter sind ganz besonders erpicht auf eine geheimnisvolle Ladung an Bord eines der Konvoischiffe. Ramage erwartet also Turbulenzen, aber es kommt so hart für ihn, daß er sich am Ende vor einem Kriegsgericht verantworten muß. Dennoch behält er einen klaren Kopf und bewahrt sich seinen Sinn für Humor wie auch seine Liebe für die herrlichen Rahsegler, die freie See und die malerischen Inseln der Karibik. – Ein weiterer farbiger Roman aus der erfolgreichen Serie um den Seehelden Lord Ramage.

ÜBER DEN AUTOR:

Dudley Pope entstammt einer alten Waliser Familie und hat sich in England und Amerika als Marinehistoriker einen Namen gemacht. Sein Hauptinteresse gilt der Seekriegsgeschichte der Nelsonzeit, und seine Fachkenntnisse – er war selbst aktiver Hochseesegler und diente bei der Royal Navy – bilden die Grundlage seiner farbigen, faszinierenden Ramage-Serie, die bei Ullstein wieder aufgelegt wird.

Dudley Pope

Kommandant Ramage

Leutnant der Royal Navy

Roman

ein Ullstein Buch

ein Ullstein Buch/maritim
Nr. 22538
Herausgegeben von J. Wannenmacher
im Verlag Ullstein GmbH,
Frankfurt/M – Berlin
Titel der englischen
Originalausgabe:
Governor Ramage R. N.
Übersetzt von Inge Bach

Ungekürzte Ausgabe

Umschlagentwurf:
Hansbernd Lindemann
Umschlagillustration von
William Joy: *Ships in a Stormy Sea,*
entnommen dem Buch *Maler der See* von
Jörgen Bracher, Michael North und Peter
Tamm, Koehlers Verlagsgesellschaft,
Herford
Alle Rechte vorbehalten
© 1973 by The Ramage Company Limited
Übersetzung © 1978 by Moewig
Verlag KG, Rastatt
Printed in Germany 1991
Gesamtherstellung:
Ebner Ulm
ISBN 3 548 22538 1

August 1991

Vom selben Autor
in der Reihe
der Ullstein Bücher:

Leutnant Ramage (22268)
Die Trommel schlug
zum Streite (22308)
Ramage und die Freibeuter (22496)

Die Deutsche Bibliothek –
CIP-Einheitsaufnahme

Pope, Dudley:
Kommandant Ramage: Leutnant der
Royal Navy; Roman / Dudley Pope.
[Übers. von Inge Bach]. – Ungekürzte
Ausg. – Frankfurt/M; Berlin: Ullstein,
1991
   (Ullstein-Buch; Nr. 22538: Maritim)
   ISBN 3-548-22538-1
NE: GT

Kommandant Ramage

1

Die Kapitänskajüte auf der *Lion* war klein, sogar für dieses alte 64-Kanonen-Schiff, das man inzwischen als zu altersschwach einschätzte, um im Kriegsfall eingesetzt zu werden. Ramage blickte sich um und schätzte, daß die Kajüte bei einem Festabend wohl einem Dutzend Offiziere bequem Platz bieten würde. Ein geschäftiger Steward hätte dann immer noch genug Bewegungsfreiheit, um eine Flasche zu entkorken und die Gläser vollzuschenken. Als die Herren Bevollmächtigten der Admiralität plötzlich den Entschluß faßten, die *Lion* solle Konteradmiral Goddard mit über den Atlantik nach Jamaika nehmen, wo er seine neue Dienststelle anzutreten hatte, sie solle ferner gleichzeitig einen Konvoi eskortieren, hatten sie keine Sekunde bedacht, daß Kapitän und Offiziere wie die Sardinen in der Dose zu reisen haben würden, um dem Admiral und seinem Stab Platz zu machen.

Sie hatten sich das Schiff sicher nie richtig angesehen, wie es in der Bucht von Carlyle auf Barbados unter einer sengenden tropischen Sonne vor Anker lag, die Kajüte randvoll gepackt mit den Kapitänen von neunundvierzig Handelsschiffen und sechs Kriegsschiffen und dem Admiral. Der kommandierende Offizier der *Lion*, der über sie alle die Befehlsgewalt hatte, blickte drein wie ein Pfarrer, der in der überfüllten guten Stube einer Fischerkate seine Predigt hielt.

Im Laufe einer Woche, so dachte Ramage verbittert, wird es Kapitän Croucher wohl dämmern, daß er dieses Treffen zur Vorbesprechung der Reise im Konvoi durchaus an Deck, unter dem großen Sonnensegel hätte durchführen können. Auch ein Dutzend Gebäude am Strand von Bridgetown hätte sich hierfür angeboten. Kapitän Croucher hatte so manchen Fehler; hier zeigte sich darüber hinaus, daß er keinen Funken Phantasie besaß. Schuld daran war die Tatsache, daß er viel zu wenig Fleisch auf den Knochen hatte, um zwischen tropischer Hitze und arktischer Kälte unterscheiden zu können.

Ramage vermutete, daß Crouchers Gedanken um zwei Überlegungen kreisten und damit vollauf beschäftigt waren: zum einen war er erleichtert, daß er den Konvoi sicher über den Atlantik nach Barbados gebracht hatte; zum anderen dachte er bestimmt daran, wie notwendig es sei, den Verantwortlichen beizubringen, daß von nun an neue Fregatten den Begleitschutz für den Rest der Reise übernehmen würden, die mit Ziel Kingston auf Jamaika durch die Karibik nach Westen führte.

Verschiedene Gründe machten diesen Abschnitt der Reise, der gleichzeitig der kürzeste war, zum weitaus gefährlichsten. Ramage war sich im Gegensatz zu Kapitän Croucher völlig darüber im klaren, daß die Kapitäne der Handelsschiffe nur ein Interesse hatten, nämlich ihn, ihren Vorgesetzten, zum Schweigen zu bringen, um so schnell wie möglich diese einem Schmelzofen vergleichbare Kajüte verlassen und sich an Deck in der frischen Brise des Passats abkühlen zu können.

Die den hölzernen Fußboden bedeckende Plane war schachbrettartig in schwarz- und weißbemalte Quadrate aufgeteilt, und die Kapitäne der Handelsschiffe, die teils auf Segeltuch bespannten Stühlen aus den Offizierskajüten, teils auf schmalen, unbequemen Sitzgelegenheiten aus der Messe Platz gefunden hatten, erinnerten Ramage an ein Brett mit Schachfiguren. Croucher gab dabei, und dieser Vergleich amüsierte ihn, einen perfekten Läufer ab.

Der Kapitän zupfte am Revers seines Mantels, um die Schulterpartie zurechtzurücken. Sein Schneider hatte sich offensichtlich alle Mühe gegeben, doch sein ganzes künstlerisches Geschick mit Schere und Nadel konnte die Tatsache nicht vertuschen, daß Croucher ein wenig dünn geraten war. Selbst mit einem halben Zentner mehr, würde er noch immer einem in Pergament eingewickelten Skelett gleichen. Kein Wunder, daß die Seeleute mit ihrem untrüglichen Instinkt für passende, doppeldeutige Spitznamen ihm das Attribut „Wüstling" verliehen. Er entsprach der allgemein üblichen Vorstellung des Anklägers bei einer Gerichtsverhandlung. Er glich einem Fanatiker, und man konnte sich bestens ausmalen, wie er, inmitten einer Woge von Gebeten für den Angeklagten, mit Inbrunst denselben als Ketzer zur Hölle wünschte und verdammte. Oder sollte etwa er selbst der Angeklagte sein? Solche ein paar Stunden ertragene Folterqualen können einen Menschen schon zu dem werden lassen, was er jetzt verkörperte.

Der Stirnwulst über Crouchers Augenbraue trat so stark hervor, daß die tiefliegenden grauen Augen denen einer Eidechse glichen, die unter dem überhängenden Rand eines Felsens hervorlugte; seine hautigen Hände und Handgelenke waren den Krallen dieses Reptils ebenfalls recht ähnlich. War er verheiratet? Was für eine Frau mußte das sein, die so einen Mann lieben konnte? Die bloße Vorstellung war widerwärtig.

Entsprach Croucher auf diesem bizarren Schachbrett dem Läufer, so glich Jebediah Arbuthnot Goddard, der Konteradmiral, einem guten Springer, überlegte Ramage. Es ließ ihn nämlich z. B. völlig kalt, wenn er nicht, der Vorschrift entsprechend, in gerader Linie segeln konnte. Instinktiv wählte er immer den falschen Weg, war aber in der Lage, die Säbelbeine des Springers in Bewegung zu setzen: immer zwei Felder vor, eines zur Seite, und kein Hindernis stellte sich ihm in den Weg.

Crouchers Stimme hatte denselben monotonen und einschläfernden Klang wie ein tropfender Wasserhahn, nur — sie war noch niederdrückender. Er gab seine Anweisungen wie ein müder, jeder Illusion beraubter Pfarrer, der eine von seiner Frau aufgesetzte Predigt verliest und darin Dinge tadelt, die er im Innern seiner Seele selbst tun möchte. Von Zeit zu Zeit warf er Goddard einen kurzen Blick zu. Er saß an dessen Seite. Im Gegensatz zu Croucher war er breit und behäbig und erinnerte an einen rosaroten Frosch, der sich schwerfällig am Rand eines Tümpels niedergehockt hatte. Schweiß perlte an den Falten seines Specknackens entlang hinunter und verwandelte die gestreifte, weiße Halskrause in ein Gebilde, das schwammig wurde und die Farbe von angebranntem Grießbrei annahm. Goddard wischte häufig sein Gesicht mit einem Taschentuch ab und warf es dann einem jungen, mit Pickeln übersäten Leutnant zu. Dieser ersetzte es sofort durch ein frisches, das er aus einer unter seinem Stuhl abgestellten Tasche zog. Der Admiral versuchte überhaupt nicht, seine Langeweile zu verbergen, gähnte alle paar Minuten herzhaft und spielte mit der diamantenen Spitze seines Admiralsstabes, die das Sonnenlicht auf die spiegelglatte See reflektierte.

Die Kajüte war ganz bequem möbliert. Die eingepaßten Regale über dem Mahagoni-Büfett auf der Backbordseite enthielten Gefäße mit Silberdeckeln und mehrere quadratische Karaffen aus geschliffenem Glas. Auf dem Büfett selbst stand, und das war recht unüblich in so einer Umgebung, eine große silberne Teemaschine. Schwere, dunkelblaue, mit Brokat verzierte Vorhänge hingen beiderseits der Bullaugen im hinteren Teil des Schiffs, und die Bezüge der vier Sessel waren aus demselben Stoff gefertigt. Auf der Steuerbordseite stand ein hochglanzpolierter Weinkühler aus Mahagoni, mit einer prächtigen Silberplatte beschlagen. Im Regal darüber standen vier Reihen Kristallgläser; jedes glitzerte wie das vom Wasser reflektierte und durch das hintere Bullauge ins Schiff geworfene Sonnenlicht. Ein kunstvoll gearbeiteter Kampfdegen, in dessen Lederscheide silbernes Flechtwerk eingelegt und dessen Griff mit ungewöhnlichem Muster verziert war, hatte seinen Platz auf einem anderen Regal. Im Fach darunter lag ein Paradedegen mit schwarzer Scheide und Kordeln aus schwerem Gold, von denen eine jede bei Mr. Prater, dem bekannten Schwertfeger in Charing Cross, mindestens 500 Guinees kosten würde.

Die ganze Kabine spiegelte den Reichtum und, wie Ramage zugeben mußte, den guten Geschmack des augenblicklichen Bewohners wider, und das war, nach Croucher, jetzt Goddard. Nur die schweren Geschütze an beiden Seiten verrieten, daß man auf einem Kriegsschiff war. Sie kauerten sich mit ihren schwarzglänzenden Läufen und dunkelgelb bemalten Lafetten wie Bulldoggen am Boden nieder. Sie waren rundum mit Sand gescheuert und danach poliert worden, bis sie so glänzten.

Die Kapitäne der Handelsschiffe nahmen keine Notiz vom guten Geschmack des Kapitäns. Sie waren bunt zusammengewürfelt. Einige waren von Wind und Wetter gezeichnet und hatten den typischen, breiten Gang an Deck arbeitender Seeleute. Offensichtlich waren ihre Schiffe klein. Die Mannschaften mußten sich diesen Verhältnissen anpassen, und die Kapitäne waren nicht zu stolz, um selbst mit Hand anzulegen. Andere hingegen, nämlich die Kapitäne der über den Atlantik fahrenden Linienschiffe, waren gut gekleidet. Ihre Schneider hatten für die in Auftrag gegebenen Kleidungsstücke kühleres, leichteres Material ausgewählt.

Die Uniformen der Marineoffiziere machten dagegen keine Zugeständnisse ans Klima, und da sie das Flaggschiff besuchten, waren sie mit Jackett und weißer Hose bekleidet und trugen Degen. Die drei Fregattenkapitäne hatten reingoldene Achselschnüre auf der rechten Schulter, welche zeigten, daß sie noch keine drei Jahre dem höheren Dienst angehörten.

Die beiden Leutnants waren sehr verschiedene Typen. Leutnant Henry Jenks war Ende zwanzig, plump und hatte sandfarbenes Haar. Seinem Gesicht nach zu schließen, war er ein fröhlicher Mensch. Es war von der Sonne tiefrot getönt, und nur ein schmaler, weißer Streifen am Haaransatz zeigte, daß er selten ohne Kopfbedeckung ins Freie ging. Er trug den einzigen Dreispitz; die anderen Marineoffiziere hatten bereits die moderneren Zweispitze.

Henry Jenks' joviale Art paßte gut zu seiner untersetzten Figur. Nicholas Ramage wies dagegen den klassischen Körperbau auf. Im Sitzen mochte man von seiner Erscheinung getäuscht sein, denn seine wahre Größe zeigte sich erst, wenn er aufstand; und seine Schulterbreite konnte man erst erkennen, wenn er sich neben jemanden mit durchschnittlicher Breite stellte.

Mit seinem schmalen Gesicht und dem schwarzen, gewellten Haar glich Ramage einem eleganten, jungen Aristokraten. Die braunen, unter buschigen Brauen liegenden Augen enthüllten eine große Vitalität, und die tiefbraune Gesichtsfarbe verriet, daß er viele Jahre in den Tropen gedient hatte. Zwei lange Narben über der rechten Augenbraue verstärkten diesen Eindruck: die eine war weiß, da das Gewebe sich der tönenden Kraft der Sonne widersetzt hatte, die andere war rosa und damit jünger.

Vier Jahre vorher hatten sie zusammen gedient. Jetzt hatte Jenks zum ersten Mal wieder die Gelegenheit, ihn zu beobachten und stellte fest, daß er eine alte Angewohnheit immer noch nicht abgelegt hatte; im Gegenteil: eine zweite hatte sich dazugesellt. Er blinzelte nicht nur gelegentlich, wie wenn das Licht zu hell wäre, sondern er rieb beim Nachdenken mit der Seite des rechten Daumens die beiden Narben.

Als Croucher schweigend ein paar Briefe durchstöberte,

sagte Goddard plötzlich: „Es ist wohl nicht nötig, Sie als Männer der See extra darauf hinzuweisen, daß die Zeit der Hurrikane unmittelbar bevorsteht." Sein Blick fiel nach wie vor auf die diamantene Stabspitze.

Er zog sie heraus, steckte sie wieder an die vorgesehene Stelle und fügte in einer herablassenden Art hinzu: „Je bälder wir in Jamaika ankommen, um so besser." Die Kapitäne ärgerten sich darüber enorm. Croucher wartete ab, ob Goddard noch einmal das Wort ergreifen würde. Der Admiral spielte weiter mit der Stabspitze und suchte dann gemächlich nach etwas in seiner Hosentasche. Schließlich förderte er einen kleinen, eleganten Fächer zutage, klappte ihn auf und zeigte auf diese Weise die fein gravierten Blätter aus Ebenholz und Elfenbein. Er fächelte sich Luft zu und sagte dann mit kaum zu überbietendem Sarkasmus: „Pünktlichkeit zahlt sich aus, wie die Königliche Marine schon lange weiß. Die meisten von Ihnen schlossen sich in England mit einem Monat Verspätung an, und dank Ihrer Gewohnheit, nachts die Segel zu reffen, kamen wir hier in Barbados weitere drei Wochen später als erwartet an. Nun müssen wir alle unnötigen Risiken auf uns nehmen, um sicher nach Kingston zu kommen. So hätte ich —" Ramage hatte erwartet, daß man das nicht so einfach auf sich sitzen ließe. Ein Kapitän mit der Figur einer Tonne und einem braungebrannten, faltenzerfurchten Gesicht, das vor Wut rot angelaufen war, unterbrach ihn dann auch. „Wir können nicht ohne Fracht segeln", knurrte er. „Was sollten wir denn tun, wenn diese einen Monat zu spät an den Londoner Docks ankommt. Sollten wir vielleicht einfach mit Ballast segeln, damit Sie bei irgendeinem stinkvornehmen Ball in Jamaika rechtzeitig aufkreuzen können? Und tadeln Sie gefälligst nicht uns, wenn der Passat nun schon wochenlang mit zwei Knoten aus Südost weht, statt mit zwanzig Knoten aus Nordost; ich habe nämlich ganz den Eindruck, als ob nicht einmal Admirale den Wind beschwören können, so zu wehen, wie sie das gerne hätten. So geht das nicht, bei allem Wohlwollen!"

Goddard errötete, klatschte den Fächer zusammen, zog einmal mehr die diamantene Spitze aus dem Stab.

„Richtig", warf Croucher schnell ein, um die Stille zu überwinden. „Der Admiral betonte nur die Notwendigkeit, keine weitere Zeit zu verlieren und —"

„Nun, ich will sofort damit aufhören, Zeit zu vergeuden", verkündete der Kapitän und stand plötzlich auf. All' dieses nutzlose Geschwätz hält mich davon ab, meine Takellage in Ordnung zu bringen. Und ich muß Ihnen, werte Herren, die Mühe machen, über Ihre Versicherungssätze nachzudenken, die sich vom ersten des Monats an verdoppeln: Zuschlag während der Hurrikanzeit, falls Sie das vergessen haben sollten. Nun wollen Sie mich aber bitte entschuldigen . . ."

Er verließ die Kajüte, und andere Kapitäne murmelten zustimmend. Versicherer setzten ihre Prämien nach Erfahrungswerten fest, und danach begann die Zeit der Hurrikane im Juli, um dann im September ihren absoluten Höhepunkt zu erreichen. Von Schiffen, die sich noch im Juli in der Karibik aufhielten, wurden gewöhnlich doppelte Prämien verlangt, und die Versicherungspolicen setzten fest, daß bis in die ersten Augusttage hinein gesegelt werden müsse. Man schrieb jetzt gerade das Ende der ersten Juliwoche. Das war in Ramages Augen Grund genug für einige Kapitäne, nervös zu werden. Sie müßten nämlich bis November in Kingston bleiben, falls es nicht gelänge, innerhalb der nächsten drei Wochen dort anzukommen, die Fracht zu löschen, neue an Bord zu nehmen und wieder im Konvoi zurückzusegeln.

Ramage beobachtete, wie Goddard mit Ärger im Gesicht weiter an der Stabspitze herumspielte, es aber plötzlich aufgab, nachdem er sich in die Brust gestochen hatte. Croucher war nervös und fummelte an den vor ihm liegenden

Papieren herum. Er warf dem Admiral, der sich in schmollendes Schweigen gehüllt hatte, einen bedenklichen Blick zu und hüstelte, um die Aufmerksamkeit auf sich zu lenken:
„Ich werde jetzt die Vorschriften durchgehen —"

„Nicht nötig, wir haben alle Kopien", rief einer dazwischen.

„Trotzdem, Gentlemen, die Admiralitätsvorschriften heißen mich —"

„Ignorier' sie", knurrte ein anderer.

„— und so muß ich —"

Goddard fuhr scharf dazwischen. „Wie hoch auch immer Ihre Prämien sein mögen, Ihre Versicherungspolicen sind wertlos, wenn Sie nicht zuhören. Sie alle wissen das."

Die Kapitäne wurden immer ungeduldiger und zeigten das deutlich durch aufreizendes Hin- und Hergerutsche mit den Stühlen und Rascheln mit ihren Kopien der Instruktionen. Theoretisch hatte Goddard zwar recht: die Anordnungen mußten laut verlesen werden. In der Praxis kümmerte sich aber kein Marineoffizier darum — ganz besonders nicht in einer winzigen Kajüte, in welcher die Temperatur mittlerweile auf fast vierzig Grad Celsius gestiegen war.

„Wir dürfen nichts als selbstverständlich annehmen", machte sich Croucher wichtig. Er hatte schnell die entstandene Redepause genutzt. „Neben der *Lion* begleiten Sie von nun an weitere Schiffe. Die alten Anordnungen unterscheiden sich wesentlich von den neuen, die ich jetzt durchsprechen will —"

„Es mag stimmen, daß sie verschieden sind, aber wir können doch schließlich lesen."

Croucher blickte den unterbrechenden Kapitän nervös und, wie Ramage empfand, ehrerbietig an. Der Kapitän war groß, sein Gesicht mit den humorvollen Augen sonnengebräunt. Er war jung, elegant gekleidet und gab sich selbstsicher und war wie geschaffen, um von dem zeitgenössischen Maler Lemuell Abbott portraitiert zu werden. Er kommandierte zwar wahrscheinlich eines der größeren Schiffe, doch erweckte er in Ramage den Eindruck, als ob er eher zu Hause wäre in luxuriösen Londoner Salons, gewohnt an ein Leben des Müßiganges.

„Sie unterscheiden sich in verschiedenen Punkten, Mr. Yorke, und ich bin gerne bereit, Ihnen diese zu erklären", sagte Croucher und seine Stimme klang müde. „Hier gibt es Hurrikane und Flauten im Lee von Inseln, ganz zu schweigen von Freibeutern und französischen Galeeren, die ein in Windstille liegendes Boot entern können —"

„Was werden Sie tun, wenn all' das geschieht?" fragte Yorke höflich. Goddard stand auf und verließ ostentativ die Kajüte. Sein Leutnant folgte und versuchte, wenn auch ohne Erfolg, Yorkes kühlen und verächtlichen Blick zu ignorieren. Hmm, dachte Ramage. Mr. Yorke muß einen Rieseneinfluß haben, der bis jetzt verborgen geblieben war.

„Gentlemen", bat Croucher eindringlich, „je bälder wir unser Geschäft abwickeln, desto schneller können wir diese — äh — ziemlich warme Kajüte verlassen —"

„Dann aber Beeilung, die Zeit der Hurrikane ist sonst nämlich bald vorbei." Diesmal unterbrach ein schottischer Kapitän. Croucher hielt die Verordnungen so fest in seinen Händen, als wolle man sie ihm entreißen. Schweiß perlte von der Stirn in seine Augen und ließ sie tränen. Er gab ein so jämmerliches Bild ab, daß Ramage allmählich Mitleid mit ihm bekam. Croucher glättete das Papier wieder und begann von neuem:

„Gentlemen — Zeichen und Anordnungen für im Konvoi fahrende Schiffe..."

Er ist der einzige, der die Überschrift tatsächlich besonders betonen kann, dachte Ramage. Einige der Kapitäne begannen zu husten, worauf Croucher verlegen vom Blatt hochblickte. Da jeder Kopien in Händen hielt, war es auch wirklich überflüssig, die Überschrift vorzulesen.

„Nun", er deutete auf die erste Seite, „ich darf auf den vierten Abschnitt besonders hinweisen — *Schiffe, die im Konvoi ihren angeordneten Platz verloren haben, sind verpflichtet, unter Ausschöpfung aller Möglichkeiten wie Segel setzen, Wendemanöver, Drehen vor dem Wind etc., ihre Position wiederzuerlangen.* Gentlemen, ich bitte Sie eindringlich, Ihre Positionen zu halten. Nachts die Segel zu reffen ist hier in der Karibik völlig unnötig; einige von Ihnen müßten das noch aus Erfahrung wissen. Um die Mittagszeit herum setzt ein paar Stunden lang eine gute Brise ein. Mit untergehender Sonne verschwindet sie. Es wäre also sinnvoller, bei einbrechender Dunkelheit die Segelfläche zu vergrößern, statt sie zu reduzieren."

Ramage nickte zustimmend: die erste Morgendämmerung zeigte gewöhnlich, wie die Kapitäne der einen Konvoi begleitenden Schiffe der Königlichen Marine wild gestikulierten. Zunehmende Helligkeit enthüllte den Grund: der Horizont war mit Handelsschiffen übersät. Sie alle zuckelten unter gerefften Marssegeln mit etwa einem Knoten Geschwindigkeit dahin. Viele hingen mit großem Abstand zurück. Keine Macht der Welt konnte sie bei so schwach geblähten Segeln vor der Mittagszeit wieder zusammenbringen. Trotzdem begann um sechs Uhr abends das Reffen von neuem. In den Tropen dauert die Dunkelheit das ganze Jahr über gleichlang, nämlich mindestens zehn Stunden.

„Und in Teil fünf", fuhr Croucher fort, „wird erklärt, was zu tun ist, *falls der Konvoi auseinandergerissen wird oder man auf einen Feind stößt,* und der Abschnitt bezieht sich auf Seite dreizehn. Ich brauche Sie, meine Herren, nicht daran zu erinnern, daß es da —" er schlug die Seite auf „— einen Auszug aus einem Parlamentsbeschluß gibt, welcher besagt, daß *der Kapitän eines im Konvoi fahrenden Handelsschiffes vor das Hohe Gericht der Admiralität gestellt und bei Schuldspruch laut Machtbefugnis des besagten Gerichts zur Zahlung einer Geldsumme unbegrenzter Höhe verurteilt wird, falls er Zeichen und Anordnungen nicht befolgt* . . ."

Um das Schnarchen eines eingeschlafenen Kapitäns zu übertönen, sprach Croucher nun lauter. Der Versuch blieb aber erfolglos, und schließlich hob er verzweifelt die Hände — „Könnte nicht jemand von Ihnen vielleicht . . .?"

„George!" brüllte der nächstsitzende Kapitän und schüttelte den Schlafenden. „Der Kumpel dort möchte sich gerne reden hören, auch gegen unseren Willen."

Der Geweckte richtete sich auf, rieb seine Augen, wischte sich mit dem Handrücken den Mund ab und brummte: „Fünfhundert Pfund oder ein Jahr Gefängnis, hab' ich alles längst gehört, Hunderte von Malen. Und hundert Pfund, wenn er den Konvoi verläßt — hier steht doch alles schwarz auf weiß." Er schwenkte seine Kopie. „Kann einfach nicht kapieren, warum der sich darüber ausläßt. Versucht wohl Reklame zu machen, wahrscheinlich kriegt er Prozente."

„Gentlemen!" rief Croucher dazwischen. „Ich muß meine Pflicht erfüllen. Helfen Sie mir doch dabei und haben Sie Geduld —"

„Ja, George", tadelte der andere Kapitän, „das war sehr unfair. Nicht er, sondern der Admiral bekommt die Prozente."

„Eine andere Verordnung", beeilte sich Croucher weiterzumachen, „droht jedem Kapitän die Strafe von tausend Pfund an, der vom Konvoi *desertiert oder sich ohne erteilte Erlaubnis willentlich absetzt —*"

„Und fünfzehnhundert, wenn er dabei Marineausrüstung trägt", war Yorkes Kommentar. „Seltsam, wie bei einer im Interesse der Regierung durchgeführten Fahrt die Strafe dem tatsächlichen Wert der Fracht umgekehrt proportional gegenübersteht."

„Sei es wie es wolle", Crouchers Stimme klang schwerfällig, „ich habe nur Befehle zu vollstrecken —"

„Und auf diese Weise wird die englische Sprache zur

Strecke gebracht, und zwar von verfassungsmäßigen Juristen, die den Wortlaut dieser Verordnungen auf dem Gewissen haben."

„Bitte, Mr. Yorke! Wir kommen nun zu einem weiteren Punkt: *Jeder Kapitän wird mit einer Strafe von hundert Pfund belegt, welcher bei der Gefahr, geentert zu werden, versäumt, durch Schüsse in die Luft oder auf andere Weise dem Rest des Konvois und den Kriegsschiffen, unter deren Schutz er segelt, Zeichen über seine Lage zu geben. —*"

„Die meinen, den Rest des Konvois und die Eskorte warnt."

„Natürlich meinen die das!" stieß Croucher verärgert hervor.

„Warum kann man das denn nicht kurz und einfach sagen? Nur Narren drücken sich weitschweifig und unklar aus."

„Wo blieb ich stehen? Oh, ja — *falls er geentert wird, ist er angeheißen, nicht alle Anordnungen, die sich auf den Konvoi beziehen und ihm vertraulich mitgeteilt wurden, zu vernichten.*"

Er liest nun, dachte Ramage, wie ein verängstigter Hund, der hinter seinem Herrn hertrippelt, in ständiger Angst, getreten zu werden.

Niemand hatte Croucher unterbrochen, und so beeilte er sich weiterzumachen.

„Unten an der Seite steht, daß *abends nach zehn Uhr auf keinem Schiff Lichter gezeigt werden dürfen —*"

„In diesen Breiten wird es doch schon gegen sieben Uhr dunkel", kommentierte Yorke diese Anweisung.

„Ganz recht", erwiderte Croucher kalt und schaute Goddard an. „Eine Fußnote weist darauf hin. Bitte, vergessen Sie das nicht, meine Herren, sieben Uhr, nicht zehn Uhr. Und schließlich: *Große Sorgfalt ist darauf zu verwenden, daß kein Lichtstrahl durch die Fenster dringt.*

Man könnte sonst fälschlicherweise vermuten, der kommandierende Offizier gebe Lichtzeichen, woraus schon manch ein Fehler entstanden ist."

„Wie recht er hat", sagte Yorke traurig und schüttelte den Kopf. „Wie sehr, sehr wahr das ist." Ramage preßte sich sein Taschentuch vor das Gesicht, um das Lachen zu unterdrücken. Croucher aber merkte die Ironie nicht und nickte zustimmend.

„Nun, meine Herren, alles andere ist Ihnen bekannt: Seite drei — die Signale sind klar; Seite vier — bitte beachten Sie den Abschnitt *‚Die Schiffe, die hinten segeln, müssen mehr Segel setzen'*. Die Zeichen für die Eskorte finden Sie auf Seite sieben. Die Seiten acht und neun — nun, Nebelsignale sind hier kaum nötig. Nachtsignale — ja; bitte geben Sie deutliche Zeichen, meine Herren. Versichern Sie sich, daß die Ausrüstung hierfür Ihren Erwartungen entspricht. Zum Schluß darf ich Ihre Aufmerksamkeit auf das Memorandum auf der Rückseite lenken: *Alle Kapitäne müssen eine ausreichende Zahl von Warnschüssen an Bord haben, um* —"

Mißfallenskundgebungen übertönten erneut seine Stimme, und einer der Kapitäne rief dazwischen: „George, laß das Bruddeln."

„*— um Alarm geben zu können, falls nachts ein feindlicher Kreuzer auftaucht oder um bei Tage das für Feinde vorgesehene Zeichen zu geben. Bei Verfolgung durch den Feind, Entdeckung eines verdächtigen Schiffes —*"

„Eines *verdächtigen* Schiffes!" sagte Yorke. Wie kann ein *Schiff* denn verdächtig sein? Ich nehme an, es nimmt die Fährte auf wie ein Jagdhund — Bug hoch, Heck runter."

„*— eines verdächtigen Schiffes oder unvermeidbarer Kaperung hat der Kapitän bei Tag wie bei Nacht die Rahtakel, Anker und das Fall zu kappen und auszuscheren und somit die Möglichkeit zur schnellen Flucht auf diesen*

Schiffen zu unterbinden." Ich denke, dies schließt alles ein", sagte Croucher und errötete, als Yorke freundlich erwiderte, „Oh, ja, tatsächlich, das tut es."

„Meine Herren, ich denke, der Admiral ..."

Croucher ging zu Goddard, doch dieser hastete aus der Kajüte. Schon ein oder zwei Minuten später kam er zurück, ging, ohne jemanden anzublicken, nach hinten, stellte sich in das Sonnenlicht und sagte:

„Kapitän Croucher hat Sie informiert, daß wir sowohl das Risiko auf uns nehmen, Freibeutern und rudernden Galeonen, als auch französischen und spanischen Kriegsschiffen zu begegnen. Alle befahren dieselbe Route nach Jamaika. Das ist ein großes Risiko. Und ich hätte meine Pflicht nicht erfüllt, hätte ich Sie, meine Herren, nicht vor einer zusätzlichen Gefahr gewarnt: wir haben guten Grund anzunehmen, daß die Franzosen einen entschlossenen Versuch unternehmen werden, diesen Konvoi anzugreifen. Damit ist die Frage beantwortet, die sich einige von Ihnen gestellt haben mögen — warum nämlich die *Lion*, ein Linienschiff, Teil der Eskorte ist."

Die Kapitäne schauten sich an und versuchten zu erraten, wer von ihnen das Schiff kommandierte, dessen Fracht für den Feind von so großem Interesse war. Auch Ramage beobachtete scharf. Der Kapitän mit der wertvollen Ladung würde sich bestimmt nicht zu erkennen geben. Alle schienen verwirrt — nur einer nicht: Yorke. Er beobachtete Goddard mit derselben Nachsicht wie zuvor. Aber Yorke hätte sicher betroffen, wenn nicht sogar verwirrt dreingeblickt, wäre sein Schiff von besonderem Interesse für die Franzosen gewesen. Wahrscheinlich gibt es gar kein solches Schiff, dachte Ramage. Goddard versucht sicher nur, die Kapitäne zu erschrecken, um sie gefügig zu machen. Um ehrlich zu sein, er hat das Recht, jede Lüge, Drohung oder List anzuwenden, um dieses Ziel zu erreichen.

„Unglücklicherweise", fuhr Goddard fort, „muß ich

Ihnen darüber hinaus noch eine Warnung mit auf den Weg geben. Die Admiralität beschloß, hier in Barbados fünf Fregatten auf uns warten zu lassen", er schnüffelte etwas gereizt und drückte damit sein Mißfallen aus, „der Vorgesetzte dieser Station hat aber bedauerlicherweise nur drei zur Verfügung. Der Hauptzweck der Eskorte ist, Sie vor Angriffen zu schützen. Anders ausgedrückt: ich möchte nicht die ganze Zeit die Fregatten bis zum Horizont schicken müssen, um Bummler zusammenzutreiben wie der Schäferhund seine Herde.

Falls Sie an Ihrem Leben hängen, bleiben Sie beim Konvoi. Das bedeutet, daß Sie ein waches Auge haben und auch bei Nacht weitersegeln müssen. Die meisten von Ihnen wissen bereits, daß nachts kein Wind weht, und sollte er doch einmal wehen, bedeutet der eventuelle Verlust eines Segels wenig, gemessen am Verlust eines Schiffes an französische Schurken, die hier wie Wölfe herumlungern."

Er hat Angst, dachte Ramage bei sich. Ein normaler Konvoi würde sich glücklich schätzen, zwei Fregatten zu besitzen, die den Transport nach Kingston sichern. Er hat *drei* Fregatten, die *Lion*, eine Brigg und eine Logger. Angst also vor was? Der Verlust eines Schiffes aus dem Konvoi bedeutete Ärger für den Kommandanten der Eskorte, falls er ein Offizier mit niedrigem Dienstgrad war. Darüber hinaus Ärger mit der Admiralität und ein Bündel von Protestschreiben von Eigentümern und Versicherungsgesellschaften. Aber ein Konteradmiral wie Goddard, der besonderen Schutz genoß und auf dem Wege war, in Jamaika Sir Pilcher Skinners stellvertretender Kommandant zu werden, könnte ein Viertel des Konvois einbüßen, ohne daß man viel Aufhebens davon machen würde. Eine wertvolle Fracht bedeutete wahrscheinlich Geld, mit dem man die Truppen bezahlen und Vorräte einkaufen mußte. Diesen Transport würde die *Lion* übernehmen. Was also konnte ihn in Angst versetzen? Die wahrscheinlich richtige Antwort war, daß

Jebediah Arbuthnot Goddard, Konteradmiral der Royalisten, wohl eine Schwadron von in Königlichen Diensten fahrenden Schiffen kommandieren konnte, bei denen jeder Kapitän sofort den Anweisungen gehorchte oder entsprechend den dafür vorgesehenen Paragraphen bestraft wurde; daß ihn aber die Aussicht entmutigte, mit neunundvierzig angriffslustigen Individualisten auskommen zu müssen, von denen wahrscheinlich jeder ein Dutzend Mal dem Fregattenkapitän die Zunge herausgestreckt und einen Schuß vor den Bug geknallt hatte, um ihn zu zwingen, mehr Segel zu setzen.

„In Ordnung", sagte Goddard mit schwerer Stimme. „Sie können sich auf Kapitän Croucher verlassen. Er tut alles für Ihr Wohlergehen — wie auch die kommandierenden Offiziere, die sich uns jetzt anschließen", und er deutete der Reihe nach auf jeden einzelnen: „Kapitän Edwards von der *Greyhound*, Kapitän James von der *Antelope*, Kapitän Raymond von der *Raisonnable* und Leutnant Jenks von der Logger *Lark*."

Mehrere Kapitäne schauten zu Ramage herüber und fragten sich, was er hier zu suchen hatte. Ramage hatte zwar eine sarkastische oder zumindest doppeldeutige Anspielung so halb erwartet; doch daß er völlig übergangen wurde, traf ihn unvorbereitet. Er schaute mit ausdruckslosem Gesicht zu Boden, gerade als Yorke aufstand und, wegen der niederen Höhe, leicht gebückt stehen blieb.

„Admiral Goddard, ich spreche bestimmt auch im Namen meiner Kameraden, wenn ich Ihnen danke und die Hoffnung ausdrücke, daß unsere Fahrt nach Jamaika erfolgreich sein wird. Gleichzeitig möchte ich betonen, daß Sie und Kapitän Croucher unser volles Vertrauen genießen."

Alle brummten zustimmend, als sie die Kajüte verließen, und diejenigen, welche Yorkes wohlüberlegten zweifelnden Gesichtsausdruck beim Verlesen der Namen bemerkt hatten, gaben sich keine Mühe, ihr Grinsen zu verbergen.

Goddard errötete, dachte aber gerade noch rechtzeitig daran, sich ein Lächeln abzuringen. „Danke, Mr. Yorke."

Als Ramage aufstand, um hinauszugehen, sah er, wie Croucher auf die drei Fregattenkapitäne zuging. Jenks blieb dicht hinter ihm. Da man ihn nicht aufforderte, sich ihnen anzuschließen, folgte er den anderen und verließ die Kajüte. War der Plan umgestoßen worden? Sollte er sich dem Konvoi letzten Endes doch nicht anschließen? Das zu hoffen, ging wahrlich zu weit..

2

Ramage stand auf der Gangway und lehnte sich an den Großmast. Die Stunde in der dämmrigen Kajüte war schuld daran, daß ihn das gleißende Sonnenlicht blendete, als er beobachtete, wie die Kapitäne voll Ungeduld auf ihre Boote warteten. Alle paar Augenblicke machte einer von ihnen sein Boot aus und bellte unter der straff gespannten Takelage hindurch hinüber, man möge sich beeilen.

Ob die Kapitäne weichbesaitet oder harte Naturburschen waren — sie hatten eines gemeinsam: sie waren gute Seeleute und sie konnten äußerst gehässig sein, wenn ein eskortierender Kapitän sie herumkommandierte. Sie konnten nachts die Segel reffen, um dem Schiffseigner die Kosten für neue zu ersparen. Jeder Zoll an ihnen war der eines Seemanns, egal, ob sie ein großes Schiff mit einer dreißigköpfigen Besatzung oder einen kleinen Schoner kommandierten.

In Friedenszeiten mußten die kleinen Schiffe hart um ihre Existenz kämpfen. Sie konnten nur schwer genügend

Fracht finden, die von einem Hafen im englischen Kanal zum nächsten zu transportieren war. Und sie segelten, ohne durch eine Versicherung abgedeckt zu sein, weil kein Versicherer sein Geld ohne Schutzprämien riskieren wollte. Der Krieg dagegen hatte diesen kleinen, alten Schiffen eine neue Existenzgrundlage gegeben. Die Schiffsgröße hatte die Frachtkosten in die Höhe schnellen lassen, und so konnten sich die Eigner eine Versicherung leisten, und der in Friedenszeiten übliche Wettlauf, an den Handelsplätzen der erste zu sein, um die höchsten Preise zu erzielen, war durch das Konvoisystem gestoppt worden. Alle Schiffe kamen nun zur selben Zeit an, und der ganze Konvoi mußte sich der Geschwindigkeit des langsamsten Schiffes anpassen.

„Waren Sie nicht der Kommandant der Brigg *Triton?*"

„Das bin ich immer noch."

„Wo ist sie augenblicklich?"

Ramage deutete zum gegenüberliegenden Ende der seichten Bucht, wo sie vor Anker lag.

„Es ist mir zu Ohren gekommen, daß Sie vor der Küste von St. Lucia Freibeuter festnehmen konnten, und ich las von Ihrer zusammen mit Flottenadmiral Nelson durchgeführten Schlacht vor dem Kap St. Vincent. Darf ich Ihnen meine herzlichsten Glückwünsche aussprechen?"

„Danke schön, Herr — sollte ich mich angleichen und sagen „Herr Yorkshire'?"

Yorke lachte. „Das schmeichelt mir! Wie auch immer", sagte er und seine Hand beschrieb einen weiten Kreis, „Sidney York, ‚Gott untergeordneter Kapitän' und Besitzer der *Topaz.*"

„Besitzer?" rief Ramage aus. Sie gaben sich die Hand. „Wie, Sie sind...?" Hastig fuhr er fort, „Sie haben ein prima Schiff."

„Und Sie sind jung genug, Eigner und Kommandant zu sein?"

„Nun, das habe ich eigentlich nicht behauptet."

„Ich erbte sie. Wie ich hörte, Mylord", sagte Yorke, verbeugte sich leicht und schien so etwas wie Spott ausdrücken zu wollen, „gibt es nicht weit von hier ein oder zwei höhere Offiziere, die Sie für zu jung halten, um Freibeuter zu fangen, die ein paar höheren Fregattenkapitänen durch die Lappen gegangen sind. Und dieselben hätten Sie für zu jung gehalten, um die spanische Flotte bei St. Vincent zu besiegen."

Ramage grinste, weil er Yorke gut pariert hatte. Plötzlich winkte Yorke. „Dort ist mein Boot."

Keiner von ihnen wußte, daß sie ein gemeinsames Erbe trugen, nämlich die See. Für Yorke fand es seinen Ausdruck im Schiff, für Ramage in der Tradition, im Dienst der Königlichen Marine zu stehen. Der Königliche Kalender widmete in dem Abschnitt „Haus des Hochadels. Grafen" seinem Vater drei Zeilen:

> „Hen. VIII. 1540. 9. Okt. John Uglow Ramage, G. von Blazey, V. Ramage, Admiral der Royalisten. St. Kew Hall, St. Kew, Cornwall."

Da die Grafenwürde in chronologischer Ordnung aufgezeichnet war, genügte ein kurzer Blick auf die vorangehenden Namen, um zu erkennen, daß diese Grafenwürde die drittälteste des Landes war, Von Heinrich VIII. vor mehr als 250 Jahren ins Leben gerufen. Die Würde eines Vicomte, die dem ältesten Sohn zustand, war sogar noch älter. Das Register sieben Seiten weiter vorn führte Wahlspruch, Familienname und Erbe auf:

> „Blazey, E. 1540 *Nec dextrorsum, nec sinistrorsum.* Weder zu weit rechts, noch zu weit links. Ramage, V. Ramage."

Die Angaben waren zwar sehr dürftig, ein sich eifrig mit

Geschichte Befassender konnte aber trotzdem wagen, eine Vermutung darüber aufzustellen, was zwischen den Zeilen stand. Die Ramages waren eine Familie, die Heinrich VIII. bei der Auflösung der Klöster unterstützte und dafür als Gegenleistung Titel und Rechte früherer Kirchenländereien erhielt. Ein Jahrhundert später waren sie treue Royalisten und übernahmen nach erbitterten Kämpfen zusammen mit vielen anderen Landbesitzern aus Cornwall einen Großteil der von Cromwells Rundköpfen konfizierten Besitzungen. Nach der Restauration erlebten sie, wie der neue König diese Besitzungen seinen Günstlingen weitervermachte.

Aber kein Studierender und kein Nachschlagewerk konnte auch nur einen Hinweis geben, warum der jetzige Erbe der Grafenwürde, Leutnant Nicholas Ramage, keinen Gebrauch von dem Titel machte. Es war auch nicht zu erfahren, wie es kam, daß er fließend Spanisch, Französisch und Italienisch sprach. Es gelang ihm großartig, den farbigen neapolitanischen Akzent, das italienische Gegenstück zum englischen Cockney, nachzuahmen. Seine Italienischkenntnisse gingen auf seine in der Toscana verbrachte Kindheit zurück. Seine Eltern hatten enge Beziehungen zu Italien. Französisch und Spanisch hatte er seiner Mutter zu verdanken, die ihm als sehr resolute Dame strenge Ausbilder besorgt hatte.

Er hatte, auf Anraten seines Vaters, vom ersten Tag an, den er zur See gefahren war, auf den Gebrauch des Titels verzichtet. Der alte Admiral kannte nur zu gut die Schwierigkeiten, denen ein junger Leutnant zur See ausgesetzt sein konnte, wenn eine Bedienung ihn am Tisch wegen seines Titels dem Kapitän gegenüber vorrangig behandelte.

Als Yorkes Boot längsseits der *Lion* lag, sagte der junge Schiffseigner mit plötzlichem Ernst: „Nun, viel Glück. Es wird besser für Sie sein, sehr wachsam über Ihre Schulter statt über das Schanzkleid zu blicken. Ich wünschte, Sie könnten mit uns nach Jamaika kommen."

„Ich komme mit nach Jamaika."

Yorke drehte sich blitzartig um. „Oh! Dann vermutete ich richtig... Nun, Sie sind jung und fallen so in die Ungnade eines Admirals, der vergißt, daß sein Name nach den ersten drei Buchstaben vier weitere hat."

„Eine lange Geschichte", sagte Ramage gequält.

„Hoffen wir auf ein gutes Ende. Tun Sie mir den Gefallen und werfen Sie — wie die Herren der Admiralität sagen — einen Blick auf die *Topaz!* Übrigens ist sie ein Vermächtnis meines Großvaters. Er veranlaßte mich, in die Lehre zu gehen, dann hinterließ er mir eine Flotte. Sechs Schiffe, alle nach Edelsteinen benannt. Essen wir zusammen?"

„Nun, ja, ich hätte Lust dazu."

„Um ein Uhr? Sie werden erfahren, daß ich eine interessante Fracht zu befördern habe. Ich würde auch gerne ein bißchen von jener ‚langen Geschichte' hören, falls Sie —"

„Mr. Ramage —"

Ein dicker Leutnant zur See mit gerötetem Gesicht stand plötzlich vor ihm und wartete.

„Empfehlung von Kapitän Croucher, Sir. Würden Sie ihn bitte in seiner Kajüte aufsuchen."

Obwohl Ramage sofort ein Dutzend Gedanken durch den Kopf schossen, vergaß er nicht, Yorke darauf hinzuweisen, daß er sich unter Umständen ein paar Minuten verspäten könnte. Während er nach hinten ging, sah er die Fregattenkapitäne die Kajüte verlassen. Jenks war der letzte. Sobald dieser Ramage ausmachte, ging er bewußt langsamer, um den Abstand zwischen sich und den anderen zu vergrößern. Sie hatten beide als Leutnant auf demselben Schiff gedient. Als Jenks an Ramage vorbeiging, flüsterte er ihm zu: „Nehmen Sie sich in acht, ich bin sicher, daß die beiden etwas ausbrüten..."

Der Marineposten salutierte, Ramage klopfte an und wurde aufgefordert einzutreten. Croucher saß noch immer am selben Tisch im hinteren Teil der Kajüte, doch Ramage fühlte ganz deutlich, daß sich im vorderen Teil noch jemand aufhielt.

„Ah, Ramage; hier sind die Anordnungen."

Ramage nahm das rechteckige Päckchen. Es war an einer Seite mit rotem Lack versiegelt.

„Und die neue Liste für den Konvoi. Neunundvierzig Schiffe. Sieben Reihen mit je sieben Schiffen. Sie haben doch sicher die neueste Ausgabe des Signalbuches?"

„Ja, Sir."

„Hier ist eine Kopie der zusätzlichen Zeichen des Admirals, die Sie betreffen. Unterschreiben Sie, bitte."

Als Ramage nach Feder und Tintenfaß griff, entdeckte er, daß er eine richtige Quittung zu unterzeichnen hatte.

„Und, Ramage", sagte Croucher; seine Stimme wurde scharf und er ballte seine Hände zusammen. „Nur durch eine technische Panne entgingen Sie bei Ihrem Prozeß letztes Jahr einer Bestrafung..."

Ramage wurde starr und schaute ihm direkt ins Gesicht, doch Croucher wich dem Blick aus. Seine kalten Augen waren auf den Tisch gerichtet.

„Strafe wofür, Sir?"

„Sie wissen ganz genau, was ich meine."

„Bestrafung setzt Schuld voraus, Sir. *Welchen* Vergehens wurde ich für schuldig befunden?"

Er sprach ruhig, doch jeder Nerv in ihm war angespannt; er wiegte leicht auf den Fußballen hin und her, um sich im Gleichgewicht zu halten, jederzeit auf der Hut, sich gegebenenfalls gegen einen Kapitän verteidigen zu müssen.

Hinter sich hörte er Goddards ölige Stimme. „Augenblicklich werden Sie für alles schuldig gesprochen, was mir in den Sinn kommt."

Ramage erkannte, daß das stimmte. Die Kajüte war eine Falle. Da nur Croucher und Goddard, ein Kapitän von hohem Rang und ein Konteradmiral, anwesend waren, konnte jeder der beiden ihn einer jeglichen Sache bezichtigen. Der andere war stets ein unanfechtbarer Zeuge. Aufrührerisches Verhalten, verräterisches Geschwätz, sogar versuchter Mord — welcher Vernunftbegabte würde nur einen Pfennig auf Ramages Worte setzen, mußte er sie den ihren gegenüberstellen?

Trotz der Hitze in der Kajüte fühlte er, wie sein ganzer Körper vor Kälte zitterte, wie ihm alle Haare zu Berge standen wie einer Katze, der sich das Fell sträubt. Er merkte, wie er sich darauf einstellte, einer möglichen Gefahr zu begegnen. Das Ticken einer Uhr wurde lauter, das Klatschen der Wellen unter dem Schiff deutlicher. Über der Kajüte hörte man Seeleute über das Deck trotten. Die Farben von Crouchers Uniform waren plötzlich, wie alles andere in der Kajüte auch, leuchtender, schärfer. Das Kristallglas reflektierte das Licht in winzigen Regenbogen. Er wußte, daß ihn gleich eine Wut packen würde, die die Zeit scheinbar verlangsamte, seine Reaktionen beschleunigte, seine Kraft verdoppelte und ihm jede Bescheidenheit und Menschlichkeit raubte. Selten erfaßte ihn eine solche Wut, tatsächlich war es bisher zweimal geschehen. Er fürchtete sich davor.

Niemals hatte die Familie von Ramage Goddard irgendein Leid zugefügt. Sollten die Ramages von der Bildfläche verschwinden, bekäme Goddard keinen Penny Belohnung oder auch nur den Deut einer Beförderung. Nichts bekäme er außer den Glückwünschen solcher Kriecher wie Croucher, die ihm nachschlichen, um die Belohnung für seinen Schutz einzustreichen. Das war wirklich eine sinnlose Blutrache, die er im Schilde führte.

Plötzlich erinnerte sich Ramage an die Reaktionen auf den erlogenen Prozeß, den Goddard im Mittelmeer über die Bühne gebracht hatte. Sein erster Schock war schnell überwunden. Er empfand nur noch Abscheu vor ihrer üblen Grausamkeit und hatte den verständlichen Wunsch, sich zu revanchieren. Er hatte erkannt, daß seine Passivität ihnen nur half: anstatt selbst zu kämpfen, beantwortete er nur Fragen, und so gewannen sie über ihn die Oberhand.

Ramage hatte sich rein zufällig in Barbados aufgehalten, als der Konvoi dort ankam. Seine Anwesenheit in der Kajüte der *Lion* war aber für Goddard eine neue, willkommene Gelegenheit, ihn anzugreifen. Er sammelte Material für einen weiteren, sorgfältig ausgeklügelten Prozeß nach der Ankunft in Jamaika.

Ramage brauchte mit keiner besonderen Vorsicht zu sprechen. Die beiden konnten, wenn sie wollten, ja jedes Wort beschwören, hatte er es gesagt oder nicht. Sei es also! In einer Schlacht etwas Unerwartetes zu tun, konnte genauso wirkungsvoll sein wie die Verdopplung der Flottenstärke. Er drehte sich schnell um und sah Goddard an.

„Bei aller Achtung, Sir, in welcher Angelegenheit wollen Sie Anklage gegen mich erheben?"

Er sprach ruhig und langsam, doch jedes seiner Worte war hart und völlig eindeutig. „Ziehen Sie nicht vor, die Sache zu beschleunigen und mich hier anklagen zu lassen, bevor der Konvoi den Hafen verläßt?"

Goddards Kiefer klappte sichtbar herunter. Der zweite Schuß, dachte Ramage, muß unmittelbar folgen, und dann wird man sehen, ob dieser feiste Clown in Admiralsuniform wirklich ein Feigling ist.

„Wegen Verletzung eines vorgesetzten Offiziers vielleicht? Das käme Meuterei gleich, und Kapitän Croucher könnte zusätzlich ‚verräterische Äußerungen' beschwören. Doch für eine Anklage auf Verletzung müßte ich einen sichtbaren Beweis liefern..."

Er war sorgsam darauf bedacht, seine Hand nicht in Richtung Degen zu bewegen.

Seine Augen auf Ramage gerichtet, stand Goddard plötzlich argwöhnisch auf. Jeder Muskel im Gesicht des jungen Leutnants war angespannt. Die zwei Narben über der rechten Augenbraue hoben sich weiß gegen die gebräunte Haut ab, und die dunkelbraunen Augen beobachteten alles ohne zu blinzeln. Goddard erkannte, daß sein Gegenüber nichts fürchtete, vielmehr voller Spannung war, wie ein zum Sprung bereites Tier. Und trotzdem hatte er sich vollkommen unter Kontrolle.

Ramage blickte herausfordernd, doch er griff nicht zum Degen. Nichts konnte ihm nach den Kriegsartikeln vorgeworfen werden. Goddard wußte, daß er zu weit gegangen war. Der junge Kerl verhielt sich einfach ruhig, Verachtung zeigend und in keiner Weise kriechend. Er konnte schon fast das metallische Geräusch hören, das entsteht, wenn eine Waffe aus der Scheide gezogen wird. Das war nicht seine Art, Blutrache zu nehmen. Er war viele Meilen entfernt gewesen, als der von ihm angeordnete Prozeß im Mittelmeer durchgeführt wurde. Er wollte, daß alles seine Richtigkeit hatte. Dokumente mußten vorgelegt werden können, ordentliche Beweise für die korrekte Prozeßdurchführung. Die Beweisführung mußte klar zurechtgelegt sein, so daß über Leutnant Lord Ramage die Todesstrafe ausgesprochen werden würde.

Wir wollen ihm Angst machen, hatte Croucher gesagt. Unter Angst macht er viel wahrscheinlicher irgendwelche Fehler. Doch Crouchers Rat hatte nur bewirkt, daß Goddard selbst Angst bekam, wohingegen Ramage vor Wut kochte. Goddard war es nun, der Kälte in sich hochkriechen fühlte, obwohl seine Kleidung schweißdurchtränkt war.

Was nun? Goddard brauchte Zeit und er mußte unbedingt diesen jungen Spund beruhigen. Er mußte seine eigene Angst unterdrücken und ihn hoffentlich selbstzufrieden zurücklassen, so daß, wenn der Handstreich *tatsächlich* ...

Aber Croucher war kein Feigling und er hatte die Angst seines Admirals schon gerochen. Er hatte die nervöse Unruhe in Goddards Augen erkannt und wahrgenommen, wie er auf Ramages Bemerkung eines ‚sichtbaren Beweises' vom Stuhl aufgesprungen war.

Croucher sagte: „Zweifellos werden Sie bald jeden gewünschten Beweis erbringen, Ramage."

Dies klang wenig überzeugend, doch er mußte seinen Admiral unterstützen. Falls Goddard weiterhin die Liste der Flaggoffiziere aufstellte, wuchsen Crouchers berufliche Chancen ebenfalls. Falls er aber an Gunst einbüßte, war Croucher dazu verdammt, den Rest seines Lebens arbeitslos und bei halbem Gehalt zu fristen. Aloysius Croucher war, ob er wollte oder nicht, wie jeder andere Goddards Gunst teilende Offizier, Teil der Blutrache an der Familie Ramage.

Ramage wartete darauf, daß Goddard sein inneres Gleichgewicht oder wenigstens seine Stimme wiedergewinnen würde.

„Bis Jamaika sind es neunhundert Meilen, Ramage. Ich kann nur hoffen, daß Sie auf der ganzen Strecke Ihren Pflichten zu unserer Zufriedenheit nachkommen werden." Der Tonfall wurde nun etwas vertraulicher, wie wenn ihm plötzlich ein Gedanke gekommen wäre. „Selbstverständlich werden Sie in Jamaika nach wie vor meinen Anordnungen Folge zu leisten haben. Sir Pilcher, Sie wissen..."

Ramage wußte das nur zu gut. Der Oberbefehlshaber, Vizeadmiral Sir Pilcher Sinner, war schwach, umständlich und vorsichtig. Während seiner langen Karriere hatte er es stets verstanden, Verantwortung aus dem Wege zu gehen. Er spielte die Rolle des Gönners so offenkundig, daß sich daraus ein Skandal entwickelte, selbst zu einer Zeit, in welcher Begünstigung nicht als Verbrechen galt. Mancher gute Kapitän versuchte, den Dienst unter ihm zu umgehen. Vor mehreren Jahren war Goddard Pilchers Flaggkapitän gewesen, und Sir Pilcher hatte ihn befördert, damit er einen weiteren jungen Konteradmiral hatte, der ihm zu Dank verpflichtet war und der, dank einer klugen Heirat, großen

Einfluß am Hof hatte. Man sagte Goddard nach, er sei der einzige, der aus dem alten König während dessen gelegentlicher geistiger Umnachtungen etwas herausbekommen konnte.

Nun war Goddard auf dem Wege, Sir Pilchers stellvertretender Oberbefehlshaber zu werden. Ich sitze ganz schön in der Falle, dachte Ramage voller Jammer. Nun, es gibt einen Trost — Sir Pilcher kann Goddard nur zu eigenem Handeln ermächtigen. Er hat weder Verstand noch Mut, selbst aktiv zu werden.

Ramage entspannte sich, als er zwischen den beiden Herren stand. Immer noch herrschte unerträgliche Hitze in der Kajüte, immer noch strahlte die Sonne hell durch die Bullaugen im Heck. Im Augenblick brauchte er nichts zu fürchten; dank seines unerwarteten Gegenangriffs war alles, was Croucher und Goddard sich zurechtgelegt hatten, zunichte gemacht. Aber ein anderer Plan würde folgen. Er würde darauf abzielen, dem zehnten Grafen von Blazey und Opfer der Blutrache, John Uglow Ramage, Admiral der Royalisten, seinem Vater also und damit dem Sündenbock für die lang zurückliegende Schwäche und Dummheit einer Regierung Unwürde und Scham zu lehren.

Ein lautes Klopfen an die Tür ließ die drei Männer aufspringen. Auf Aufforderung trat der wachhabende Marinesoldat ein. „Mr. Yorke wünscht Sie zu sprechen, Sir."

Ramage drehte sich gerade rechtzeitig um, um zu erhaschen, wie der Admiral leicht fragend die Augenbrauen hob, und der Kapitän ängstlich seine schmalen Lippen schürzte. Beide waren Yorke gegenüber argwöhnisch — vielleicht fürchteten sie ihn auch etwas? Doch dieser Gedanke war sicher völlig absurd ...

„Er soll hereinkommen", rief Croucher.

Yorke betrat die Kajüte, nickte Croucher freundlich zu und sah dann Goddard.

„Ah, Admiral! Bitte entschuldigen Sie meine Störung."

„Nicht der Rede wert, Mr. Yorke, nicht der Rede wert; Sie sind ein immer gern gesehener Gast."

Goddards schmeichelnde Worte waren nur so zu erklären: er richtete sie an eine mächtige, einflußreiche Persönlichkeit.

„Ich suche Mr. Ramage. Er nahm freundlicherweise meine Einladung, an Bord der *Topaz* zu speisen, an, und da wir uns nicht an der Gangway trafen, dachte ich, er hätte sich vielleicht im Tag geirrt."

„Mr. Ramage ist ein glücklicher junger Mann", sagte Goddard herzlich.

„Ramage, ich hoffe nicht, daß Sie eine solche Einladung vergessen haben?"

„Nein, Sir, ich wollte sofort hinübergehen, nachdem Sie mir meine Instruktionen gegeben haben."

„Gut so — nun, Sie haben die Quittung für diese Anordnungen gegengezeichnet? Ja, ich sehe, Mr. Croucher hat sie. Das ist dann wohl alles. Seien Sie besonders wachsam auf Ihrer Seite des Konvois. Bestrafen Sie die Nachzügler — das ist ja nichts Außergewöhnliches, und Sie wissen das alles ohnehin!"

Ramage mußte zugeben, daß Goddard sich seiner Aufgabe gut entledigte, er äußerte sogar die Hoffnung, Yorke und die Passagiere mögen Zeit finden, bei ihrer Ankunft in Kingston auf Jamaika an Bord des Flaggschiffes zu dinieren. Yorke quittierte diesen Wunsch mit einem kurzen Kopfnicken.

3

Der Rumpf der *Topaz* war schwarz, der übrige Anstrich, wie Ramage vermutete, dem Namen entsprechend maisgelb. Das Schiff war gut ausgerüstet. Es gab eine große Zahl neuer Taue, goldbraune Manilataue, die stärksten und teuersten, die auf dem Markt waren. Die Decks waren geschrubbt und die Messingteile nach Art der Kriegsschiffe blank poliert. Große Segel, ausgestattet mit festsitzender Verschnürung, waren so klug entworfen, daß sie ein Maximum an Schatten spendeten. Das Segeltuch der Liegestühle war hübsch gemustert und mit Fransen verziert. Die Schiffsbesatzung arbeitete hart und war offensichtlich guter Dinge. Das Schiff schien erst kürzlich zu Wasser gelassen worden zu sein. Gewöhnlich konnte es sich nur die ehrenwerte East Indian Company leisten, ihre Schiffe so makellos im Schuß zu haben.

Yorke hatte nichts gesagt, seit er Crouchers Kajüte verlassen hatte. Er nickte bloß, als Ramage ihn wissen ließ, er wolle seinem Steuermann auf der *Triton* eine Mitteilung zukommen lassen. Als Ramage nun an Bord neben dem Großmast stand und sich auf der *Topaz* umblickte, grinste Yorke plötzlich und fragte: „Findet sie Zustimmung?"

„Wäre sie ein Schiff des Königs, würde ich ‚ja' sagen; da ich aber noch nicht die ganze Yorke'sche Flotte gesehen habe, will ich noch kein Urteil fällen."

„Sie werden nicht enttäuscht sein; sie gleichen alle der *Topaz*, ja, sie sind völlig identisch mit ihr. Maste, Rahen und Segel sind austauschbar, nach Art der Marine. Mit der gleichen Norm für alle sechs Schiffe spare ich ganz erheblich Ausbesserungsarbeit und routinemäßige Wartung. Die Schiffe unterscheiden sich nur im Anstrich. Jedes ist nach der Farbe des Edelsteins gestrichen, dessen Namen es trägt. Es treibt die Anstreicher manchmal zum Wahnsinn, den richtigen Farbton zu treffen. Alles andere ist von bestmöglicher Qualität, einschließlich Besatzung. Ich zahle besser als jeder andere."

„Geld allein bringt nicht immer gute Leute ein", sagte Ramage trocken. „Oft zieht es die schlechten an!"

„Stimmt, aber ich lese mir sorgfältig die guten heraus, und meine Lohnskala ist nicht einheitlich. Bekomme ich einen guten Seemann, bezahle ich ihn so gut, daß er bei mir bleibt. Bietet ihm ein anderes Schiff eine Koje als Maat an, stellt er sich gewöhnlich weit besser, wenn er als fähiger Seemann bei mir bleibt."

So dienen bei Ihnen also Bootsmänner als Seeleute — und vermutlich Kapitäne als Bootsmänner?"

„Das kommt der Wahrheit verdammt nahe", sagte Yorke und lachte über Ramages Seitenhieb. „Wissen Sie über die laufenden Versicherungssummen Bescheid, abgesehen vom Hurrikan-Zuschlag?"

„Nein — vielleicht 5%?"

„So zwischen sechs und zehn Prozent. Ich bezahle vier."

„Dank eines Onkels bei der Versicherungsgesellschaft?" neckte Ramage.

„Das wäre mein Wunsch. Nein, wenn Versicherer meine Schiffe sehen, kennen sie ihr einziges Risiko. Von Kriegsgefahren abgesehen, sind das nur außergewöhnliche klimatische Bedingungen: vielleicht ein früher Hurrikan, ein Nebelmonat in der Kanalzone und so weiter. Also keine verrotteten Maste, die über Bord gehen, weil zerschlissene Taue nachgeben; keine sinkenden Schiffe, deren Balken im Rumpf auseinanderbarsten..."

„Wenn Sie also ein Pfund mehr in die Takelage investieren, können Sie das Hundertfache an Wert versichern zu einer Prämie von vier Pfund statt von sechs bis zehn."

„Stimmt genau. Und bekomme die besten Frachten. Die anderen dürfen die sperrigen, schmutzigen Güter befördern. Während eines Krieges gibt es massenweise Fracht, die den Spediteuren wertvoll genug ist, um mit einer Extragebühr sicher transportiert zu werden."

„Allmählich glaube ich, Sie sind auch ein guter Geschäftsmann." Yorke lachte.

„Ein hübsches Kompliment — denke ich. Aber Sie sagten ‚auch' ein guter Geschäftsmann?"

„Neben einem guten Seemann."

„Das ist das schönste Kompliment, das Sie mir machen können."

Ramage zuckte mit den Schultern. „Nur sehr wenige Schiffseigner sind beides. Ich glaube, mehr Schiffe sinken durch Gefahren, die durch pfennigfuchserige Eigner heraufbeschworen werden, als durch das, was Versicherer die ‚Gefahren der See' nennen."

Yorke nickte zustimmend. Unglücklicherweise hatte Ramage recht — Yorke wußte nur zu genau, daß ein geiziger Eigner einen geizigen Kapitän anheuerte, der nicht darüber erhaben war, seine Leute zu betrügen. Hinter jedem Kapitän wartete ein Dutzend anderer, ohne Arbeit und nur darauf aus, seinen Stuhl einzunehmen. Um seinen Job zu behalten, mußte der Kapitän hinterher sein, alte und müde Taue immer wieder neu zu verknoten, um ihre Lebensdauer zu verlängern. Er mußte schauen, daß Segel immer wieder repariert wurden, bis schließlich mehr Flickwerk als ursprüngliches Segeltuch erkennbar war. Er mußte mit der halben Zahl von Leuten segeln, die eigentlich nötig war, um das Schiff ordentlich zu manövrieren. Der Schiffseigentümer saß derweil ruhig in seinem Landhaus und wußte, daß die Kriegsmarine zu Hilfe kommen würde, um in einem entfernten Hafen den Anker zu lichten, falls die

Zahl der eigenen Leute nicht ausreiche. Sie war ja auch daran interessiert, daß der Konvoi fristgemäß weitersegelte. Ebenso würden die Zimmerleute der Kriegsmarine zu Hilfe eilen, wenn ein Leck entstanden war. Dieses Konvoisystem hatte so manchen Vorteil, und viele Schiffseigner hofften, damit wieder das Geld gutzumachen, das sie in Form von Steuergeldern losgeworden waren.

„Werfen Sie jetzt einen Blick auf die Ladung", sagte er zu Ramage, der höflich nickte und dann laut ausrief: „Aber sie sind ja *alle* aus Messing!"

„Jedes einzelne", bemerkte Yorke, als Ramage die Reihen von Geschützen entlangblickte. Nun galt sein Interesse den kleinen Drehstützen, die alle paar Fuß entlang dem Schanzkleid montiert waren.

„Ich ließ sie vor ein oder zwei Jahren umgießen. Sie waren so etwa siebzig Jahre alt."

„Gab's Probleme in der Gießerei?"

„Nein, sie fügten nur etwas mehr Zinn zu — was verdammt teuer ist — weil es sich offensichtlich im Laufe der Zeit abbaut und dadurch das Metall geschwächt wird. Messinggeschütze sind letzten Endes ein Wirtschaftsfaktor — kein Rost, keine dauernden Schäden durch Stoß, kein dauerndes Lackieren."

„Und Sie haben gute Geschützoffiziere?"

„Nein — hoffnungsloser Fall!"

„Aber warum?" Ramage war überrascht. „Was nützen die besten Messinggeschütze, wenn...?"

„Meine Kanoniere sind hoffnungslos schlecht, meine Seeleute sind Landratten, meine Schiffsmaate sind Trottel... ich weiß ja nicht, ob Sie einen von ihnen abwerben wollen."

„Sie können ruhig schlafen. Ich bin zwar knapp dran, aber erpreßt habe ich deshalb noch niemanden aus dem Konvoi."

„Dann sind Sie wohl eine der ganz wenigen Ausnahmen unter den in Königsdiensten stehenden Schiffen."

„Ist mir bekannt, doch ich ziehe die Qualität der Quantität vor."

„Ich wünschte, einige Ihrer Kapitänskollegen dächten wie Sie."

„Vielleicht tun sie es."

„Richtig — aber können Sie Qualität erzeugen?"

Ramage vermied zu antworten. Das war heikles Terrain. Er hatte keine Lust, dem Kapitän eines Handelsschiffes etwas über die Verachtung zu erzählen, die er empfand wegen der mangelnden Führung, die von einigen seiner Offizierskollegen an den Tag gelegt wurde; und wenn Yorke noch so gastfreundlich war.

„Kommen Sie mit mir", sagte Yorke, „ich muß die Ladung inspizieren."

Als er merkte, daß Ramage nicht begeistert war und viel lieber herumgebummelt wäre, um das Schiff zu besichtigen, fügte er hinzu: „Die Frauen sind bestimmt schon fast vergangen vor Neugier; und sie fühlten sich bestimmt nicht sehr geschmeichelt, müßten sie hören, daß Sie mehr Interesse an Messinggeschützen haben als an ihnen."

„Frauen?" rief Ramage aus. „Sie sagten Frauen? Hey, Sie zeigten mir wohl ein falsches Frachtverzeichnis? Seit wann zählen Frauen als Ladung?"

„Nun, diese tun es!"

Ramage war vollkommen unvorbereitet, als er die vier Menschen im luftigen Salon der *Topaz* auf sich wartend vorfand. Er hatte an einen breiten, behäbigen Pflanzer mit seiner Frau gedacht, an ein oder zwei Oberste und vielleicht an einen General mit aufgetakelter Gattin. Und er war überzeugt, daß ihre Gesichter hervorragend zu der hochglanzpolierten Wandverkleidung aus Mahagoni, ihre Figur zu den gut gepolsterten Sesseln und Sitzbänken passen würden.

Yorke verbeugte sich elegant vor den beiden Damen und Herren.

„Darf ich Lord Ramage vorstellen?"

Ramage konnte nur einen kurzen Blick auf die Herren werfen und gerade noch feststellen, daß eine der Damen jung war, als Yorke seine Bekanntmachung vollendete: „Monsieur St. Brieuc mit Gattin; ihre Tochter, Madame de Dinane, und M'sieur St. Cast."

„Sehr angenehm", sagte St. Brieuc, als sie sich die Hand reichten. Ramage küßte den Damen die Hand. „Sie sind sicher der junge Mann, der hier in der Nähe die Freibeuter kaperte? Mr. Yorke hat uns darüber berichtet."

Als er in einem fast akzentfreien, perfekten Englisch sprach, überlegte Ramage fieberhaft, warum die Namen einen seltsamen — fast schon gefälschten — Klang an sich hatten.

Yorke gab die Antwort. „Er ist genau besagter Mann."

Ramage zugewandt, sagte er höflich: „Sie dürften wissen, daß Sie sich Ihr Abendessen durch Singen verdienen müssen."

„Das Abendessen durch Singen verdienen?"

Die Tochter schaute etwas unsicher, als sie die Worte leise wiederholte und dabei den Fächer sinken ließ, den sie vor ihr Gesicht gehalten hatte, seit sich ihre und Ramages Augen kurz zuvor getroffen hatten.

Es war nur ein leises, stark französisch akzentuiertes Gemurmel, dessen Sinn Ramage eher erriet als wirklich hörte; eine angenehme Stimme, die ihn in Spannung versetzte.

Yorke riß ihn aus seinen Gedanken.

„Ein Ausdruck, Ma'am — ich meine . . ."

„Daß ich irgendeinen Dienst ableiste, anstatt mein Essen mit Geld zu bezahlen", beendete Ramage den Satz. Er war in Sorge, jemand hätte seine kurze Träumerei bemerkt. „Zum Beispiel, indem ich Sie mit einem Lied unterhalte."

„Oder einen Kopfstand machen oder mit einem Dutzend Weingläser jonglieren", fügte Yorke hinzu.

Ramage bemerkte, daß der Spaß nicht angekommen war, denn die junge Dame schaute jetzt betreten drein und sagte: „Jonglieren — ich verstehe nicht, warum ..."

„Mein Liebes", sagte ihr Vater, „Mr. Yorke ließ ganz einfach Seine Lordschaft wissen, daß wir hoffen, er werde uns von seinen Abenteuern berichten. Einfach eine Aufforderung!"

Madame de Dinan hatte große, braune Augen in einem schmalen, ovalen Gesicht. Sie war von kleinem Wuchs und ihre fast klassische französische Schönheit ließ dank ihrer warmen Augen und ihres großen sinnlichen Mundes jede statuenhafte Vollkommenheit vermissen. Sie ist verheiratet, dachte Ramage traurig; die ganze Liebe und Leidenschaft gehört einem anderen ...

Plötzlich erinnerte er sich daran, daß St. Cast und St. Brieuc die Namen zweier winziger Fischerdörfer waren, die versteckt hinter den Felsen und Riffen der bretonischen Küste lagen, nicht weit entfernt von St. Malo und südlich der Kanalinseln. Sie lagen nur wenige Meilen auseinander, und Ramage konnte sich diesen Teil der Landkarte gut vorstellen. Dinan lag ein paar Meilen weiter landeinwärts. Diese Leute waren also wahrscheinlich unter einem Pseudonym unterwegs, und das erstaunte nicht besonders, denn offensichtlich waren sie Königstreue auf der Flucht.

St. Cast sprach zum ersten Mal. Ein großer, gesund aussehender Mann mit weißem Haar und markanten Gesichtszügen, in denen Freundlichkeit und Hochnäsigkeit dicht beieinander lagen. Er hatte eine Fistelstimme, die so gar nicht zu seinem Typ passen wollte, doch er brachte jedes Wort klar artikuliert hervor. Bestimmt war er kein Pedant, nur einfach gewohnt, Instruktionen zu erteilen.

„Kommen Sie mit uns nach Jamaika?"

Ramage bejahte, und Yorke ergriff die Gelegenheit zu fragen: „Was *sollte* denn der ganze Quatsch mit dem Admiral?"

„Ich befürchte, ich zähle nicht zu seinen Lieblingen."

„Das glaube ich allerdings auch. Hoffentlich war's richtig, Sie so einfach aus der Kajüte zu ziehen."

„Es war nicht nur richtig, sondern geschah genau im richtigen Augenblick!"

„Sie schauten drein wie zwei Katzen, denen die Maus entwischt ist", sagte Yorke. „Eine fette Katze, eine dünne Katze und eine Maus erster Wahl."

Ramage lachte, fügte dann aber voll Verbitterung hinzu: „Die Maus ist ihnen aber nur vorübergehend geraubt worden."

Yorke wandte sich seinen französischen Gästen zu und sagte, wie Ramage meinte, mit unnötiger Fröhlichkeit: „Als ich an Bord des Flaggschiffes war, konnte ich entdecken, daß der Leutnant auch nicht zu den Günstlingen von Admiral Goddard zählt. Ich verrate hiermit keine Marinegeheimnisse, denn fünfzig Kapitäne konnten dieselbe Wahrnehmung machen."

Während Ramage über das ‚auch' nachdachte, betrachtete St. Brieuc, ein kleiner Mann mit dem Profil eines schlankeren Julius Caesar, seine Fingernägel. „Eine vorübergehende Erscheinung, dessen bin ich sicher", sagte er höflich. „Ein vorübergehender Verlust der Gnade ... vielleicht eine vorüberziehende Wolke?"

Ramage sah, daß alle neugierig waren. Nun, es gab keine Veranlassung, etwas zu verheimlichen, worüber die ganze Marine Bescheid wußte.

„Nein, kaum nur eine vorüberziehende Wolke. Dieser Zustand ist so dauerhaft wie die Existenz der Klippen von *Minquiers.*"

St. Casts Gesicht erstarrte. Er schaute zu St. Brieuc, als ob er eine Frage stellen wollte. Dieser nickte ihm kaum wahrnehmbar zu.

„Sie haben also erkannt, daß wir incognito reisen. Ich —"

Ramage errötete und hob seine Hand. „Meine Herren, diese Anspielung geschah ganz zufällig. Ihre Namen — die Dörfer sind mir vertraut, weil ich auf einem Schiff diente, das auf den Kanalinseln stationiert war. Sie müssen mir wieder in Erinnerung gekommen sein, als ich versuchte, an ein Symbol der Dauerhaftigkeit zu denken — eines wie die Klippen von *Minquiers*."

„Ist nicht schlimm", versicherte St. Cast. „Wir wollen einfach —"

Wieder wollte Ramage ihn durch eine Geste der Hand zum Schweigen bringen. Er war zwar durcheinander, doch schon wieder etwas ruhiger.

„Sie haben bestimmt guten Grund, incognito zu reisen, und je weniger man in Kriegszeiten weiß, um so weniger kann man bei einer Gefangennahme zum Verrat gezwungen werden..."

Das Mädchen zitterte, und seine Mutter versuchte, es zu beruhigen. Ramage und Yorke schauten taktvoll zur Seite; St. Brieuc dagegen richtete sich etwas auf und sagte nicht ohne Stolz: „Maxine hat Grund zu wissen, was Sie meinen. Die Männer des Revolutionstribunals peinigten sie drei Tage lang, damit sie unser Versteck in Brittany verrate."

Ramage sagte schnell: „Ihre Anwesenheit beweist, daß sie damit keinen Erfolg hatten."

„Ja", sagte ihr Vater einfach, „aber sie wird die Narben ihres schmutzigen Handwerks mit ins Grab nehmen."

Das Mädchen blickte plötzlich mit einem Lächeln im Gesicht hoch, klappte den Fächer zusammen, deutete auf Ramage und sagte fröhlich: „Sie müssen zum Abendessen singen!"

Die Gelegenheit, die Stimmung aufzuheitern, ergreifend, verbeugte sich Ramage tief. „Madame brauchen nur den Titel des Lieds zu nennen und werden einen Gesang hören, der einen Frosch vor Neid erblassen läßt!"

„Das Lied der *Triton*."

„Ich nehme an und hoffe inständig, daß dieses Lied lang und faszinierend ist und daß man es am besten nach dem Essen singt. Augenblicklich frage ich mich — falls ich nicht indiskret bin, und ich hoffe Mr. Yorke sagt mir, wenn ich es tatsächlich bin — ob wir nicht etwas darüber erfahren könnten, wie Sie bei Admiral Goddard in Ungnade gefallen sind. Ich — oder besser: wir haben besonderen Grund neugierig zu sein."

„Und ob Sie den haben!" rief Yorke aus. „Darf ich den Leutnant informieren?"

St. Brieuc nickte zustimmend.

„Meine Passagiere — welch unmögliches Wort für diese Gäste — begannen ihre Reise von Portsmouth nach Jamaika ursprünglich an Bord der *Lion* mit Admiral Goddard als Gastgeber", erzählte Yorke. „Sie schätzten sich glücklich, daß der Konvoi Cork anlaufen mußte, wo die irischen und schottischen Schiffe anzugliedern waren. Sie nutzten diese Gelegenheit, um von Bord der *Lion* zu gehen..."

„Ein schrecklicher Mensch!" sagte die Tochter mit Schaudern, und Ramage fühlte, daß sie Goddard gegenüber Haß und Verachtung gleichermaßen empfand.

„Er ist kein Gentleman", sagte St. Cast, und seine Stimme zitterte. „Trotz —"

St. Brieuc unterbrach ihn so unauffällig, daß Ramage nicht sofort erkannte, daß der Franzose sich nicht sicher war, was St. Cast eigentlich sagen wollte. St. Brieuc schien derjenige zu sein, der Entscheidungen traf.

„Wegen der — eh — Aktivitäten des Generals fiel es mir nicht schwer, ihn zu überzeugen, daß wir trotz seiner Anordnungen, die uns zu seinen Gästen stempelten, lieber auf einem anderen Schiff weiterreisen würden."

Taktvoll beigebracht, erkannte Ramage an, und ich würde wetten, ich liege richtig, was dann geschah: der galante Admiral machte bei Madame de Dinan Annäherungsversuche ... und bei aller Ehrlichkeit, ich kann ihn deswegen nicht tadeln.

„Ich konnte ihnen die Gastfreundschaft der *Topaz* anbieten", sagte Yorke, und Ramage vermutete, daß seine ursprünglichen Passagiere eine gute Entschädigung dafür bekamen, daß sie ihre Reise verschoben oder auf ein anderes Schiff überwechselten.

Diese Leute mußten sehr einflußreich sein. Goddard litt bestimmt darunter, daß sie nicht auf seiner *Lion* weiterreisten. Die Admiralität wollte sicherlich Erklärungen dafür haben. *Das* war also der Grund für die Angst Goddards: diese Leute waren die ‚wichtige Ladung', und darum hatte Yorke, wie alle anderen Kapitäne, besorgt um sich geblickt...

Aber wer waren sie und warum gingen sie nach Jamaika? St. Cast schien von untergeordneter Bedeutung zu sein. Der kleine, vogelgleiche St. Brieuc war der Mann, auf den es ankam. Wo aber steckte der Gatte seiner Tochter? Ramage haßte ihn bereits, weil niemand eine solche Frau verdienen konnte. Er war eifersüchtig — eifersüchtig auf einen Ehemann, den er niemals gesehen, und eine Frau, die er vor zehn Minuten zum ersten Mal getroffen hatte. Das ist wirklich ein seltsamer Morgen, dachte er und war nicht bester Laune.

„Meine eigene Geschichte geht ein bißchen weiter zurück", sagte Ramage, „aber es ist eine langweilige Geschichte, die von Eifersucht, Rachsucht und Besessenheit handelt."

„Wir haben all' diese Dinge auch kennengelernt ... Fast ist es eine Erleichterung zu wissen, daß wir mit unserem Unglück nicht alleine sind", sagte St. Brieuc ruhig.

„Bitte", forderte ihn das Mädchen auf, „erzählen Sie uns die Geschichte, wenn Sie können."

„Ein kleiner Hinweis, und wir lassen das Thema fallen", sagte Yorke, „aber ..."

Ramage lachte und beruhigte sie, aber sie sahen, daß er die ältere der beiden Narben über der Augenbraue rieb. Yorke erinnerte sich, dies bei der Konvoi-Konferenz beobachtet zu haben, als Goddard ihn übergangen und alle anderen Offiziere vorgestellt hatte. Diese Angewohnheit stand offensichtlich mit starker Anspannung oder Konzentration in Zusammenhang. Yorke entging auch nicht, wie er seine Hand dort wegnahm, als er bemerkte, daß man ihn beobachtete.

„Die Geschichte beginnt mit meinem Vater. Er ist Admiral, dient aber augenblicklich nicht."

„Sicherlich noch kein alter Mann, oder?"

„Nein — er genießt oben aber einfach keine Gunst."

St. Brieuc nickte betrübt. „Politik, immer Politik!"

Ramage nickte. „Politik, ja: aber eine, die sich im Kreise dreht; er gehört nämlich keiner besonderen Partei an. Man betrachtete ihn als einen der besten Admirale seiner Zeit, aber er hatte — und hat noch — viele Fehler. Er ist ungeduldig, kann Dummheiten nicht leichten Herzens ertragen und ist von großer Entschlußkraft. Er haßt unentschlossene Leute."

„Kaum Fehler!" protestierte St. Cast, fast zu sich selbst sprechend.

„Nein, aber er hatte auch zwingende und fortschrittliche Ansichten über neue Taktiken und Zeichengebung, welche den Krieg zu Wasser revolutioniert hätten —"

„Kein Wunder, daß er unbeliebt war", sagte Yorke gequält. „Ich bemitleide all die anderen Admirale. Da haben sie ein Leben lang mit der Erlernung und Ausübung der alten Taktiken zugebracht, und dann kommt so mir nichts dir nichts ein strahlender junger Admiral daher, der alles verändern will. Man kann einem alten Hund keine neuen Tricks beibringen — und der alte Hund weiß das!"

„Daran ist etwas Wahres", gab Ramage zu, „aber dann kam die Politik dazwischen."

„Aha", sagte St. Brieuc, als ob er Ramages Geschichte voll verstanden habe.

„Nein, nicht was sie denken, M'sieur, genau das Gegenteil. Meine Familie stammt aus Cornwall, aber wir haben uns seit Cromwell bzw. seit der Restauration aus der Politik rausgehalten. Wir lernten, unser Glück nicht auf Prinzen aufzubauen."

„Die Leute von Cornwall — sie sind wie wir Bretonen", sagte die Tochter, die die Bedeutung von Ramages letzter Bemerkung nicht verstanden hatte.

„Ja, sogar die Ortsnamen sind ähnlich."

„Wir unterbrechen Sie die ganze Zeit", sagte St. Brieuc. „Erzählen Sie doch bitte weiter."

„Als der letzte Krieg halb vorüber war, hatte England Nachricht bekommen, daß die französische Flotte in Richtung Westindien ausgelaufen war, um dort anzugreifen. Die Regierung war zwar Monate zuvor auf die Vorbereitung dieser Attacke hingewiesen worden, doch nichts geschah."

„Ich erinnere mich", murmelte St. Brieuc.

„Die Admiralität konnte nur eine kleine Schwadron auf die Beine stellen, doch sie ernannte meinen Vater zum Kommandanten und schickte sie auf See. Schon vor dem Lichten der Anker wußte mein Vater ganz genau, daß der Gegner dreimal so stark war und daß eine verheerende Niederlage nur durch die Anwendung neuer Taktiken vermieden werden konnte."

„Für seinen Überraschungsangriff", murmelte St. Brieuc halblaut, „verzichtete der französische Admiral auf die Anwendung überkommener Kampfmethoden und hoffte, so kontern zu können."

„Erraten", sagte Ramage, „doch der Plan mißlang."

Yorke und das Mädchen fragten gleichzeitig: „Warum?"

Ramage zuckte mit den Schultern. „Das Manöver war wirklich umwälzend, doch plötzlich blieb der Wind aus, und so konnte nur ein Drittel der Schiffe auslaufen."

„Allmählich erinnere ich mich", sagte Yorke; „ich war noch ein kleiner Junge. Ihr Vater muß Graf von Blazey sein, nicht wahr?"

Ramage nickte, und Yorke sprach weiter, fast wie zu sich selbst.

„Wie durch ein Wunder verlor er kein einziges Schiff, aber natürlich konnten die Franzosen entkommen. Großer Krach im Parlament... Die Regierung wackelte... Der Admiral wurde getadelt und vor Gericht gestellt... Die Regierung gerettet... Der Krach trennte die Marine in zwei feindliche Lager... Hatte etwas mit den Kampfanordnungen zu tun, nicht wahr?"

Ramage stimmte zu. „Sie haben ein gutes Gedächtnis. Die beiden Hauptgründe waren, wie immer, die Tatsache, daß zu wenig Schiffe zu spät mobil gemacht wurden, und die Kampfinstruktionen."

„Kampfinstruktionen?" wiederholte St. Cast. „Sehen sie wirklich so aus, wie man sie sich nach dem Wort vorstellt? Sind es Anordnungen, wie man in einer bestimmten Schlacht zu kämpfen hat?"

„Nicht ganz; sie schreiben nicht das Verhalten in einer bestimmten Schlacht vor, sondern enthalten ein Paket von Regeln, wie man in Schlachten überhaupt zu kämpfen hat."

„Klingt ja wie die Anleitung zum Schachspiel", bemerkte St. Brieuc.

Ramage dachte kurz über den Vergleich nach und nickte dann. „Fast, doch sie schreiben nicht den Weg vor, dem ein einzelnes Schiff — die einzelne Schachfigur — zu folgen hat; sie geben vielmehr dem Admiral die Bewegungsabfolge an, die alle Schiffe, je nach Umstand, zu befahren haben."

„Um beim Schachspiel zu bleiben: bedeutet das, daß sie den ganzen Spielablauf vorschreiben? Ist der Admiral, sobald er sich für einen bestimmten Schritt entschieden hat, verpflichtet, jeden folgenden Zug mitzuziehen?"

„Ja. Natürlich werden verschiedene Alternativlösungen angeboten, je nach Wind, Position der eigenen Schiffe und der des Feindes usw."

„Aber", entgegnete Yorke und vermutete offensichtlich, er habe Ramage falsch verstanden, „die Anordnungen binden dem Admiral völlig die Hände, was Eigeninitiative betrifft! Er muß nach der bewußten Pfeife tanzen; eine gewisse Melodie bedeutet einen gewissen Tanz."

„Das trifft den Kern der Sache", sagte Ramage.

„Aber wir wissen doch alle, daß es Dutzende oder sogar Hunderte von Situationen gibt, denen sich ein General gegenübergestellt sehen kann. Die können doch nicht alle durch entsprechende Anordnungen abgesichert sein?"

„Natürlich gibt es x-Situationen, doch der Admiral ist verpflichtet, sich an die entsprechenden Aufzeichnungen zu halten." Ramages Worte waren wohlüberlegt und verrieten in keiner Weise, wie er zu diesem Problem stand.

„Was geschieht zum Beispiel..."

„Wären Sie mein Vater, würden Sie sie ignorieren, die eigenen Taktiken anwenden, sich auf das Signalbuch verlassen und angreifen..."

„Und was, wenn der Wind nachläßt?" fragte St. Brieuc.

„Wenn das geschieht und die Regierung einen Sündenbock braucht, um den eigenen Kopf aus der Schlinge zu ziehen..."

St. Brieuc nickte gedankenverloren. „Ja, ich verstehe... in der Politik ist das einfach: wird der Admiral schuldig gesprochen, bedeutet das gleichzeitig immer die Unschuld der Regierung. Der Mob ist zu blöd, um zu erkennen, daß eine Regierung nicht einfach bezüglich Dummheit, Vergeßlichkeit und zu spätem Handeln frei von Schuld gesprochen werden kann, nur weil man einen Admiral, wie absurd und veraltet das auch immer sein mag, wegen Befehlsverweigerung schuldig sprach. Flugblätter, Gerüchte, Lügen und Anklagen jagten sich... Zeit und Ort bleiben jedoch ohne Einfluß auf die Methoden."

„Die Blutrache von diesem Admiral Goddard", fragte St. Cast, und mit der Betonung des Wortes ‚diesem' ließ er verschiedene Interpretationsmöglichkeiten offen, „wie begann das alles?"

„Der Prozeß gegen meinen Vater spaltete die Marine. Die meisten der alten Admirale — eben die, die die Regierung unterstützten — waren gegen ihn. Die jungen aber standen auf seiner Seite, weil sie mit den alten Zöpfen Schluß machen wollten."

„Aber die Blutrache?"

„Oh, das ist kompliziert! Die Offiziere, die das Hohe Gericht bildeten, nun, sie waren Offiziere von hohem Rang und sie wußten, daß die Regierung stürzen konnte ..."

„Falls sie ihn nicht schuldig sprächen", kommentierte Yorke, „könnten sie weitere Beförderung in den Wind schreiben."

Ramage zuckte wieder mit den Schultern. Es war richtig, sogar offensichtlich. Menschen, die so intelligent waren wie diese drei, benötigten keine weitere Erklärung.

„Er wurde schuldig gesprochen und quittierte den Dienst. Die jungen Offiziere protestierten dagegen, reichten beim König eine Bittschrift ein, bekämpften das Urteil — oder besser: die Bedeutung des Urteils im Parlament, doch jeder Erfolg blieb ihnen versagt. Fünf Admirale und ein Kapitän bildeten das Gericht. Der Kapitän war verhältnismäßig jung, doch er hatte viele ‚Interessen' — besser: Begünstigungen! — zu berücksichtigen. Seine Frau ist entfernt mit dem König verwandt ... Niemand hat jemals verstanden, warum dieser Kapitän auch dann noch meine Familie auf jede nur mögliche Weise angriff, als der Prozeß längst über die Bühne gebracht worden war, als die Regierung wieder fest im Sattel saß und die ganze Angelegenheit um den Grafen von Blazey schon längst der Vergangenheit angehörte."

„Und der Name dieses Admirals ist Goddard", ergänzte Yorke.

St. Cast klopfte mit den Fingerspitzen auf die Lehne des Sessels. „Motive — sicher, er muß Gründe haben ... warum?"

„St. Brieuc blickte auf. „*Pourquoi?* Das will ich Ihnen sagen. Zuerst handelte er so, wie er Anerkennung zu gewinnen hoffte. Danach wurde diese Handlungsweise zur Gewohnheit, dann zur fixen Idee. Solche Menschen sind immer besessen von etwas; von Religiosität, Glücksspiel usw. Das macht ihr Leben sinnvoll, ist etwas, das ihnen vorher fehlte. In der Politik verbringen gewisse unbedeutende Idioten ihr ganzes Leben damit, dauernd große Männer anzugreifen. Bricht deren Genick — und das trifft sicher ein, wenn auch nicht durch sie — hoffen sie, goldene Früchte ernten zu können. Stimmen Sie mir zu?"

Ramage nickte langsam. „Über Gewohnheit oder fixe Idee habe ich zwar nie nachgedacht, aber ich glaube, Sie haben recht."

Auch St. Brieuc nickte. Ramage glaubte, er habe beinahe seine Gedanken gelesen, denn er fuhr fort. „Blutrache ist niemals mehr als eine Gewohnheit. Die Opfer, auf welcher Seite sie auch stehen mögen, erben sie wie einen Schatz. Nehmen Sie zum Beispiel die Montagues und die Capulets. Jede dieser Familien trug eine auferlegte Bürgschaft — den Haß auf die andere. Haß oder Besessenheit sind am leichtesten zu ertragen, weil sie sich aus sich selbst ernähren."

„Ist die Vendetta auch gegen Ihre Brüder gerichtet?" wollte Maxine wissen.

„Ich bin das einzige Kind."

„Dann also gegen Sie alleine?"

„Gegen meinen Vater, aber über mich."

„Haben *Sie* keine Günstlinge", fragte ihr Vater.

„Nein, aber einen Flotillenadmiral —"

„Einen *Flotillenadmiral!*" rief Yorke aus. „Nun, Sie brauchen mindestens einen Vizeadmiral."

„So viele wie möglich", sagte Ramage trocken, „wie auch immer, dieser Flotillenadmiral hilft, meine Geschichte aktuell zu machen."

„Aha, ich glaube, ich kann seinen Namen erraten", rief Yorke aus. „Ich nehme alles zurück, was ich über Flotillenadmirale gesagt habe, wenn Ihrer den Namen Nelson trägt."

„Stimmt, aber das alles geschah vor der Schlacht am Cape St. Vincent."

„Erzählen Sie weiter", sagte Yorke voll Ungeduld, „es wird immer spannender!"

„Im Mittelmeer", begann Ramage, und wunderte sich selbst, wo der wahre Ursprung der Affaire lag. Als er zu sprechen begann, war er sich seiner Indiskretion bewußt, er fühlte aber trotzdem große Erleichterung. „Im Mittelmeer unterstand ich Sir John Jervis' Befehl; nach der Schlacht wurde er Graf von St. Vincent", erklärte er den Franzosen. „Ein oder zwei Dinge gingen schief. Ich wurde vor Gericht gestellt — auf Geheiß von Admiral Goddard."

„Warum?" fragte St. Brieuc, und seine Neugier übertraf sein Taktgefühl.

„Feigheit", sagte Ramage oberflächlich.

„Waren Sie feige?" fragte das Mädchen leichthin.

„Nein."

„Wie konnte dann Admiral Goddard..."

„Jemand anderes benahm sich wie ein Feigling. Er mußte dessen Stolz retten. Mich anzuklagen war, was ihn und den Admiral betraf, eine gute Lösung. Beim Prozeß stellte sich völlig unerwartet ein Vetter gegen ihn, und ich wurde freigesprochen."

„Gegen ihn? Das muß ein wahrlich ehrlicher Mann gewesen sein, der sich gegen die eigene Familie stellt", sagte St. Cast.

„Das war in Wirklichkeit eine Frau."

„Oh, *nein!*" rief das Mädchen aus. „Papa! Das war

Gianna, Papa. Ich erinnere mich jetzt genau an die Geschichte."

St. Brieuc schoß ein Dutzend Gedanken durch den Kopf, bevor er zu Ramage blickte und von dort Zustimmung erhoffte.

„Graf", sagte er ruhig, „war das die Marchesa di Volterra?"

Ramage nickte.

„Gestatten Sie mir die Ehre", sagte St. Brieuc und reichte ihm seine Hand. Als Ramage sie ergriff und drückte, fügte er hinzu: „Wir sind alte Freunde ihrer Familie."

„Wir auch", sagte Ramage, „gerade eben ist sie mit meinen Eltern in England."

Maxine beobachtete ihn genau. Ramage hatte das Gefühl, sie durchbohre ihn mit ihren Blicken. „So retteten Sie sie vor Bonaparte... vor den Hufen der französischen Pferde."

„Um eine altbekannte Redewendung zu gebrauchen", sagte Yorke, „die Welt ist wirklich klein. Wir kennen die Geschichte der Rettung der Marchesa, Mylord, aber ich glaube, keiner von uns begreift, warum Goddard...?"

„Er ordnete den Prozeß an und segelte von Bastia ab. Kapitän Croucher ließ er als Gerichtsvorsitzenden zurück —"

Derselbe Croucher?"

„Derselbe! Mitten im Prozeß kam Flotillenadmiral Nelson an, und die Verhandlung mußte unterbrochen werden, weil er allen Schiffen den Befehl erteilte, abzusegeln."

„Konnten sie ihn nicht wieder neu ansetzen?" fragte St. Cast.

„Gott sei Dank, nein; der Prozeß war im Sinne des Rechts zusammengebrochen. Und der Flotillenadmiral informierte Sir John Jervis über den wirklichen Verlauf der Angelegenheit — ich unterstand ihm ja — und damit war die Sache erledigt."

„Der Flotillenadmiral gab den Befehl zu segeln", kommentierte St. Brieuc. „Das war...?"

„Einfach ein Zufall."

„Aber er fand alles über den Prozeßverlauf heraus...?"
Ramage bejahte.

„Manchmal steht die Gerechtigkeit auf unserer Seite, Mylord. Soweit ich informiert bin, wird Flotillenadmiral Nelson bald ein mächtiger Mann sein... Die Schlacht vom Cape St. Vincent..."

„Wo Ramage durch einen Trick die Spanier an der Flucht hinderte. Sie müssen ja wahnsinnig gewesen sein, anzunehmen, Sie könnten sie dadurch verwirren, daß Sie Ihr Führschiff mit ihrem kleinen Kutter kollidieren ließen. Doch Sie behielten recht. Nelson und die Flotte schafften es so rechtzeitig, ihnen den Weg abzuschneiden!" warf Yorke ein und fügte fröhlich hinzu: „Ja, soweit es Goddard betrifft, *Proprium humani ingenii est odisse quem laeseris.*"

St. Brieuc nickte und schaute Ramage an, während seine Tochter bat: „Übersetze mir das bitte, Papa, mein Latein..."

Als er nach Worten suchte, sagte Yorke: „Es liegt in der menschlichen Natur, jemanden zu hassen, den man verletzt hat' sagte Vergil, nicht?"

Wieder stimmte St. Brieuc zu. „Die Männer verurteilten den Vater und fügten ihm Unrecht zu. Nun greifen sie den Sohn an. Aber — *Audentis Fortunas iuvat!*"

„Glück hilft den Tapferen — wir wollen hoffen, das stimmt, eh?" sagte Yorke.

Ramage lachte. „Noch mehr Vergil?"

„Ja", sagte St. Brieuc. „Aber kommen Sie, Mr. Yorke. Wenn Seine Lordschaft für das Essen singen soll, müssen Sie ihm eigentlich wenigstens einen kleinen Hinweis geben, daß Sie ihm überhaupt etwas anzubieten haben! Wie wär's mit Champagner?"

4

Ramage glühte, als er sich einige Zeit später in seiner winzigen Kajüte an Bord der *Triton* am Schreibtisch niedersetzte. Der von Yorke kredenzte Champagner hatte ihn angenehm schläfrig gemacht, und er fühlte sich durch ein vom französischen Küchenchef vor den Augen von St. Brieuc zubereitetes superbes Mahl höchst angenehm gesättigt.

Der Schweiß durchtränkte seine Kleider und tropfte ihm vom Gesicht. Nicht die Sonne alleine, die die schachtelgleiche Kajüte aufheizte, trug Schuld daran; nein, Hitzewellen durchzogen ihn, wenn er an die vergangenen Stunden an Bord der *Topaz* dachte. Sein eigenes Verhalten dort stürzte ihn in Verwirrung.

Man kann das nur, so sagte er sich, mit der Tatsache entschuldigen, daß ich schon seit Monaten keine Gelegenheit mehr hatte, mich mit so intelligenten und weltoffenen Menschen zu unterhalten. Und sie sind, von Kollegen und Familienmitgliedern abgesehen, wirklich die ersten, mit denen ich über diese Goddard-Angelegenheit diskutiert habe. Und, verdamm mich, ich fühle mich dadurch viel besser. Ich mag wohl indiskret gewesen sein. Goddard und seine Busenfreunde nennen das sogar bestimmt verräterisch, doch irgendwie ist der Gedanke, daß Goddard für mich eine Falle gestellt hat, nicht mehr so angsteinflößend, und ich fühle mich nicht mehr so ganz alleine gelassen. Es gibt zwar nichts, was Yorke und der Franzose hätten tun können. Man kann überhaupt nichts tun, nicht einmal

Goddard über alle Berge schicken. Er und Croucher haben völlig freie Hand, doch vielleicht kann ich überleben, wenn ich hellwach bleibe ...

An Bord der *Topaz* redete und redete ich. Ermutigende Worte von St. Brieuc, das fragende Gesicht von Maxine, höfliches Interesse von St. Cast und schlichte Neugier von Yorke hatten mich dazu veranlaßt. Ich berichtete über die Rettung von Gianna, den Prozeß in Bastia, den Verlust des Kutters *Kathleen,* die Schlacht am Cape St. Vincent und die Festnahme der Freibeuter bei St. Lucia. Ich bereitete ihnen Vergnügen mit Geschichten über Goddard und Croucher ...

Wenn ich darüber nachdenke, grübelte er, fühle ich mich nicht so verwirrt, wie es eigentlich zu erwarten wäre. Tatsächlich, ich fühle mich merkwürdig frei: das Gefühl, in der Falle zu sitzen, das bei der Konferenz so ausgeprägt war und später bei dem wunderlichen Interview mit Goddard mich fast erdrückte — es ist vollkommen verschwunden. Mein Selbstvertrauen kehrte zurück, und ich fühle mich unbeschwert. Irgendwie verstanden sie alle offensichtlich viel mehr von der ganzen Geschichte, als ich erwartet hatte, und Maxine begriff wohl, wie einsam man sein mußte, wenn man von der Gnade eines rachsüchtigen Admirals so weit entfernt stand ...

Ramage schüttelte den Kopf: an Maxine mit ihrem aufregenden Körper und hübschen Akzent zu denken, war seiner Sache nicht zuträglich. Er mußte jetzt einen Plan aufstellen, wie er sich im Konvoi verhalten wollte. Dazu legte er die Instruktionen und Befehle auf eine Seite des Schreibtisches, die Liste mit den Namen der neunundvierzig Kapitäne obenauf. Dann reinigte er die Spitze seiner Feder, griff zum Tintenfaß, öffnete es und kratzte sich mit dem Federhalter am Kinn.

Neunundvierzig Schiffe gehörten dem Konvoi an: sie sollten in sieben Reihen à sieben segeln. Er nahm ein saubers Blatt Papier und malte sieben gleichgroße Punkte oben an der Seite nebeneinander. Sie symbolisierten die Schiffe, die die Reihen anführten. Unter jeden dieser Punkte setzte er sechs weitere, bis ein Quadrat entstanden war, mit sieben Punkten in der Senkrechten, sieben in der Waagerechten sowie sieben in der Diagonalen. Pech, daß die Sieben nicht meine Glückszahl ist, dachte er beiläufig. Maxines Vor- und sein Familienname hatten nur sechs Buchstaben. Das ist faszinierend — und vielleicht entsprechen die neunundvierzig Punkte einem magischen Quadrat, aus dem sich der Name der Angebeteten ergibt, wenn man, um einen Vergleich aus dem Schachspiel zu gebrauchen, den Läufer an einer bestimmten Stelle in Bewegung setzt und die berührten Buchstaben notiert.

Nicht viele Kapitäne unterziehen sich der Mühe, einen Konvoiplan aufzustellen. Aber genauso wenige Kapitäne gibt es, die einen Admiral haben wie ich, dachte er voll Verbitterung, der jede Bewegung beobachtet, um Fehler zu entdecken, der wahrscheinlich zweideutige und schwer zu durchschauende Befehle ausarbeitet, die so oder so einen Fehler einbringen. Es bedeutete Sicherheit, einen klaren Plan zu haben, der jedes Schiff des Konvois mit Namen und entsprechender Nummer angab. Ein plötzlich vom Flaggschiff gegebener Befehl bedeutete dann nämlich nicht, sich erst schnellstens in Listen informieren zu müssen und so Zeit zu vergeuden.

Die meisten Schiffseigner konnten mit den Namen auf der Liste nichts anfangen. Sie schienen das System ‚Namen von Eheleuten auf Grabsteinen' zu bevorzugen. So zum Beispiel die *William* und *Grace*, die *Benjamin* und *Mary*... Erwähnenswert vielleicht, daß Yorke von *Samson* und *Delilah* Gebrauch machte.

Feder eintauchen — kritzeln; Feder eintauchen — kritzeln... Die Namen der sieben Führschiffe waren aufs Papier gebannt. Der Champagner half ihm nicht; und auch nicht Maxines Gesicht, das ihn vom Papier anlächelte. Der tropischen Hitze angepaßt, hatte sie im Salon der *Topaz* ein Kleid aus feiner, spitzenbesetzter Seide getragen. Die neue französische Mode hatte ihre Vorteile: ohne Korsett konnte man die wahre Figur einer Dame erkennen, und die eng anliegende Seide ließ Maxines Brüste hervortreten als ob... Er tauchte die Feder in die Tinte und schaute auf den nächsten Namen auf der Liste.

Die jetzt übliche Art der Numerierung von Schiffen, die in kleinen Konvois fahren, war von seinem Vater entwickelt worden. Er erinnerte sich daran voller Verbitterung. Die Reihe links außen wurde von Nummer elf angeführt. Dahinter folgten die Nummern zwölf, dreizehn, vierzehn usw. Die Reihe daneben sah Nummer einundzwanzig, die dritte Nummer einunddreißig vorn, und das ging so weiter bis zur siebten Reihe rechts außen, die die Nummer einundsiebzig anführte, gefolgt von den Nummern zweiundsiebzig bis siebenundsiebzig. Mit Hilfe dieses Systems ließ sich ein Schiff sehr leicht finden. Die Nummer fünfundvierzig zum Beispiel war das fünfte Schiff in der vierten Reihe, zweiundsiebzig das zweite in der siebten Reihe.

Der ganze Block wurde ringsum von Begleitschiffen gesichert. Ihre Positionen konnte er noch nicht markieren, weil der Admiral noch nicht den kleinsten Hinweis gegeben hatte, wie er sie aufteilen wollte. Wahrscheinlich würden sie ohnehin häufig ihre Postionen ändern, je nach Windrichtung. Goddard würde bestimmt die Fregatten im Wind segeln lassen, um gegnerische Schiffe einzuholen und in die Flucht zu jagen oder unbekannte Segel zu identifizieren. Ramage war überzeugt, daß Goddards Flaggschiff mitten im Konvoi segeln würde, doch die *Lion* trug keine Nummer. Während des ganzen Wegs von England herüber war sie offensichtlich außerhalb des Konvois gesegelt, anstatt mittendrin, sozusagen im Brennpunkt des Geschehens. Fürchtete Goddard etwa die Blamage, von einem Handelsschiff mitten in der Nacht gerammt zu werden? Diese Angst war verständlich.

Yorke mußte als zuverlässiger Kapitän betrachtet werden: die *Topaz* war Nummer einundsiebzig und führte die siebte Reihe an. Der Wind blies auf dieser Reise wahrscheinlich gleichmäßig aus Ost bis Nordost, und so war diese Reihe voll unter Wind. Dies bedeutete, daß die *Topaz* Dreh- und Angelpunkt sein würde, und die Wahrscheinlichkeit war groß, daß alle Schiffe des Konvois ihre Position würden halten können, wenn dies dieser siebten Reihe gelänge. In der Fachsprache der Marineleute und Soldaten würde die *Topaz* der rechte Flügelmann sein, und die die anderen Reihen anführenden Schiffe würden an ihre Backbordseite die Positionen entsprechend einhalten: vierhundert Yards nach links, zweihundert Yards nach hinten. Dieser Abstand war rein theoretisch ermittelt.

In der Praxis würden die Fregatten, die *Triton* und die *Lark*, wie Schäferhunde vor- und zurückeilen, um die Herde beieinander zu halten. Dieser Gedanke machte Ramage wütend. Die Handelsschiffe würden sich in alle Winde zerstreuen. Sie scherten sich den Teufel um Befehle und vergaßen offensichtlich, daß die Sicherheit des Konvois nur bei kleinen Abständen gewährleistet sein konnte. Nur so konnten die Begleitschiffe sie vor feindlichen Schiffen schützen. Diese lungerten überall herum und hielten zwar gerade den Sicherheitsabstand ein, um selbst ungefährdet zu sein, waren aber auch nahe genug, um wie ein Wolf in die Herde einzubrechen und im Schutze der Nacht ein verirrtes Schaf zu schlagen und wegzutransportieren...

Es ist für jeden Kriegsschiffkapitän schlimm genug, einen Konvoi eskortieren zu müssen, dachte Ramage, aber wenn Leute wie Goddard und Croucher die Verantwortung tragen, bekommt die Geschichte verdammt den Beigeschmack von „grausamen und unnatürlichen Bestrafungen", die laut *Anordnungen* und *Vorschriften* verboten waren...

Er vervollständigte die Namen auf dem Plan. Eine seltsame Sammlung von Namen, die Beweis genug war, daß Britannien wenig Schiffe hatte, und daß Schiffseigner alles zu Wasser ließen und einsetzten, was schwimmen konnte. Einige der Schiffe würden über die Hurrikanzeit in Jamaika bleiben. Die Ankunft des Konvois in Kingston wäre somit für die Kriegsschiffe das Startzeichen, ihre Beiboote zu Wasser zu lassen, ihre Leutnants und Besatzungen zu den Handelsschiffen zu schicken und so viele von deren Besatzung wie möglich erpresserisch abzuwerben.

Deren Kapitäne würden ihre besten Leute an Land rudern lassen, um sich dort zu verstecken, bis man absegeln mußte oder die Kriegsschiffe sie wieder in Frieden ließen. Sie würden kaum desertieren können. Ihre Kapitäne behielten sicherheitshalber den größten Teil der Heuer, die ihnen zustand, zurück. Trotzdem, sich untätig in der Nähe des Quai aufzuhalten, bedeutete für die Seeleute die Gefahr, von einer umherschweifenden Erpresserbande geschnappt zu werden oder in die Hände eines verbrecherischen Anwerbers zu fallen, der seine Opfer dem meistbietenden Interessenten zuspielte. Und das war in der Regel ein Kapitän, der knapp an Leuten war; ein Marinekapitän, verzweifelt genug, eher Leute aus der eigenen Tasche einzukaufen als das Risiko einzugehen, mit einer zu kleinen Mannschaft die gefährliche Fahrt anzutreten.

Ramage hörte auf der Niedergangsleiter außerhalb der Kajüte das Geklappere von Schuhen. Kurz darauf meldete der Marinewachtposten: „Mr. Southwick, Sir!"

Auf Ramages freundliche Aufforderung betrat der Kapitän der *Triton* die Kajüte. Der Wust seines weißen Haares war durch Schweiß plattgedrückt. Seine Mütze hatte zu eng gesessen, wie eine Druckstelle, die über die ganze Stirn lief, verriet.

„Ein Boot verließ gerade das Flaggschiff und nähert sich uns, Sir."

„Mit wem an Bord?"

„Ein Leutnant, Sir. Ich dachte, es wäre besser, Sie vorzuwarnen."

Ramage blickte hoch. Gerüchte verbreiten sich schnell; der alte Kapitän war offensichtlich um ihn in Sorge.

„Kein Grund zur Sorge, bis unser Wimpel und das Kapitänszeichen zu sehen sind!"

„Ja, Sir. Es ist das Schiff mit jenen zwei ..."

„Keine Respektlosigkeit, Mr. Southwick." Der scheinbare Ernst ließ Southwick grinsen.

„Ich bin nicht respektlos, Sir", sagte der alte Mann plötzlich recht wütend, „sondern einfach aufrührerisch, umstürzlerisch, verräterisch und was sonst noch alles durch Kriegsgesetz verboten ist."

Ramage empfand eine starke Zuneigung für Southwick. Der Kapitän hatte das gleiche pausbäckige, rosafarbene, fast engelsgleiche Gesicht wie ein liebenswerter Landpfarrer. Und er hatte dieselbe Figur. Früher untersetzt, war er heute weit mehr als das. Sein langes und wie ein Heiligenschein abstehendes Haar schimmerte weißlich grau. Es hätte hervorragend zu einem Bischof gepaßt.

Aber man täuschte sich in ihm. Er war nicht nur ein äußerst fähiger Seemann und Navigator, sondern auch der geborene Kämpfer. Die Aussicht auf bevorstehenden Kampf machte aus dem wohltätigen Vikar einen bösartigen Metzger.

Southwick war gleichalt wie Ramages Vater. Vielen Leuten, die dem späten Mittelalter zuzurechnen waren, fiel es schwer, sich von einem Leutnant kommandieren zu lassen, der gerade seinen einundzwanzigsten Geburtstag gefeiert hatte. Natürlich mußten sie sich das gefallen lassen, weil es zum System gehörte und auf Tradition und Kriegsrecht basierte. An Bord eines Handelsschiffes waren Leute wie Southwick der Kapitän. Bei einem Kriegsschiff aber nur der für das Segeln des Schiffes verantwortliche Segelmeister und als solcher dem Kapitän untergeordnet. Er übte seinen Job aufgrund eines sogenannten Berechtigungsscheines aus und zeichnete nicht einmal für den Aufgabenbereich verantwortlich, der dem rangniedersten Leutnant übertragen wurde, einen Tag nachdem er Leutnant zur See oder Kapitänsmaat geworden war.

Die Beziehung zwischen Ramage und Southwick war ungewöhnlich. Auf vielen Schiffen mit jungen Kapitänen erfüllten die ältlichen Segelmeister einfach ihre Aufgabe: es gab keine Versäumnisse, keine Irrtümer, niemanden, der ihnen half. Machten sie einen Fehler, wiesen sie darauf hin, allerdings meist so spät, daß man ihn nicht mehr ungeschehen machen konnte.

Ohne je die Erfahrung gemacht zu haben, verstand Southwick, daß Kommandieren und das Fällen von Entscheidungen Aufgaben waren, bei denen man alleine stand, und er respektierte das. Er behandelte alle Seeleute gleich. Sie waren für ihn gutmütige, aber sich oft irrende Taugenichtse; Schuljungen, denen man mit Geduld beibringen mußte, was sie noch nicht wußten und die man wegen ihrer Fähigkeit Unheil anzurichten dauernd beobachten mußte.

Southwick betrachtete sich den Konvoiplan.

„Neunundvierzig Schiffe und eine ganze Eskorte", brummte er vor sich hin, wie wenn er mißtrauisch wäre.

„Es ist ein großer Konvoi. Der Admiral erwartete sogar mehr Fregatten."

„Kein Admiral hat je genug Fregatten gehabt. Dennoch, es ist ein ziemlich großer Konvoi für die Karibik", fügte Southwick mit brummiger Stimme hinzu, „aber ein zu kleiner für den Atlantik. Wollen alle nach Jamaika?"

„Nein — vier gehen nach Martinique, drei nach Antigua. Diese", sagte Ramage und deutete auf das letzte Schiff in jeder Reihe.

„Wir werden doch nicht einen großen Bogen nach Norden schlagen, nur wegen der Schiffe mit Ziel Antigua?"

„Offensichtlich doch", sagte Ramage und war genauso verärgert wie Southwick, weil das bedeutete, daß der Konvoi einen Riesenumweg machen mußte.

„Ah, und weht der Wind nur eine Spur aus Nord, werden diese Dickköpfe ihre Schiffe leewärts abtreiben lassen, bis sie auf spanisches Gebiet stoßen."

Das war nur zu wahr. Der Kurs nach Antigua ging nach Nordwest. Der Passat drehte zwischen Südost und Nordost, und der in die Karibik eindringende Atlantik rief starke Strömungen zwischen den Inseln hervor.

Ramage lachte über Southwicks Empörung, aber dieser protestierte. „Ich übertreibe nicht, Sir; haben Sie sie gesehen? Nun, es gibt nur ein Schiff mit einer anständigen Takelage, und das ist die *Topaz;* bei allen übrigen ist sie zerschlissen, sind Masten und Rundhölzer verrottet — und gerade diese werden von Leuten befehligt, die allenfalls in küstennahen Gewässern segeln können."

„Und alle arbeiten zweifellos auf der Basis der Profitteilung und machen so genauso viel Geld wie ein Admiral", neckte Ramage.

„Darüber wollen wir besser nicht reden, Sir", sagte Southwick unwirsch. „Es fällt mir schon schwer genug, mich in der Gewalt zu halten, wenn sie nur vor Anker liegen; denken Sie doch daran, daß sie jede Nacht die Segel reffen und dadurch zurückfallen... Wenn ich denke —"

Der Ruf des Postens unterbrach ihn.

„Es wird der Leutnant vom Flaggschiff sein", sagte Ramage. „Schicken Sie ihn herein."

Nachdem Ramage die Quittung unterzeichnet hatte und der Leutnant zum nächsten Schiff der Eskorte gegangen war, riß er das versiegelte Päckchen auf. Sein Inhalt war harmlos. Er beförderte einen Plan zutage, der die Positionen der eskortierenden Schiffe enthielt und darüber hinaus allen Schiffen die Information zukommen ließ, daß sich ein weiteres Schiff mit der Nummer achtundsiebzig dem Konvoi anschließen würde. Ramage stutzte, als er den Namen *Peacock* las. Er fügte sie in seinen Plan ein, als achtes Schiff in der siebten Reihe.

Wo kam sie her? Vielleicht war sie eines der schnellen, leicht bewaffneten Schiffe, die gewöhnlich ohne Konvoi von England lossegelten und sich auf ihre Schnelligkeit verließen. Die Besitzer solcher Schiffe spielten mit hohem Einsatz um große Gewinne: sie kamen Wochen vor einem Konvoi an, und die Händler konnten so für ihre dort dringend benötigte Fracht hohe Preise verlangen.

Ungeduldig wartete er, daß der Konvoi unter Segel ging; und noch ungeduldiger sehnte er die Ankunft am Ziel herbei. In Kingston anzukommen bedeutete zwar, eine unangenehme Überfahrt hinter sich gebracht zu haben, aber auch das Wissen, daß er jeden Trick von Goddard abgeblockt hatte.

Er holte aus dem Regal über seinem Kopf eine kleinmaßstäbige Karte vom karibischen Raum und rollte sie auf. Sein Blick fiel auf die Inseln. Barbados lag unten rechts, dort waren sie augenblicklich. Und westlich davon lagen die Inseln über dem Winde — von Süd nach Nord folgten Grenada, St. Vincent, St. Lucia und Martinique — und die kleineren wie Dominica, Gouadeloupe, Antigua und einige weitere, die sich nach Nordwesten anschlossen. Was sich auf den Inseln während der letzten paar Jahre alles verändert hatte — nur Gouadeloupe war immer noch französisches Protektorat ...

Am oberen Kartenrand folgten mit Virgin Gorda, Tortola, St. John und St. Thomas die Virgin Islands. An sie schlossen sich nach Westen die spanischen Inseln Puerto Rico, Hispaniola — wovon ein Teil französisch war — und Cuba an. Südlich von Cuba lag Jamaika. Er maß mit dem Stechzirkel die Entfernung: zweihundertsechzig Meilen lagen zwischen Barbados und Antigua; bis Kingston im Westen waren es etwa neunhundert.

Zufluchtsorte gab es also wenige für den Fall, daß ein Hurrikan ihren Weg kreuzte. English Harbour auf Antigua hatte eine winzige, moskitoverseuchte Werft, auf der die Schiffe der Königlichen Marine überholt wurden. Der Ort war aber völlig nutzlos für Mensch und Tier. Ohne Trinkwasser und abstoßend öde, schloß dieses Stück Boden niemand in sein Herz. Dann gab es eine fast abgeschlossene Bucht in St. John auf den Virgin Islands und eine ähnliche auf Snake Island, das spanisch war, von den Besitzern Culebra genannt wurde und zwischen St. Thomas und Puerto Rico lag. Ein paar sichere Plätze gab es an der Südseite von Puerto Rico, aber die Spanier würden dort mit Sicherheit niemanden dulden.

Aus diesen Fakten war zu schließen, daß nur drei oder vier Schiffe einen Hurrikan überstehen konnten, denn gewöhnlich kamen die Warnungen erst wenige Stunden vorher. Das wären das Flaggschiff, die *Topaz;* wahrscheinlich die Fregatten und — weniger wahrscheinlich — die *Triton* und die Logger *Lark*. Er war recht pessimistisch; viel würde von Goddard abhängen. Würde er den Konvoi rechtzeitig auflösen, damit sie nicht, vom Wind getrieben, auf das Hindernis einer Inselkette zusteuerten? Platz auf dem Meer, viel Platz, würde ihre einzige Hoffnung sein. Inmitten des Hurrikans weht der Wind umlaufend. Zum Glück war Maxine auf dem besten Schiff.

Er war gerade dabei, die Seekarte zusammenzurollen, als Southwick noch einmal kam. Er runzelte die Stirn.

„Positionen der eskortierenden Schiffe und ein zusätzliches Schiff im Konvoi", erklärte Ramage.

„Oh, ich dachte, sie führten etwas im Schilde."

„Noch nicht!"

„Extra Schiff? Wo kommt es her?"

„Weiß ich nicht; vielleicht kam es nach den anderen an?"

„Nein", sagte Southwick. „Sie haben kein Schiff verloren auf ihrem Weg hierher. Mag sein, es ist ein Schnellboot."

„Das ist auch meine Vermutung."

„Aber warum schließt es sich dann dem Konvoi an? Sein einziger und durchaus nicht zu verachtender Vorteil liegt doch darin, vor dem Konvoi in Kingston anzukommen und den Markt zu erobern."

Ramage zuckte mit den Schultern. „Es hat sich uns angeschlossen, und einem mehr nachzujagen, macht auch keinen Unterschied mehr."

5

Der Name von Thomas Jackson war fast der letzte der einundsechzig, die das Stammrollenbuch der *Triton* enthielt. Die verschiedenen Spalten neben dem Namen berichteten über alles, was die Verwaltung, der Gesundheitsrat, die Admiralität und verschiedene andere Zweige der Marine jeweils über ihn wissen mußten. In der Spalte *Wo und ob oder ob nicht gepreßt* stand „freiw.", er hatte sich also als Freiwilliger gemeldet und war nicht in die Hände einer räuberischen Erpresserbande gefallen.

Die nächste Spalte gab unter Geburtsort und -land in sauberer Handschrift an „Charlestown, South Carolina". Im Unterschied zu Eintragungen in vielen anderen Stammrollenbüchern war das eine sehr detaillierte Angabe und offenbarte, daß sowohl der die Eintragung vornehmende Beamte als auch die Person, auf die sich die Eintragung bezog, schreiben und lesen konnte. Kam ein Neuankömmling aus einer fremden Stadt mit schwer aussprechbarem Namen, war gewöhnlich nur das Land festgehalten. Das Buch informierte weiter darüber, daß Jackson einundvierzig

Jahre alt und Steuermann war und seit Kriegsbeginn im Dienst der Marine stand.

Wie man das von jedem Formular der Regierung kennt, versäumte auch dieses Stammrollenbuch, anzugeben, daß Thomas Jackson ein Mensch war. Es verriet zum Beispiel nicht, warum ein schmalgesichtiger und drahtiger Amerikaner mit sandfarbenem Haar freiwillig in der Königlichen Marine diente. Es enthüllte auch nicht, daß er sich während der vergangenen Jahre immer in unmittelbarer Nähe von Ramage befunden und seine Abenteuer, die Gefahren, denen er manchmal nur um Haaresbreite entkommen war, und seine Triumphe miterlebt hatte. Schließlich gab es auch nicht den leisesten Hinweis darauf, daß die zwei Männer durch diese gemeinsamen Erlebnisse auf seltsame Weise zusammengeschweißt waren.

Kurz nach Anbruch der Morgendämmerung stand beim Auslaufen des Konvois aus dem Hafen von Barbados neben Jackson ein weiterer Seemann auf dem Vorderdeck. Auch er hatte an vielen von Ramages Heldentaten teilgenommen: Will Stafford, siebenundzwanzig Jahre alt, in der Bridewell Lane in der City von London geboren und damit ein echter Cockney. Er sprach den typischen Akzent mit dem bekannt frechen Humor; er hatte einen braunen Wuschelkopf, ein rundes, offenes Gesicht und eine vertraueneinflößende, unbeschwerte Art. Häufig rieb er Daumen und Zeigefinger aneinander, wie ein Schneider, der so ein Stück Tuch prüft.

Interessant waren seine Hände: die Haut war zwar schwielig und rauh vom Umgang mit Tauen, vom Schrubben der Decks, vom Polieren der Metallteile und einem Dutzend anderer Aufgaben, doch sie waren schön geformt. Bevor er in die Marine gesteckt worden war, waren sie gut gepflegt, und darauf war er stolz. Eigentlich war er Schlosser, doch gab er zu, daß er nicht immer in diesem Job tätig war. Manchmal zog er die Arbeit in der Dunkelheit vor; sie war zwar riskanter, doch einträglicher.

„Nee", sagte Stafford und winkte den Handelsleuten zu, „ich hab das Geschäft mit 'ner Flotte nie ausstehen können."

„Ist ja kaum 'ne Flotte!"

„Gibt's 'nen Admiral oder nicht? Aber sei es wie es ist, ich hab's auch nicht so wörtlich gemeint." Er machte eine kurze Pause, drehte seinen Kopf wie ein Hahn und wiederholte: „Hab's nicht so wörtlich gemeint."

„Wäre deine Sprache der Schlüssel zu einem Türschloß, kämst du nie durch die Tür!"

„Nie ein Schloß gem..." begann Stafford. „Was ich eigentlich sagen wollte, Jacko, ist, daß wir besser allein bleiben sollten. Du weißt schon, nicht herumrennen wie kleine Kinder am Michaelsfest beim Fahnenschwingen."

„Danke deinem Gott, daß du nicht wie ich verantwortlich bist, daß die Signale befolgt werden", sagte Jackson.

„Ich kann weder lesen noch schreiben und muß solche Sachen zum Glück nicht befolgen", sagte Stafford.

„Kannst du wirklich nicht lesen?" Zweifel sprach aus Jacksons Worten.

„Wenn ich will, kann ich schon, aber ich zeig's nicht."

„Warum nicht?"

„Wo ich geboren bin, Kumpel, bezahlt sich das Schweigen oft besser aus. Warst du schon einmal in Jamaika, Jacko?"

„Nein."

„Das liegt doch aber in der Nähe deiner Heimat."

„Ja, so nahe wie Gibraltar von deiner Heimat."

Stafford schnupfte. „Hm. Hast du je daran gedacht zurückzugehen? Nach Charleystown, mein ich. Du stehst schließlich unter Schutz, die müssen dich gehen lassen. Oder du haust einfach ab."

„Gibt nichts in Charleystown für mich."

„Wie, keine Familie?"

„Nein."

„Nur uns paar, was?" ergänzte Stafford. „Mr. Ramage und Mr. Southwick und mich und Rosey ...?"

Jackson nickte, und als Stafford merkte, daß er nachdenklich wurde, sagte er beruhigend: „Komm, Jacko, ich hab doch nur Spaß gemacht mit dem Wegrennen. Ich könnte mir dich nie als Deserteur vorstellen. Aber hast du wirklich keine Familie, keine Freunde und so?"

„Doch, das Schiff ist meine Heimat. Bietet mir auch eine riesige Familie", fügte er trocken hinzu.

„Wie du das so sagst, Jacko! Ich fühle genau wie du. Auf unserem Schiff habe ich immer auf eine Gelegenheit gewartet, abhauen zu können. Heute wär's mir, als müßte ich eine Heimat verlassen."

„Und hast du je darüber nachgedacht, warum?"

„Nun ja, ich hab 'ne Menge gute Kumpels gefunden."

„Falsch", sagte Jackson. „Halb falsch wenigstens. Du hast die guten Kerls gefunden, weil Mr. Ramage sie ausgesucht hat, sie ausgebildet hat."

„Weiß ich", meinte Stafford herablassend, „wollt ich doch sagen. Es hängt noch immer vom Käpt'n ab, ob eine Schiffsmannschaft glücklich ist oder nicht. Vor allem bei kleinen Schiffen."

„Jackson fuhr sich durch das dünner werdende Haar.

„Laß das lieber", warnte Stafford liebevoll, „hast eh bald 'ne Glatze."

Stafford lachte, und plötzlich fragte Stafford argwöhnisch: „He, weshalb hast du eigentlich so ein Interesse an der *Topaz* gehabt? Sind wohl Weiber an Bord, was?"

Der Amerikaner beobachtete die *Peacock* und sagte: „Das ist das Schiff, das sich gerade dem Konvoi anschloß. Seltsame Segelform — schau dir mal die Gilling an. Und sie liegt so hoch; kann nicht mehr als halb beladen sein."

„Wo kommt sie denn her? He, bist du sicher, daß keine Weiber an Bord sind?"

„Ja. Vom Atlantik, soweit ich erkennen kann."

„Hat wohl leichte Ladung, massig und leicht. Tuch, Seide oder so'n Kram."

„Vielleicht ist sie ein Schnellschiff. Aber ihr Steven ... Irgendetwas —"

„Das Flaggschiff", unterbrach Stafford.

Jackson riß das Fernglas hoch, schaute sich die Flaggen auf der *Lion* an, die im Wind flatterten, blickte kurz auf seine Liste und rief dann: „Käpt'n, Sir! Flaggschiff an den Konvoi: *Ablegen und vor dem Wind segeln.*"

Ramage sagte: „In Ordnung, wiederholen sie es."

Southwick kam zu ihm herüber.

„Nur mit der Ruhe", brummte er. „Denkt wohl, er hält eine Flottenübung vor Spithead ab. Wird seine Masse von Mulis wohl nie wieder so schön geordnet sehen."

Ramage grinste und riß sich die Mütze vom Kopf. „Wenn ja, wird er bald den Befehl geben, man soll Zimmerleute schicken; sie hätten dann allerhand bei Kollisionen entstandene Schäden zu beseitigen.

„Käpt'n, Sir!" rief Jackson erneut, „Flaggschiff an den Konvoi, *Alle Schiffe folgen mir!*"

„Wiederholen Sie es."

Die Eskorten erwiderten einfach die Anordnungen des Admirals, indem sie dasselbe Zeichen setzten, so daß es jedes Schiff im Konvoi sehen konnte.

„Folgt Vaddern", knurrte Southwick. „Wollen hoffen, er weiß wohin."

Sobald der Konvoi den Windschatten von Barbados verlassen hatte, wurde es an Bord der *Triton* wesentlich kühler. Die stickige, mit Luftfeuchtigkeit übersättigte Carlisle Bay lag hinter den Schiffen, und sie segelten nun im frischen, lebhaft wehenden Passat.

Die See war azurblau. Häufig tauchten Fischschwärme über der Wasseroberfläche auf, schossen wie silberne Pfeile durch die Luft und klatschten nach einer kurzen Strecke wieder ins Wasser. Wo der Wind nicht hinblies, brannte die Sonne immer noch erbarmungslos vom Himmel. Die Decks waren unangenehm heiß, und niemand, der nicht unbedingt mußte, blieb dort stehen. Der Teer zwischen den Fugen war weich, wie an dem Tag, an welchem er hineingegossen worden war. Standen die Seeleute jedoch im Wind, suchten sie keinen Schatten und füllten nicht mehr so häufig ihren Becher an der Trinkwassertonne. Der stämmige, rotgesichtige Posten, der die Wasserversorgung kontrollieren mußte, sah nicht mehr so schlapp aus; er bemühte sich allerdings trotzdem, seinen Kurzdegen im Schatten zu halten. Die Sonne erhitzte das Metall in weniger als einer Viertelstunde so enorm, daß man es nicht mehr berühren konnte.

„Kann man das Land hinter sich lassen, wirkt sich das wie ein warmer Regenschauer im Blumengarten aus", meinte Southwick.

„Blumen sehen aber nicht so schlapp aus!" erklärte Ramage und zeigte auf die Matrosen.

„Richtig, Sir, die Brise erfrischt sie."

„Auch gibt es kein Unkraut!"

„Nein, und dafür können wir dankbar sein", sagte Southwick und wischte sich mit einem riesigen Taschentuch über das Gesicht. „Sechs lange Monate ohne Prügel ... das hat es noch nie gegeben."

Während der nächsten Stunde befolgten die eskortierenden Schiffe die zahlreichen auf der *Lion* gesetzten Zeichen. Sie wendeten und drehten vor dem Wind, sie schmeichelten und drohten den Handelsschiffen, bis jedes seine vorgeschriebene Position eingenommen hatte.

Schließlich segelte die Fregatte *Antelope* genau vor dem Konvoi. Ihr folgte die *Lion*, die ihrerseits vor dem die Mittelreihe anführenden Schiff lag. Die Position der Logger *Lark* war hinten; windabgewandt von ihr segelte die *Raisonnable* zum Schutz des Backbordflügels, die *Greyhound* übernahm diese Aufgabe auf der Steuerbordseite.

Ramage brachte die *Triton* auf die von Admiral Goddard angeheißene Position. Er hatte im Luv des Konvois zu segeln, neben der *Topaz* und vor der *Greyhound*.

„Ein hübsches Bild", brummte Southwick und deutete auf den Konvoi. „Ich hätte gerne gesehen, daß die braven Mulis ein Komplott planten, das den Admiral um den Verstand bringt", fuhr er bösartig fort, war jedoch darauf bedacht, daß niemand ihn hörte. „Segeln die Kapitäne ein oder zwei Stunden lang auf ihren Positionen, sieht der Admiral, daß sie dazu fähig sind, und er wird toben, wenn sie sich später über den ganzen Ozean verbreiten..."

Ramage lachte. Augenblicklich segelte der Konvoi in vollkommener Ordnung. Die Symmetrie wurde nur durch ein Schiff gestört: durch das zusätzliche Schiff, das achte und letzte in der Reihe der *Topaz*. Southwick sah ihn dort hinüberblicken.

„Etwas ist an dem Schiff, Sir", er deutete auf die *Peacock*. „Der Rumpf wurde nicht in England gebaut, und die Segel stammen auch nicht von dort."

„Vielleicht aus Schottland; vielleicht ist sie ein *Clyde Schiff!*" Der Kapitän nahm die Mütze vom Kopf und kratzte sich. „Nein, ich... —"

„Ich weiß, was Sie meinen; wahrscheinlich ein Beuteschiff, von jemandem mit Ballast abgekauft. Ein Schnellschiff kam zur Übernahme der Ladung. Sieht schon seltsam aus, wie sie so weit aus dem Wasser ragt. Wir sind eben nur gewohnt, vollbeladene Schiffe zu sehen — ja, vollbeladen und noch ein paar Tonnen drauf!"

Southwick betrachtete sie noch einmal durch das Fernrohr: „Ja, das ist des Rätsels Lösung: sie war ein Beuteschiff. Von Franzosen gebaut, oder ich will Franz heißen."

Der von Achtern wehende Wind trieb alle Schiffe mit angenehmer Geschwindigkeit nach Nordwesten. Sie stampften nur wenig.

„Bleibt die Brise so gleichmäßig, werden die sturen Kerle

hoffentlich anders über den Gebrauch der Takelage denken", sagte Southwick sauer.

„Optimist! Sie sind so schon viertausend Meilen von England herübergesegelt. Und sie hoffen, daß es nur noch ein paar hundert bis Kingston sind."

Southwick wußte ganz genau, daß dies eine der wenigen Gelegenheiten sein würde, mit seinem Kapitän plaudern zu können, und er nutzte die Gunst der Stunde. „Ich kann noch nicht kapieren, warum die *Lion* dort vorn, vor dem Konvoi, fährt, Sir. Ihr Platz ist doch eigentlich die Luvseite. Sie sollte dort drüben, neben der *Greyhound* sein", fügte er hinzu.

„Ist wahrscheinlich die Idee des Admirals, nicht die von Kapitän Croucher", sagte Ramage. „Croucher ist zwar ein verrückter Hund, aber er versteht sein Geschäft."

„Verrückt! Nach dem Prozeß nennen Sie ihn noch verrückt? Nun, der Admiral hat sich durch die jetzige Position im Lee selbst geschwächt. Die *Lion* kann überhaupt nichts tun, sollte ein Feind kommen. Sie wird sich nie windwärts vorkämpfen können, um einen Freibeuter zu schnappen, wenn ihr dabei nicht ein heftiger Sturm hilft. Im Luv — dort sollte der Admiral mit seiner Mähre sein, dort hat er Bewegungsspielraum. Hmm — hey! Behalten Sie das Luv im Auge!" bellte er plötzlich den Steuermannsmaat an, der sofort den Männern am Steuer Zeichen gab.

Innerhalb einer Stunde lag Barbados schon so weit zurück, daß die westlichen Ufer mit ihren Untiefen und Riffen davor nicht mehr zu sehen waren. Die Palmen waren schon seit geraumer Zeit nur noch als schmale grüne Streifen erkennbar gewesen, und aus der jetzigen Entfernung verlor die Insel den Braunton, der das durstige, trockene Land kennzeichnete und der erst verschwinden würde, wenn der Boden die ersten Regenfälle, die Vorboten der Regenzeit aufgesogen hätte. Regenzeit, dachte Ramage; welch' beschönigender Ausdruck für die Zeit der Hurrikane!

Für jeden, der auf europäischen Gewässern mit ihren unsicheren und schwer vorhersagbaren Wetterlagen aufwuchs, mußte die Karibik mit ihrem absehbaren Witterungsablauf Verwirrung stiften. Das galt, so erkannte Ramage, wenigstens für die Zeit ohne Hurrikane; und die Vorhersage traf so genau zu, daß es nachdenklich stimmte. Wie man sich ja auch Sorgen macht, wenn alles ohne Schwierigkeiten klappt.

In dieser Ecke der Karibik blies der Wind immer aus Nordost bis Südost. Drehte er auf eine andere Richtung, konnte man Gift darauf nehmen, daß sich das Wetter verschlechterte. Und auch dann war die Veränderung vorhersehbar: wehte er aus Süd oder Südwest, bedeutete das Regen und aufkommende Böen.

Abends ließ der Wind fast immer nach, und in der sternenklaren Nacht wehte nur eine ganz leichte Brise. Etwa um neun Uhr morgens rauhte er das Wasser auf; bis etwa zehn Uhr nahm seine Intensität zu. Dies war die beste Tageszeit in der Karibik — die Sonne war warm, aber noch nicht glutheiß, der Wind kühl und noch nicht zu stark, das Meer ruhig und für Schiffe und Seeleute das schönste Meer der Welt. In der nächsten halben Stunde wurde der Wind steifer, die See begann zu rollen; Gischt flog, einem Funkenflug gleich, vom Bug des Schiffes aus durch die Luft.

Kleine Wolken kamen auf, winzige Wattebällchen anfangs, sich aber bald vergrößernd und formierend, unten platt gedrückt, an der Oberfläche bizarr geformt. Einige glichen dem Marmorbild alter Ritter und ihrer Ehefrauen, die auf ihrer Grabstätte ruhen. In anderen erkannte man Schildkröten, Alligatoren, mythische Tiere. Oft sahen sie aus wie flach auf dem Rücken liegende, glasäugige Politiker, einem von Gillrays noch abscheulicheren Cartoons nachempfunden.

Um die Mittagszeit standen die meisten der gut ausgerüsteten Schiffe unter vollen Segeln und erreichten ihre höchste Geschwindigkeit; ein Schiff der Königlichen Marine hißte schnell und voller Freude die Beisegel. Bis vier Uhr ließ der Wind nach, um fünf Uhr blies er nur noch leicht und unbeständig. Gleichzeitig lösten sich die Wolken, wie bei einem rückwärtslaufenden Film, wieder auf. Kurz nach sechs Uhr ging die Sonne unter, der Himmel war fast wolkenlos, und die Nacht brach mit erschreckender Schnelligkeit herein. Ein weiterer tropischer Tag war vorüber.

Dieses Schauspiel faszinierte Ramage immer wieder aufs neue. Er liebte die Tropen und haßte die kalten nördlichen Breiten. Doch auch in den Tropen gab es Abweichungen von diesem Wetter. Der Passat blieb während der Hurrikanzeit häufig aus, stellte sich erst wieder ein, wenn ein Hurrikan unmittelbar bevorstand. Dicht bei den großen Inseln wie Puerto Rico, Hispaniola oder Cuba kamen dem nächtlichen Landwind und bei Tag wehenden Seewind mehr Bedeutung zu.

Ramage ertappte sich dabei, wie er darüber grübelte, daß man es sich zu dieser Jahreszeit nicht mehr erlauben konnte, mit einer Clique von Handelsschiffen herumzualbern. Er blickte nach Osten über den weiten Atlantik, welcher sich als riesige Wasserwüste über dreitausend Meilen bis nach Afrika erstreckte. Irgendwo dort draußen, niemand wußte wie, wo und warum, wurden Hurrikane geboren. Zwischen Juli und Oktober lebten die Menschen im karibischen Raum in einer einzigen Furcht vor diesen Orkanen, die Häuser niederrissen, Schiffe zum Sinken brachten und durch sturzbachartige Regengüsse fruchtbares Land in Flüsse und Meer spülten. Hurrikane konnten sogar Flutwellen heraufbeschwören. So wurde zum Beispiel 1722 der Hafen von Port Royal, der die starken Erdbeben von 1692 überstanden hatte, durch eine solche Flutwelle fast völlig zerstört.

Die Erfahrung zeigte, daß ein Hurrikan nur eine einzige Frühwarnung gab. Tage vor seinem Ausbruch schwoll die

See an, und es herrschte absolute Windstille, durch welche die Schiffe keinen schützenden Hafen mehr anlaufen konnten. Tauchten diese beiden Kriterien auf, war die Wahrscheinlichkeit, daß sie auch wirklich einen sich nähernden Hurrikan anzeigten, trotzdem nicht einmal eins zu fünfzig. Hurrikane waren so ungewöhnlich und unvorhersagbar, daß man einfach nur warten und hoffen konnte — oder eben während der gefährlichen Zeit keine Reisen durchführte.

Auf der Konvoi-Konferenz hatte man nicht versucht, die Tatsache zu beschönigen, daß der Konvoi gut einen Monat hinter dem Zeitplan zurückhing und daß es für eine Fahrt durch die Karibik schon sehr spät war. Wäre das geschehen, hätte jeder Kapitän gewußt, daß die Versicherer die Handelsschiffe bereits mit den doppelten Prämien belastet hatten, die fällig wurden, wenn man sich im Juli noch in der Karibik aufhielt. Darüber hinaus wäre bekannt geworden, daß in ein paar Wochen alle Policen verfallen würden. Das Geschick, die Prämien und Policen auf gemachte Erfahrungen aufzubauen, brachte den Versicherern manchen Gewinn.

Ramage empfand es fast als melodramatisch, an einem so herrlichen Tag mit strahlender Sonne, blauer See, gleichmäßig wehendem Wind und klarem Himmel so nachdenklich zu sein. Und trotzdem konnte gerade die Klarheit des Himmels Wetterumschwung bedeuten, denn um diese Zeit hatten sich sonst schon Wolken gebildet.

Southwick schien Gedanken lesen zu können, denn er sagte: „Die Dünung nimmt zu, wir haben den Windschatten der Insel hinter uns gelassen."

Ramage nickte. „Ich habe es bereits in meinem Logbuch vermerkt. Sie ist ungefähr zwei Fuß hoch.

„Wahrscheinlich kein Grund zur Aufregung. Jedenfalls nicht für die nächsten Tage."

Ramage schaute voller Begeisterung auf das Meer. Der

Wind trieb aus Nordosten kurze Wellen vor sich her; gegen Abend würden sie verschwinden. Die langgezogene Dünung kam aus Südosten, so daß sich die Kämme überschnitten, und sich auf der Wasseroberfläche eine Art Fischgrätenmuster bildete.

Ramage fühlte sich verpflichtet zu fragen, ob die Takelage ausgetauscht werden müsse.

„Nein, Sir, jedes zweifelhafte Stück Segel wurde bei der ersten höheren Dünung schon in der Carlisle Bay ausgetauscht. Sie waren zu der Zeit an Bord der *Topaz*", fügte er hinzu. Ramage wußte, daß der Kapitän nur die präzise Zeitangabe hervorheben wollte, und es ihm völlig fernlag, seine Abwesenheit vom Schiff zu kritisieren.

Die Sonne schimmerte im Westen tiefrot hinter einer kleinen Wolke hervor. Ihre Strahlen schillerten bereits in allen Regenbogenfarben. In einer Stunde würde es dunkel sein.

Der Konvoi zog sich bereits auseinander. Die sieben Führschiffe und jeweils ein oder zwei dahinter waren auf Position. Das bloße Auge genügte aber, um zu erkennen, daß die Schiffe dahinter ihre ersten Schwierigkeiten hatten; Marssegel wurden gerefft, Bramsegel zusammengerollt.

„Schauen Sie sich diese Deppen an!" Southwick war wütend. „Sie wären schon langsam genug, hätten sie zusätzlich die Beisegel gesetzt. Aber nein, sie *rollen* noch die Bramsegel *zusammen* ..."

Ramage zuckte mit den Schultern und stellte sich die Situation am nächsten Morgen vor. Sowie es hell genug wäre, würde er per Fernrohr die Schiffe zählen und dann den Horizont nach den versprengten absuchen.

Plötzlich rief Jackson: „Käpt'n, Sir, das Flaggschiff signalisiert: *Auf Rufweite passieren!*"

„In Ordnung, bestätigen Sie den Empfang."

Die Antwort kam ganz mechanisch; seine innere Reaktion war aber alles andere als das. Ramage blickte zu

Southwick hinüber und veranlaßte ihn, das Kommando auszuführen. Als der Kapitän seinen Leuten die nötigen Anweisungen zur Richtungsänderung zurief, versuchte Ramage sich vorzustellen, welche Order auf ihn an Bord der *Lion* warteten.

War das nur reine Routine? Oder wollte man ihn hereinlegen. Sicher war, daß ihm nur wenige Sekunden Zeit zum Reagieren bleiben würden, da man ihm die Anweisungen bestimmt zurufen wollte, sowie die *Triton* nahe genug war. Ein paar Sekunden, um Southwick die notwendigen Befehle zu übermitteln. Er war sich klar darüber, daß jetzt nur eines half: die Ruhe bewahren ...

Seltsam, daß der Admiral ihn seit dem Absegeln in Ruhe gelassen hatte. Vielleicht hatte er sich ausgedacht, ihn wegen irgendeines lächerlichen Fehlers zurück nach Barbados zu schicken, natürlich mit der Auflage, am kommenden Tag zur Mittagszeit wieder auf den Konvoi zu stoßen. Eine kleine, unbedeutende Aufgabe, die ihm die Sicherheit gab, daß Ramage in der Nacht keine Zeit zum Schlafen finden konnte.

Ramage schaute zum Flaggschiff an der Backbordseite hinüber, als er zur Kajüte ging. Er mußte dringend sein Gesicht kühlen. Die gleißende Sonne des Nachmittags hatte ihn sehr erhitzt und leicht benommen gemacht, und er mußte nun seine Sinne beisammen haben und stets daran denken, daß Goddard ihn verfolgte. Dieser Gedanke bereitete allerdings kein Vergnügen, ganz im Gegenteil ...

Er kletterte die Niedergangstreppe hinab, erwiderte den Gruß des Wachpostens der Marine und ging in die Kajüte, wobei er etwas seinen Kopf einziehen mußte, um ihn nicht an den niedrigen Querbalken zu stoßen. Dunkel war es dort unten, und rote Kreise tanzten vor seinen Augen, weil er kurz zuvor noch in die Sonne geschaut hatte. Um sie zu vertreiben, kniff er die Augen zu. Dann nahm er die tiefe Metallschüssel vom Regal, verstopfte den Ausguß mit dem

Spund und kippte Wasser hinein. Ein Gutes hatte die Karibik mit ihren Regengüssen und Gewittern am späten Nachmittag: man litt nie Mangel an Regenwasser, und wurde es durch hineinspritzende Gischt salzig, war das kein Beinbruch. Am nächsten Tag gab's neues.

Als Southwick die *Triton* nach Backbord dirigierte, fühlte Ramage ihr verändertes Verhalten. Das Rollen und Stampfen auf dem Achterschiff ging über in träges Schaukeln. War sie vorher unter vollem Wind, befand sie sich auf dem nun eingeschlagenen Weg in völliger Windstille. Ramage griff nach einem Handtuch und fuhr sich noch einmal schnell über das Gesicht, ehe er wieder in gebeugter Haltung den Raum verließ.

Oben auf der Niedergangstreppe hielt er einen Moment inne und schaute zurück. Die Dünung schien langgezogener zu sein als er gedacht hatte, solange sie noch unter Wind standen. Er zählte im stillen und fand heraus, daß die Intervalle zwischen den einzelnen Kämmen noch die selben geblieben waren. Also war er einer optischen Täuschung zum Opfer gefallen. Sicher war das Licht daran schuld. Die Sonne stand jetzt schräger. Und er wurde allmählich nervös, sehr...

In ein paar Minuten würde die *Triton* auf Höhe der *Topaz* kommen. Ob Maxine an Deck war? Er ging ans Heck zu Southwick und nahm das Fernrohr, das auf dem Regal neben dem Kompaßgehäuse stand.

Die *Topaz* war ein schmuckes Schiff. Yorke konnte sich glücklich schätzen, fünf weitere dieses Typs zu besitzen; ja, er war glücklich und offensichtlich schlau und einer der wenigen Männer aus seinem Bekanntenkreis, die ein solches Vermächtnis, wie er es von seinem Großvater erhalten hatte, auch wirklich verdiente. Eine Gruppe von Leuten... er schaute durch das Fernrohr. Ja — dort stand Maxine und schaute ihrerseits durch ein Fernrohr, das ihr Yorke an die Augen hielt... Ihre Eltern lachten, und St. Cast mühte sich mit einem anderen Fernrohr ab. Ramage winkte, und sie winkte zurück, und aus Yorkes und ihrem Verhalten konnte er schließen, daß sie das Deck der *Triton* offensichtlich aus dem Visier verloren und noch nicht wiedergefunden hatte.

Die Brigg machte wieder Fahrt, als sie einen Punkt knapp vor der *Lion* ansteuerte. Der Punkt war von Southwick ausgewählt worden und gewährleistete, daß sich die beiden Schiffe, die sich mit verschiedenen Geschwindigkeiten auf verschiedenen Kursen bewegten, bis zu einem gewissen Mindestabstand nähern würden. Augenblicklich lagen sie noch etwa eine Meile auseinander, und doch konnte Ramage schon die einzelnen Segel unterscheiden. Er nahm den Konvoiplan aus der Tasche, entfaltete ihn und rief sich die Namen der Schiffe ins Gedächtnis zurück. Wieder blickte er zur *Lion,* der Abstand hatte sich auf ca. sechshundert Meter verringert. Jetzt waren schon Menschen an Deck auszumachen. Die Goldverzierung über dem Namen des Schiffes zeichnete sich ab und ebenso die nun im Abendlicht liegende Kajüte, in welcher die Konferenz stattgefunden hatte und Goddard und Croucher so ungeschickt waren zu verraten, daß sie ihn beobachteten — und abwarteten.

Auch die *Lion* stampfte, sogar mehr als Ramage erwartet hatte, und die langsame Fahrt verstärkte den Eindruck. Sie stand bereits unter zweifach gerefften Marssegeln, um nicht aus dem Konvoi auszuscheren.

Ramage faltete seine Hände und ließ sie wieder los, wie ein nervöser Hilfsgeistlicher, und er wußte, daß er recht daran tat, Southwick am Steuer alleine handeln zu lassen. Der alte Knabe war mehr als fachkundig und konnte die *Triton* sicher längsseits an das Flaggschiff bringen. Ramage fühlte sich zu nervös. Trotzdem war er vom Mißerfolg überzeugt, würde er nicht selbst mit Hand anlegen. Rechtzeitig erinnerte er sich an die Worte seines Vaters:

ein wahrer Kommandant kann ruhig im Heck sitzen, alles beobachten, ein Minimum an Anordnungen erteilen und sich dennoch vollständig unter Kontrolle halten.

„Luvwärts, Sir?"

Southwick fragte seinen Kapitän zwar ganz offiziell, hatte aber bereits selbst die Entscheidung getroffen. Die Formulierung seiner Frage legte Ramage die Antwort bereits in den Mund.

„Ja, luvwärts, Mr. Southwick; wir wollen vermeiden, daß sie uns den Wind nimmt."

Das Schiff war groß. Ramage konnte sehen, daß das Heck der *Triton* gerade auf gleicher Höhe war wie bei der *Lion* die unterste Reihe von Schießlöchern. Und wenn sie sich neigte, sah man die den Rumpf umhüllenden, sich schuppenartig überlappenden Kupferplatten, die normalerweise unter der Wasseroberfläche blieben. Die Platten waren mit Muscheln und Seetang überzogen. Sicher hatte man das Schiff vor der Abreise in England auf dem Trockendeck überholt, und Ramage wußte, daß sie seither nur zwei Tage, nämlich in Barbados, vor Anker gelegen hatte, sah man einmal von dem kurzen Aufenthalt in Cork ab, der dazu diente, auf die letzten Schiffe des Konvois zu warten. Kaum zu glauben, daß Tang und Muscheln trotzdem eine Angriffsfläche gefunden hatten und dort prächtig gediehen. Er war so beschäftigt, über das ewige Problem nachzudenken, wie man einen Schiffskörper unten sauber hält, daß er Southwicks laut gegebene Anordnungen nur mit halbem Ohr hörte. Dieser dirigierte die *Triton* nach Steuerbord, dicht längsseits des Flaggschiffs.

„Ein Mann an die Wetterbrassen ... ein anderer an die Segelleinen dort drüben! ... Holt die Schoten bei dort hinten, Männer, und immer Bewegung!"

Eine kurze Anordnung für den Steuermannsmaat und die ausdrückliche Ermahnung, „Jetzt Vorsicht auf der Luvseite!", dann verstummte die Stimme Southwicks genauso abrupt wie sie eingesetzt hatte. Die *Triton* lag nun dreißig Yards im Luv von der *Lion* und ungefähr eine Schiffslänge hinter ihr. Aus dieser Position konnte sie ohne Schwierigkeiten weitersegeln. Die großen Segel, die sich über der *Lion* spannten und weit nach beiden Seiten überragten, konnten sie nicht daran hindern. Und trotzdem war der Abstand so gering, daß Goddard ohne Schwierigkeiten herüberrufen konnte.

Das Sprachrohr! Ramage wollte es gerade holen lassen, als er Jackson schon hinter sich stehen sah, das Sprachrohr in der ausgestreckten Hand. Er nahm es, ging nach Backbord und sprang auf die hinterste Zwölfpfünderkarronade. Er drehte das Sprachrohr in seiner Hand um und hielt sich das Mundstück ans Ohr; das ganze diente somit als Hörrohr.

Die *Triton* schob sich rasch an das Flaggschiff heran. Ramage überprüfte die Segel und erkannte, daß jedermann an Bord genau an vorgeschriebener Stelle stand. Wer konnte, hatte sich auf Backbord möglichst weit nach außen geschoben, um die Kommandos vom Flaggschiff hören und sich sofort an ihrer Ausführung beteiligen zu können. Die Segel über ihnen waren in hervorragendem Zustand.

Southwick ließ das Großmarssegel aufgeien, um die Geschwindigkeit zu halten bzw. der der *Lion* anzupassen und sich neben sie legen zu können. Gelegentlich hörte Ramage hoch über sich einen dumpfen Schlag. Der Wind blähte dann ruckartig die Segel der *Lion* auf. Die Ruderhaken und -ösen quietschten. Wasser spritzte am Schiffskörper hoch.

Dann starrte ihn Goddard an. Er glich, wie er so dastand, einem Wasserspeier auf dem Kirchendach. Croucher hatte sich an einer etwas breiteren Stelle der Gangway neben ihn gestellt. Er führte sein Sprachrohr zum Mund, Ramage hielt das seine ans Ohr. Das von Croucher war auf Hochglanz poliert. Nach dem Gebrauch riechen die

Finger bestimmt nach Metall, ging es ihm ganz beiläufig durch den Kopf.

„Umsegeln Sie den ganzen Konvoi und stoppen Sie jedes Schiff, das unnötigerweise die Segelfläche verkleinert. Egal, wenn Sie dazu in den Konvoi hineinsegeln müssen. Danach nehmen Sie wieder Ihre Position ein."

Ramage führte sein Sprachrohr nun umgedreht zum Mund. „Zu Befehl, Sir!"

Das war alles. Runter von der Karronade, Southwick informieren, daß er nun das Schiff selbst steuern würde, Sprachrohr zum Mund, Vormarssegel aufgeien lassen, um das Schiff zu verlangsamen, die *Lion* vorbeiziehen lassen, dabei Goddard beobachten, weil er wahrscheinlich erwartete, daß die *Triton* das Wegerecht nahm und die *Lion* schnitt.

Bugspriet und Klüverbaum waren nun klar hinter dem Heck der *Lion*. Jetzt Mars- und Vormarssegel setzen. Ruder in Lee, sobald wir Backbord von der *Lion* sind.

Alles lief gut. Der Konvoi näherte sich ihm, als er die Front inspizierte. Die Sonne ging schon unter. Gab es vor der Dunkelheit viel Arbeit, hatte man das Gefühl, die Sonne ging ganz besonders schnell unter.

Southwick schob sich in die Nähe von Ramage und sagte so leise, daß niemand sonst ihn hören konnte: „War nicht so schlimm wie ich erwartet hatte, Sir."

„Nein, nur routinemäßig. Beunruhigend, nicht wahr? Und wie schnell er den Befehl erteilte."

Damit hob er darauf ab, daß Croucher die *Triton* gut und gern hätte zwanzig oder mehr Minuten neben sich hersegeln lassen können. Er hätte nur unter irgendeinem Vorwand die Übermittlung der Befehle hinauszuzögern brauchen. Das hätte bedeutet, daß Ramage gezwungen gewesen wäre, mit Ruder und Segeln geradezu zu jonglieren, um auf Position zu bleiben und eine Kollision zu vermeiden. Er sah sich infolgedessen schon einen Fehler machen, durch welchen sich sein Klüverbaum durch eines der Heckbullaugen in der Kapitänskajüte bohren würde, in welcher zu dem Zeitpunkt natürlich der Admiral saß.

„Wir werden vor einbrechender Nacht nicht weit kommen", brummte Southwick, „wenn wir uns durch die Reihen hindurchschlängeln, nur um die Peitsche auf die faulen Mulis heruntersausen zu lassen. Bei Gott, einer von denen muß uns ja rammen oder versehentlich für einen Freibeuter halten, ausweichen und so mit einem anderen kollidieren."

Ramage lachte über die Niedergeschlagenheit, die aus Southwicks Worten klang. „Gut, ordnen Sie an, daß der Zimmermannsmaat sich mit seiner Mannschaft bereit hält. Wir können ihn unter Umständen brauchen, um eines der Mulis wieder zusammenzuflicken."

Ramage ging zum Kompaß und beugte sich darüber. Dann äugte er zum Führschiff in der ersten Reihe. Sie würden es mit ausreichendem Abstand passieren. Nun schaute er, als die *Triton* die Frontlinie entlangfuhr, die einzelnen Reihen des Konvois hinunter. „Wir werden die erste Reihe auf Position bringen, Mr. Southwick. Die anderen verstehen hoffentlich diesen Wink mit dem Zaunpfahl."

„Den Wink in Form eines Schusses vor den Bug", antwortete er verächtlich.

6

Es war dunkel geworden, bis die Handelsschiffe, mit lobenden und drohenden Worten, auf ihre Positionen gebracht waren. Die *Lark* und die beiden Fregatten hatten unaufgefordert geholfen, indem sie die Langweiler von hinten herantrieben. Ramage war davon überzeugt, daß die Fregatten nur halfen, weil sie fälschlicherweise das Signal auch auf sich bezogen hatten.

Als man schließlich das letzte Schiff in der von der *Topaz* angeführten nördlichsten Reihe passiert hatte, nahm Southwick die Mütze vom Kopf und fuhr sich durch sein wallendes, weißes Haar.

„Unsere Methode entspricht nicht ganz den Vorstellungen Ihrer Lordschaft", sagte er spöttisch, „sie ist aber die beste, die ich kenne, um Langweiler auf Vordermann zu bringen."

„Für Klüverbäume könnte sie aber teuer werden", sagte Ramage.

„Stimmt, wir dürfen sie auch nicht zu oft anwenden, sonst verliert sie ihre Wirkung."

Ramage war etwas verwirrt über Southwicks Lob. Aus ganz anderen Erwägungen heraus hatte er genau das Richtige getan. Wegen eines besonders halsstarrigen Kapitäns war er sehr erbost gewesen und hatte schließlich sogar die Beherrschung verloren, als dieser sich einfach weigerte, die gerafften Segel wieder zu setzen. Auch war er auf einer Position gesegelt, die weiter Steuerbord lag als diejenige, welche ihm für die Nacht vorbehalten war. Da er seine

Leute nicht daran gehindert hatte, die Marssegel zu reffen, hatte er die Schiffe dahinter gezwungen, bis platt vor dem Wind abzulaufen, um an ihm vorbeizukommen.

Ramage hatte daraufhin seine Leute ebenfalls angeheißen, Segel aufzugeien, bis die *Triton* zurückzufallen begann, nachdem sie kurz zuvor noch auf gleicher Höhe mit dem Handelsschiff gelegen hatte. Ramage stand auf dem Achterdeck und hatte, vor Wut und Enttäuschung fast zitternd, mit vom Schreien ganz heiserer Stimme dem Handelsschiffkapitän durch das Sprachrohr seine Befehle zugebrüllt. Das Schiff war an ihm vorbeigezogen; er hatte seine Brigg direkt dahinter gesteuert und Befehl gegeben, das Marssegel zu setzen. So hatte die *Triton* wieder mehr Fahrt machen können. Der Abstand zwischen den beiden Schiffen verringerte sich allmählich: fünfzig, dreißig, fünfundzwanzig, zwanzig Yards.

Jackson stand an der vordersten Bugspitze und gab laufend den genauen Abstand durch; eine Kette von Seeleuten übermittelte ihn Ramage. Jedes laute Wort wurde vermieden. Der Kanonier war angeheißen, aus einer der vorderen Kanonen einen Warnschuß abzufeuern. Dann hatte Ramage am aufgerollten Vormarssegel hochgeblickt und die Anordnung gegeben, es herunterzulassen und beizuholen.

Er konnte das Handelsschiff deutlich sehen und wußte, daß dessen Kapitän auch die *Triton* und deren Vormarssegel erkennen mußte, das sich nun durch das Beiholen aufzublähen begann. Und da die Reling des Handelsschiffes ein gutes Stück niedriger war als das Ende des Klüverbaums der Brigg, erweckte das Kriegsschiff den Eindruck, als sei es viel größer, als überrage es das Handelsschiff.

Southwick stand bei den Männern am Steuer. Mit einem Auge beobachtete er den Kompaß, mit dem anderen das aufgeblähte Segel. Er amüsierte sich königlich und schien sogar auf Zehenspitzen zu stehen, um ja keine Anordnung von Ramage zu überhören. Ramage beobachtete die schwarze Gestalt am Bug und lauschte auf die von ihr gegebenen Informationen.

„Vierzig Fuß, Sir", sagte Jackson, „und genau auf Kurs."

„Prima. Passen Sie luvseits auf, Mr. Southwick."

„Jackson sagte dreißig Fuß, und vier Fuß Backbord bis zur Mitte der Heckreling."

„Sehr schön." Prima, daß Jackson so präzise Angaben machte.

Southwick wurde nervös: „Unser Ersatz-Klüverbaum ist kaum ein wahrer Ersatz, Sir."

„Zu spät, um sich darüber aufzuregen. Doch vielleicht wird er gar nicht benötigt."

„Ich hab's nicht so gemeint, Sir."

„Zwanzig Fuß, Sir, und genau auf Kurs, sagte Jackson."

„In Ordnung."

Ramage hoffte, die *Triton* würde nicht plötzlich in eine besonders schwere See tauchen und so das Besansegel des Handelsschiffes mit dem Ende des Klüverbaumes aufspießen.

Die Seeleute wurden unruhig und murmelten voller Erstaunen.

„Fünfzehn Fuß, sagte Jackson, Sir! Und er sagte, er sitzt ganz außen auf dem Baum. Er fragt, ob er an Bord des Handelsschiffes gehen soll, um eine Nachricht zu überbringen."

„Sagen Sie ihm, er soll nicht so ungeduldig sein", erwiderte Ramage leicht schnippisch.

Jackson wußte, daß er das im Spaß meinte, nicht aber die übrige Mannschaft. Es war kein Fehler, sie in dem Glauben zu lassen, ihr Kapitän sei ein kühler Bursche. Fast hätte Southwick alles verraten, weil er grinsen mußte.

Plötzlich war eine bellende Stimme zu hören. Ramage drehte sich zur Seite, klemmte das Sprachrohr umgekehrt ins Ohr. Die Stimme des Handelsschiffskapitäns klang kläglich.

„Wollen Sie mich rammen?"

Ramage griff nach dem Arm des nächststehenden Seemanns. „Schnell, gehen Sie nach vorn. Sagen Sie Jackson — nein..."

Ramage wollte den Spaß nicht verderben. Er übergab das Steuer an Southwick und rannte mit dem Sprachrohr in der Hand nach vorn.

Als er es gerade an den Mund setzte, konnte er das Handelsschiff voll erkennen und erschrak über seine Ausmaße. In der Dunkelheit schien der Querbalken lang wie ein Haus zu sein. Bevor er zu Wort kam, hörte er einen aufgeregten Zuruf.

„*Triton! Triton!* Passen Sie auf, Sie verrückter Narr! Sie werden gleich bei uns an Bord sein."

„Was für ein Schiff ist das?" fragte Ramage in normaler Lautstärke.

„Die *William and Mary*. Stoppen Sie, um Himmels willen. Sonst fegen Sie uns im nächsten Augenblick von Bord."

„Die *William and Mary*, sagten Sie? Donnerwetter, das gibt's ja nicht. Ihre Position ist fünf oder noch mehr Trossen weiter vorn!"

„Wir sind die *William and Mary*, und um Gottes willen, setzen Sie das Vormarssegel — nein, natürlich nicht Sie, Sir, ich meine — Nein! Lassen Sie auch das Marssegel herunter. Lassen Sie sie herunter, Sie blöder Affe! Nicht Sie, Sir! Mein Maat!" versuchte die aufgeregte Stimme zu erklären. „Mein Maat scheint wie gelähmt zu sein — geh' vor, Du Kauderwelsch redender Psalmsinger! Oh, nein, nicht Sie, Sir! Der Teufel hat wohl überall die Hand im Spiel! Setzen Sie die Segel, schnell, oder wir werden aufgespießt! Ziehen Sie an den Leinen, Sie Narr!"

Ein Seemann berührte voller Respekt Ramages Arm und flüsterte ihm so leise, daß sein Kapitän ihn nicht hören konnte, zu:

„Jackson sagt, minus zwei Fuß, Sir. Ich denke, er meint, er hängt schon über ihrer Heckreling."

„Wirklich, eh?" fragte er kurz. „Das ist gut so."

Vorn hörte man einen lauten Knall, als das Vormarssegel des Handelsschiffes wie eine riesige Sonnenblende herunterplumpste. Sofort wurde das Schiff schneller. Nun folgte das Marssegel, und Ramage konnte sehen, wie sich der Abstand zwischen den beiden Schiffen vergrößerte. Als sie gut zwanzig Yards auseinander waren, rief Ramage nach vorn: „In Ordnung, Jackson, Sie können zurückkommen."

Ramage ging zurück zum Achterdeck. Jackson folgte ihm und reichte ihm ein Bündel. „Das kommt höchst unerwartet, Jackson", sagte er. „Danke schön. Was ist das denn?"

„Ein Andenken, Sir, die Flagge des Handelsschiffes. Sie haben sie bei Sonnenuntergang nicht niedergeholt, und sie flatterte in meinem Gesicht. Da habe ich sie eben gekappt."

Southwick hatte das Gespräch verfolgt und sagte trocken: „Es wird besser sein, sie an sicherem Ort zu verstauen, Sir. Sollten die uns kommende Nacht wieder Schwierigkeiten machen, können wir sie als Vorwand für einen weiteren Besuch benutzen und sie durch Jackson mit einer entsprechend rüden Bemerkung an Bord übergeben lassen."

Niedere Wolkenbänke zogen am westlichen Horizont entlang, als sie den Konvoi umrundeten. Die Schiffe vor ihnen zeichneten sich nicht mehr gegen den Sternenhimmel ab.

„Mir kommt das alles vor, wie wenn man nachts Schach spielt", brummte Southwick, als er die von der *Lion* gesetzten Lichtsignale wahrnahm. „Ich hoffe, unsere Signalgäste sind der Sache gewachsen."

Als die *Triton* um das letzte Schiff in der von der *Topaz* angeführten Reihe herumfuhr, begann Ramage automatisch, mit seinem Nachtglas die Schiffe zu zählen und zu inspizieren. Das Bild, das sich ihm durch das Okular bot, war auf den Kopf gestellt.

Bald hatte er alle acht ausgemacht und kehrte befriedigt auf die ihm angewiesene Position zurück. Als er nach Backbord blickte, schienen die Lichter auf dem Flaggschiff plötzlich heller zu leuchten. Es bewegte sich ja vor dem dunkleren westlichen Teil des Himmels.

Sicherheitshalber machte Ramage einen zweiten Schwenk mit dem Nachtglas, um die Schiffe noch einmal zu zählen. Sieben?

Verwirrt begann er noch einmal, die Schiffe dieser Reihe von vorn nach hinten durchzuzählen. Wieder kam er nur auf sieben. Da sich die *Peacock* dem Konvoi angeschlossen hatte, mußten es in dieser Reihe aber acht Schiffe sein. Und er hatte auch acht gezählt, als die *Triton* auf ihren Platz zurückgesegelt war. Bestimmt trug dieser Blickwinkel die Schuld daran ... Er zählte ein drittes Mal — mit demselben Resultat.

Southwick griff nach dem anderen Nachtglas.

„Ich kann nur sieben ausmachen, Sir. Das ist seltsam, wir fuhren gerade eben an acht vorbei, ich habe sie gezählt. Das dort drüben ist die *Topaz* — ja, ich kann die ganze Spitze des Konvois erkennen. Alle Führschiffe sind da, all right. Warum sind es aber nur sieben in dieser Reihe?"

Ramage rieb die Narbe über seiner Braue und lehnte sich an den Verschluß der nächststehenden Karronade. Das war absurd. Es mußte einfach eine logische Erklärung geben.

„Wir passierten acht — sind Sie sich dessen sicher?"

„Ich zählte sie an meinen Fingern ab."

„Ich zählte sie auch und konnte jedes einzelne deutlich sehen, als wir vorbeisegelten. Das Fernrohr zeigt mir jetzt aber nur sieben. Eines ist also verschwunden."

Aber es kann doch nicht einfach verschwinden!" rief Southwick aus. Nicht innerhalb von Minuten!"

„Nein, das ist unmöglich", sagte Ramage trocken, „und doch geschah es. Überprüfen Sie es doch. Vielleicht hat einer der Ausgucke eine Strichliste angelegt."

Der Kapitän schritt langsam die Backbordseite entlang und blieb bei jedem der Beobachtungsposten kurz stehen.

Ein Schiff fehlte ... absurd. Die *Lark* war schon lange vor Dunkelheit wieder auf ihrem Posten und sie hatte bestimmt niemand vermißt. Er schaute mit dem Glas zur Luvseite; ja, auch die *Greyhound* war auf ihrem Platz. Das fehlende Schiff war eigentlich kein Grund zur Aufregung; bis zum Tagesanbruch würden sicher noch viel mehr ihre Positionen verlassen haben. Absurd war nur, daß sie an acht vorbeigekommen waren, und ein paar Minuten später sah er in derselben Reihe eben nur noch sieben. Die Zeit war viel zu kurz gewesen, um aus dem Konvoi auszuscheren und außer Sichtweite zu segeln ...

„*Acht*, Sir", sagte Southwick. „Alle drei Beobachtungsposten an der Backbordseite sprechen von acht, und der vorderste auf Steuerbord auch. Er hatte gute Sicht. Offensichtlich half er dem Mann auf Backbord."

„Acht — und dennoch verschwand eines wie eine Rauchwolke. Informieren Sie meinen Steuermann."

Drei Minuten später stand Jackson vor ihm.

„Glauben Sie an Geister, Jackson?"

„Nicht, wenn ich nichts getrunken habe, Sir."

Ramage lachte. Er wußte, daß Jackson selten mal was trank. „Gut, dann nehmen Sie das Nachtglas und klettern Sie in den Mast. In der Reihe neben uns sollten acht Schiffe segeln —"

„Das trifft ja auch zu, Sir — pardon! — ich zählte sie, als wir vorbeifuhren."

„Das taten nicht nur Mr. Southwick und ich, sondern auch die Beobachtungsposten. Klettern Sie jetzt hoch und zählen Sie noch einmal."

„Wieviele erwarten Sie, daß ich sehe, Sir?" fragte Jackson behutsam.

„Sie zählen sie und berichten dann."

Jackson nahm das Glas und rannte zu den Wanten des

Großmastes; kurz später sah Ramage, wie er ohne jede Schwierigkeit hochkletterte und in der Dunkelheit verschwand.

Wirklich alles scheint in der Dunkelheit zu verschwinden, dachte Ramage voller Mißmut und kicherte dann fast, als er sich vorstellte, wie Admiral Goddard lesen würde: „Sir, ich habe die Ehre, Ihnen berichten zu dürfen, daß in der Nacht zum 17. Juli eines der Ihrem Kommando unterstehenden und in der siebten Reihe des Konvois segelnden Handelsschiffe sich in der Dunkelheit in Nichts auflöste..." Das wäre einmal etwas anderes. Sonst verschwanden Schiffe immer nur, weil sie gesunken waren.

„Hallo Deck! Acht Schiffe, aber..."

„Sparen Sie sich Ihre Erklärung auf!" unterbrach ihn Ramage. „Kommen Sie herunter und berichten Sie hier. Es sei denn, Sie sehen etwas Interessantes. Dann bleiben Sie oben."

„Nein, Sir, ich komme schon."

Ramage raunte Southwick zu: „Für niemanden auf dem Schiff besteht eine Notwendigkeit..."

„Richtig, Sir. Aber das Gerücht..."

Southwick hatte recht. Konnten Botschaften zwischen Schiffen erst einmal zu schnell weitergegeben werden, wie sich ein Gerücht auf einem Schiff verbreitete, war die Aufgabe eines Admirals bei Gott nicht mehr schwierig.

Jackson stand bei Southwick und wollte gerade zu reden beginnen, als dieser plötzlich die Leute am Steuer anschnauzte: „Achtung auf der Luvseite, verflucht nochmal!"

Es gab niemanden auf dem Schiff, der nicht versucht hätte, Jacksons Bericht zu hören.

„Acht Schiffe, Sir, aber von Deck aus scheinen es nur sieben zu sein."

„Erklären Sie das, Jackson; Leute mit schwacher Intelligenz, wie Mr. Southwick und meine Wenigkeit, kapieren das nicht." Ramage bedauerte seinen Sarkasmus sofort.

Jackson hatte schließlich einer schwierigen Aufgabe nachzukommen gehabt.

„Sorry, Sir. Von oben ist zu sehen, daß das siebte und achte Schiff nebeneinander liegen. Das ist die *Peacock*, die sich uns zuletzt anschloß, und das Schiff direkt vor ihr."

„Woher wissen Sie, daß es das achte Schiff ist?"

„Ich kann das siebte Schiff in den Reihen dahinter ausmachen. Nur in dieser Reihe gibt es ein achtes Schiff. Mir scheint, man hat die Position verlassen und ging an Bord des nächstvorderen Schiffes, Sir."

„Sind sie auf vorgeschriebener Höhe oder hängen sie bereits zurück?"

„Auf vorgeschriebener Höhe, Sir. Das siebte Schiff hält seine Position."

„Keine Signale? Zeichen einer Notlage?"

„Nichts, Sir. Alles sieht ganz normal aus, außer, daß die beiden längsseits nebeneinander liegen!"

„In Ordnung. Gehen Sie wieder in den Mast und melden Sie sich, wenn sich die Situation ändert. Passen Sie vor allem auf, ob sie zurückfallen."

Und wieder verschwand Jackson schnell und geräuschlos.

„Sie brauchen nicht unbedingt auf Kollisionskurs gewesen zu sein, Sir", sagte Southwick. Seine Stimme war voller Zweifel. „Sonst hätten sich wahrscheinlich ihre Rahen ineinander verfangen ... Aus dieser Entfernung und diesem Winkel ... es könnte nur so aussehen, als ob sie Berührung gehabt hätten.

„Darum schickte ich Jackson noch einmal mit dem Glas nach oben", sagte Ramage etwas spitz.

„Ich weiß, Sir", erwiderte Southwick vorwurfsvoll. „Ich überlegte nur gerade, warum zwei Schiffe, die ineinanderrannten, nichts unternehmen. Warum geben sie keine Lichtsignale? Warum hören wir keine Warnschüsse? Ich sehe keine Logik darin, daß sie unter Segeln auf demselben Kurs bleiben, als ob nichts passiert wäre."

„Trau niemals einem Muli..."

„Richtig, Sir", sagte Southwick, „und nimm niemals an, eines der anderen eskortierenden Schiffe würde etwas wahrnehmen."

Southwick hatte völlig recht: die *Greyhound* oder die *Lark,* die beide viel näher waren, sollten eigentlich diesen Vorfall gesehen haben. Für beide war die Arbeit im Konvoi nichts neues, und sie resignierten müde, wenn der halbe Konvoi in der Dunkelheit abfiel...

„Hallo, Deck!"

„Hier ist der Kapitän!"

„Das letzte Schiff ließ sich zurückfallen, Sir. Beide sind wieder auf ihren Positionen und segeln unter gerefften Marssegeln."

„Sehr gut, kommen Sie herunter."

„Sind halt doch Mulis", sagte Southwick gelassen. Der Maat der *Peacock* schlief, vermute ich. Ich wette, daß er vom Kapitän eine ganz schöne Abreibung bekommt."

Ramage marschierte zehn Minuten lang auf der Steuerbordseite deckauf-deckab und versuchte zu ergründen, warum eine so winzige Begebenheit so wichtig zu sein schien. Hat er das richtige Maß verloren? Gerne hätte er Southwick um seine Meinung gefragt, doch er wußte beim besten Willen nicht, wie er sich artikulieren sollte.

„Ich gehe nach unten; Sie haben die nächtliche Befehlsgewalt."

„Zu Befehl, Sir."

Unten in der Kajüte beugte sich Ramage über seinen Schreibtisch und versuchte im dämmrigen Kerzenlicht sein Tagebuch zu führen. Er schrieb einen Bericht über die Ereignisse des Tages und verwies ab und zu auf das stichwortartig geführte Logbuch des Kapitäns.

Er hatte Southwick abgelöst und hielt Wache während der ruhigen Nacht. Gegen Morgen ging er schlafen und wurde vor Anbruch der Dämmerung mit einer Tasse heißen Kaffees geweckt. Als der Steward damit begann, Wasch- und Rasierzeug methodisch um das Waschbecken herum aufzubauen, wußte Ramage plötzlich, daß er auf geheimnisvolle Art und Weise im Schlaf eine Entscheidung getroffen hatte: er wollte dem Admiral den Zwischenfall mit der *Peacock* schriftlich mitteilen und ruhig riskieren, als Bangemacher höhnisch verspottet zu werden. Es *war* eine unbedeutende Geschichte, und bestimmt hatte jeder der beiden Kapitäne eine höchst befriedigende Erklärung bereit für den Vorfall in der vergangenen Nacht. Doch ohne Befehl des Admirals durfte die *Triton* nicht zu den beiden fahren, um sich Klarheit zu verschaffen; und ehe er den Admiral informiert hatte, würde ihm nichts dergleichen angeheißen werden.

Sobald Ramage Waschen, Rasieren und Ankleiden hinter sich gebracht hatte, schnappte er seine Mütze und das Fernrohr und ging zum Deck hoch, um das morgendliche Zeremoniell abzunehmen. In Kriegszeiten erwartete jedes Schiff der Königlichen Marine den neuen Tag mit der Besatzung an den Geschützen, einsatzbereit. Niemand wußte ja, was das Tageslicht offenbaren würde — einen Horizont ohne jegliche Gefahr, ein feindliches Schiff oder gar eine ganze Schwadron, die ein oder zwei Meilen entfernt im Wind lag. Als er die oberste Stufe der Treppe erreicht hatte, sah er die Steuermannsmaate über das Schiff eilen und die Mannschaft auf dem Achterdeck versammeln.

Southwick hatte gerade seinen jungen Maat abgelöst und die Wache übernommen. Er begrüßte Ramage gutgelaunt. Nach langer Nacht war er süchtig auf den Tagesanbruch wie ein Alkoholiker auf eine volle Flasche Rum. Ramage dagegen fror fast; er brauchte mindestens eine Stunde, bis er sich morgens nach dem Aufstehen ähnlich gut fühlte.

„Keine Dummheiten mehr von drüben zu melden", sagte

Southwick und deutete auf das Ende des Konvois. „Haben Sie sich entschieden, ob . . .?"

„Ja", sagte Ramage kurz, „ich werde."

„Das freut mich, Sir; es wird aber nicht leicht sein, etwas in Worte zu fassen, was in Wirklichkeit ein — eine Art Gefühl ist, wie ein Zwicken im Kreuz, wenn das Wetter umschlägt."

Die Männer gingen zu den Geschützen hinüber. Dank intensiven Trainings spielte sich alles ohne Geschrei oder Durcheinander ab; niemand würde vermuten, daß die hin- und herhuschenden Schattenfiguren die *Triton* in wenigen Minuten kampfbereit machen konnten.

Augenblicklich war es noch recht frisch an Bord. Doch in wenigen Stunden würde die Sonne die Holzplanken unangenehm aufgeheizt haben, würde man kaum mehr atmen können. In dieser angenehmen Kühle und Feuchtigkeit nahm man Gerüche wahr, die sonst der Hitze zum Opfer fielen: zum Beispiel stinkende oder schimmelige Kleidung, das widerwärtige Süß des Leck- und Schwitzwassers an der Bilge oder den frischen scharfen Geruch von heißem Kaffee.

Bei zunehmender Helligkeit konnte Ramage das Kompaßgehäuse ausmachen. Der Kompaß darin war, ganz im Gegensatz zum schwachen Tageslicht, hell beleuchtet. Bald würde er die Leute am Steuer erkennen, und auch die, die dicht daneben standen. Die Umrisse der Ankerwinde zeichneten sich schon ab, und in wenigen Minuten würden die Verzierungen an der Niedergangstreppe erkennbar sein. Der Großmast schien in diesem Zwielicht seltsam hoch.

Bald war die Zeit gekommen, die Ausgucke in den Mast zu schicken. Eine undankbare Aufgabe, und dennoch eine, die Ramage während seiner Zeit als Leutnant zur See gerne übernommen hatte. In den Tropen war es oben im Mast heiß, und in kälteren Regionen gab es dort oben kaum einen Schutz. Aber man war allein und konnte alles sehen, was passierte, die Schiffe am Horizont genauso wie das Leben an Deck. Und es war aufregend, nach Tagen und Wochen auf See ein anderes Segel oder Land auszumachen und als erster die Nachricht dem Deck berichten zu können.

Southwick unterbrach seine Gedanken mit dem Ruf: „Ausgucke in den Mast!" Ramage zwang sich, sich auf die Gegenwart zu konzentrieren und hörte dann auch die Posten von oben Bericht erstatten.

„Hallo, Deck! Horizont klar, nur der Konvoi zu sehen."

„Noch einmal den Nordosten absuchen", rief Southwick zurück.

„Horizont im Nordosten klar, Sir."

Das war der Teil, für den die *Triton* verantwortlich zeichnete. Ramage überlegte einen Augenblick und erinnerte sich, daß Southwick auf Wache war. Es war einfacher, ihn zu beauftragen als den Beobachtungsposten Instruktionen zu erteilen.

„Schicken Sie Jackson mit dem Glas hoch, Mr. Southwick. Er soll herausfinden, was aus den beiden Mulis geworden ist."

Zwei Minuten später berichtete Jackson dem Deck.

„Nichts Auffälliges an den beiden Schiffen. Zeigen keinen Schaden. Der ganze Schwanz des Konvois ist auseinandergerissen. Mehrere Schiffe aus der Mitte segeln am Horizont. Die *Lark* ist dort und treibt sie heran."

Southwick schaute Ramage fragend an, dieser schüttelte den Kopf. Für Jackson gab es dort oben nichts mehr zu tun, er wurde heruntergeordert. Darüber hinaus gab Ramage seinen Leuten den Auftrag, die Karronaden zu sichern. Die Dämmerung hatte keine Feinde enthüllt. Unten im Schiff hantierte der Koch mit den Kupfertöpfen und entzündete das Feuer im Herd — ein neuer Tag hatte begonnen.

Sobald es hell genug war, setzte sich Ramage an seinen

winzigen Schreibtisch und entwarf die Mitteilung an den Admiral. Tinte spritzte von der Feder, als er Wörter und Sätze durchstrich und durch neue ersetzte. Schließlich glich das Blatt dem Heft eines Schuljungen. Er holte ein neues und übertrug fein säuberlich den korrigierten Text. Doch selbst im Klartext, so fand er, hörte sich das ganze noch recht holprig an, obwohl er seine Handschrift ohne Stocken entziffern konnte. Wahrscheinlich hatte er eine schlechte Wortwahl getroffen. Trotzdem faltete er den Bogen zusammen, erhitzte mit der Kerze etwas Lack und drückte das Siegel in die rote Masse. Dann löschte er die Kerze, stellte sie wieder in den Ständer aus Horn und beauftragte seinen Steward, ihm das Frühstück zu bringen.

Am späten Nachmittag saßen Ramage, Southwick und der Schiffsarzt, Mr. Bowen, zusammen in der Kajüte. Vor ihnen stand ein Glas frischen Obstsaftes, welchen der Steward aus einem Vorrat an Zitronen und Limonen gemacht hatte, den er in seiner Obhut behielt.

Southwick nippte an seinem Drink und fragte den Arzt freundlich: „Wie lange ist es jetzt her?"

Der Doktor überlegte. „Fünf Monate oder etwas mehr."

„Haben Sie jemals den Wunsch nach einem Glas Rum verspürt?" fragte Ramage. Bowen verneinte.

„Weder nach Schnaps noch Wein. Seltsam, ich denke nicht einmal daran. Nicht, daß der Gedanke mich anekelt oder daß ich dagegen ankämpfen muß; ich bin einfach nicht daran interessiert."

„Sie Glücklicher", sagte Southwick. „Wenn ich nur an all' die Schachpartien denke..."

Das klang so traurig, daß die beiden anderen in lautes Gelächter ausbrachen.

„Immerhin verbesserte sich dadurch ihr Spiel!" meinte Bowen. „Sie sind jetzt ein ganz passabler Spieler."

„Für Southwick war das Schachspiel der härteste Teil Ihrer Kur", lachte Ramage.

„In der Tat — für ihn", antwortete Bowen. „Und ein Wunder für mich. Meine Frau wird inzwischen Kenntnis davon erhalten haben", sagte er voller Stolz. „Ich habe ihr von Barbados aus geschrieben."

Ramage nickte, denn dazu gab es nichts zu sagen. Als Bowen sich zum ersten Mal dem Schiff angeschlossen hatte, war er, einst einer der besten Ärzte Londons, ein Wrack. Er war nicht mehr in der Lage, seine Praxis zu führen, ja, er vermochte nicht einmal morgens seine Augen zu öffnen, ohne vorher einen handfesten Schluck aus der Flasche zu sich genommen zu haben. Ramage konnte kaum fassen, daß die Kur erfolgreich war. Sie war für ihn und Southwick hart gewesen — diese endlosen Schachpartien, die nur den Zweck hatten, Bowen auf andere Gedanken zu bringen! Doch sie war viel, viel härter für Bowen selbst gewesen. Wenn er nur an den Zustand des *delirium tremens* dachte, in welchem der Arzt wie am Spieß schrie, weil er sich von auf ihn herabschwebenden Ungeheuern angegriffen fühlte.

„Bald werden Sie wieder Ihre Praxis in der Wimpole Street eröffnen", sagte Ramage. „Freuen Sie sich schon auf London?"

Bowen schüttelte den Kopf. „Nein; natürlich will ich meine Frau wiedersehen, aber ich würde gerne so lange wie möglich mit Ihnen..."

„Aber in London waren Sie..." unterbrach ihn Ramage, unsicher, ob er den Blick in Bowens Augen richtig verstanden hatte.

„In London, Sir", begann er leise, „verbrachte ich die meiste Zeit damit, eingebildete Unpäßlichkeiten mit nutzlosen Heilmitteln zu behandeln. Die Patienten waren reich, und ich legte ihnen hohe Rechnungen vor. Medizin beinhaltet aber mehr als das."

„Aber Sie könnten ein reicher Mann sein", protestierte Southwick.

„Ich könnte es sein, ich war es und wahrscheinlich bin ich es noch immer. Meine Frau ist nicht mittellos, müssen Sie wissen."

„Na also!" sagte Southwick langsam.

„Genau — ‚na also'", war Bowens Antwort. „Sagen Sie, Southwick, fühlen Sie sich befriedigt, wenn Sie dieses Schiff sicher über den Atlantik bringen?"

„Nun, der Kapitän..." begann Southwick und war über diese Frage etwas in Verwirrung geraten.

„Seien Sie nicht so bescheiden", warf Ramage ein. „Beantworten Sie die Frage des Doktors!"

„Nun, ja, das kommt ganz zwangsläufig."

„Warum sind Sie dann ein so besonderer Mann?" fragte Bowen und grinste noch immer.

Ohne daß der erstaunte Southwick geantwortet hatte, fuhr Bowen fort: „Sie sind befriedigt, wenn die *Triton* sicher im Hafen ankommt. Ich bin befriedigt, wenn bei der Ankunft die ganze Mannschaft wohlauf ist, wenn kein Name auf der Krankenliste steht!"

Ramage starrte Bowen an. „Sie können doch kein Interesse an Verdauungsproblemen, Geschlechtskrankheiten, Schnittwunden, Blessuren und Schrammen von über fünfzig Seeleuten haben, oder?"

Bowen schüttelte den Kopf. „Kaum. Die ehrliche Antwort auf Ihre Frage wäre aber, zuzugeben, daß es für mich die lohnenswerteste Aufgabe ist, der ich mich je unterzogen habe, zu gewährleisten, daß mehr als fünfzig Menschen an Bord der *Triton*, angefangen vom Kapitän bis hinunter zum jüngsten Trommler, gesund bleiben. Ich glaube daran, daß man Krankheiten fernhalten kann. Das ist der beste Weg, sie zu kurieren. Ich freue mich tagtäglich aufs neue, wenn ich in mein Bordbuch schreiben kann ‚keine Krankheitsfälle zu vermerken'."

Southwick nickte anerkennend, und Ramage sagte einfach „Danke".

„Nicht der Rede wert", sagte Bowen mit gequältem Grinsen. „Sie beide haben mich vor einem Schicksal bewahrt, das schlimmer gewesen wäre als Wimpole Street."

„Wahrscheinlich enden wir einmal als die Schachmeister der Marine", sagte Ramage, „wir müssen unbedingt ein Turnier veranstalten."

„Augenblicklich entsprechen wir selbst den Bauern aus dem Spiel", bemerkte Southwick mit einem plötzlichen Anflug von Bitterkeit. Bowen schaute Ramage an. „Dürfen wir erfahren, was sich auf dem Flaggschiff abspielte, Sir...?"

„Man zeigte nur ein gewisses Maß an zynischer Gleichgültigkeit."

„Kann ich mir denken", meinte Bowen voller Mitgefühl.

Ramage bezweifelte aber, ob er das wirklich konnte. Nachdem er die Erlaubnis bekommen hatte, auf Rufweite zu passieren, hatte er die *Triton* direkt ins Luv der *Lion* gesteuert. Sehr widerwillig hatte Croucher die Erlaubnis erteilt, so lange beizudrehen wie nötig war, damit ein Beiboot der *Triton* längsseits kommen, der Kapitänsmaat Appleby eine Nachricht übergeben und wieder zur *Triton* zurückkehren konnte.

Eine halbe Stunde später, als die *Triton* wieder auf ihrer Position war, hatte das Flaggschiff der *Greyhound* signalisiert, nachzusehen, ob die *Peacock* oder das Schiff vor ihr Hilfe benötigte. Ramage hielt das für eine törichte Anordnung, war sich um nichts in der Welt im klaren, warum er sie so einschätzte bzw. sich so über sie ärgerte. Hätte eines der beiden Schiffe Hilfe nötig gehabt, hätte es viel eher Zeichen gegeben. Goddard wollte sich also nur absichern. Leutnant Ramage berichtete über mögliche Schwierigkeiten, doch die Kapitäne der beiden Schiffe beruhigten den Admiral. Wäre er Kommandant des Konvois gewesen, hätte er auf jedes Schiff einen Offizier geschickt, der herauszufinden hatte, was passiert war. Um ehrlich zu sein, mußte man aber in Rechnung stellen, daß Croucher und Goddard die Nachricht von einem Offizier erhalten hatten, dem sie mißtrauten.

„Sie sollten sich nicht darüber aufregen", sagte Bowen in seiner besänftigenden Art, und wollte auf diese taktvolle Weise jemanden beruhigen, der nur halb so alt, aber dennoch sein Kapitän war. „Sagen Sie, Sir, legen wir in Antigua an?"

Ramage schüttelte den Kopf. „Das bezweifle ich; wahrscheinlich sichten wir es nicht einmal. Ich vermute, der Admiral wird die für Antigua bestimmten Schiffe aus dem Konvoi nehmen und ein oder zwei Fregatten anheißen, sie die letzten vierzig oder fünfzig Meilen zu begleiten."

„Schade", sagte Bowen, „ich hatte mich darauf gefreut, die Insel zu sehen."

„Sie versäumen nichts", erklärte Southwick. „Dort ist's langweilig und trocken und in English Harbour fehlt einem die Luft zum Atmen. Außerdem ist das Pachtland schlecht."

„Und Jamaika?"

Southwick zuckte mit den Schultern. „Man kann die beiden nicht vergleichen. Jamaika ist eine große Insel, Kingston eine große Stadt. Viele Gebiete sind recht hübsch, zum Beispiel die Blue Mountains. Aber die ganzen Inseln bringen nur den Ärzten und Beerdigungsinstituten eine Menge Arbeit."

Ramage zog seine Uhr heraus. Jeder verstand dieses Zeichen, das deutlich machte, daß die nachmittägliche Erholungspause zu Ende war. In der Kajüte wurde es schon dunkel, als Bowen aufstand und fragte: „Die Dünung wird schwerer; ist das ein schlechtes Zeichen?"

Ramage nickte. „Ich fürchte, ja, zu dieser Jahreszeit."

„Bedeutet es 100%ig, daß ein Hurrikan kommt?"

„Nein, auf keinen Fall! Es könnte bedeuten, daß draußen auf dem Atlantik einer tobt, aber niemand vermag zu sagen, ob er zu uns zieht. Hurrikane verhalten sich wie

Gewitter; nie kann man sagen, in welche Richtung sie ziehen werden."

„Nun, ich werde bestimmt um eine interessante Erfahrung reicher werden", sagte Bowen.

„Ich werde Sie an diese Bemerkung erinnern, wenn wir einem in die Quere kommen", brummte Southwick. „Der Orkan ist dann so stark, daß man nicht mehr weiß, ob man Männlein oder Weiblein ist."

„Der Himmel möge uns vor dem Weiblein bewahren", sagte Bowen.

7

Bei Einbruch der Nacht befand sich der Konvoi ungefähr zwanzig Meilen westlich von Dominica. Man hatte eine Inselkette passiert und steuerte jetzt nach Nordwest, um die wie ein riesiger Schmetterling aussehende Insel Guadeloupe zu umfahren. Sie war das einzige noch in französischer Hand befindliche Gebiet in der ganzen Gegend, und Goddard hoffte, man würde von dort aus den Konvoi nicht erkennen, wenn er in respektablem Abstand daran vorbeifuhr.

Ramage hatte augenblicklich andere Sorgen. Viel mehr als das, was die Franzosen eventuell im Sinne führten, besorgte ihn die steigende Dünung. Er hatte gerade im Logbuch vermerkt, daß die Wellen ungefähr fünf Fuß hoch waren. Der Wind blies leicht — zu leicht.

„Irgendjemand hat den Passat abgemurkst", stellte Southwick fest.

„Ihn überwältigt", pflichtete Ramage bei.

„Dennoch, ich denke, wir sollten uns nicht beklagen; die Mulis haben sich heute zusammengerissen."

Ramage nickte. „Sie hatten keine andere Wahl, da die *Lark* sie auf Trab brachte."

„Ich glaube, es hat sich herumgesprochen, wie wir das gemacht haben."

„Ja — als wir heute morgen längs der *Lion* lagen, dachte ich an jenes Handelsschiff. Wir müssen mit unserer Taktik gewaltigen Eindruck gemacht haben."

„Das hoffe ich", sagte Southwick voller Begeisterung. „Mir ist alles recht, was die Mulis auf ihren Plätzen hält." Er blickte um sich, und in Anbetracht der zunehmenden Dunkelheit fragte er: „Appell an den Geschützen, Sir?"

Ramage nickte und blickte nach Osten, wo eine dünne Wolkenbank über dem Horizont auf Dominica deutete. „Wir lassen heute nacht die Geschütze geladen und ausgefahren."

Ihm war nicht ganz klar, warum er diesen Entschluß gefaßt hatte. Er nahm das Fernrohr und blickte den Konvoi entlang. Hinter ihm ließ Southwick die Mannschaft Aufstellung nehmen. Als Ramage die *Greyhound* im Visier hatte, stellte er mit Befriedigung fest, daß auch dort die Geschütze ausgefahren waren. Gut gemacht. Die Kanonen erweckten den Eindruck, als stünden sie alle auf einer riesigen Lafette. Alle Schiffe des Konvois segelten unter demselben Befehl, und Ramage malte sich aus, daß, sobald sich die Erdkugel weitergedreht und Dunkelheit die Ozeane überzogen haben würde, alle Schiffe der Königlichen Marine ihre Mannschaften auf dem Achterdeck antreten ließen; und daß dieselben Männer, nachdem sich die Erdkugel abermals weitergedreht haben würde, dieselben Männer an derselben Stelle den neuen Morgen begrüßen würden.

Ruhig blickte Ramage durch das Glas zur *Peacock*. Ein paar Männer standen am Steuer, eine einzelne Person dicht daneben; wahrscheinlich der Kapitän oder ein Maat. Die beiden Männer auf dem Vorderdeck rauchten wahrscheinlich eine Zigarette. Handelsschiffe waren diesbezüglich nicht so streng reglementiert wie Kriegsschiffe. Auf dem Deck des vorletzten Schiffes standen gleichviel Männer. Auf keinem der beiden Schiffe konnte man etwas Ungewöhnliches wahrnehmen. Immer noch war Ramage verdammt daran interessiert, was sich in der Nacht zuvor abgespielt hatte, durch das verrückte Signal, das der Admiral der *Greyhound* übermittelte, konnte bisher aber noch niemand die Schiffe direkt befragen.

Yorke stand an der Heckreling der *Topaz*. Noch war es hell genug, daß Ramage ihn an seiner Haltung erkennen konnte. St. Brieuc stand bei ihm, und einen Augenblick lang beneidete Ramage den jungen Schiffseigner: er hatte auf dem ganzen Weg nach Jamaika interessante Mitreisende. Southwick, Bowen und Appleby waren zwar hervorragende Männer, aber ihrer Unterhaltung waren Grenzen gesetzt. Auch Maxine war bei Yorke. Als Ramage beobachtete, wie die Männer die Kanonen ausfuhren, tröstete er sich mit dem Gedanken, daß Yorke keine Gianna hatte, die bei seiner Rückkehr in England auf ihn wartete ... Er ging nach unten.

Es war schon dunkel, als er wieder an Deck erschien. Die Wachposten wurden aus dem Mast geholt. Sechs mußten sich rings um das Schiff postieren. Spiegelbildlich angeordnet, standen sie auf dem Vordeck, der Höhe des Großmastes und dem Achterdeck.

Der Himmel war klar, die Sterne glitzerten, und nur im Südwesten hatte sich eine große Wolkenbank aufgetürmt. Ramage konnte nur mühsam die auf der entfernten Seite des Konvois segelnden Schiffe ausmachen, denn sie standen gegen die dunklen Wolken und nicht gegen die hellen Sterne. Die *Lion* dagegen hätte sich auch ohne ihre Positionslampen deutlich abgehoben; und ebenso die *Topaz*, die *Greyhound* und die *Lark*, wenn sie es wirklich war.

Ramage drehte leicht am Nachtglas, um sicher zu sein, daß er sich nicht getäuscht hatte. Ja, dort bewegte sich etwas. Das Glas schwang etwas im Rhythmus des Schiffes, und er mußte eine langsame, gegenläufige Bewegung durchführen, um es wieder auf die Stelle einzurichten, die sein Interesse geweckt hatte. Konzentriert blickte er durch das Okular und stellte sogar eine weitere Bewegung fest. Auf der *Peacock* wurde das Vorsegel gesetzt. Das mächtige Tuch fiel in der leichten Brise langsam und sanft herunter. Er konnte beobachten, wie es, luftgefüllt, ballongleich anschwoll, bevor die Seeleute es festmachten. Das Marssegel war bereits gesetzt; wahrscheinlich hatte er das zuvor beobachtet. Die *Peacock* hatte schon leicht Kurs auf ihn genommen und wollte offensichtlich über Steuerbord den Konvoi verlassen.

„Mr. Southwick, setzen Sie Ihr Glas auf die *Peacock* an. Steuermannsmaat, weisen Sie den Steuermann ein!"

„Meine Güte!" rief Southwick. „Was hat sie denn vor?"

Jackson mußte mit dem Nachtglas in den Mast klettern.

„Berichten Sie jede ungewöhnliche Kleinigkeit. Beobachten Sie das letzte Schiff dort, die *Peacock*. Sie verläßt ihren Platz unter gesetzten Segeln. Und schauen Sie, ob die Logger *Lark* und die *Greyhound* sie im Auge haben."

Ramage konnte die *Greyhound* erkennen. Sie schien auf Kurs zu bleiben. Ihr Marssegel war gerefft, keine anderen Segel wurden gesetzt. Offensichtlich hatte man nichts Verdächtiges wahrgenommen. Aber die Wolkenbank im Westen war mächtiger geworden und überspannte ein größeres Stück vom Himmel; vielleicht war von ihrer Position aus die Silhouette der *Peacock* gar nicht auszumachen.

„Sie könnte in Schwierigkeiten sein, Sir", sagte Southwick in einem Tonfall, der klar erkennen ließ, daß ihn dieser Gedanke nicht im mindesten begeisterte. Vielleicht geht sie an den Wind, um dicht zur *Greyhound* aufzuschließen. Vielleicht ein Leck ... ein Arzt nötig ... schwer zu sagen."

Jackson meldete sich von oben: „Sie segelte kurz luvwärts aus dem Konvoi heraus, ist nun aber wieder in der Gruppe, liegt vielleicht fünfzig Yards luvwärts von ihrer eigentlichen Position. die *Greyhound* wird kaum etwas bemerken können", fügte er hinzu.

„Nein, bei dem Winkel nicht", murmelte Southwick. „Die *Lark* könnte eher etwas wahrgenommen haben."

„Das bezweifle ich, sie ist ganz schön weit weg."

Jackson rief: „Sie überholt das Schiff davor. Sie hat Groß- und Marssegel gesetzt."

„Sie ist nicht leck", behauptete Southwick. „Sonst würde sie nicht auf diesem Kurs segeln. So frage ich mich: warum trifft es immer uns?"

Ramage hatte denselben Gedanken. Der Kapitän der *Greyhound* hatte sich nicht die Gunst des Admirals verscherzt und konnte sich einen Fehler erlauben. Sein Schiff lag näher bei der *Peacock*. Warum fiel also der *Triton* die Verantwortung zu?

„Soll ich die Matrosen an Deck holen?" fragte Southwick.

„Ja, aber leise. Lärm ist weit zu hören in einer Nacht wie dieser."

„Zu Befehl, Sir, wir werden uns nicht wie Idioten benehmen."

„Oder durch Geschrei jemanden warnen", sagte Ramage grimmig.

„Hallo, Deck!" rief Jackson. „Sie hat schon wieder zu einem Schiff aufgeschlossen."

„Mit ihrer Segelfläche ist sie schnell wie ein Brandungsboot", war Southwicks Kommentar.

Sie nähert sich der Spitze des Konvois, dachte Ramage, und das ist offensichtlich ihre Absicht, denn sie hat viel Segel gesetzt und hält die entsprechende Linie ein.

„Vielleicht verläßt sie den Konvoi, hat sich entschlossen, alleine weiterzusegeln", meinte Southwick. „Sie war ein Schnellboot, bevor sie sich uns anschloß."

„Das glaube ich nicht", erwiderte Ramage, „sie will nach Jamaika. Wollte sie wirklich alleine weitersegeln — warum reduziert sie dann nicht kurz die Segelfläche, um dann direkt nach Westen zu steuern? Warum dann der Umweg nach Norden? Sie wäre ja verrückt, den ganzen Konvoi außen vorbeiziehen zu lassen, um dann direkt vor der *Lion* den Kurs zu schneiden."

„Vielleicht hat sie auf Antigua einen Auftrag zu erledigen." Southwick blieb verbissen: „Sie ist ein Schnellschiff, und so kann ihr Kapitän selbst Entscheidungen treffen."

„Richtig, warum hat er dann aber innerhalb von vierundzwanzig Stunden seine Meinung geändert? In Antigua gibt es für ihn nichts von Interesse. Die guten Frachten liegen auf Jamaika, und das wußte er ganz genau, als er bat, sich dem Konvoi anschließen zu dürfen."

„Wirklich ein Rätsel", gab Southwick zu.

Wieder rief Jackson: „Sie liegt neben dem vorletzten Schiff, Sir."

Nun mußte die *Peacock* also gerade auf Höhe der *Greyhound* sein.

„Die Wachposten dieser Fregatte — sie gehören verprügelt." Southwick war wütend.

Ramage wollte darüber erst dann ein Urteil fällen, wenn er erkennen konnte, wie gut sich die *Peacock* auf seiner eigenen Höhe gegen den Himmel abhob. Gleichzeitig durchfuhr es ihn blitzartig, daß er bald handeln mußte. Im Augenblick kann ich sie noch ziehen lassen, sagte er sich, aber nicht mehr lange.

Warum, in drei Teufels Namen, regten sich aber er und Southwick so über ein Schiff auf, das seine Position verlassen hatte? In Konvois dieser Größenordnung war es üblich, daß mindestens zehn Schiffe ihre Positionen nicht halten konnten, und bei Anbruch der Morgendämmerung der halbe Konvoi über den Horizont verstreut war. Warum also gerieten sie so außer sich wegen dieses einzigen lumpigen Schnellschiffes? Er konnte sich gut ausmalen, wie der Admiral Croucher, seinen Flaggleutnant und jeden anderen hämisch angrinste, der etwas über Ramage hören wollte, und wie er entschlossen war, einem ihm mißfallenden Kriegsschiff den Krieg zu erklären ... War er besessen?

Besessenheit war Berufsrisiko der Kapitäne — die Folge des einsamen Lebens als Kommandant. Die Marine wußte um dieses Problem und war geduldig mit solchen Leuten. Einer zum Beispiel, den Ramage kannte, hatte Zwangsvorstellungen in bezug auf Flaggen; die Vorstellung, daß eine Flagge auch nur den winzigsten Schmutzfleck oder den kleinsten Riß haben könnte, war für ihn einfach untragbar. Ein anderer war allergisch gegen Ziegelmehl an Bord, und die Männer mußten zum Scheuern der Messingteile feinen Sand nehmen. Hatte auch Leutnant Ramage einen solchen Tick? Oh ja, er sah in einem Handelsschiff eine ganze Flotte feindlicher Schiffe ...

„Hallo, Deck! — Sie ist auf Höhe des fünften Schiffes!" meldete Jackson; und nach ein paar Minuten: „Hallo, Deck! — Auf Höhe des vierten Schiffes."

Verlor ein Handelsschiff seine Position, fiel es immer nach hinten ab. Die *Peacock* war jedoch beide Male nach vorn geschossen ... Er wandte sich an Southwick.

„Rufen Sie Jackson herunter und versammeln Sie alle Mann auf dem Achterdeck."

Verdammt, nun war es höchste Zeit. Kostbare Augenblicke hatte er mit einer Reihe verrückter Gedanken vergeudet. Er nahm das Sprachrohr zum Mund: „Seesoldaten, mit geladenen Musketen an der Backbordseite antreten! Entermannschaft, mit Langspießen und Pistolen an den Hauptwanten versammeln! Treten Sie aber aus der Schußlinie der Kanonen!"

„Hallo, Deck!" rief Jackson ein weiteres Mal. „Ein zweites Schiff verläßt seinen Platz und segelt zwischen den Reihen vorwärts!"

„Der Teufel soll es holen!" rief Southwick aus.

„Sagen Sie uns Schiff und Position, verflucht nochmal!" schimpfte Ramage.

„Versuche ich gerade festzustellen, Sir"; Jacksons Stimme klang gedämpft von oben aus der Dunkelheit zu ihnen herab. „Ich glaube, es ist das Schiff, das ursprünglich vor der *Peacock* lag — ich versuche mich gerade zu vergewissern", ergänzte er hastig, denn er wußte ganz genau, wie sehr Ramage ungenaue Angaben wie „ich glaube", „ich denke", „vielleicht" haßte.

„Ja, stimmt, es ist das siebte Schiff und es hat gerade das sechste eingeholt; die *Peacock* liegt inzwischen auf der Höhe des dritten."

„Lassen Sie Jackson oben", wies Ramage Southwick an, der mittlerweile in völliger Ruhe den Befehl ausgeführt und alle Mann leise an die Kanonen geschickt hatte.

Southwick fragte ihn: „Was halten Sie von dem ganzen, Sir?"

„Wenn ich das wüßte, verdammt nochmal. Ist irgendeine krumme Tour, ich weiß nur nicht, was für eine. Das zweite Schiff ist jedenfalls das, neben welches sich letzte Nacht die *Peacock* geschoben hatte. Es ist alles absurd!"

„Wenigstens liegen wir im Wind", sagte Southwick.

Das war wirklich Ramages einziger Vorteil. Er konnte bis zum letzten Augenblick warten und dann losschlagen. Warten also, bis Klarheit bestand über die Absicht der beiden Schiffe. Was aber wollte er dann tun? Eigentlich mußte er zur *Peacock* fahren und sich informieren lassen. War sie tatsächlich in Schwierigkeiten, würde er später einem Gericht zu erklären haben, warum er ihr nicht rechtzeitig zu Hilfe gekommen war.

Er wollte aber unter allen Umständen erst im letztmöglichen Augenblick auf der Bildfläche erscheinen, denn er war sich jetzt völlig sicher, daß die *Peacock* etwas Böses im Schilde führte. Konnte er vermeiden, daß Alarm geschlagen wurde, lag seine Chance im Überraschungsangriff. Täuschte er sich aber, und rechtfertigte irgendeine brave Erklärung das Verhalten der *Peacock*, hätte der Admiral durch dieses verdammte Schiff die ganze Munition in Händen, die er brauchte, um Ramage und seine Familie endgültig abzuschießen.

Und er wußte, daß Southwick dasselbe dachte; und Jackson dort oben an seinem luftigen Platz ebenfalls. Alle stärkten ihm den Rücken. Und doch *konnten sie alle falsch liegen* ...

Die *Peacock* kam schnell näher. Ramage erschrak, als er mit dem Nachtglas in ihre Richtung schaute. Obwohl er sie auf den Kopf gestellt sah, füllte sie das ganze Okular aus.

„Schnell, Mr. Southwick, überprüfen Sie die Geschütze auf Backbord. Ich hörte nicht zu, als man mir Bericht erstattete."

„Zu Befehl, Sir, bereits geschehen; alles in Ordnung."

Southwick verschwand nach vorn; Ramage drehte sich erneut zur *Peacock* und gab gleichzeitig Jackson den Befehl, herunterzukommen. Bald würde das Schiff nahe genug sein, um Stimmen an Bord der *Triton* identifizieren zu können. Wenn nur der Mond geschienen hätte! So war es aber völlig unmöglich, einen Blick auf die Decks zu werfen. Wieviele hielten sich dort auf? Vielleicht nur die Wachposten?

Der Kapitän berichtete: „Alle Kanonen geladen. Die Männer hoffen, daß sie sie nicht abfeuern müssen."

Welch' kindische Mitteilung! Die Langeweile von Männern an Geschützen war nur zu überwinden, wenn man die Kanonen abfeuern ließ.

Die *Peacock* hatte fast das zweite Schiff der Reihe eingeholt, das hinter der führenden *Topaz* lag. In der nächsten Minute mußte er handeln ... Ihr Götter, tut etwas! Und dabei hatte er noch immer keinen klaren Entschluß gefaßt.

Plötzlich fror er, als er an Goddards Bemerkung bezüglich der wertvollen Fracht dachte, welche er bei der Konferenz gemacht hatte. Nun war ihm plötzlich klar, was die *Peacock* vorhatte, jetzt, da es wahrscheinlich schon zu spät war. Es schüttelte ihn vor Kälte; schuld daran war die fürchterliche Angst, die ihn jetzt überkam, die Angst um einen anderen Menschen.

„Mr. Southwick!" seine Stimme überschlug sich fast, doch er hoffte, daß das niemand von der Besatzung bemerkt hatte. „Southwick, ich steuere uns längsseits an diesen Schuft heran!"

Das Sprachrohr war an seinem Mund. „Die Wetterbrassen bemannen. Bedient die im Lee... Steuermannsmaat! Vier Strich Backbord... langsam weiter und holt die Taue ein... holt weg, Jungs, gut so...!"

Warum hatte er nur nicht die Reffbändsel an den Marssegeln gelöst? Vorher hatte er zwar daran gedacht, doch sich dagegen entschieden, weil er befürchtete, die *Peacock* könnte seine Leute auf der Rahe sehen. Jetzt könnte er jeden Quadratzentimeter Segelfläche brauchen, um das andere Schiff einzuholen.

Der Bug der *Triton* schwenkte in Richtung auf die *Topaz*. Die großen Rahen bewegten sich leicht, die Segel blieben gebläht. Die Männer klammerten sich, wie beim Tauziehen, hintereinander an die Taue und zogen und hielten sie unter großer Muskelanstrengung fest.

Die *Triton* steuerte auf die Spitze des Konvois zu. Die Silhouette der *Peacock* wurde größer und deutlicher. Der Konvoi bewegte sich langsam nach Steuerbord. Er mußte einen etwas kürzeren Weg einschlagen, sich wie ein Krebs seitlich nach Steuerbord schieben.

Schnell gab er Anweisung, die Segel zu trimmen. Ein kleiner Hinweis genügte, und der Steuermannsmaat richtete den Bug der *Triton* leicht nach Steuerbord aus und peilte den Punkt an, den die *Peacock* in Kürze erreicht haben würde; an dem er sie vermutete, verdammt nochmal. Und er würde, nur unter dem Marssegel segelnd, nie gleichzeitig dort ankommen. Doch andererseits war er sich sicher, daß er die Besatzung und — wenn er ehrlich war — auch sich selbst in Verwirrung stürzen würde, ließe er nun noch das Vorsegel setzen und versuchte er, es wieder aufzugeien, sobald er sich längs neben die *Peacock* geschoben haben würde.

Eile und unüberlegtes Handeln im letzten Augenblick hatten schon viele Schlachten verloren, und er war fast im Begriffe, das zu beweisen ...

Nur ganz langsam machte die *Triton* etwas mehr Fahrt. Es herrschte fast völlige Windstille, die See war ruhig.

„Glücksspiel, ob man Alarm schlägt oder nicht", sagte Southwick, und Ramage bemerkte, daß er laut gedacht hatte. Er hielt Ramage etwas hin — es war ein Entermesser.

Als Ramage es nahm, sah er, daß Southwick sich auf seinen eigenen, einem Hackmesser ähnlichen, großen Degen gestützt hatte.

„Sie bleiben an Bord, Mr. Southwick", bestimmte er. „Sie werden sich nicht der Entermannschaft anschließen. Das ist Applebys Job. Verstanden, Appleby?"

„Zu Befehl, Sir", hörte er den Kapitänsmaat voller Freude antworten; auch er schwang ein Entermesser in der Hand. „Ich bin für das Unternehmen gerüstet."

Seit Ramage über die Absicht der *Peacock* Verdacht geschöpft hatte, hatte er alles getan, was in seiner Macht stand, um zu kontern. Und trotzdem bestand immer noch die kleine Möglichkeit, daß er völlig falsch lag, und die *Peacock* ganz schuldlos war.

Eine Minute blieb ihm noch, bis die *Triton* wieder auf einen Parallelkurs einschwenken würde, und in dieser Minute mußte er sich endgültig klar werden, ob er es bei einer freundlichen Warnung an die Adresse des Schiffes belassen wollte oder breitseits das Feuer freigeben sollte. Entschloß er sich zu letzterem, lief er Gefahr, ein Dutzend vielleicht Unschuldige zu töten.

Nun stand sein Entschluß fest. Er wandte sich dem alten Kapitän zu. „Nehmen Sie das Steuer, bitte. Nähern Sie sich der *Peacock*. Befindet sie sich in einer Notlage, wollen wir im letzten Augenblick luvwärts wegziehen; im anderen Falle bringen Sie unser Schiff längsseits an sie heran."

„Wird mir ein Vergnügen sein. Überlassen Sie das ganze mir."

Es klang fast wie ‚überlassen Sie das Schiff mir, machen Sie für Ihren Teil aber keine Denkfehler'. Ramage fühlte tiefe Zuneigung zu dem Mann und fragte sich, ob es noch jemanden gäbe, der, ohne große Worte zu machen, sich so klar ausdrücken konnte.

Ramage steckte das Entermesser neben sich ins Deck und beobachtete von neuem die *Peacock* durch das Nachtglas. Leise fluchte er vor sich hin wegen des umgedrehten Bildes. An Deck waren nicht mehr als drei oder vier Mann, doch plötzlich hatte sich das Bild der gesetzten Segel verändert. Sie glichen nun Vorhängen, die an den Rahen hochgezogen wurden.

„Sie geien die Segel auf!"

Southwick hatte das auch entdeckt, und Ramage setzte das Glas ab. Die *Peacock* und die *Topaz* lagen keine hundert Yards mehr auseinander. Nicht verständlich, warum Yorkes Männer noch nicht gerufen oder Warnschüsse abgefeuert hatten. Vielleicht, dachte Ramage, haben sie sie ausgemacht, jedoch keinen Verdacht geschöpft, weil ihnen der Vorfall der vergangenen Nacht entgangen war. Er machte den wachhabenden Offizier aus und stellte fest, daß er völlig gelangweilt dreinschaute ...

Sollte er einen Warnschuß abgeben, um die Leute auf der *Topaz* aufzurütteln oder sollte er die *Peacock* überraschen, indem er sich plötzlich längsseits an sie legte?

Gerade als er der vordersten Kanone Schießbefehl erteilen wollte, entdeckte er Segel, die sich hinter dem dritten Schiff in derselben Reihe vorwärts schoben. Sie gehörten zu dem Schiff, das als zweites seine Position verlassen hatte. Ramage hatte dieses Schiff, und damit doch tatsächlich die halbe Stärke des Gegners vergessen. Doch dadurch änderte sich die Situation auch nicht mehr wesentlich. Die *Peacock* erforderte ohnehin seine ganze Energie und Aufmerksamkeit.

Southwick kommandierte die *Triton* längsseits an die *Peacock* und blickte zu Ramage, um weitere Anweisungen zu erhalten. Sollten sie jetzt das Feuer eröffnen oder nicht? Sollte er die Brigg so dicht heranbringen, daß Gefahr für deren Masten bestand, um so die Entermannschaft hinüberspringen lassen zu können, sobald die Karronaden ein paar Mal über die Decks gefegt hatten?

Ramage kam zu keinem Entschluß. Alles, was er sehen konnte, waren die drei oder vier Mann an Bord und die paar weiteren, die die Segel aufgeiten. Nichts erweckte irgendwie Verdacht, und die *Peacock* hatte ja immer noch fünfzig Yards oder so zurückzulegen, um auf gleicher Höhe mit der *Topaz* zu liegen. Dann veränderte sich der Abstand zwischen den Masten leicht. Die *Peacock* drehte etwas nach Backbord, und zwar gerade so viel, daß ein weiterer leichter Schwenk um ein paar Grad nach Steuerbord sie längs zur *Topaz* bringen konnte!

Immer noch hatte sich nicht das geringste abgespielt, das die *Peacock* als feindliches Schiff entlarvt hätte. Nichts deutete darauf hin, daß sie die *Topaz* angreifen wollte. Sie konnte genauso gut ein befreundetes Schiff sein, das dank stockdunkler Nacht die Position verloren hatte ...

„Sir!" rief Southwick, und man konnte fast ein Wehklagen aus seiner Stimme hören; er mußte nun endgültig wissen, in welche Position er das Schiff bringen sollte.

„Legen Sie sie längs", hörte Ramage sich sagen und er

gebrauchte das Sprachrohr, als er hinzufügte: „An die Kanonen! Kein Feuer, bis ich Kommando gebe — dann auf das Achterdeck zielen!"

Der Klüverbaum hatte direkt vor die *Peacock* gezeigt, doch durch Southwicks Kommando schwang er nach Steuerbord herum, und das Handelsschiff lag nun breitseits vor dem Bug der *Triton*.

Man gewann plötzlich den Eindruck, als ob die *Peacock* seitlich auf die *Triton* zusteuerte; zum Glück ein schnell verblassender Alptraum. Ein Blick durch das Nachtglas verriet, daß plötzlich schwarze Gestalten über das Deck huschten. Ramage war sich nicht völlig bewußt, was er sagte, als er das Kommando gab:

„Kanoniere — Feuer aus allen Rohren!"

Das Feuer aus der ersten Karronade erleuchtete die *Peacock* wie der Blitz eines sommerlichen Gewitters. Mit Schrecken sah er, daß die Decks des Schiffes nun über und über voll waren mit bewaffneten Männern. In Scharen hatten sie sich unter dem Schanzkleid versteckt gehalten. Auf die Schüsse weiterer Karronaden sah er, wie immer mehr bewaffnete Männer von unten nach oben kamen, und ihre kurzen Säbel glitzerten im Feuer der Kanonen. Die *Peacock* hatte die *Topaz* noch nicht ganz eingeholt, und Ramage konnte kaum fassen, daß er gerade noch rechtzeitig gekommen war, um das Schlimmste zu verhindern.

Nichts könnte die *Topaz* oder sogar die *Triton* vor diesem Menschenschwarm retten, hätten sie sich erst auf Tuchfühlung herangearbeitet gehabt.

„Zielt auf das Steuer!" hieß er die Leute an den Karronaden an. „Feuer auf das Steuer!" Im Licht des Kanonenfeuers sah er, wie Jackson am Schanzkleid stand und sorgfältig ein Geschütz ausrichtete und abfeuerte; wie er die Waffe danach nachladen ließ und gleichzeitig eine neue, schußbereite übernahm. Ramage erkannte auch die Verwirrung an Deck der *Peacock*. Ihr Kapitän war sich seiner

Sache wohl sehr sicher gewesen und glaubte, sein Schiff an die *Topaz* heranbringen zu können, bevor die *Triton* ihn erreicht haben würde. Dadurch hatte er alle Kanoniere auf die Backbordseite beordert, um so eine günstige Ausgangsposition zum Entern des Handelsschiffes zu haben. Doch der Plan war nicht aufgegangen.

Nicht eine der Kanonen an Steuerbord hatte den Angriff der Brigg erwidert, und Ramage wollte diesen Vorteil auskosten. Er sprang vom Schanzkleid herunter, rannte zu Southwick und rief, da er das Dröhnen der Karronaden übertönen mußte, in voller Lautstärke: „Bleiben Sie in einer Entfernung von zwanzig Yards. Ich möchte ihnen mit den Kanonen noch weitere Schläge versetzen. Wir haben keine andere Chance gegen diese Riesenbesatzung. Sie wird uns sonst überschwemmen!"

Southwick kommandierte per Sprachrohr und nutzte dafür immer die kurzen Zeitintervalle zwischen den Salven. Ramage eilte zurück zu Jackson und beobachtete, wie die Brigg sich in der angegebenen Entfernung auf der Windseite parallel zur *Peacock* legte. Er wartete argwöhnisch darauf, daß sich der Gegner seinerseits luvwärts schieben und längs an die *Triton* legen würde.

Die Kanoniere hatten einen gewissen Rhythmus gefunden, in welchem sie ihre Geschütze bedienten, und der Blitz, der nach jedem Schuß aufflammte, erleuchtete die *Peacock* für einen kurzen Augenblick. Es war jedesmal, wie wenn die Tür eines Schmelzofens geöffnet und gleich wieder geschlossen würde. Das Deck der *Peacock* leerte sich. Zurück blieben Haufen menschlicher Körper, die von den Garben erfaßt worden waren. Die übrigen aber hatten es geschafft, in Deckung zu gehen. Ramage wußte, daß sich viele von ihnen hinter dem Schanzkleid verbargen und darauf warteten, daß die Männer der *Triton* zum Sturm ansetzten.

Plötzlich sah Ramage, daß die *Topaz* nicht mehr vor der

Peacock lag. Er blickte sich alarmiert um und brauchte etwas Zeit, um zu erkennen, daß die beiden Schiffe sich leicht nach Steuerbord bewegt und durch ihr höheres Tempo den übrigen Konvoi zurückgelassen haben mußten. Sie lagen eine gute halbe Meile vor dem nächsten Schiff des Konvois, und die *Topaz* war, was auch immer mit der *Triton* geschehen mochte, in Sicherheit.

Da kam der erste Blitz von der *Peacock:* die erste Kanone war geladen und abgefeuert worden. Doch weder der dumpfe Ton eines Treffers noch das zischende Geräusch eines vorbeifliegenden Geschosses war zu hören. Sobald die Steuerbordkanonen der *Peacock* feuerten, war es Zeit, die andere Seite anzugreifen. Er klopfte Jackson auf die Schulter. „Sagen Sie Mr. Southwick, er soll sich davon überzeugen, daß alle unsere Steuerbordkanonen geladen und schußbereit sind. Und er soll mich wissen lassen, wenn das geschehen ist und wann er zum Halsen bereit ist."

Ein weiterer Blitz kam von der *Peacock*, und noch einer. Drei Kanonen waren bemannt und wurden abgeschossen, drei weitere sollten schießen. Vielleicht hatten sie mit viel Glück eine oder zwei außer Gefecht gesetzt ... Jackson zog ihn an der Schulter und berichtete, daß an Steuerbord alles bereit sei und Southwick auf entsprechende Anordnungen wartete. Der nächste Blitz von der *Peacock* warnte, daß nun vier Kanonen arbeiteten. Nun mußte er schleunigst von der anderen Seite kommen ...

Er eilte hinüber zu Southwick, doch bevor er ihn irgendwie einweisen konnte, stand Jackson gestikulierend neben ihm. „Die Fregatte *Greyhound*, Sir!" Ramage sah, wie sich das Schiff auf die andere Seite der *Peacock* schob. Nun war es nicht mehr nötig, von dort einen Angriff zu starten. Ramage beobachtete die *Peacock* und hörte auf der Fregatte aufgeregte Stimme, die den Lärm der Karronaden und Musketen übertrafen.

Französisch drang an sein Ohr, und er bildete sich ein,

die dauernde Wiederholung des Befehls „Entert sie!" zu verstehen. Er ging zurück zum Schanzkleid und versuchte, seine Gedanken zu sammeln. Eine Karronade nach der anderen hustete heftig beim Feuern und hüpfte durch den Rückstoß, der das ganze Deck erschüttern ließ, zurück.

Das dunkle Wasser wurde ununterbrochen durch die Schüsse erhellt. Der Wasserstreifen zwischen den beiden Schiffen war plötzlich zu schmal, und Ramage erkannte die Gefahr zu spät. Die *Peacock* wich der sich nähernden *Greyhound* aus und lief auf die *Triton* auf.

„Stellung halten und Enterer zurückdrängen!" schrie Ramage so laut wie er konnte und bemerkte im gleichen Augenblick, daß er unbewaffnet war. Das Entermesser stak noch immer irgendwo im Deck. Er hörte den Kapitän seinen Ruf wiederholen, was aber völlig unnötig war. Es gab niemanden auf der Brigg, der nicht erkannte, daß die *Peacock* sie längsseits rammen würde.

Ramage schaute zurück zur *Greyhound*. Sie kam schnell näher. Vielleicht zwei Schiffslängen lagen noch zwischen ihr und der *Peacock*. Eine Sache von Sekunden, andererseits aber auch genug Zeit für die Halsabschneider auf der *Peacock*, jedem einzelnen Mann auf der *Triton* den Garaus zu machen. Wo nur diese französischen Freibeuter hergekommen sein mochten! Er hatte nicht den Schimmer einer Idee.

Sinnlos, hier auf dem Schanzkleid zu stehen, wie der Hahn auf dem Tor, sagte sich Ramage. Alles, was nötig war, war auch vom Deck her einzusehen. Er sprang herunter und rannte hinüber zu der Holzumkleidung, die um den Großmast angebracht war. Im selben Augenblick schlingerte die Brigg plötzlich: die *Peacock* hatte sie längsseits gerammt.

Die Netze, dachte Ramage voller Entsetzen: ich habe versäumt, sie spannen zu lassen. Doch der Strom herüberschwärmender Franzosen blieb aus. Stattdessen setzten seine Leute ihre Arbeit an den Geschützen fort; sie luden, zielten, feuerten auf das französische Schiff.

Erleichtert stellte Ramage fest, daß der Feind noch gar keine Berührung hatte. Southwick stand neben ihm und rief ihm etwas zu: „... konnte gerade noch nach Steuerbord ausweichen... Soll ich nochmal, falls die *Peacock*...?"

„Ja, gleich jetzt!" Ramage erkannte, wie die *Peacock* ihr Schiff ein zweites Mal rammen würde. Um ihr Gleichgewicht zu halten, hielt sich ihre Besatzung an der Takelage fest und schwang dabei im Kanonenfeuer glitzernde Entermesser.

Jeder zur Verfügung stehende Mann auf der *Triton* stand am Schanzkleid. Sie hatten Musketen und Kurzsäbel bei sich, sie schwangen Holzbohlen oder ca. 7 Fuß lange, mit schmalen Speerspitzen bestückte Stöcke aus Eschenholz.

Ein Blitz und nachfolgendes Geräusch wie zerschleißendes Segeltuch warnten Ramage, daß ein Schuß nur um Zentimeter an ihm vorbeisauste. Er erkannte, wie acht oder zehn Franzosen von den Hauptwanten herunterpurzelten. Das sprach für die Kaltschnäuzigkeit seines Marinekorporals, der es fertig brachte, mit Schüssen aus den Musketen, die Takelage der *Peacock* zu zerstören...

Im gleichen Augenblick sprangen etwa zwanzig Franzosen laut schreiend auf das Schanzkleid, wo kurz zuvor noch Ramage gestanden hatte. Instinktiv stieß er mit einem der langen Stöcke zu, zog ihn wieder zurück, um erneut in das Menschenbündel hineinstoßen zu können.

Jackson und Stafford waren neben ihm, schrien wie verrückt und zerfetzten mit ihren Kurzsäbeln, was ihnen in die Quere kam. Ein Schwall von Flüchen in italienisch mit stark genuesischem Akzent zeigte unmißverständlich, daß Rossi dicht in der Nähe war.

Mehr und mehr Franzosen strömten an Bord und überrannten die Karronaden. Im Augenwinkel konnte Ramage erkennen, daß Jackson ausrutschte. Sofort warf sich ein

Franzose auf ihn und wollte ihn mit seinem Säbel am Boden erschlagen. Ramage schleuderte im selben Augenblick seinen Stock wie einen Speer und traf den Franzosen in die Seite. Er fiel, und Jackson konnte wieder Boden unter die Füße bekommen. Sofort warf er sich mit Gebrüll auf die nächste Gruppe von Enterern.

Ramage entdeckte einen auf dem Deck liegenden Kurzsäbel, schnappte ihn und wandte sich wieder in Richtung *Peacock*. Wenige Fuß von ihm entfernt sah er Southwick, der wutschnaubend mit seinem Riesensäbel drei Franzosen vor sich hertrieb; er hatte seine Mütze verloren, und sein volles, weißes Haar stand wie bei einem Mop in die Höhe.

Die Franzosen änderten ihre Kampftaktik. Keine weiteren kamen an Bord, das Geschrei erstarb. Und Ramage glaubte, seinen Augen nicht trauen zu können, als er sogar einige von ihnen zurück auf die *Peacock* kriechen sah.

Das dumpfe Rumpeln bedeutete, daß soeben die *Greyhound* auf der Backbordseite ihrerseits die *Peacock* gerammt hatte.

Überall auf der *Triton* hackten Männer mit ihren Waffen auf ähnlich ausgerüstete Franzosen ein. Doch plötzlich wurde Ramages Aufmerksamkeit auf etwas anderes gelenkt. Er brauchte ein paar Augenblicke, um ergründen zu können, was es war. Der schreiende Franzose, mit dem er sich eingelassen hatte, brach plötzlich, von Rossis Speerspitze getroffen, zusammen. Ramage sprang zur Seite. Er lehnte sich an den Großmast, den Kurzsäbel in der Hand, und blickte zur *Peacock* hinüber. Alle drei Schiffe hingen ineinander und schwankten leicht. Doch was war das?

Er starrte auf die Masten der *Peacock*, und dann auf ihre Wanten. Es bestand kein Zweifel, sie bewegten sich von der *Triton* weg. Nun hatten das auch einige Franzosen entdeckt und versuchten verzweifelt, hinüberzuspringen. Doch der Abstand war bereits zu groß. Die *Greyhound* muß an den Rahen Enterhaken angebracht haben, welche die

Peacock längsseits festhielten. Da die *Triton* durch nichts an der *Peacock* gehalten wurde, trieb sie leewärts ab.

Es würden also keine weiteren Enterer mehr kommen, und er mußte schnell die Mannschaft sammeln.

Er rannte zum Steuer und rief: „Männer der *Triton*, zu mir!"

Andere übernahmen das Kommando, als sie sich Ramage anschlossen. Bald ertönte ein gleichmäßiger Gesang aus dreißig oder mehr Kehlen. Nun konnte er sein Schiff vom Feind säubern. Doch als er gerade seine Befehle erteilen wollte, hörten sie ein schreckliches Geschrei und sahen, daß die meisten der zurückgebliebenen Enterer zur Backbordseite gerast waren und zur *Peacock* starrten, die nun schon ungefähr zehn Yards entfernt war. Einige ihrer Maate erschienen am Schanzkleid und warfen Leinen herunter. Ein Franzose nach dem anderen sprang in die See und kämpfte sich zurück zur *Peacock*.

Ramage und Southwick blickten sich voller Erstaunen an. Nicht ein einziger einsetzbarer Franzose war an Bord geblieben.

„Ein Dutzend Mann soll sich um die Verwundeten kümmern", sagte Ramage zu Southwick, „und alle Backbordkanonen müssen geladen werden. Wir wollen das Schiff gleich wieder kampfbereit machen und der *Greyhound* zur Hand gehen.

Bevor alle Verwundeten nach unten befördert und die Segel getrimmt worden waren, kam das Feuer aus den Kanonen der *Peacock* nur noch sporadisch. Die Geschosse von der *Greyhound* dröhnten noch ein paar Minuten weiter und schwiegen dann abrupt. Die *Peacock* war überwältigt worden.

Eine Stunde verging, bis Ramage sein Schiff in den Wind gebracht, den Konvoi gefunden und wieder seine Position eingenommen hatte. Bowen hatte ihn mittlerweile über die Verluste informiert. Sechs Mann der *Triton* waren gefallen, alle durch die Sechspfünder-Kanone der *Peacock;* nur fünf Verwundete waren zu beklagen, was für Ramage einem Wunder gleichkam. Die Franzosen mußten ihr Unternehmen mit acht Opfern bezahlen. Die Verwundeten hatte man offensichtlich mit zurücknehmen können. Freibeuter, die niemals Pardon gaben oder um Gnade flehten, kümmerten sich um ihre Verletzten, wann immer es möglich war.

Die *Topaz* hatte wieder ihren Platz eingenommen und führte die äußerste Reihe des Konvois an. Erstaunlicherweise wies diese Reihe jetzt nur noch sechs Schiffe auf. Ramage fragte sich, was aus Nummer sieben geworden sein mochte. Soweit er sich erinnern konnte, wurde von ihm nicht ein einziger Schuß abgefeuert... Aber — was allein zählte, war, daß Maxines Schiff in Sicherheit war.

8

Die Morgendämmerung drängte die Dunkelheit nach Westen zurück und ermöglichte Ramage einen ängstlichen Blick über den Horizont. Er suchte die beiden Schiffe und konnte sie glücklicherweise im Lee des Konvois ausmachen. Einzelheiten waren in dem diffusen Licht zwar noch nicht zu erkennen, doch es war klar, daß die Leute auf der *Greyhound* sich während der Nacht nicht hatten auf die faule Haut legen können, da die *Peacock* immer noch unter gesetzten Segeln stand.

Ramage war müde. Er übergab das Schiff in Southwicks Hände und ging nach unten, um sich mit den Verwundeten zu unterhalten. Mittlerweile wurden an Bord die Toten für die Bestattung in Hängematten eingenäht. Dann zog sich Ramage in seine Kabine zurück. Er mußte den Bericht für Admiral Goddard schreiben, und das war möglicherweise der schwierigste Teil des ganzen nächtlichen Vorfalls.

Zunehmende Helligkeit offenbarte endgültig einen friedlichen Horizont. Nun konnte man es sich erlauben, die Geschütze zu sichern. Dann mußten die Decks gereinigt werden. Wasser wurde hochgepumpt und über die großen Flecken geschüttet, die bei Nacht schwarz erschienen waren, sich nun aber als eingetrocknete Blutlachen entpuppten. Durch intensives Schrubben verschwanden sie bald.

Stafford fragte Jackson bei der Arbeit: „Bringen sie die nach Antigua?"

Der Amerikaner wußte es nicht genau. „Falls sie nicht zu sehr beschädigt ist... Sonst nach Jamaika, meine ich. Dort ist sie besser aufgehoben; Kingston hat eine große Dockanlage."

„Dort bringt sie auch den höheren Preis beim Prisengericht", kommentierte Stafford trocken.

„Hmm, hätte nicht daran gedacht. Trotzdem, für uns wird nicht allzuviel abfallen."

„Warum?" fragte Rossi voller Ärger. „Wir erledigten die schwere Arbeit! Ohne uns hätten sie die *Topaz* verloren. Die *Greyhound* — sie kam ganz schön spät."

„Alle Kriegsschiffe in Sichtweite bekommen ihren Anteil", sagte Jackson.

„Dio mio, das ist nicht fair!" rief Rossi aus. Immer, wenn er sich aufregte, schlichen sich italienische Wörter ein. „Die *Lion* und die Fregatten, und auch die Logger — keines von ihnen sah was in der Dunkelheit. Die *Greyhound* — sie kam erst nach dem ersten Schuß. Nächstes Mal schicken wir ihnen erst eine Einladung!"

„Das kannst du jetzt leicht sagen", meinte Stafford sanft. „Hör zu, Jacko, ich weiß, daß so das Gesetz lautet; doch warum?"

„Falls ein anderes Kriegsschiff in Sicht ist, könnte es Gefallen finden, an dem, was das Kaperschiff tut."

„Mein Gott, was ist das für ein Blödsinn!"

„Das stimmt nicht. Eines Tages könntest du betroffen sein. Stelle dir vor, die Logger *Lark* entdeckt eine Art *„Peacock"* und verfolgt sie. Sie hat keine Chance, sie einzuholen; und selbst, wenn ihr das gelänge, hätte sie sie noch lange nicht überwältigt. Dann tauchen wir vor dem fliehenden Schiff am Horizont auf und schnappen es. Die *Lark* hat ein Recht auf einen Anteil — schließlich entdeckte und jagte sie das Kaperschiff. Ohne sie hätte es sich in eine andere Richtung absetzen können. Und uns steht natürlich auch ein Gewinnanteil zu, denn ohne uns hätte es nicht geschnappt werden können. Und wäre ein drittes Kriegsschiff in der Nähe gewesen, hätte es möglicherweise auch noch eine Scheibe abbekommen, denn damit wäre dem Kaperschiff eine weitere Fluchtmöglichkeit genommen worden."

„Ich gebe zu, das hat Hand und Fuß, Jacko; aber bei uns war die Dunkelheit mit im Spiel."

„Dunkelheit oder keine Dunkelheit", Jackson verlor die Geduld nicht, „die *Peacock* wußte genau, daß die anderen in der Nähe waren. Sie hätte nicht gewagt, über die Frontseite des Konvois abzuhauen, da die *Lion* und *Antelope* zur Stelle waren; und nach hinten versperrte die *Greyhound* den Weg zusammen mit der *Lark*."

Etwas entfernt von den Männern diskutierten auch Ramage und Southwick die Ereignisse der vergangenen Nacht. Der Kapitän äußerte sich recht heftig: „Mir ist völlig egal, was sie sagen. Für mich steht fest, daß die *Greyhound* nur in der Nähe war, weil sie auf uns aufpassen sollte. Sie kümmerte sich einen Dreck um den Konvoi. Wären wir zehn Meilen vor dem Konvoi gesegelt, um die Karosse des Oberbürgermeisters ins Schlepp zu nehmen, hätten wir beim ersten Tageslicht mit Sicherheit die *Greyhound* nur sechs Kabellängen hinter uns entdeckt."

Ramage lachte. „Lassen Sie es gut sein, Hauptsache, sie war zur Stelle, als sie benötigt wurde."

„Bitte um Entschuldigung, Sir; Sie sind zu nachsichtig, und das ist ein Fehler. Sie war da, o.k., aber nur zufällig."

Ramage grinste. „Mich interessiert mehr, mit welchen Argumenten sich die *Peacock* nach vorn gearbeitet hatte..."

„Ha!" schnaubte Southwick und deutete wütend auf die *Lion*. „Die haben bestimmt eine feine Geschichte parat. Und es würde mich nicht überraschen, wenn wir sie nicht erführen. Um seinen guten Ruf zu bewahren, wird Seine Herrlichkeit, der Admiral, sie schon so zurechtschustern, daß der Tadel auf uns hängen bleibt."

„Mr. Southwick!" sagte Ramage scheinbar mißbilligend.

„'schuldigung, Sir", der Kapitän sprach diese Worte nur, weil er merkte, daß Ramage sie hören wollte. Schließlich standen ein paar ihrer Leute in der Nähe und konnten die Kritik an Admiral Goddard gehört haben. „Tut mir leid, das war eine blöde Bemerkung."

Eine Stunde später war Southwick mehr denn je davon überzeugt, daß der Admiral und sein Flaggkapitän keine Schuld auf sich sitzen lassen würden. Er kletterte die Niedergangstreppe hinunter, erwiderte den Gruß des Wachpostens und folgte Ramages Aufforderung, in seine Kajüte zu kommen.

„Das Flaggschiff ließ gerade wissen, Sir, daß man Sie an Bord sehen will. Der Kapitän der *Greyhound* hat die *Lion* gerade eben verlassen." Ramage klopfte mit den Fingern leicht auf den Stapel Papier auf dem Tisch. „Wie gut, daß ich heute nacht noch das hier niedergeschrieben habe. Bedienen Sie sich mit Kaffee; er ist dort in dem Topf."

Southwick lehnte ab. Daraufhin fühlte sich Ramage verpflichtet zu bemerken: „Sie müssen ihn in der Karibik eben nehmen wie er ist. Man bekommt nicht oft den echten, doch Sie sollten ihn häufig trinken."

„Ich fürchte, ich ziehe Tee vor. Ist wohl französisiert, der Kaffee?"

Ramage schaute mit gespielter Mißbilligung an ihm hoch. „Mit Ihrer Einstellung kann kein Kaffeepflanzer reich werden —" er zeigte in die Richtung der Inselkette. Die leben dort von Kaffee, Zucker und Rum."

„Die Marine ist ein guter Kunde für Rum."

„Ich bezweifle, ob die Pflanzer jemals die Engländer ihrem Gin abspenstig machen können."

„Der Admiral..." erinnerte Southwick.

„Ach ja", sagte Ramage leichthin, obwohl er sich nicht so fühlte. „Offensichtlich eine gesellschaftliche Einladung. Er frühstückt später als ich."

Er nahm das Paket unter den Arm, griff nach Mütze und Degen. „Nun, Mr. Southwick, falls Sie so nett wären, das Schiff neben die *Lion* in den Wind zu legen; ich würde dann in meine kleine Kutsche umsteigen, und Jackson könnte mich zum Admiral chauffieren."

Die tiefsitzende Angst von Konteradmiral Goddard war großer Wut gewichen. Crouchers schmales Gesicht zeigte dagegen keine Regung. Beide waren sich darin einig, ihr Hauptanliegen, nämlich den nächtlichen Überfall auf die *Topaz*, vor Ramage zu verbergen.

„Erzählen Sie mir noch einmal, Ramage, wie alles begann", sagte Goddard und klopfte sich leicht mit dem Bericht auf die Knie. Der Umschlag war noch nicht geöffnet.

„Die Schiffsbesatzung hatte sich auf dem Achterdeck aufgehalten, Sir. Ich stand auf dem Vorderdeck und blickte mit meinem Nachtglas in unregelmäßigen Abständen zum Konvoi hinüber. Rein zufällig hatte ich die *Peacock* gerade in dem Moment im Bild, als das Vorsegel gesetzt wurde."

„Außerordentlich schade, daß Sie nicht sahen, wie man das Hauptsegel setzte", sagte Goddard schnippisch.

„Ich sah es, Sir; diese Bewegung hatte zuallererst meine Aufmerksamkeit geweckt. Sie verankerten noch immer die Rahe und holten die Segel an, als ich plötzlich erkannte, daß sie auch das Vorsegel setzten."

„Wir haben nur Ihre Schilderung."

„Natürlich, Sir", sagte Ramage und konnte nicht an sich halten, hinzuzufügen: „Schade, daß die *Greyhound* das nicht bestätigen kann..."

Croucher schaute kurz zu Goddard hinüber, doch er wandte sich ab und setzte die Befragung fort. „Und dann, was taten Sie dann?"

„Ich schickte einen Mann mit einem Nachtglas in den Mast. Er berichtete, daß die *Peacock* an den Wind ging. Sie steuerte einen Kurs an, der parallel zu dem des Konvois lief, etwa fünfzig Yards luvwärts davon."

„Sie sahen wohl nicht gut genug, um mich informieren zu können", sagte Goddard.

„Nein, Sir", war Ramages klare Antwort.

„Vermerken Sie das, Croucher. Der Admiral ist nicht bedeutend genug, was, Ramage?"

„Das sagte ich nicht, Sir. Sie müßten hundert Informationen pro Tag entgegennehmen, wollte man Sie wegen jedes Schiffes belästigen, das seine Position verliert."

„Dies war aber doch eine außergewöhnliche Situation."

„Zu der Zeit sah alles ganz und gar nicht so außergewöhnlich aus; niemand wußte, daß sich hinter ihr nicht ein normales Handelsschiff verbarg."

„Falls nichts Außergewöhnliches vorlag — warum schickten Sie dann einen Posten in den Mast?"

Eine gute Frage, stellte Ramage anerkennend fest.

„Ich sagte ‚so außergewöhnlich', Sir. Ich schickte den Mann hoch, weil Segel gesetzt worden waren, aber —"

„Warum waren Segel gesetzt worden?" unterbrach Croucher.

„Um die *Topaz* zu attackieren, Sir", antwortete er ruhig.

„Jetzt ist mir das klar, doch man kann kaum von mir erwarten, daß ich das zu jener Zeit wußte."

„Warum eigentlich nicht? Sie war das offensichtliche Ziel!"

„Wirklich?" Ramage täuschte Überraschung vor und mußte einfach hinzufügen: „Davon hatte ich keine Ahnung, Sir, und soweit ich weiß, war die *Peacock* ein gewöhnliches Handelsschiff, das sich mit Erlaubnis des Admirals dem Konvoi angeschlossen hat."

Goddard gab Croucher ein Handzeichen, das ihn schweigen ließ.

„Nein, das konnten Sie wirklich nicht wissen", sagte er auffallend freundlich. „Es wäre auch egal gewesen, ob das Ziel der *Peacock* das Schiff davor —" er brach abrupt ab, weil ihm sein schlecht gewähltes Beispiel bewußt wurde — „oder ein anderes Schiff aus dem Konvoi gewesen wäre. Sie hätten mich auf jeden Fall warnen müssen."

Ramage erkannte, daß Goddard bereits seine Verteidigung aufbaute. Er würde der Admiralität mitteilen, daß Leutnant Ramage alles über den Überfall wußte, ihn aber nicht informiert hatte. Das ist prima, dachte er, ein Kampf steht bevor, und hier findet bereits der erste Schlagabtausch statt. „Ich hatte Sie bereits gewarnt, Sir; ich hatte Ihnen alles gesagt, was ich wußte."

„Sie taten was?" Goddard glaubte nicht richtig gehört zu haben.

„Ich warnte Sie, Sir."

„Hörten Sie das, Croucher?" fragte er voller Sarkasmus. Leutnant Ramage hatte mich *schon vorher* gewarnt!"

Croucher verstand Ramages Anspielung und wollte den Admiral aufklären: „Ich glaube, ich verstehe —"

„Er sagte, er *warnte* mich, mein lieber Croucher. Ist Ihnen schon mal eine solche Unverschämtheit begegnet?"

„Der Brief, Sir", sagte Croucher gedehnt.

„Der Brief?"

Ramage half nach. „Mein schriftlicher Bericht, Sir; der, den ich gestern früh übergab."

„Oh, der", sagte Goddard und spielte seine Bedeutung durch ein Schulterzucken herunter. „Sie können doch kaum erwarten, daß ich dem auch nur die kleinste Bedeutung beimesse, oder?"

„Doch, Sir", sagte Ramage tonlos. Er rieb die Narbe über seiner Braue.

„Deshalb faßte ich den Bericht schriftlich ab und ließ ihn an Bord bringen..."

„Blödsinn, reiner Blödsinn. Ich kann nicht einmal sagen, wo er ist. Sie wollen mir doch nicht weismachen, daß Ihr Bericht darauf hinweist, daß die *Peacock* die *Topaz* angreifen würde, oder?"

Goddard lachte dröhnend, doch Crouchers Gesichtsausdruck war hölzern. Ramage hatte das Gefühl, daß ihm die Art des Interviews mehr und mehr mißfiel.

„Nein, Sir, ich berichtete nur, was ich wußte. Mehr konnte niemand wissen, bevor sich die *Peacock* längsseits an die *Topaz* heranmachte."

„Sinnloses Geschwätz, alter Junge, sinnloses Geschwätz. Was in aller Welt glaubten Sie würde die *Peacock* im Schilde führen, als sie an den Wind ging?"

„Es bestand die Möglichkeit, daß sie den Konvoi verlassen wollte, Sir. Wir alle nahmen schließlich an, sie sei ein von England nach Barbados fahrendes Schnellboot. Es hätte sein können, daß ihr das Tempo zu langsam war, oder daß sie sich Sorgen machte wegen der zunehmenden Dünung und aus Angst vor einem Hurrikan schnell Jamaika anlaufen wollte."

„Aber sie segelte sauber die Reihe entlang."

„Richtig, Sir; und sobald wir keinen vernünftigen Grund für ihr Handeln finden konnten und bemerkten, daß ein weiteres Schiff ebenfalls zwischen zwei Reihen hindurch die Konvoispitze ansteuerte, wurden wir aktiv."

„Viel, viel zu spät, um noch die Kastanien aus dem Feuer zu holen."

„Kaum, Sir", erinnerte ihn Ramage. „Wir retteten die *Topaz*."

„Sie hatten Glück, Ramage, das dürfen Sie verdammt nicht vergessen."

„Falls Sie meinen —"

Es klopfte an die Tür. Für Ramage war das wahrscheinlich gut, denn so konnte er seine beabsichtigte unverschämte Antwort nicht an den Mann bringen. Auf Crouchers Aufforderung trat ein Leutnant ein und meldete:

„Die *Topaz* verließ ihre Position, Sir, und hält sich dicht am Wind. Sie setzt keine Signale, trifft aber Vorbereitungen, ein Boot zu Wasser zu lassen. Ich glaube..."

„Danke", schnitt ihm Croucher das Wort ab, „ich werde in ein oder zwei Minuten an Deck sein."

Sobald der Leutnant die Kajüte verlassen hatte, schaute Croucher seinen Admiral fragend an. Und beide gingen hinaus und ließen Ramage am Pult stehend zurück.

Ramage ärgerte sich über Goddards Fragestellung, wenn sie auch vorauszusehen gewesen war. Wie er jetzt so allein in der Kajüte stand, überkam ihn ein Gefühl der Unsicherheit. Hatte er wirklich die Absichten der *Peacock* zu langsam durchschaut? Hätte er auf den Überraschungsangriff verzichten und statt dessen Alarm schlagen oder ein paar Geschütze abfeuern sollen?

Hätte er so gehandelt, und wäre die *Peacock* tatsächlich nur ohne Absicht aus dem Konvoi ausgeschert, wäre er wirklich wie ein Narr dagestanden. Dann hätte Goddard echten Grund gehabt, ihn dafür zu tadeln, daß er die Position des Konvois einem möglichen Feind mitgeteilt hätte. Wie er so darüber nachdachte, wurde ihm mehr und mehr bewußt, daß Goddard nicht der einzige Grund für seine Unsicherheit war. Er wollte auch wissen, wie Yorke sein Verhalten einschätzte. War er böse, weil die *Triton* so spät gekommen war? Grund dazu hätte er. Im Unterschied zum Admiral wußte Yorke ja, daß Ramage über die „wertvolle Fracht" an Bord der *Topaz* informiert war.

Immer deutlicher wurde ihm klar, daß Yorke und St. Brieuc einfach denken mußten, er habe sie im Stich gelassen. Sie waren ursprünglich froh darüber gewesen, daß die *Triton* so dicht neben ihnen segeln sollte; und dennoch waren sie gerade aus ihrer Richtung angegriffen worden. Aus der Dunkelheit heraus war plötzlich ein Schiff mit Freibeutern aufgetaucht, und Ramage hatte offenbar bis zum letzten Augenblick nichts bemerkt. Für sie mußte sein Eingreifen erbärmlich spät gekommen sein.

Vielleicht kam Yorke an Bord, um sich förmlich zu beschweren. Wie die Minuten so dahingingen, glaubte Ramage immer mehr daran. Er sah vor seinen Augen eine an den Admiral gerichtete und von St. Brieuc unterzeichnete schriftliche Klage. Goddard käme sie bestimmt wie gerufen; er könnte mit ihr einen weiteren Nagel in Ramages Sarg schlagen.

Ramage ließ sich auf den nächststehenden Stuhl sinken. Seine Beine versagten plötzlich den Dienst. Sein Gesicht war mit kaltem Schweiß bedeckt. In seinem Magen schien dauernd kaltes Wasser in Bewegung zu sein. Die eindringenden Sonnenstrahlen brannten auf seinem Rücken. Das Blau der See wie das des Himmels drückte keine fröhliche Stimmung aus, kein Zweck war dahinter erkennbar. Zweifel, Fragen, halbe Antworten und neue Zweifel schossen ihm durch den Kopf, Mäusen vergleichbar, die ziellos in einem Tretrad entlangrannten. Er krallte seine Finger ineinander. Der Gedanke, sie loszulassen, war für ihn gleichbedeutend mit einer Fahrt in die Vorhölle. Er hatte jedes Zeitgefühl verloren, als er plötzlich laute Stimmen hörte.

Croucher stieß die Kajütentür auf, und Goddard schritt hinter ihm herein. Über seine Schulter nach hinten blickend sagte er: „Diese Andeutung nehme ich übel, Sir; ich sage, ich nehme sie übel."

„Ich zweifle nicht daran, Admiral. Ich denke, ich würde es übelnehmen, wenn Sie das nicht täten."

Yorkes Stimme klang ruhig, aber kalt. Ramage schoß es durch den Kopf, daß die *Lion* sich luvwärts bewegt, ein Hauptsegel gesetzt, Yorke an Bord genommen und, ohne daß er es bemerkt hatte, sich wieder an ihren Platz zurückgeschoben haben mußte. Er stand auf; Goddard, vor Wut und Erregung rot und schweißnaß im Gesicht, nahm jedoch keine Notiz von ihm.

„Verdammt, Mr. Yorke; woher sollte ich denn wissen, daß die *Peacock* französisch war?"

„Die Vermutung lag nahe; jeder meiner Besatzung hegte Mißtrauen gegen sie. Sie ist doch offensichtlich im Ausland gebaut worden. Niemals wurden ihre Segel auf englischem Boden genäht. Und Leutnant Ramage hatte Sie wegen ihres seltsamen Benehmens in der Nacht zuvor gewarnt."

Voller Erstaunen blickte Ramage hoch; wie nur hatte Yorke das erfahren? Goddard war gleichermaßen verwirrt. „Mr. Yorke, Sie können unmöglich etwas über die Aktivitäten von Mr. Ramage wissen!"

„Und er warnte Sie doch, nicht wahr, Admiral? Ich hörte seinen Wachposten nachts aus dem Mast das Deck anrufen und nehme an, daß das Beiboot der *Triton* gestern früh die Nachricht überbrachte. Doch warum fragen wir ihn nicht selbst, wenn er schon da ist?" Seine Stimme klang spöttisch.

Goddard schaute sich überrascht um, und Ramage bemerkte, daß der Admiral durch Yorke so aus der Ruhe gebracht war, daß er seine Anwesenheit vollkommen vergessen hatte.

„Sie haben recht. Er machte tatsächlich eine Art Bericht, doch er enthielt nur vage Vermutungen."

„Mir ist nicht klar, wie er vage Vermutungen hätte umgehen können, wo zwischen ihm und der *Peacock* doch viel Wasser war. Sie aber versäumten, den Vermutungen entsprechend zu handeln; Sie hatten überhaupt keinen Verdacht geschöpft. Schließlich aber war es doch Ihr Entschluß, die *Peacock* im Konvoi aufzunehmen."

„Nun seien Sie so gut, Mr. Yorke; woher wollen Sie denn wissen, was ich tat?"

„Seien Sie so gut, Admiral, ich sah ganz deutlich, wie Sie die nächste Fregatte aufforderten, die *Peacock* zu fragen, ob alles in Ordnung sei. Der Kapitän antwortete — und ich bin sicher, er tat es ganz der Wahrheit entsprechend — alles sei o.k. Meine Offiziere und ich erwarteten, daß Sie eine Abordnung an Bord der beiden Schiffe schicken würden, um den wahren Sachverhalt klären zu lassen."

Ramage glaubte, vor Freude die Vögel singen zu hören. Die See *war* jetzt blau, und der Himmel auch. Auf Dauer würde Yorke ihn zwar nicht vor Goddard retten können; die Admiralität, Sir Pilcher Skinner, die Kriegsartikel und last not least die Tradition ließen nicht zu, daß, was auch immer geschehen war, ein Admiral schuldig gesprochen werden konnte, nur, weil man die Unschuld eines jungen Leutnants festgestellt hatte. Trotzdem wertete Ramage das Urteil von Yorke und St. Brieuc höher als das von Goddard und Croucher.

Goddard sank auf den Stuhl, den Ramage gerade vorher frei gemacht hatte. Man konnte meinen, er sei einem Schlag ausgewichen und habe dadurch das Gleichgewicht verloren.

Yorke ging ein paar Schritte auf ihn zu und hielt ihm einen weißen, versiegelten Umschlag hin.

„An Sie adressiert; ist von ... Bezieht sich auf meine Fracht."

Goddard griff danach. Er brach das Siegel auf und begann zu lesen. Langsam klappte sein kräftiger Unterkiefer herunter. Sein gerötetes Gesicht wurde fahlweiß. Er mußte eine höchst unerfreuliche Nachricht erhalten haben.

„Das ist lächerlich. Höchst unfair. Bitte, Mr. Yorke, ich bin sicher, daß Monsieur St. Brieuc von einer Klage absehen und sich dazu durchringen wird, den zweiten Brief, den er erwähnt, nicht abzuschicken, wenn Sie ihm alles erklären."

„Welchen Brief?" fragte er. Ramage fühlte, daß Yorke die Frage nur gestellt hatte, um ihn die Antwort hören zu lassen.

„Den ... den Brief, den er an Lord Grenville geschrieben hat. Schließlich ist der Außenminister kaum daran interessiert ..."

„Im Gegenteil, Admiral. Wenn Sie darüber nachdenken, werden Sie erkennen, daß Lord Grenville für ihn die einzige Möglichkeit ist, mit der Außenwelt Kontakt zu haben und daß er deshalb *sehr* an seiner Sicherheit interessiert ist."

„Ich sehe das ja auch, Mr. Yorke. Doch ich hoffe, Sie werden M'sieur — den Verfasser des Briefes — davon überzeugen, daß es keinen Grund zur Klage gibt."

„Bei aller Ehrerbietung, Admiral", sagte Yorke immer noch sehr ruhig, wobei er aber die Worte sorgfältig wählte, „ich wüßte nicht, ob ich ihn davon überzeugen könnte; doch ich will Sie nicht in die Irre führen: ich sage Ihnen hiermit, daß ich das gar nicht versuchen werde. Schließlich bin ich völlig einer Meinung mit ihm."

„Nun kommen Sie, Mr. Yorke", erwiderte Goddard mit schmeichlerischer Stimme. „Sie wissen so gut wie ich, daß in einer Schlacht das Glück eine wesentliche Rolle spielt und ..."

„In der Schlacht, ja", sagte Yorke und glich einem unbarmherzigen Ankläger, der nicht locker läßt und weiß, daß man ihn nicht schlagen kann. „Aber Sie waren in keiner Schlacht. Die Schlacht ist eine Sache für sich, und darüber führt dank Mr. Ramages klugem Verhalten auch niemand Klage. Entscheidend ist die ganze Abfolge von Ereignissen. Das begann in der Carlisle-Bucht, als Sie dieses französische Freibeuterschiff — Piratenschiff wäre ein besserer Ausdruck dafür — unter Ihre Fittiche nahmen und ihm für die Durchführung seiner Pläne den allerbesten Platz im Konvoi anwiesen."

Vor ein paar Minuten noch hatte Ramage zugehört, wie Goddard alle Tatsachen verdrehte und dadurch die *Triton* schuldig sprach. Nun umriß Yorke dieselben Fakten und legte die Schuld wieder auf Goddards Schultern; ja, er spielte sogar darauf an, daß bei der ganzen Geschichte Verrat im Spiele war.

Goddard machte eine hilflose Handbewegung. Er war physisch und psychisch am Boden zerstört. Croucher schaute zur Seite. Ramage fragte sich, ob der deprimierte Mann nun endgültig von seinem Gönner gehaßt wurde. Mit unübertrefflicher Höflichkeit, die den Eindruck vermittelte, als habe er nicht die leiseste Vorstellung, was für eine Wirkung seine Worte bereits bei Goddard hinterlassen hatten, sagte Yorke:

„Eine gute Nachricht, Admiral Goddard, liegt aber auch vor, und es gereicht mir zur Ehre, sie Ihnen übermitteln zu dürfen."

Goddard hob voller Hoffnung seine Augen, und Croucher drehte sich wieder zu Yorke um.

„Es gibt einen zweiten Brief an Lord Grenville."

„Tatsächlich? Und was beinhaltet der?" Goddard versuchte, hinter einer betont scherzhaften Art seinen Hoffnungsschimmer zu verbergen.

„Er wird dem Staatssekretär empfehlen, Lord Ramage für seine — ich zitiere — ‚Tapferkeit und Wachsamkeit ein Zeichen seiner Anerkennung' zukommen zu lassen und Lord Grenville zu bitten, er möge den König informieren."

Goddard blickte verächtlich zu Ramage. „Ich fühle mich geschmeichelt, daß diese Ehre einem meiner jungen Offiziere zuteil wird", zwang er sich zu sagen. „Natürlich strahlt diese Anerkennung auf alle Schiffe der Königlichen Marine aus. Darf ich Ihnen als erster gratulieren, Ramage? Wir sind alle sehr stolz."

Ramage glaubte, die Treppe zu seiner Kajüte hinunterzuschweben; er war außer sich vor Glück. Southwick war ihm gefolgt und setzte sich. Ramage warf seine Mütze auf die Koje, schnallte den Degen ab, löste den steifen Kragen, setzte sich an den Schreibtisch und drehte sich zu Southwick um.

„Unfaßlich, einfach unfaßlich!"

Southwick grinste. „Das meine ich auch, Sir; ich hatte nicht erwartet, Sie so fröhlich von der *Lion* zurückkehren zu sehen."

Ramage berichtete ihm in Kurzform, was sich in der Admiralskajüte abgespielt hatte.

„Ich sah, wie sich die *Topaz* auf den Weg zum Flaggschifft machte", sagte der alte Kapitän. „Doch ich dachte wie Sie, daß nämlich Mr. Yorke eine Klage einbringen wollte."

„Außer uns kommt nur noch die *Raisonnable* ziemlich gut weg. Der Admiral schilderte genau, wie sie das zweite Schiff aufbrachte. Die Franzosen hatten wohl schon vor Monaten Wind davon bekommen, daß die *Lion* wichtige Passagiere an Bord haben würde, Leute, derer das französische Direktorium gerne habhaft geworden wäre, um sie für immer zum Schweigen zu bringen. Völlig unvorhersehbar wechselten die Personen auf die *Topaz* über, bevor der Konvoi Cork verließ. Sie war aber viel verwundbarer. Die Franzosen brachten es fertig, daß die *Peacock* den Konvoi in Barbados erreichte und sich ihm anschließen konnte.

„Sie hatte ein paar hundert zusätzliche Leute an Bord. Da sie unter Ballast stehen mußte, konnten die nötigen Wasser- und Nahrungsmittelvorräte mitgeführt werden.

Man kalkulierte, daß zweihundert Mann genug wären, um die *Topaz* in der Dunkelheit zu entern, die Passagiere zu töten und zu entkommen.

„In Barbados erkannten sie schnell, daß es ein leichtes Spiel sein würde, sich dem Konvoi anzuschließen. Der Kapitän der *Peacock* ist übrigens ein abtrünniger Engländer, und er meldete sich beim Admiral mit falschen Papieren. Später änderte er seinen Auftrag, er wollte dann die *Topaz* entern und die Gefangenen nach Guadeloupe bringen, wo sie als Geiseln leben sollten. Er hätte viel Beutegeld einstecken können — ein schöner Gedanke für einen geldgierigen Menschen. Mit dem neuen Plan warf er auch seine Taktik um. In der Nacht davor schob er sich längsseits neben das vor ihm segelnde Schiff und setzte hundert Mann über. Wir sahen ja die beiden Schiffe nebeneinander liegen. An Deck des gekaperten Schiffes waren keine sechs Leute und die ließen sich ohne einen Laut, geschweige denn einen Schuß überwältigen.

„Nun war er, mit der Hälfte seiner Leute auf der *Harold and Marjorie*, und der anderen Hälfte auf der *Peacock*, bereit, die *Topaz* zu entern. Er wollte außen an ihr entlang segeln, das gekaperte Schiff sollte die Innenbahn nehmen. So hätte man sich der *Topaz* von zwei Seiten nähern und sie schließlich in die Zange nehmen können."

„Wie um alles in der Welt wollte er das durchführen?"

„Langsam, langsam!" mahnte Ramage. „Fast wäre es ihm gelungen. Und wären Sie in seiner Haut gesteckt, hätten Sie auch auf einen Erfolg gehofft. Der Angriff war wahrscheinlich auf eine der beiden letzten Nächte angesetzt worden, weil man dann nahe genug an Guadeloupe war. Und ich vermute, er wollte nicht länger warten, weil er in Sorge war wegen der zunehmenden Dünung. Also, nichts wie raus aus der Reihe und sich so schnell wie möglich zur *Topaz* vorschieben — das war jedenfalls sein Plan."

„Der einzige Unsicherheitsfaktor bei der ganzen Geschichte war für ihn wohl die *Greyhound*, denn er glaubte sich bestimmt sicher, daß wir ihn wegen des Gewirrs von Masten und Segeln der übrigen Schiffe des Konvois nicht sehen würden. Und sollten wir ihn tatsächlich doch ausmachen, wußte er, daß er uns genauso entern konnte. Vergessen Sie nicht, daß er hundert Mann hatte und auf die Überraschungstaktik baute. Seine Männer würden unser Schiff von hinten kommend nehmen, sollten wir aus irgendeinem Grund nach unten gehen müssen — und so geschah es dann ja auch."

„Aber die *Greyhound* . . ."

„Angenommen, die *Greyhound* hätte gesehen, wie er die Segel setzte, an den Wind ging und aus seiner Reihe ausscherte, dann hätte er immer noch behaupten können, hinten ein französisches Piratenschiff erspäht zu haben. Ein Schiff, das im Konvoi nicht auf vorgesehener Position segelt, stiftet zwar immer Verwirrung, ist aber gewöhnlich noch nicht verdachterregend... Bald war ihm aber klar geworden, daß die *Greyhound* ihn nicht gesichtet hatte, und daraufhin verließ auch die *Harold and Marjorie* ihren Platz."

Southwick klatschte sich voller Vergnügen auf die Knie. „Aber der Pfau rechnete nicht damit, daß wir ihm die Schwanzfedern ausreißen würden."

„Das Ende der *Peacock*-Geschichte spielte sich ab wie von uns vermutet. Die *Greyhound* scheint auf uns angesetzt gewesen zu sein, nicht auf den Konvoi. Deshalb war sie nicht allzuweit entfernt, als wir plötzlich auf die *Peacock* zusteuerten. Unsere Schüsse erregten ihre Aufmerksamkeit und veranlaßten sie, uns zu Hilfe zu eilen."

„Und wie ging's mit der *Harold and Marjorie* weiter?"

„Die *Raisonnable* beobachtete von ihrer Position auf Backbord die Schießerei und kreuzte den Konvoi sofort, um herüber zu kommen. Gegen den etwas helleren Himmel im Norden erkannte sie, wie sich die *Harold and Marjorie* nach Süden wandte, offensichtlich nichts Gutes im Schilde führend. Auch die *Raisonnable* selbst stand gegen die dunklen Wolken im Süden — Sie erinnern sich, wie schwer der Konvoi in diese Richtung auszumachen war. Nun, die *Harold and Marjorie* sah sie erst, als es zum Ausweichen zu spät war. Und sie sah nicht, daß sich ihr eine Fregatte genähert hatte. Sie eröffnete das Feuer, und gerade das hatte die *Raisonnable* erreichen wollen. Und nun liegt der Rest auf der Hand: sie hängten sich ein paar Mal über ihren Steven, und da hatten die Franzosen rasch genug."

„Was geschieht mit dem abtrünnigen Engländer?"

„Er ist an Bord der *Peacock* nicht aufzufinden. Vielleicht hat er sich umgebracht — er mußte ja gewußt haben, daß ihm im Falle einer Gefangennahme der Strang sicher war. Die Einzelheiten wissen wir von einem französischen Maat, der jemanden eins auswischen wollte und auspackte."

„Meinen Sie, der Admiral wird uns nun in Ruhe lassen, Sir?"

Ramage zuckte mit den Schultern. „Wer weiß..."

Southwick stand auf. „Ich muß zurück aufs Deck; die Dünung nimmt immer mehr zu..."

„Ich komme mit. Ich möchte die Zeitintervalle messen. Der kurze Ausflug zum Flaggschiff gab mir die Möglichkeit, bereits die Höhe der Wellen zu messen."

„Schaut nicht sehr gut aus", sagte Southwick mit finsterer Miene, als er aus der Kajüte schritt. „Diese hohen Faserwolken im Osten, und keine Passatwolken. Wenn heute nachmittag Windstille eintritt..."

Ramage nahm seine Uhr aus der Tasche und blickte nach hinten. Der Wind war schwach und kräuselte das Wasser nur wenig. Doch darunter zeichneten sich, wie die angespannten Muskeln unter der Haut, die großen Dünungswellen ab. Noch waren die Wellenkämme weit auseinandergezogen und ziemlich niedrig; und trotzdem hatten sie im Vergleich zum Vortag an Höhe gewonnen. Was für eine Ursache auch immer dahinter steckte — sie kamen ihr näher. Das bedeutete aber nicht notwendigerweise, daß sie unbedingt in Schwierigkeiten kommen mußten. So, wie auch nicht jeder die Straße überquerende Fußgänger von vorbeifahrenden Autos zu Boden geschleudert wird.

Die Sonne stach durch seine Kleidung. Das Ruder knarrte unaufhörlich, weil es die Brigg auf Kurs halten mußte. Er starrte ins dunkelblaue Wasser, und es schien ihm plötzlich endlos tief zu sein. Tausende und Tausende von Klaftern fiel es ab. Er versuchte, sich auf den gleichbleibenden Rhythmus der Dünung einzustellen und die Zeiträume zwischen den einzelnen Wellen zu messen.

Ramage klappte den Deckel wieder zu und ließ die Uhr zurück in seine Tasche gleiten. Sein Blick traf den von Southwick. Dieser hatte sich mit derselben Frage beschäftigt: „Was werden wir abbekommen?"

Ramage wußte keine Antwort. Er ging hinüber zum Kompaßgehäuse, nahm das größte Fernrohr, stellte das Okular scharf ein und suchte dann den Horizont ab.

Drüben im Osten, auf der Steuerbordseite, zeichnete sich ein schmaler, wolkenverhangener Festlandstreifen ab: Guadeloupe, für das Auge nur als dunkler Klecks erkennbar. Achtern lag Dominica. Die kleinen Inseln im Norden waren immer noch nicht zu sehen; ein Zeichen dafür, wie langsam der Konvoi von der Stelle kam.

Die leichte Brise hatte ja auch ihre Vorteile: sie erleichterte dem Kommandanten eines Konvois seine Aufgabe. Die Kapitäne der Handelsschiffe hatten dann weniger Grund, Segel zu reffen, andererseits waren keine unerwarteten nächtlichen Angriffe zu befürchten, die ihnen das Positionhalten lehrten! Southwick hatte bei Tagesanbruch bereits kundgetan, daß mehrere Handelsschiffe vom nächtlichen Reffen Abstand genommen hatten; das Feuerwerk auf die *Peacock* hatte sie anscheinend das Fürchten gelehrt.

Kein guter Wind, dachte Ramage bei sich. Er ging wieder in seine Kabine hinunter, stellte aber sofort fest, daß er das Logbuch des Kapitäns vergessen hatte und beauftragte einen Steward, es zu holen. Es war schon verrückt, wieviel Papierkram nötig war, um ein Schiff über Wasser zu halten. Das Logbuch hatte wenigstens einen Sinn, doch alle zwei Monate mußte ein Paket mit Dokumenten an die Admiralität und das Marineamt geschickt werden, und erst in jedem dritten Paket lagen neben vielen anderen Listen und Berichten Tagebuch und Logbuch der beiden für das Schiff Verantwortlichen.

Gewöhnlich waren diese beiden Bücher fast identisch. Kein Wunder; sie basierten ja auf derselben Quelle, nämlich der großen Schiefertafel, die neben dem Kompaß hing. Auf ihr wurde die Windrichtung aufgezeichnet, und sie enthielt Angaben über den Kurs und die zurückgelegten Entfernungen. Sie war das echte Tagebuch, das über das Leben des Schiffes Auskunft gab.

Jeden Tag nahm Southwick die Tafel mit in seine Kajüte, um die Einzelheiten in sein Logbuch zu übertragen. Er ergänzte sie durch weitere wichtige Informationen, die Schiff und Mannschaft betrafen. Danach wischte er sie sauber und trug sie wieder an ihren Platz zurück, wo sie der Steuermannsmaat leicht erreichen konnte. Und was Ramage anbetraf, so legte er, wie der Kapitän eines jeden Schiffes der Königlichen Marine, das Logbuch von Southwick seinen Tagebucheintragungen zugrunde. Und auch er ergänzte seine Berichte durch Informationen, auf die man sich im Fall von späteren Beschwerden berufen konnte.

Die Eintragungen waren kurz gehalten, da wichtigere Dinge ohnehin in einem Sonderbericht niedergeschrieben werden mußten. Ramage öffnete die Schublade, zog sein Tagebuch heraus, warf einen kurzen Blick auf Southwicks Logbuch und begann zu schreiben, um auf den neuesten Stand der Dinge zu kommen.

„15 Uhr Wind SO bis O, leicht, anschwellend von O,

Besatzung beschäftigt n.V., Konvoi mit 4 Knoten..." Er haßte Abkürzungen, doch die Wendung „nach Vorschrift" wurde so häufig angewendet, daß er keine andere Wahl hatte. „Faß mit Salzfleisch geöffnet; 54 Stücke angegeben, 51 darin". Ein solcher Hinweis war nicht selten und bezeugte einmal mehr die Unehrlichkeit eines Unternehmers. Dann machte er sich an den Niederschrieb der Ereignisse des vorhergehenden Abends.

„7.45 Uhr beobachtet, daß Nr. 78 (*Peacock*) ihre Position verläßt. Später Feuer eröffnet, um Angriff auf Nr. 71 (*Topaz*) zu verhindern. 10.20 Uhr wieder auf ursprünglicher Position; Wind OSO, leicht..."

Er las die Angaben noch einmal durch. Sie waren so kurz gehalten wie er es verantworten konnte. Da mit Sicherheit Anklage erhoben werden würde, war es ohnehin nur eine Glücksache, wen sie treffen würde. Goddard würde natürlich versuchen, seinen Willen durchzusetzen, und dann wäre Leutnant Ramage der Angeklagte. War jedoch Sir Pilcher Skinner intelligent und unparteiisch, träfe sie sicher Konter-Admiral Goddard.

Allmählich war sich Ramage klar darüber, daß die *Topaz* eine der mächtigsten französischen Familien ins Exil brachte. Ein kluger Oberbefehlshaber würde in so einem Falle lieber einen Konteradmiral opfern, um diese einflußreichen Leute zu beschwichtigen. Aber wie man hörte, war Sir Pilcher Skinner nicht intelligent; wahrscheinlich hielt er einen jungen Leutnant für das geeignetere Opfer.

Ramage klappte das Tagebuch zu, verschloß das Tintenfaß und wischte die Federspitze ab. Im Falle eines Prozesses würde sein Tagebuch ein wichtiger Beweis sein. Alle früheren Eintragungen waren wortkarg oder dank seiner Faulheit sehr kurz ausgefallen — je nach Betrachtungsweise. Was er eben niedergeschrieben hatte, gab nichts preis und zeigte auch nicht zu deutlich, daß er bereits in Hinblick auf einen Prozeß abgefaßt worden war.

Er ertappte sich dabei, wie er auf die Quecksilbernadel des Barometers starrte. Drei Tage hintereinander war sie leicht gefallen. Der sonst übliche täglich zweimalige Wechsel zwischen Steigen und Fallen war ausgeblieben. Zur Zeit fiel die Nadel ununterbrochen.

Innerhalb von ein paar Stunden hatte sich der Himmel mit sehr hohen Schleierwolken überzogen. Man glaubte, ein etwas überspannter Künstler habe mit dem Daumen auf seiner Riesenleinwand einen roten Klecks hinzugesetzt, der die Sonne symbolisierte. Von Osten her schoben sich mächtige Wolkenbänder nach Westen vor. Die Meeresoberfläche war wie mit Öl überzogen, schwer, drohend. Der letzte Rest einer Brise war erstorben. Die Schiffe des Konvois lagen völlig leblos auf dem Wasser, kein Bug zeigte in dieselbe Richtung. Doch obwohl sie auf der Stelle standen, waren sie keineswegs bewegungslos, denn im Unterschied zum Wind war die Dünung nicht verschwunden. Die Wellen waren zwar immer noch nicht hoch, der Abstand zwischen den einzelnen Kämmen aber bemerkenswert lang. Zeigte der Bug nach Westen oder Osten, schlingerten die Schiffe um die Querachse. Die aber, die nach Norden oder Süden blickten, rollten heftig, wenn sich die Dünungswellen parallel zur Längsachse unter ihnen durchschoben. Die Kapitäne fürchteten dieses Rollen: ein Schiff schwang wie ein umgedrehtes Pendel, Masten und Rahen standen unter ungeheurem Druck; die dicken Taue der Takelage zitterten in der Wechselwirkung des an- oder abschwellenden Drucks.

Ramage ließ Southwick zu sich rufen. Als der Kapitän eintrat, blickte er von seinem Schreibtisch hoch.

„Ich ließ die Männer das Tauwerk überprüfen", sagte Southwick. „Ich fürchte, uns bleibt nicht mehr viel Zeit dafür."

„Darüber wollte ich gerade mit Ihnen sprechen. Da wir Teil der Eskorte sind, bleiben mir die Hände gebunden, bis der Admiral Signal setzt. Vielleicht geschieht das später als uns lieb ist und wir sind gezwungen, einige Dinge unter Zeitdruck zu erledigen."

„Lassen Sie die kleinen Topsegel reffen, dann die Rahen und Masten: ich will sie sauber festgezurrt sehen. Es könnte sein, daß eine See über das Deck bricht und alles mitschwemmt, was nicht niet- und nagelfest ist ... Besan, Baum und Gaffel — herunter mit ihnen und gut unter dem Schanzkleid festzurren ... schauen, daß alle Äxte griffbereit sind. Geben Sie Tomahawks heraus: sie können als kleine Äxte dienen ... Fällt Ihnen noch etwas ein?"

Southwick hatte an den Fingern mitgezählt. Er schüttelte den Kopf. „Nein, aber ich hätte gerne gesehen, daß wir uns etwas für die Beiboote einfallen ließen!"

Diese Boote, die über dem Deck befestigt waren, wurden normalerweise mittels über die Hauptrahen laufendes Tauwerk hochgehievt bzw. heruntergelassen. Ramage und Southwick hatten schon früher darüber nachgedacht, wie man sie im Ernstfall über die Seite zu Wasser lassen könnte, doch sie waren zu keiner brauchbaren Lösung gekommen.

„Es sollte uns nicht schwerfallen, uns, wenn nötig, von den Karronaden zu trennen."

Southwick verzog das Gesicht. „Ich hoffe, so weit wird es nicht kommen, denn damit hätten wir unsere Heimat zum letzten Mal gesehen gehabt."

„Unser Vor- und Hauptgaffelsegel — hoffentlich sind die nicht so verschimmelt wie bei den meisten anderen Schiffen."

Der Maat des Bootsmannes kontrolliert sie gerade. Das Material ist in Ordnung. Er überprüft die Nähte und die Stellen, wo sie gerefft werden. Er verstärkt sie an jeder möglichen Stelle."

„Er arbeitet aber doch nicht in Eigenverantwortung?"

„Nein, Sir, ich bin beide Segel mit ihm durchgegangen.

Wir verstärken gerade Halse, Schothorn und Spitze der Segel. Ich bezweifle allerdings, ob das einen Wert hat, wenn der Rest der Segel bleibt wie er war."

„Nun, falls die Schnürung hält, ist es leichter zu flicken. Dann müssen nur Stoffstücke ersetzt werden!"

„Nur Stoffstücke", meinte Southwick etwas herablassend. „Feinstes und schwerstes Tuch aus Flachs ist das."

„Vielleicht kommt aus irgendwelchen unerfindlichen Gründen gar kein Sturm auf, Mr. Southwick."

„Ich wäre glücklich, eines Tages im hohen Alter sterben zu können, ohne die Bekanntschaft mit Hurrikanen gemacht zu haben."

„So geht es mir auch, doch je länger wir auf dem Meer bleiben, desto geringer werden die Aussichten dafür."

Ramage nahm seine Mütze, und beide gingen zurück an Deck.

Der Himmel im Westen leuchtete kupferfarben. Ein kalter Farbton, der so unnormal war und in der Natur so selten vorkam, daß schon sein bloßes Vorhandensein Angst einflößte. Alles spiegelte durch die Reflektion des Lichtes diesen kupfrigen Ton wider: die Flachssegel, die normalerweise die Farbe von Sienaerde hatten, das Holz des Decks, die Messingbeschläge. Sogar das leuchtende Rot, Königsblau und Gold in der kleinen geschnitzten Krone auf der Ankerwinde waren farblich verzerrt durch diesen seltsamen Lacküberzug.

Southwick biß sich auf die Lippen und schauderte. „Schrecklich, man kann ihn schon fast riechen; man glaubt, an einer Kupfermünze zu lutschen."

Er hat recht, dachte Ramage, diese Farbe ruft einen gewissen Geschmack im Munde hervor. Sie strahlt eine körperliche Anwesenheit aus, vergleichbar der Kälte, die sich durch Frieren bemerkbar macht; hier friert man nicht, sondern hat nackte Angst.

Eine seltsame Spannung war an Bord der *Triton* festzustellen, eine Spannung, wie er sie noch nie vorher auf einem Kriegsschiff erlebt hatte und die sich völlig von der zu Beginn der Reise unterschied. Die Männer verrichteten ihre Arbeit an Deck mit leicht eingezogenem Genick. Die Munterkeit fehlte, die sie sonst auszeichnete. Eine verborgene Angst schien jeden einzelnen im Griff zu haben. Auf dem Vorderdeck arbeitete Jackson mit Rossi, Stafford und sechs weiteren Seeleuten. Sie verstärkten das Gaffelsegel, indem sie Stoffstücke aufnähten. Sie glichen alten Frauen, die am Strand Fischernetze zusammenflickten, wie sie so mit untergeschlagenen Beinen an Deck saßen. Jeder hatte ein dickes Leder über die Hand gezogen, um die Nadel leichter durch das Tuch drücken zu können.

Jackson beugte sich zurück und stöhnte. „Mein Rükken ... ich fühle mich wie ein alter Mann."

„Nicht mein Rücken tut mir weh, es ist meine Hand", brummte Stafford. Ich habe eine Blase von dem Lederding an meiner Hand."

„Sag' das bloß nicht dem Bootsmann", empfahl Rossi, das beweist, daß du niemals arbeitest."

Stafford schnupfte. „Warst du je in einem Hurrikan, Jacko?"

Als dieser verneinend den Kopf schüttelte, bohrte ein anderer Seemann nach. „Wie stellst du dir das vor?"

„Stürmisch", unterbrach Stafford und stach die Nadel auf's neue durch das Tuch.

„Nicht in der Mitte", erklärte Jackson. „Man sagt, im Auge des Hurrikans herrsche Windstille und scheine die Sonne."

„Oh ja", rief Stafford aus. „Und alle Frauen hängen ihre Wäsche auf zum Trocknen, kein Zweifel."

„Nun, ihr werdet bald auf einen stoßen ..."

„Hey, Jacko, rechnest du wirklich damit?"

Jackson nickte. „Ja — ihr werdet sehen, es stürmt wie der Teufel, bis wir in der Mitte sind. Dann hören Wind und Regen auf, die Sonne scheint, und alles ist herrlich."

„Du sagst in der Mitte; und danach?" fragte Rossi argwöhnisch.

„Nun, genau so schnell, wie Leute vom Schlag Staffs auf Deck ihre Wäsche aufhängen, beginnt der Sturm noch stärker aus der entgegengesetzten Richtung zu blasen."

„Accidente! Aus der *entgegengesetzten* Richtung? Aber dann wird das Schiff ja rückwärts getrieben?"

„Genau..."

Alle schwiegen ein paar Minuten lang. Jeder stellte sich den Wind vor, wie er plötzlich mit aller Macht von vorn in das Segel blies statt von hinten und es nach hinten an den Mast preßte.

Bei zunehmendem Druck fuhr das Schiff dann rückwärts, und das würde eine ganze Abfolge von Geschehnissen nach sich ziehen: um das Schiff steuern zu können, müßte das Steuer schnell anders herum gewirbelt werden. Der Druck auf das Ruder wäre so stark, daß es losgerissen werden konnte. Und auch der Druck auf die Segel und Rahen würde gefährlich anwachsen und erst dann nachlassen, wenn sich der Wind beruhigen oder die Segel reißen würden, wenn die Rahe in zwei Hälften zerschmettert oder der Mast gebrochen sein würde.

Eine gängige Redewendung war: „Sie wurde rückwärts getrieben, und die Masten gingen über Bord." Jeder konnte sich vorstellen, wie das Schiff leergefegt, die Masten auf Deckniveau abgebrochen und über eine Seite in ein Gewirr von Takelage, Falle, Schoten, Brassen und Rahen gefallen sein würde... und wahrscheinlich würde auf viele von ihnen in diesen Trümmern der Tod lauern.

Neben jedem Mast lagen Haufen von dicken Tauen. Gab Admiral Goddard den Schiffen das Signal, sich auf einen Hurrikan vorzubereiten, würden die Männer diese Trossen als zusätzliche Wanten anbringen, um die Masten zu schützen.

Southwick und ein paar Maate des Bootsmanns überprüften bereits sorgfältig die Taljereeps. Eine Gruppe von Männern stülpte Sturmtauwerk über die Kanonen. Ramage hatte sie alle angeheißen, unauffällig zu arbeiten, damit man ihre Aktivitäten vom Flaggschiff aus nicht sehen konnte.

Southwick stieß auf Höhe des Großmastes auf Ramage.
„Alles zu Ihrer Zufriedenheit, Sir?"
„Soweit wir handeln können, ja."
Der Kapitän blickte sich um, ob nicht ein Seemann zu nahe stand, ehe er sagte: „Ich kann mir nicht vorstellen, daß der Admiral heute schon an Deck war, Sir."
„Und auch Kapitän Croucher nicht!"
„Ich blickte mit dem Glas zu den Maultieren. Die meisten von ihnen sind recht geschäftig."
„Warten Sie, bis sie beginnen, Großmasten und Rahen abzubauen..."
„Einige haben schon Vorbereitungen getroffen."
„Ich möchte wissen, ob der Admiral sie anheißt, das einzustellen", sagte Ramage, halb zu sich selbst.
„Hoffentlich nicht. Sieht man von der *Topaz* ab, werden sie mehrere Stunden brauchen, um das wieder hinzukriegen; die meisten sind knapp an Arbeitskräften."
„Sie werden es schon schaffen", sagte Ramage, und wäre froh gewesen, nicht an die *Topaz* erinnert worden zu sein. Sie war augenblicklich sein Unterpfand des Glücks. Wie kompetent Yorke auch immer sein mochte: er hätte es lieber gesehen, seine Gäste an Bord der *Triton* zu wissen...

Der Himmel im Westen war wild und aufregend, als die Sonne unterging. Am Spätnachmittag verblaßte die Kupferfarbe und ging in ein trübes Ockergelb über, das an ein paar Stellen noch mit rot durchsetzt war. Die in großer Höhe ziehenden Wolken wurden mächtiger; Wind setzte ein und frischte im Lauf der nächsten Stunden immer mehr auf. Der Konvoi machte bald schnelle Fahrt. Die Eskorte war damit beschäftigt, die Handelsschiffe auf ihren Positionen zu halten, doch deren Kapitäne nahmen die Anordnungen und Drohungen kaum zur Kenntnis. Die meisten von ihnen liefen bereits unter doppelt gerefften Segeln, und ihre Besatzungen waren eifrig dabei, die Hauptmastrahen abzubauen. Die Dünungswellen wurden langsam, aber unerbittlich, höher, schienen warnen zu wollen.

Der Wind drehte langsam über Nordost auf Nord. Und parallel dazu ließ Goddard den Konvoi nach Westen umschwenken, weil mehr und mehr Handelsschiffe nicht mehr am Wind segeln konnten.

Zuerst trieb ein mitten im Konvoi segelndes Schiff leewärts ab, kreuzte also diagonal durch die verbleibenden Reihen. Ein oder zwei Schiffe waren dadurch gezwungen, auszuweichen, und konnten danach selbst ihre Positionen nicht mehr halten. Auch sie wurden leewärts abgetrieben.

Um ein Chaos zu vermeiden, segelte die *Lion* ab und signalisierte den neuen Kurs. Die Fregatten, die Brigg und die Logger erwiderten und verbrachten die nächste Stunde damit, die Schiffe zusammenzuhalten. Sowie das letzte herangeholt war, wiederholte das Flaggschiff den Vorgang.

Southwick wurde böse. Er nahm seine Mütze vom Kopf, fuhr sich fahrig durch das weiße Haar und sagte zu Ramage. „Der Admiral weiß hoffentlich, daß er auf diese Weise bis Mitternacht auf Südwestkurs gelandet sein wird, kann er sich nicht dazu entschließen, den Kurs in einem Zug zu korrigieren; je schneller wir nach Westen kommen" — und er deutete über die Backbordseite in Richtung Mitte der Karibik — „und uns Platz auf dem Meer verschaffen, um so glücklicher werde ich sein. Bei diesem Karibikwetter war ich nie froh, eine Küste im Lee zu wissen", fuhr er fort. „Das Wetter in Europa mag ja noch so kalt und naß sein, aber in neun von zehn Fällen kommt ein Sturm aus Südwest oder West. Hier kommt er ganz willkürlich."

Ramage nickte, behielt aber für sich, daß sein früherer Verdacht, Goddard habe die Nerven verloren, nun anscheinend seine Bestätigung gefunden hatte. Der Konteradmiral war von der Sorte Mensch, die fror, wenn sie Angst hatte; statt zu poltern und schreiend unnütze Befehle zu geben, war er wie gelähmt und verfiel in Untätigkeit und Entschlußlosigkeit.

Southwick hatte schon recht, aber es gab bei Gefahr eines bevorstehenden Hurrikans mehr zu beachten, als für Platz auf dem Meer zu sorgen. Kein Bericht glich dem anderen, der von überlebenden Matrosen über das Verhalten von Hurrikanen geschrieben worden war, weil eben jeder Hurrikan anders war.

Ramages Vater hatte sein Leben auf dem Meer verbracht und war zweimal in die Klauen eines Hurrikans geraten. Und Ramage erinnerte sich gut an die beiden Ratschläge, die ihm der alte Graf mitgegeben hatte. Der erste besagte, das Schiff frühzeitig zu sichern. Die Matrosen mußten dann nicht bei stark rollendem Schiff im Mast arbeiten, was doppelte oder vierfache Kraftanstrengung erfordern würde. Der zweite Rat war aber wesentlich wichtiger: springt der Wind um, hatte sein Vater gesagt, steuere dein Schiff immer so, daß der Orkan von schräg rechts auf den Bug trifft. Vielleicht zieht der Hurrikan im Süden vorbei; dein Schiff beschreibt dann einen Halbkreis nach Norden, weil es ja immer mit dem Bug zum Wind stehen muß. Hält der Wind dagegen seine Richtung oder bläst von hinten, ist es von größter Wichtigkeit, daß er von schräg rechts auf das Achterdeck trifft. Und der Kurs des Schiffes muß immer so ausgerichtet bleiben, denn der Hurrikan zieht dann wahrscheinlich im Norden vorbei. Bleibt man dagegen vor dem Wind, zieht der Hurrikan möglicherweise genau über einen weg.

Goddard verhielt sich augenblicklich also völlig falsch; durch seinen Versuch, auf vorbestimmtem Kurs Antigua so dicht wie möglich zu passieren und durch die wegen der leewärts abgetriebenen Handelsschiffe notwendig gewordene Kursänderung, fuhr er jetzt einwandfrei vor dem Hurrikan — und es war nur eine Frage der Zeit, wann er sie eingeholt haben würde.

Könnte sich Goddard entschließen, den ganzen Konvoi in Richtung — er ging zum Kompaß hinüber — sagen wir Südsüdwest umzudirigieren, träfe der Wind alle Handelsschiffe auf das Steuerbordachterdeck, und sie könnten diese Richtung wahrscheinlich beibehalten, selbst wenn sie unter Sturmsegeln stünden.

Wurde auf dem Flaggschiff ein neues Signal gesetzt, schaute er jedesmal erwartungsvoll zu Jackson, doch der Amerikaner konnte nur eine Kurskorrektur um einen Strich nach Backbord melden. Ein Strich! Das sind elf Grad fünfzehn Minuten oder der zweiunddreißigste Teil eines Kreisumfangs... Das war, wie wenn man einem Verhungernden eine einzige Scheibe Brot gibt: statt sein Leben zu retten, zeigte das nur seinen wahren Hunger und verzögerte etwas das unvermeidliche Ende. Hier war eine unverzügliche Korrektur um acht Strich die einzige Chance...

„Vielleicht hilft ihm der Wind", sagte Southwick voll Bitterkeit, und artikulierte damit Ramages Gedanken. „Aber wir verlieren soviel Zeit — vielleicht bricht uns seine Taktik doch noch das Genick."

„Wir wollen das Beste daraus machen, denn ändern können wir ja doch nichts."

Southwick war überrascht über die Schärfe seiner Worte. Er starrte auf den Konvoi. Ramage wußte, daß der erfahrene Kapitän seine Anspannung fühlte; doch er fand es als verachtenswert, sie ihm gegenüber an den Tag zu legen.

„In einer Stunde ist es dunkel", sagte Ramage.

„Ja, Sir, und gäbe er jetzt sofort ein Signal, könnten wir es gerade noch ausführen."

Eine halbe Stunde später kam eine ganze Reihe von

Signalen. Vielleicht war Goddard nun durch die untergehende Sonne aufgerüttelt worden. Dabei war die Sonne doch schon vorher verschwunden, als sich eine Wolkenbank nach der anderen davor geschoben hatte. Und eine war dunkler und drohender als die andere.

Jackson wiederholte die an Bord der *Lion* gesetzten Signale. Stafford und Rossi gaben zusätzlich durch Hissen ihrer Flaggen zu verstehen, daß man verstanden hatte.

„An den Konvoi und die Fregatten: *Rahen und Großmasten streichen... nachts Admiralsschiff sorgfältig beobachten; wahrscheinlich Kursänderung oder Lavieren ohne Zeichensetzung...* An die Fregatten: *Segel verkürzen, Positionen, wenn möglich halten, ohne Ordnung der Flotte zu sprengen... Positionslampen setzen und die nachts übermittelten Signale des Admirals wiederholen...*"

Ramage nahm das Sprachrohr und gab sofort Jacksons erstes Kommando weiter. Er schickte die entsprechenden Leute in die Toppen. Sie rannten ohne Pause das Seilwerk hinauf, schwärmten auseinander und begannen, die Segel niederzuholen.

Ramage blickte auf seine Uhr und schwor sich aber im gleichen Augenblick, das zu unterlassen, bis er Southwicks Kommando „Auftrag ausgeführt" vernommen haben würde.

Er blickte sich auf dem Schiff um und stellte fest, daß jede Arbeit jetzt in der Dunkelheit die zwei- bis dreifache Zeit in Anspruch nahm. Es war klar, daß die Männer wegen der spät gegebenen Signale in der kommenden Nacht mit wenig Schlaf würden auskommen müssen.

„Mr. Southwick — die Mannschaft wird in zwei oder drei Schichten essen, und geben Sie durch, daß das Essen spät ausgegeben und möglicherweise von einer mächtigen Hand verschüttet wird."

„Guter Gedanke, Sir", sagte der Kapitän. Er sprach

leise weiter. „Wie die Dinge liegen, sind wir für das Verschütten nicht verantwortlich zu machen."

Ramage nickte und drehte sich zu Jackson um. „Haben Sie die Signale und den Zeitpunkt ihrer Übermittlung ins Logbuch eingetragen?"

„Zu Befehl, Sir, besonders die Zeit."

Jacksons Stimme hatte jeden Ausdruck verloren. Ramage war wahrscheinlich der einzige auf dem Schiff, der die Bedeutung der letzten drei Wörter in ihrer vollen Tragweite ermessen konnte.

Er nahm das Fernrohr, suchte einen sicheren Stand und blickte zum Konvoi. Die Handelsschiffe schienen die Flut von Signalen kaum zu beachten. Auf jedem arbeitete ein ganzer Schwarm von Männern oben im Mast. Vier hatten die Hauptsegelrahen hochkant gestellt und ließen sie gerade mit Hilfe von zwölf weiteren Seeleuten auf das Deck herunter.

„Sie sehen seltsam aus, nicht wahr?" sagte Southwick. „Wie Männer mit rasierten Schädeln."

„Sie arbeiten für diese Tageszeit schnell genug", erwiderte Ramage. „Seltsam, wie langsam sie bei Routinearbeit sein können, z. B. wenn sie ihre Positionen halten sollen."

„Ja, und ich will verdammt sein, falls ich das kapiere. Schließlich beschützen wir sie. Offensichtlich lassen sie sich gerne von uns aufscheuchen."

„Das ist bestimmt richtig", pflichtete Ramage bei, „Masten und Rahen herunterzunehmen, weil schlechtes Wetter im Anzug ist — nun, das gehört einfach zur Seemannskunst; sie würden das genauso gut machen, wenn sie in Friedenszeiten alleine segelten. Es ist aber keine Seemannskunst, Segel zu setzen, nur weil man dem Befehl der Eskorte Folge leisten muß. Darin sehen sie ganz einfach Gängelei durch die Marine."

„So habe ich dieses Phänomen noch nie interpretiert.

Entschuldigen Sie mich einen Augenblick, Sir." Er setzte schnell das Sprachrohr an: „Hallo, dort oben im Großmast, Jenkins, entfernen Sie das Signalfall, es wird jeden Augenblick losgerissen!"

Tatsache ist, sagte Ramage zu sich, daß der Kapitän viel besser arbeiten kann, wenn ich nicht an Bord bin. So rief er ihm zu: „Ich habe unten Arbeit. Rufen Sie mich, wenn..."

9

Es war die schlimmste Nacht, an die sich Ramage und Southwick erinnern konnten. Bis Mitternacht hatte der Sturm Orkanstärke erreicht. Die von Jackson und seinen Leuten auf Sturmsegel gesetzte *Triton* kämpfte schwer, tauchte mit dem Bug tief ein und glich dann einem Bullen, der versuchte, seine Vorderbeine aus knietiefem Schlamm herauszuziehen. Die Brecher waren zwar bis jetzt noch nicht so hoch, wie sich das jeder vorgestellt hatte; doch sie würden innerhalb der nächsten Stunden bei zunehmendem Orkan weit höher werden.

Ramage und Southwick hatten die ganze Nacht neben den Männern am Steuer verbracht. Dicht bei ihnen standen weitere, die damit beschäftigt waren, die an der Ruderpinne befestigten Taue zu lockern. Bis jetzt waren sie noch nicht benötigt worden. Sollte aber die Steuerung ausfallen, konnte man mit ihnen das Schiff in kürzester Zeit unter Kontrolle bringen.

Bis zum Beginn des Regens war der Konvoi dichter zusammen geblieben, als Ramage und Southwick in ihren kühnsten Träumen zu hoffen gewagt hatten. Ramage klappte die Spitze seines Südwesterhutes hoch und blickte leewärts.

„Wenigstens ist das Wasser nicht zu kalt."

„Das ist aber auch ziemlich das einzig Positive, was man ihm abgewinnen kann, Sir", schrie Southwick gegen den Sturm an. „Es ist genau so verdammt naß wie die Nordsee. Und doppelt so salzig — meine Augen tränen, wie wenn ich Salz hineingerieben hätte."

„Meine auch. Nun, wir haben noch keine Leuchtraketen gesehen."

„Und das bestimmt nicht, weil wir unaufmerksam waren. Deshalb habe ich ja das Salz im Auge. Ich kann es kaum glauben: alle Maultiere so dicht beisammen — und das in diesem Wetter."

„Nun, sie waren dicht zusammen, bis der Regen kam. Das Bild kann sich schon völlig verändert haben. Zweifelhaft, ob wir bei der miserablen Sicht Raketen überhaupt sehen können."

„Ist noch ungefähr 'ne Stunde bis Sonnenaufgang, Sir", rief Southwick und fügte hinzu: „Hören Sie sich *das* an!"

Eine Bö schien die *Triton* zu packen und durch das Wasser zu schieben, und sie landete, wie eine Gans nach dem Fluge, recht ungeschickt.

Ramage packte Southwick am Arm. „Wir werden das Hauptgaffelsegel zur Hand haben müssen, wenn wir den Konvoi bei Tagesanbruch wieder finden wollen."

„Bei der Geschwindigkeit, die wir in den Windböen machen, kann er nur hinter uns liegen!" Southwick lachte grimmig, und ging die Wache rufen.

Das Hauptgaffelsegel war zusammengerollt worden, und nur das vordere Gaffelsegel war mit seiner minimalen Segelfläche aufgezogen. Und trotzdem hatte das Schiff seine schnelle Fahrt kaum verlangsamt. Ramage schloß daraus, daß der Wind enorm zugenommen hatte.

Southwick ging dicht zu ihm, wischte sich die Gischt von den Augen und sagte: „Der Wind ist kein Gewinn. Wenn er sich weiter so verstärkt, werden wir sogar mit blanken Stangen zu schnell sein."

„Vergessen Sie nicht, daß es Ihren Maultieren genau so geht", erinnerte ihn Ramage. „Wahrscheinlich ging es ihnen auch schon während der letzten Stunden so."

„Wenigstens können wir sicher sein, daß wir nicht rückwärts fahren!"

Ramage ließ Southwick bei den Männern am Ruder stehen und ging selbst zur Heckreling. Vorsichtig glich er seinen Gang dem heftigen Rollen und Schlingern des Schiffes an. Er blickte über das Heck. Das Kielwasser der *Triton* hob sich in der Dunkelheit als breites, phosphoreszierendes Band ab und dehnte sich, so weit das Auge reichte, über Wellenberge und durch Wellentäler aus. Es glich einer Karrenspur, die über viele Kilometer durch eine hügelige Landschaft verfolgt werden kann. Allmählich wurden die Wellen riesig. Sicherlich mochte die Dunkelheit etwas übertreiben, doch sie glichen enormen Wasserlawinen, die von hinten auf das Schiff einstürzten. Jedes Mal glaubte man, die letzte Stunde habe geschlagen, doch dann hob sich das Heck von neuem heraus, der Wellenkamm strich unter dem Schiff entlang nach vorn. Es war, wie wenn eine Hand unter einem Blatt Papier entlangstreicht und es dabei hochwölbt.

Er hatte Angst; nicht wegen der Höhe der Wellen oder der Stärke des Windes, wenn er auch Gleiches nie vorher erlebt hatte. Nein, er hatte Angst, wenn er daran dachte, wie erst der Hurrikan selbst sein mußte, nachdem seine Vorboten schon so schreckeinflößend waren. Er stellte ihn sich vor wie eine Tür, durch welche lähmendes Entsetzen und möglicherweise der Tod langsam hereingeschritten kamen.

Wie sollte es weitergehen? Man konnte sich die endgültige Windgeschwindigkeit nicht mehr vorstellen. Ein Pflanzer auf Barbados, der einen Hurrikan erlebt hatte, hatte ihm erzählt, man habe den Eindruck, daß die Windstärke immer dieselbe bleibe; und sie sei so ungeheuer groß, daß von den Häusern, die noch nicht dem Erdboden gleichgemacht waren, Farbe abgescheuert wurde und ausgewachsene Palmen etwa zehn Fuß über dem Boden abknickten. Falls diese Aussichten ihm schon Schrecken einjagten — in welcher Verfassung mußte dann Maxine augenblicklich sein? Er wußte wenigstens aus Erfahrung, was ein stabil gebautes Schiff aushalten konnte, und diese Erfahrung ließ Rückschlüsse zu.

Er ging zu Appleby, der gerade Southwick als wachhabender Offizier abgelöst hatte. Der junge Kapitänsmaat war nervös und zerfahren. Ramage sprach ein paar Minuten lang mit ihm und erkannte, daß nicht der Sturm ihm Schrecken einjagte, sondern daß er allmählich unter der Verantwortung zusammenbrach, das Schicksal des Schiffes in seinen Händen zu haben. Bei einem Notfall, überlegte Ramage, wenn Sekundenbruchteile darüber entscheiden, ob es zum Unheil kommt oder nicht, ist es unfair, das Leben der Besatzung in Applebys Händen zu belassen. Unter dem Vorwand, selbst für den kommenden Tag genug Schlaf getankt zu haben, schickte er Appleby nach unten und übernahm die Wache. Für ihn und Southwick hieß es nun also, abwechselnd Wache zu schieben, bis der Hurrikan sich totgelaufen haben würde.

Es wurde nur langsam hell. Man hätte meinen können, die schreckliche Szene hätte nicht so schnell beleuchtet werden sollen. Die kochende See schleuderte die *Triton* hin und her, als ob sie ein Stückchen Holz, nicht aber ein dreißig Meter langes, fast dreihundert Tonnen schweres Schiff sei. Wind und Regen schoben nach wie vor wie unsichtbare Riesen mit unglaublicher Stärke von hinten. Die Ohren der Männer schmerzten wegen des infernalischen Lärms.

Ramage klammerte sich an einen dicken Hinterlader. Wind, Gischt und Regen bildeten einen fast undurchdringlichen Schleier, und er fragte sich, wie lange ein Mensch diesen Zustand verkraften konnte. Viele Männer, die aus härterem Holz geschnitzt waren als er, könnten das wahrscheinlich noch eine Woche aushalten. Ihm wurde schon übel, als er nur daran dachte, noch einmal sieben solche Stunden, geschweige denn ein oder zwei Tage durchstehen zu müssen. Wenn das Schiff doch nur eine Minute dieses irre Schlingern und Rollen einstellen würde! Jeden Augenblick mußten doch die beiden Masten über Bord gehen; jeden Augenblick mußte einer dieser über das Heck anrollenden Brecher auf das Schiff einstürzen und Besatzung, Kanonen, Falltüren — einfach alles ins Meer spülen. Die *Triton* würde leckgeschlagen werden, sich zur Seite legen und mit Wasser füllen wie ein Eimer, den man unter die Oberfläche des Dorfteiches drückt.

Wasser rieselte Ramages Nacken hinunter. Das Tuch, das er als Schal um den Hals trug und das verhindern sollte, daß die vom Gesicht tropfende Gischt in seine Kleider eindrang, war durchweicht und erfüllte seinen Zweck nicht mehr. Anscheinend hatten ganze Rinnsale die Kleider unter dem Ölzeug völlig durchnäßt. Schon lange hatte er es aufgegeben, seine Stiefel zu entleeren. Er quatschte einfach von einem Fuß auf den anderen. Die Tropen sind gemacht für Pelikane und Pflanzer, dachte er voll Verbitterung. Die ersteren sind dem Wasser angepaßt, die anderen können es beim Genuß selbsterzeugten Rums vergessen. Und Spottdrosseln lachen einfach darüber und wippen mit dem Schwanz.

Plötzlich wurde es etwas heller. Ramage konnte die dunklen Umrisse des Steuers und die Gruppe schattenhafter Gestalten daneben erkennen. Die Brecher trugen graue Kappen und waren in wilder Bewegung. Southwick taumelte auf ihn zu. Ramage war entsetzt über den müden Gesichtsausdruck. Der Kapitän schien über Nacht um zehn Jahre gealtert zu sein. Die Enden seines weißen Haares hingen in nassen Schwänzen unter dem Südwester hervor und ließen ihn aussehen wie ein verängstigtes Stachelschwein. Augen und Wangen waren eingesunken.

„Beobachtungsposten in den Mast, Sir?"

„Nein", schrie Ramage zurück, „man kann nichts sehen, und selbst wenn, sind uns doch die Hände gebunden und wir können nichts tun als weiterrasen."

„Ja, Sir, das meine ich auch."

Doch beide sollten sich täuschen. Zwanzig Minuten später kam ein Posten zu ihnen nach hinten gekrochen. Wie ein Bergsteiger in der Wand, klammerte er sich an das zur Sicherheit gespannte Tau. Die Sicht betrug in dem diffusen Licht nur ein paar hundert Yards.

„Backbord, Sir", keuchte er, „ein Schiff, vielleicht fünfhundert Yards entfernt; wohl ein Handelsschiff vor Topp und Takel, ich sah es nur kurz, als wir auf einem Wellenberg waren."

Ramage lehnte sich an die Karronade. Müdigkeit und der Lärm des Windes hatten ihn leicht benommen gemacht.

„Hervorragend", sagte er automatisch, „Sie haben hervorragend aufgepaßt."

Der Mann ging, und Ramage winkte Jackson zu sich. Sicher hatte der Amerikaner erst in jüngster Zeit sein Ölzeug und seinen jetzt einem glänzend schwarzen Zylinder gleichenden Südwester geteert, unter dem seine Augen und Nase hervorlinsten.

„Hoch in die Takelage", schrie Ramage. „Fünfhundert Yards Backbord ist wahrscheinlich ein Handelsschiff. Und achten Sie auch auf andere Schiffe. Ein Glas finden Sie in der Schublade neben dem Kompaß — wenn Sie es brauchen können."

In den fünf Minuten, die Jackson benötigte, um in die Takelage zu klettern, wurde es merklich heller; und je heller es wurde, um so mehr verfinsterte sich Ramages Miene. Er taumelte zur Heckreling, hohlwangig und unrasiert, griff mit beiden Händen danach und blickte nach hinten. Er mußte sich zwingen, auf die See zu blicken.

Die Dünung war so hoch! Jetzt wußte er, daß er bei entsprechenden Schilderungen vielen Menschen unrecht getan hatte. Mit blasierter Überheblichkeit war er stets von deren Übertreibung überzeugt. Selbst wenn man in Rechnung stellte, daß er unsagbar müde und hungrig war, daß er fror und daß durch all' diese Unbilden das Urteilsvermögen eines Menschen beeinflußt wurde, war er sich sicher, daß das, was sie jetzt durchmachten, diese Beschreibungen übertraf. Diese Leute hatten jeweils einen Hurrikan beschrieben — also war er mit der *Triton* mitten drin in einem. Hier handelte es sich nicht einfach um einen schnell vorüberziehenden tropischen Sturm, der schlimmer schien als er war, weil die Wochen davor die Menschen mit herrlichem Wetter verwöhnt hatten. Irgendwann während der vergangenen Nacht war der Orkan also zum Hurrikan geworden, so wie zuvor der Sturm unmerklich zum Orkan.

Er starrte auf die Wellen, fasziniert und dennoch voller Angst; wie ein Kaninchen seinen Blick nicht von einem Wiesel wenden kann. Während seines ganzen Seefahrerlebens hatte er sich vor diesem Tag gefürchtet. Hier war das auf ihn zugekommen, was nur wenige Seeleute durchgemacht und noch weniger lebend überstanden hatten. Im Indischen Ozean sprach man vom Zyklon, im Pazifik vom Taifun und in der Karibik vom Hurrikan. Der Vergleich mit dem Tode drängte sich auf; auch er trägt in verschiedenen Sprachen verschiedene Namen und bleibt trotzdem immer dasselbe.

Die Dünung war nun so hoch, daß er die Höhe nicht einmal mehr zu schätzen wagte. Er mußte seinen Kopf nach hinten neigen, um unter dem Rand seines Südwesters hervor den Kamm der Wellen zu sehen. Sie näherten sich dem Heck wie große, sich schnell bewegende Gebirgsketten. Die steil aufragenden Vorderseiten drohten, das Schiff wie ein Schaufelbagger aufzuladen. Die wirbelnden, sich brechenden Kämme mußten doch jeden Augenblick die Decks sauber fegen, Mannschaft und Ausrüstung hinwegspülen. Jedesmal schien die Wand noch steiler, ja senkrechter zu stehen, und man glaubte, das Heck der *Triton* könne sich nie mehr rechtzeitig so in die Höhe schrauben, daß das Unheil nicht über sie hereinbrechen und sie zu Kleinholz zerschlagen würde. Und dennoch — es kam einem Wunder gleich — schaffte sie es immer wieder; die Kämme schoben sich tatsächlich unter dem Rumpf durch und nach vorn weiter und das Stampfen des Schiffes danach war fast Musik in den Ohren der Matrosen.

Weiter und weiter rollten die Wellenberge heran. Jeder einzelne war Angst einflößend, weil eine unvorstellbare, vom Wind in Bewegung gesetzte Kraft in ihm steckte. Jeder entwickelte sich zum herumwirbelnden, dröhnenden, zischenden Durcheinander von kochendem, weißem Wasser. Die *Triton* machte ungefähr vier Knoten, und das ohne auch nur einen einzigen Quadratzentimeter gesetzten Segels. Ihr Kielwasser zog nach jeder Welle eine Doppelreihe sich nach innen drehender Wasserstrudel hinter sich her.

Auf dem Achterdeck drohte die größte Gefahr. Die ganzen Anstrengungen von Southwick und den Männern am Steuer waren darauf ausgerichtet, die *Triton* leewärts treiben zu lassen, damit jede ankommende Welle im rechten Winkel auf das Heck traf. Gelang ihnen das nicht, würden die schweren Brecher das Schiff herumreißen; es käme breitseits zu liegen und wäre dem Untergang geweiht.

Ramage stellte sich plötzlich vor, was für Folgen es hätte, wenn auch nur ein einziger Matrose eine Sekunde lang unaufmerksam wäre. Dieser Gedanke war niederschmetternd, er mußte sich zwingen, ihn zu verdrängen. Auch durfte er die Matrosen mit derlei Dingen nicht belasten; jede Warnung wäre von Übel, würde sie entmutigen, und gerade so könnten Fehler entstehen. Er durfte sie nur zu besonderer Konzentration anspornen, und damit half er auch sich selbst, denn auch er mußte konzentriert arbeiten, um Fehler zu vermeiden. Er blickte weg von der tobenden, Angst ausstrahlenden See.

Jackson tippte auf seinen Arm, um auf sich aufmerksam zu machen. Eine Verständigung war bei dem Lärm nicht möglich. Und trotzdem: wenige Seeleute würden das wagen, Notlage hin oder her; denn vom ersten Tage im Dienst an hat man ihnen eingetrichtert, daß ein gewissenloser Leutnant das auslegen könnte als „Körperverletzung an einem Offizier" — und darauf stand die Todesstrafe.

„Vier Schiffe!" schrie er.

Ramage duckte sich unter die Heckreling und forderte den Amerikaner auf, es ihm gleichzutun. So waren sie wenigstens etwas vor dem heulenden Sturm geschützt.

„Sind Sie sicher?"

Jackson rieb sich mit den Knöcheln die Augen; auch er war von Müdigkeit und Kälte gezeichnet. Kälte — in den Tropen...

„Ja, Sir. Eines Backbord voraus, eines — ich denke die *Greyhound* — auf Steuerbord und zwei Backbord achtern. Das vor uns ist ziemlich nahe, ich erkannte in ihm die *Topaz*. Alles scheint dort o.k. zu sein. Sicher treiben sich hier noch mehr Schiffe herum, doch bei den Sichtverhältnissen kann ich nur eine Meile weit sehen."

Yorke war also o.k.; und Maxine...

„Nichts von der *Lion* zu sehen?"

Eine unnötige Frage, denn Jackson hätte ihn gegebenenfalls informiert, denn von der langen Zusammenarbeit mit Ramage wußte er, welche Verantwortung auf den Schultern des jungen Leutnants ruhte. Ungeduld war also fehl am Platze. Jackson verneinte.

Als der Amerikaner in Ramages ausgezehrtes Gesicht

schaute, war er eigentlich ganz froh über seine eigenen, beruflichen Grenzen. Er lebte außerhalb seines Geburtslandes und konnte darum schon von Gesetz wegen kein Kommandant werden. Außerdem erforderte dieser Beruf eine starke Persönlichkeit, die er nicht repräsentierte. Verlangt war der Menschentyp, der sich in eine stille Ecke zurückzog, wenn eine schnelle aber sehr schwierige Entscheidung zu treffen war; und der innerhalb der zur Verfügung stehenden Zeit mit dieser Entscheidung zurückkam. Es gab keine Zweifel, kein Befragen anderer, um deren Meinung zu erfahren; keine Verzögerung, kein nochmaliges Überlegen. Und von allen Kommandanten, denen Jackson je begegnet war, war Ramage der entschlossenste. Er überdachte zwar manchmal eine Entscheidung noch einmal, zweifelte aber nicht an ihrer Richtigkeit, sondern war in Gedanken bei seinen Leuten, die durch seinen Entschluß verwundet oder sogar getötet werden konnten. Dieser junge Mensch war zu sechzig oder noch mehr fast durchweg wesentlich älteren Männern wie ein Vater.

Und Mr. Southwick ist auch unbezahlbar, überlegte Jackson weiter, denn dieser erfahrene Kapitän versteht sehr gut die menschlichen Aspekte an Ramage und ist immer mit richtigem Argument zur richtigen Zeit zur Stelle. Eigentlich witzig, dachte er, daß ein junger Mann einen älteren Kapitän benötigt, der ihn davon überzeugt, daß manchmal ein bißchen mehr Skrupellosigkeit not tut. Meist nämlich verhält es sich genau umgekehrt, und ein alter Kapitän muß versuchen, im jungen Kommandanten mehr Skrupel zu erwecken, die ihn mehr an das Leben seiner Leute denken lassen.

Jackson war froh, daß er derjenige war, der Ramage die Nachricht über den augenblicklichen guten Zustand der *Topaz* überbringen durfte. Instinktiv empfand er, daß der Kommandant sich sehr für dieses Schiff verantwortlich fühlte. Er wußte nicht genau, warum. Vielleicht wegen der

Gäste an Bord. Muß eine schlimme halbe Stunde gewesen sein, als die verfluchte *Peacock* ...

Als Ramage zu Southwick hinüberkroch, um mit ihm Jacksons Meldung durchzusprechen, kämpfte sich der Amerikaner vorwärts. In einem Wetter wie diesem gibt es schon verdammt wenig Schutz an Deck, dachte er voll Verdruß. Auch hier, zwischen Großmast und Niedergangstreppe, gaukelte die Stärke des Mastes mit der daran befestigten Rahe nur schwachen Schutz vor.

„Komm rüber", schrie Jackson dem entlangkriechenden Stafford zu.

„Ach, du bist's. Was kannst du von dort sehen?"

„Die *Topaz* Backbord voraus, die Fregatte *Greyhound* querab auf Steuerbord und ein paar Mulis dahinter."

„Und das Flaggschiff?" fragte Rossi. „Gesunken?"

„Nicht in Sicht."

„Hoffen wir's", sagte Stafford. „Vorsicht, paßt auf!"

Er sprang etwas vom Boden hoch, und im nächsten Augenblick schwappte knöcheltiefes Wasser das Deck entlang.

Jackson und Rossi krabbelten fluchend eine Stufe hoch, und Stafford, der es geschafft hatte, sich rechtzeitig am Mast festzuhalten und die Beine anzuziehen, schüttelte sich vor Lachen, als unten aus ihrem Ölzeug Wasser herausschoß.

Jackson beobachtete, wie sich ein Matrose, von hinten kommend, Hand für Hand an der Rettungsleine nach vorn kämpfte.

„Das ist Luckhurst, einer der Beobachtungsposten!"

Er folgte ihm bis zu Ramage und Southwick.

„Schauen Sie nach Backbord voraus, Sir, das Schiff dort drüben scheint in Schwierigkeiten zu sein."

Jackson bemerkte, wie Ramage erstarrte. Ungeachtet des Südwesters auf dem Kopf, begann er seine Narben zu reiben.

„Was für Schwierigkeiten, Mann?"

„Ich sah das Schiff nur einen kurzen Augenblick lang, Sir, als wir auf einem Wellenkamm ritten. Sieht aus, als ob die Hauptrahe außer Kontrolle sei."

Ramage nickte ihm zu und gab Jackson Zeichen, in den Mast zu klettern. „Schnell, schauen Sie nach der *Topaz* und kommen Sie gleich wieder zu mir und erstatten Bericht!"

Jackson war so schnell wieder zurück, daß Ramage kaum Zeit gehabt haben dürfte, über quälende Fragen nachzudenken.

„Ihre Vorrahe ist bereits unten, Sir, und die Hauptrahe pendelt am Mast. Die Brassen und das Ende des Bugspriet fehlen. Alle Mann arbeiten auf Hochtouren."

„Glauben Sie, sie ist unter Kontrolle?"

„Vier Mann stehen am Steuer. Ich denke, ja — wie eben jeder von uns auch."

„In Ordnung", sagte Ramage.

„Soll ich wieder hochgehen, Sir?"

Ramage überlegte kurz und blickte dabei am Mast hoch. Der Sturm war so stark, daß es einem Wunder gleichkam, daß Jackson überhaupt hinaufklettern konnte. Und er bot sich sogar freiwillig dafür an — unglaublich! „Ja, nehmen Sie ein paar Leute als Boten mit."

Jackson arbeitete sich wieder zum Großmast vor, schubste Stafford und Rossi mit dem Fuß an und deutete mit dem Daumen unmißverständlich nach oben. Die beiden Männer folgten ihm fluchend. Wenige Minuten später versuchten die drei, es sich dort oben so bequem wie möglich zu machen. Der Mast schaukelte wild im Rhythmus des schlingernden Schiffes.

Stafford hatte eine sichere Position gefunden und schaute über den Horizont. Überwältigt von dem, was er sah, stotterte er nur: „Oh je!"

Es wurde heller und heller, wenn sich auch der Horizont

immer noch hinter einer Suppe von Regen und Gischt versteckte. Die Sicht betrug nicht mehr als ein paar hundert Yards. In seinem ganzen Leben hatte Stafford bisher nichts gesehen, was sich mit dieser See vergleichen ließ. Ihm fehlten die Worte, sie zu charakterisieren. Sie schien nicht einmal aus einer einzigen Substanz zu bestehen, glich vielmehr glutflüssigem Marmor, der in einem riesigen Kessel brodelte.

Die Männer im Mast hielten sich mit beiden Händen fest. Gegen den Wind atmen zu können, war unmöglich geworden; sie mußten dazu den Kopf kurz windab drehen. Ihre Ohren schmerzten von dem ungeheuren Lärm, dem schrillen Pfeifen und tiefen Dröhnen, das sie nie vergessen würden, waren sie dieser Hölle erst einmal entkommen. Ihre Augen wurden wund; der Sprühnebel war hier oben so fein, daß sie sich nicht mehr instinktiv schlossen und dadurch schützten. Der enorme Druck des Windes zwang sie, mit offenem Mund auszuatmen; schnell wurde ihr Speichel salzig.

Jackson reichte Stafford mit aller Vorsicht das Fernrohr und deutete auf die *Topaz*. Rossi und der Amerikaner stützten ihn, damit er es mit beiden Händen bedienen konnte.

Vier Augen sehen bekanntlich mehr als zwei, und so suchte, nach Jackson, auch er den ganzen Horizont ab, um sicher zu gehen, daß nichts übersehen wurde. Stafford wurde danach zur Berichterstattung nach unten geschickt.

Sechs Mulis, die *Topaz* und die *Greyhound* waren in Sichtweite. Jackson dachte an die anderen. An vierundvierzig Mulis, ein Linienschiff, an zwei Fregatten und eine Logger. Er verstand nicht viel von Navigation, doch es war ihm klar, daß der Konvoi in den paar Stunden nicht völlig auseinandergerissen worden sein konnte. Sollten diese acht Schiffe mit der *Triton* zusammen als einzige diese schreckliche Nacht überstanden haben?

Der Höllenlärm und das Schlingern des Schiffes waren

schuld, daß Stafford mit brummendem Schädel aus dem Mast kam. Er hielt sich an einer der Wanten fest und blickte um sich. Der Kapitän stand am Kompaß, und Stafford nahm wahr, daß Ramage ihn zu sich winkte.

Stafford zog sich an der längs über das Deck gespannten Leine nach hinten. Bestimmt war der Sturm noch einmal stärker geworden, seit sie in den Mast gegangen waren. Er brauchte das Seil nicht, um im Gleichgewicht zu bleiben, sondern um gegen den Wind vorwärtszukommen.

Völlig erschöpft stand er vor Ramage. „Die Hauptrahe ist losgerissen, doch sie können wohl neue Brassen anbringen. Die Vorrahen hängen zerschmettert über Steuerbord. Der Klüverbaum ist verschwunden, doch der Bugspriet ist, soweit man sehen kann, in Ordnung, und —"

Er schwieg, als Rossi neben ihnen auftauchte. Mit fahlem, von Kälte und Müdigkeit gezeichnetem Gesicht berichtete der Italiener, daß soeben die Hauptrahe auf Steuerbord heruntergekommen sei und dabei einige Wanten durchtrennt habe und daß Jackson befürchtete, der Großmast würde über Bord gehen.

Ramage schaute Rossi ein paar Minuten lang wie einen Geist an. Dann nickte er ihm zu, stand auf und blickte in die Richtung der *Topaz*.

Stafford konnte sie für den Bruchteil einer Sekunde ausmachen und wies Ramage ein. Das Schiff trieb näher als gedacht. Ramage sah sie nun auch und schrie: „Einer holt Jackson herunter. Er kann dort oben nichts mehr ausrichten."

Zentimeter um Zentimeter ging er auf Southwick zu, der mit einem um den Leib geschlungenen und gesicherten Seil am Steuer stand.

Der Kapitän schrie und signalisierte seinen Steuerleuten Anweisungen zu, mußte sich aber alle paar Augenblicke wegen der widrigen Umstände unterbrechen. Diese kurze Zeit wollte Ramage jeweils nutzen, um über ihre Situation nachzudenken. Der Erfolg blieb ihm aber versagt; sein Gehirn war leer.

Southwick versuchte seinerseits zwischen den einzelnen Kommandos seine Meinung zum Fall *Topaz* zu äußern.

„Die dort drüben... wir können nichts tun... können nicht einmal eine Leine rüberwerfen, selbst wenn wir versuchen, uns in ihre Richtung zu schieben... nur eine Frage der Zeit, bis wir genauso zugerichtet sind... die Taue müssen völlig zerschlissen sein... ein Wunder, daß sie überhaupt noch über Wasser ist... vielleicht hat die *Topaz* ohne Hauptmast größere Chancen durchzukommen als mit — bietet weniger Angriffsfläche... unsere Aufgabe, uns über Wasser zu halten und Überlebende an Bord zu nehmen, falls sie untergeht..."

Der Kapitän sprach das laut aus, was er im Stillen gedacht hatte. Er empfand Erleichterung, aber auch Schuldgefühl und wollte deshalb diese Gedanken weit von sich schieben, selbst wenn ihm klar vor Augen stand, daß Southwick völlig recht hatte. Ja, auch wenn die *Topaz* vor ihren Augen sinken sollte, konnten sie nicht helfend eingreifen. Das hatte bestimmt nichts mit mangelndem Wollen oder Geschick zu tun, sondern war einfach physisch ein Ding der Unmöglichkeit.

Southwick deutete zur *Topaz* hinüber. „Gut, daß wir nicht dichter beieinanderliegen. Wir könnten nicht einmal verhindern, sie zu rammen, wenn sie plötzlich vor uns auftauchte."

Wie recht er hatte!

„Ich bin sicher, daß Mr. Yorke Verständnis haben wird. Er weiß, daß er im umgekehrten Falle auch nicht helfen könnte."

Er hatte recht. Er hatte recht. Er hatte — Ramage glaubte, umzufallen; Müdigkeit und Sturm hatten ihn leicht benommen gemacht. Beim Zuhören war er fast eingeschlafen. Eingeschlafen! — während Yorke um das Überleben der *Topaz* kämpfte, Schlafen! — während Maxine und ihre Eltern um ihr Leben beteten; während ...!

Er atmete ein paar Mal tief durch. Nie hätte er geglaubt, daß man so müde und doch noch so einsatzfähig sein konnte. Wie unklug war er doch zu Beginn des Hurrikans gewesen: hätte er doch geschlafen, statt unnötig lange an Deck zu bleiben. Jetzt, da das Leben aller von seiner Wachsamkeit abhing, war er todmüde. Wann hatte er zum letzten Mal geschlafen? Gestern, oder letzte Nacht oder in der Nacht davor? Was für ein Tag war überhaupt? Er konnte sich nicht besinnen, es war aber auch gleichgültig. Nur eines wußte er: Southwick mußte völlig erschöpft sein. Er mußte ihn unbedingt am Steuer ablösen. Er teilte ihm seine Absicht mit.

„Appleby, Sir, er soll einspringen!" bekam er zur Antwort.

„Hat nicht genug Routine!"

„Er ist so gut wie jeder von uns! Er ist wach. Wir beide sind überarbeitet. Ist nur eine Frage der Zeit, wann wir einen schlimmen Fehler machen."

„In Ordnung, er kann Sie ablösen."

„Lassen Sie ihn das Steuer nehmen, ich gehe eine Stunde lang das Deck auf und ab."

Ramage war nicht einverstanden, doch Southwick schrie: „Sie schlafen im Stehen, Sir. Sie werden Fehler machen. Das Schicksal der *Topaz* liegt zusätzlich in Ihren Händen. Nach einer Stunde sind Sie wieder zu gebrauchen..."

Ramage hörte seine Stimme, den Lärm von Sturm und See wie aus der Ferne. Er merkte, daß er kurz vor dem Einschlafen war und wußte, daß Southwick recht hatte, ihn hinunterzuschicken.

„O.k.; holen Sie Appleby."

„Er wird froh sein, Sir. Ist wirklich zu viel von einem Mann verlangt, unten zu bleiben, obwohl man nicht schlafen kann."

Zehn Minuten brauchte Ramage bis zu seiner Kajüte. Dort angekommen, fand er alles naß vor. Die tropfende Decke zeigte, wie sehr das Schiff arbeiten mußte. Zum Glück war der Krach durch den Wind so laut, daß es das Quietschen und Knarren der Wände überdröhnte. Er stützte sich auf den Schreibtisch und der Steward versuchte, ihm die Stiefel auszuziehen. Alles war so anstrengend; alles war so nutzlos; er war so müde ...

Stunden später rüttelte ihn der Steward wach. Die Koje war herrlich warm. Sie schwang zwar immer noch wild hin und her, doch er fühlte deutlich, daß die Bewegung etwas ruhiger, der Wind also schwächer geworden war.

„Sir, Empfehlung von Mr. Southwick, und es scheint besser zu werden. Ich brachte Ihnen was zu essen, Sir."

Ramage sah ein großes Metallgefäß, das zwischen die Armlehnen des Sessels gepreßt war.

„Und ich habe Ihnen trockene Kleidung hingerichtet, Sir."

Der Wind ließ nach? Das Auge des Hurrikans konnte nicht mehr weit sein!

Er kroch schnell aus der Koje, nahm die Glaskaraffe mit Trinkwasser vom Regal, schüttete es sich über den Kopf und trocknete sich intensiv ab. Dann schlüpfte er in die trockene Kleidung.

Er aß kaltes Fleisch, Bananen, eine Orange, Kekse und trank eine Karaffe Fruchtsaft leer. Erst jetzt merkte er, daß er vor lauter Hunger Magenschmerzen gehabt hatte. Nun hatte er Magenschmerzen, weil er zu schnell gegessen hatte ...

„Bringen Sie das in Mr. Southwicks Kajüte. Achten Sie darauf, daß nichts umfallen kann", wies er den Steward an, „so daß ..."

Er brach ab. Stewards waren Experten und wußten wohl, wie Nahrungsmittel zu verstauen waren, damit sie sich bei hohem Seegang nicht selbständig machten.

Ramage wickelte sich ein dickes Handtuch um den Hals und zog sein Ölzeug über. Der Steward reichte ihm den Südwester, und er ging mit eingezogenem Kopf aus der Kajüte.

Ganz bestimmt hatte der Wind nachgelassen, sogar beträchtlich. Appleby war müde, aber trotzdem hellwach. Southwicks Augen strahlten, wenn sie auch durch eine Kombination von Salz und Müdigkeit blutrot unterlaufen waren.

Southwick begrüßte ihn mit einem breiten Grinsen.

„Gleich werden wir in das Auge des Hurrikans blicken können, Sir."

„Danke, daß ich mich vorher etwas ausruhen konnte!"

Sie waren nun mitten im Auge, daran gab es keinen Zweifel. Es regnete nicht mehr, der Wind blies mit etwa fünfzehn Knoten, und die Wolkendecke riß auf.

Ein seltsames Geräusch war in der Ferne zu hören, und Ramage blickte Southwick fragend an.

„Man hört diesen seltsamen Ton von allen Seiten, Sir. Könnte es der Wind sein, der außerhalb des Auges tobt?"

Ramage konnte sich das nur schwer vorstellen und versuchte, sich die Verhältnisse an einem Beispiel klarzumachen. Das Auge des Hurrikans glich einem Zylinder; darin wehte schwacher Wind, blauer Himmel war an verschiedenen Stellen zu sehen. Außerhalb des Zylinders blies der Wind nach wie vor in Orkanstärke. Und genau dort würde die *Triton* wieder hineingeraten, sobald sich das Auge weiterbewegte... Ramage griff nach dem Fernrohr, doch Southwick kam ihm zuvor und beruhigte ihn: „Die *Topaz* ist noch da, Sir; niemand ist verschwunden — ich kann jedenfalls nichts dergleichen feststellen."

Er hatte nun auch die *Topaz* entdeckt; gerade eben besserten sich die Lichtverhältnisse, weil eine dicke Wolke auseinanderriß.

Im ersten Augenblick war er erschrocken, wie schwer das

Schiff immer noch gegen die See kämpfte. Die Brecher kamen von hinten, hoben es hoch, hielten es, wie eine Wippschaukel, auf dem Kamm kurz im Gleichgewicht, ehe die Welle sich weiter nach vorn schob, und der Kampf von neuem begann.

Dann erkannte er aber, daß sie nicht mehr zu kämpfen hatte als die *Triton;* nicht mehr, als es bei der schweren Ladung tief unten im Bauch des Schiffes zu erwarten war. Schlechtes Wetter erweckte immer den Eindruck, andere Schiffe seien schlimmer dran als man selbst. Doch selten traf das zu.

Southwick brauchte dringend eine Ruhepause. Er schob sich an der Rettungsleine zu ihm vor.

„Ruhen Sie sich unten aus."

„Nein, danke, Sir; ich wäre schneller wieder an Deck als das vorbei ist."

„Was vorbei ist: der Hurrikan?"

„Nein, Sir, das Auge."

„Sorgen Sie sich nicht; Appleby und ich ..."

„Bin nicht in Sorge, Sir. Ich mag nur einfach den Gedanken nicht, unten zu sein, während er durchzieht — ich könnte nicht schlafen, und hier oben kann ich was dazulernen."

„Ich weiß, was —"

Ramage unterbrach sich; er erschrak, als er in Southwicks Gesicht schaute. Der Kapitän hatte irgendeinen Punkt in der Ferne fixiert, und in der Richtung, in die er starrte, konnte nur die *Topaz* sein.

Rasch drehte er sich um und blickte auch nach Backbord voraus. Für einen Augenblick war er von hochspritzender Gischt geblendet. Er wischte sich die Augen sauber und sah, was er befürchtet hatte: die *Topaz* hatte ihren Mast verloren. Sie glich einem kurzen Holzklotz, wie sie so in der See schlingerte, Masten und Rahen in einem Wirrwarr von Tauen und Rundhölzern im Wasser nebenher schwimmend.

Die Wrackteile im Wasser drehten das Schiff langsam um neunzig Grad, so daß es breitseits zu den Wellen zu liegen kam. Es rollte so heftig, daß man jeden Augenblick vermuten mußte, es überschlage sich.

Pläne rasten durch Ramages Kopf. Doch er verwarf sie, kaum daß er sie gefaßt hatte. Nur ein Gedanke ließ sich nicht vertreiben, obwohl auch seine Verwirklichung hoffnungslos sein mochte. Er tippte auf Southwicks Schulter und rief: „Das Sturmgaffelsegel — können wir es setzen?"

„Wir können es versuchen, Sir."

„Tun Sie es!"

Southwick hielt sich an der Rettungsleine fest, um entsprechende Anweisungen erteilen zu können. Man wurde bei seinem Anblick, den er mit dem vom Wind aufgeblähten Ölzeug bot, an eine Ente erinnert, die aufgeplustert über das Deck watschelte. Ramage war sehr im Zweifel, ob die Männer schnell genug sein würden; ob sie überhaupt das Segel setzen konnten. Würde das Tuch standhalten, nachdem das Auge erst einmal vorübergezogen war?

Ramage hoffte, daß sie mit Hilfe dieses Segels wenden und sich nahe an die *Topaz* heranschieben konnten. Allerdings bestand nur geringe Hoffnung auf einen glücklichen Ausgang des Experiments. Er wollte auf dem anderen Schiff eine Abschlepptrosse anbringen lassen. Eigentlich ein wahnwitziger Gedanke, in dieser See ein Schiff abschleppen zu wollen. Oder sollte er lieber alle Mann der *Topaz* auf sein Schiff übernehmen? Auf einem Kriegsschiff waren die Überlebenschancen etwas größer. Allerdings waren die Aussichten für eines der Beiboote äußerst schlecht, zumal niemand wußte, wie lange die durch das Auge des Hurrikans bewirkte Ruhepause noch anhalten würde. Vielleicht blieb ihm nur eine halbe Stunde Zeit.

Southwick war zu Ramages Erstaunen schon voll tätig. Er hatte einige Dutzend Leute an Deck versammelt. Jeder einzelne war mit einem um den Leib geschlungenen und dann an einem stabilen Gegenstand befestigten Seil gesichert. Langsam zogen sie das Gaffsegel hoch.

Die *Topaz* lag quer. Jeden Augenblick konnte sie weiter in Windrichtung abgetrieben werden.

Er drehte sich zu Appleby um.

„Ich übernehme das Steuer. Kontrollieren Sie, daß die Leute am Tauwerk stehen und sich auf eine Drehung nach Backbord vorbereiten. Stellen Sie sich dann an einen Platz, von dem aus Sie mich sehen können. Mit meinem Arm zeige ich, wann das Halsen einzuleiten ist. Sie lassen dann die Ruderpinne sofort nach Backbord schwenken."

Appleby verließ unsicheren Schrittes den Kommandostand, und Ramage blickte auf die vier Matrosen am Steuer. Sie waren alle gestandene Männer und wurden nun entsprechend eingewiesen. Southwick blickte nach hinten und erfuhr durch Zeichensprache, was geplant war. Appleby hatte sich auf der Mitte der Niedergangstreppe aufgestellt.

Ramage blickte nach achtern. Das entfernte Rauschen kam plötzlich viel näher und war besonders deutlich schräg rechts von ihm zu hören. Er konnte sich das nicht erklären, dachte aber auch nicht weiter darüber nach. Seine Aufmerksamkeit galt voll der See. Er mußte ein, zwei, drei Wellen erwischen, die nicht so hoch waren wie die anderen und eine Drehung des Schiffes ermöglichten.

Ramage wendete seinen Blick kurz von den sich überschlagenden Wellen zum Mast und sah mit Befriedigung, daß das Gaffelsegel gesetzt war. Sicher, es war winzig, hatte fast nur Taschentuchgröße, und trotzdem merkte man seine Wirkung sofort: das Steuer reagierte. Die nächste heranrollende Welle schien niedriger zu sein, ebenfalls die dahinter folgenden. Jetzt war der einzig mögliche Zeitpunkt gekommen.

Er hob, wie ausgemacht, seinen linken Arm und deutete nach Backbord. Die Männer am Steuer schalteten sofort.

Sie strengten sich übermächtig an, um es zu drehen. Nach

kurzer Zeit ließ der irrsinnige Druck etwas nach, und sie konnten es leichter handhaben, zumal Appleby Anweisungen gab, die Hilfsleinen zu betätigen. Das entfernte Röhren wurde lauter. Die paar blauen Flecke am Himmel waren verschwunden; eine dicke Wolke hatte sich wieder davor aufgetürmt.

Ruder und ins Gaffelsegel bzw. auf das Achterdeck blasender Wind drehten gemeinsam das Heck der *Triton* in einer heftigen Bewegung nach Steuerbord. Die Brecher trafen nun von Backbord achtern und unterstützten den Seitenschub. In wenigen Augenblicken würden sie querschiffs zu liegen kommen und sich dann mit dem Bug zur Windrichtung stellen. So wollte man beidrehen. Ruder und Gaffelsegel sollten, gegeneinander arbeitend, das Schiff auf der Stelle halten.

Ramage verfolgte das Manöver gespannt. Das Dröhnen schien immer näher zu kommen, und alarmiert schaute er sich um, um festzustellen, ob — und da kam schon der erste heftige Windstoß. Der Sturm wurde stärker und stärker und drehte gleichzeitig um zwanzig oder dreißig Grad. Statt über das Achterdeck, kam er jetzt breitseits. Der plötzliche und enorm starke Druck brachte die *Triton* in höchste Kentergefahr. Das Auge des Hurrikans war vorübergezogen; sie steckten wieder mitten drin im Inferno.

Ramage wußte sofort, daß sein Manöver zum Scheitern verurteilt war. Er glaubte, in einem tiefen Tal zu stehen und kapitulierend an einer steilen Felswand hinaufzublicken. Eine ganze Reihe mächtiger Wellen schwappte über das Achterdeck. Wahrscheinlich waren sie nicht höher als die schlimmsten zuvor. Da sie aber in einem anderen Winkel auf das Schiff trafen, konnten sie absolut tödlich sein. Diese Wellen und der gedrehte Wind arbeiteten Hand in Hand an diesem Werk der Zerstörung.

„Sicheren Stand suchen!" hörte er sich schreien, obwohl nur die Männer am Steuer ihn verstehen konnten. Einige hatten aber bereits selbst die Gefahr erkannt und klammerten sich an der Takelage, den Ringbolzen, den Karronaden oder sonstigen fest verankerten Gegenständen fest.

Die erste der haushohen Wellen rollte wie eine riesige senkrechte Wasserwand auf die Backbordseite zu. Ramage kämpfte ums nackte Überleben. Er keuchte, schluckte Wasser, war geblendet vom Salz in den Augen, hustete, wurde von einem kräftigen Schlag gegen die Brust zurückgeworfen und klammerte sich mit fast übermenschlicher Kraft an ein dickes Tau. Er konnte gerade noch seine Beine herumschlingen, als er das Geräusch von splitterndem Holz hörte. Das Tau war zuerst gespannt, dann locker, schließlich wieder gespannt... Das Deck unter seinen Füßen bewegte sich wild hin und her, schien sich kurz senkrecht aufgebäumt zu haben, um dann wieder in die Waagerechte zurückzufallen.

Und dann das Geräusch von strömendem Wasser: ein Katarakt, Tonnen von Wasser, die über das Schiff flossen... Er konnte immer noch nicht klar sehen; er konnte nur hart atmen. Er hustete und hustete. Wasser zerfraß seinen Rachen wie eine Säure. Trotzdem hielt er das Tau so fest, als ob es mit ihm verwachsen wäre. So ein verdammtes Ende — in einem Hurrikan zu sterben. Nur Wind und Regen und turmhohe Wellen und dabei nichts erreicht. Kein Feind besiegt, keine Beute gemacht, nichts. So ein verdammt überflüssiges Ende...

Der Radau war etwas schwächer geworden, der Wasserfall existierte nicht mehr. Ramage konnte das Trommeln des Windes hören und stellte mit unglaublichem Staunen fest, daß das Schiff, einem Wunder gleich, sich immer noch über Wasser hielt. Es schwamm, wenn auch völlig passiv, sich breitseits wälzend — wie wenn es vor dem endgültigen Sinken noch einmal tief Luft holen wollte. Oder sollte er doch nicht sterben müssen? Gab es noch eine kleine Chance für das Schiff und seine Besatzung?

Er quälte sich auf seine Füße, schüttelte sich und blinzelte, um das schmerzende Salz aus seinen Augen zu entfernen. Bis er klar sehen konnte, hielt er das Seil fest in seinen Händen. Dann stellte er mit Entsetzen fest, daß er sogar an Bord fast ertrunken wäre: das Schiff bestand nur noch aus dem Rumpf, der von einem Gewirr von Tauen überdeckt war. Es gab keine Masten, keine Rahen, kein Steuer mehr... Die Männer lagen flach oder saßen zusammengekauert auf dem Deck. Die Masten und Sparren schwammen steuerbords nebenher, durch ein Netz von Tauen immer noch mit dem Schiffskörper verbunden; Tauen, die früher einmal Wanten und Falle und Schoten und Flaschenzüge gewesen waren. Es schien, als habe ein Riese in seinem Wutanfall alle Teile aus dem Schiff herausgerissen und in die See geworfen. Das Krachen und dumpfe Dröhnen, das er kurz zuvor gehört hatte, ging also auf die brechenden Masten zurück... Er versuchte, die letzten Minuten zu rekonstruieren.

Drei schreckliche Ereignisse waren zufällig zeitlich zusammengetroffen: die *Triton* hatte ihr Wendemanöver gerade begonnen, als das Auge des Hurrikans weitergewandert war. Damit war starker Wind aufgekommen und erneut hatten sich riesige Brecher herangewälzt, die nun unvermeidlich voll auf die verwundbare Backbordseite treffen mußten. Sie erfaßten das Schiff und rissen das Heck so hart herum, daß sämtliche Aufbauten zerstört wurden. Das mußte der Augenblick gewesen sein, als er fürchtete unterzugehen und zu ertrinken. Tatsächlich wurde er aber an Bord zur Seite und wahrscheinlich gegen die Wanten gespült, an denen er sich glücklicherweise festhalten konnte. Das war der bewußte Schlag gegen die Brust und das durch die Schlagseite des Schiffes plötzlich hart gespannte Tau lockerte sich erst, als die Wanten herunterkamen und die Masten über Bord gingen — oder die Masten zuerst über Bord gingen und dann die Wanten herunterkamen — oder...

Er fühlte sich hundeübel und wurde kurz ohnmächtig. Als er die Besinnung wiedererlangt hatte, fühlte er sich besser. Er konnte die Umrisse des Schiffes klar erkennen und war wieder in der Lage, nachzudenken.

Instinktiv krabbelte er auf seine Füße und hinüber zum Kompaß. Dort wollte er seine Leute zusammenrufen. Aber: wo waren denn Kompaß und Steuer? Wo die Männer, die das Steuer zuletzt bedient hatten? Wo der Kompaß hätte sein sollen, fand er die Ankerwinde, und vor ihr erhob sich ein etwa drei Fuß hoher zersplitterter Stumpf — der Rest des ehemaligen Großmastes. Dahinter ein ähnlich hoher Stumpf, der bewies, daß dort einmal der Vormast gestanden hatte.

Er schob sich an die Ankerwinde heran und winkte seine Männer zu sich. Einige waren schon auf dem Weg zu ihm, Southwick vorneweg...

„Gott sei Dank, Sir", brüllte der alte Kapitän. „Ich dachte, es hätte Sie erwischt!"

„Dachte ich auch! Und wie geht es Ihnen?"

„Wurde um eine Karronade herumgewickelt. Glücklicherweise hielt sie stand, als wir querlagen, und glücklicherweise hielten die Bodenluken."

Ramage warf einen Blick auf die Luken; Leisten, geteertes Segeltuch und Keile — alles sah aus wie frisch in Ordnung gebracht. Der alte Mann war etwas benommen. Seeleute versammelten sich um die beiden. Jackson, Stafford und einige andere hielten Beile in den Händen, die sie an Deck einsammeln konnten.

Ramage formte seine Hände zum Sprachrohr.

„Kommt, Leute, wir müssen die im Wasser treibenden Masten abtrennen, bevor sie uns leck schlagen; trennt zuerst die Taljereeps durch!"

Einige kämpften sich zur Steuerbordseite hinüber, andere machten sich auf den Weg, weitere Äxte zu holen.

Die *Triton* benahm sich durch die Verbindung zwischen

ihr und den gebrochenen Masten wie ein wildes Tier, dessen Kopf in einer Schlinge gefangen war, wobei man das Seilende fest im Boden verankert hatte.

Die Windstärke nahm erneut ungeheuer zu, und die kochende See trieb den Rumpf nach Steuerbord herum, so daß er um die Reste des Aufbaus einen Kreisbogen beschrieb. Die Mannschaft kauerte sich am Schanzkleid zusammen und versuchte, die Takelage abzutrennen.

Southwick hatte sich neben Ramage gestellt. Glücklicherweise war er wieder erholt.

„Fünf Minuten!" sagte er. „Dann sind wir den Vordermasten los."

„Hören Sie sich den Pumpsod an. Muß 'ne Menge Wasser dort unten drin sein."

Southwick nickte, schrie aber zurück: „Ich glaube nicht, daß wir viel Wasser haben. Die Bodenluken hielten dicht. Sie bewegt sich nicht, als ob sie voll mit Wasser sei."

Ramage erkannte, daß er recht hatte. Die seltsame Bewegung des Schiffes ging tatsächlich nicht auf Wasser im Innern, sondern auf den im Wasser liegenden Ballast zurück, dessen Gewicht die *Triton* immer noch auf der Steuerbordseite nach unten zog.

Plötzlich erinnerte sich Ramage wieder an die *Topaz*. Fast fiel ihm die Orientierung schwer. Er blickte zuerst nach Backbord voraus, konnte dort aber natürlich kein Schiff ausmachen. Der Gedanke, sie könnte untergegangen sein, versetzte ihm einen fast körperlich spürbaren Schock. Ramage wandte sich ab; er wollte nicht mehr länger auf die Stelle starren, wo Wasserwirbel anzeigten, daß sie dort untergegangen war.

Southwick hatte ihn beobachtet und tippte nun auf seinen Arm. Er zeigte in eine ganz andere Richtung, und dort lag, weniger als dreihundert Yards entfernt, das verlorengeglaubte Schiff und bot ein ähnlich trauriges Bild wie die *Triton*.

Southwick grinste müde. „Hoffentlich nehmen sie wahr, daß wir in ihrer Nähe sind!"

Ramage lachte, wußte aber, daß seine Nerven zum Zerreißen gespannt waren.

Er trieb ungeduldig die Männer an, die die Wanten abbauten.

„Vorwärts Kameraden; etwas mehr Einsatz!"

Southwick winkte ein paar Leute heran und ging nach unten.

Ramage fühlte sich unsagbar erleichtert, daß sich die *Triton* noch über Wasser halten konnte. Ein zweites Mal ließ er die Abfolge aller Ereignisse, die zum derzeitigen Zustand des Schiffes geführt hatten, Revue passieren. Das fiel ihm schwer, denn obwohl er der Meinung war, seine fünf Sinne wieder voll beieinander zu haben, fühlte er sich durch Wind und Müdigkeit immer noch leicht benommen. Ein Gedanke kehrte allerdings immer wieder zurück, nämlich, daß die *Triton* durch seine Unvernunft stark angeschlagen war und daß er nun nicht einmal mehr die Möglichkeit hatte, nach Abzug des Hurrikans der *Topaz* zu helfen. Er konnte nicht hinüberrudern und Yorke fragen, was er am dringendsten benötigte, da die zusammen mit den Ersatzrundhölzern über den Luken verstaut gewesenen Beiboote der *Triton*, wie fast alles übrige, von Deck gefegt worden waren.

Die beiden Schiffe glichen nun winzigen, gefährdeten und isolierten Inseln inmitten der Karibik. Jedes war ganz auf sich alleine gestellt. Ramage hatte keinerlei Hinweise, was mit dem übrigen Konvoi geschehen war oder auch nur, wieviel Mann er selbst verloren hatte. Es wird noch genug Zeit geben, dies festzustellen, sagte er sich voll Bitterkeit. Im Augenblick bestand die vorrangigste Aufgabe darin, die noch lebenden Männer zu schützen, indem man das Schiff über Wasser hielt. Es bestand keinerlei Aussicht, auch nur einen der über Bord Gespülten zu retten. Er war über all' das Geschehen so aufgeregt, daß er kaum überlegen konnte, was zu tun sei.

Durch einen dicken Nebel hindurch hatte er eine Vision: er stellte sich vor, gerade eine Prüfung abzulegen: Nun, Leutnant, Sie kommandieren eine Brigg, Sie haben Schiffbruch erlitten und Ihre Masten wurden über Bord gespült. Sie befinden sich noch mitten im Hurrikan. Was tun Sie?

Die vernünftigste Antwort wäre, den Dienst quittieren, dachte er und behielt den Gedanken für sich. Ich lasse die Männer die Leinen kappen, um Schiff und Wrackteile zu trennen; lasse gleichzeitig den Pumpensod ausloten und, wenn nötig, pumpen. Gut, das war geschehen. Was dann...?

Nach dem Kappen muß das Schiff unter Kontrolle gebracht werden. Ich prüfe also, daß die Männer am Tauwerk auf Zack sind und schaue nach, ob Ruder und Ruderpinne noch arbeiten. Wenn ja, steuere ich mit dem Ersatztauwerk.

Schnell überschlug er, wieviel Gewicht verloren gegangen war. Der Vor- und Großmast, die Rahen, der Bugspriet und Klüverbaum — zusammen etwa zehn Tonnen. Die weggespülten Ersatzrundhölzer wogen zwei Tonnen. Ein Satz Segel über eine Tonne. Takelage mit jeglichem Zubehör ergaben etwa sieben Tonnen. Drei Boote mit mehr als zwei Tonnen. Summa summarum also etwa dreiundzwanzig Tonnen. Falls nötig, könnten sie später noch die Ersatzsegel über Bord werfen und auch Anker und Kabel, Schießpulver und Geschosse und was sonst noch alles bei der in Kriegszeiten zulässigen Wasserverdrängung von zweihundertzweiundachtzig Tonnen anfiel. Wenn nur endlich dieser verdammte Wind aufhören wollte, dachte er. Er macht das Nachdenken zur Qual. Und wenn es nur gelänge, das Schiff leewärts zu dirigieren; dann bliebe mir etwas mehr Zeit. Das Schiff einfach treiben zu lassen ist nur möglich, wenn der Wind nach dem Hurrikan aus der gewünschten Richtung bläst. Kommt er vom Westen, würden er und mögliche andere Überlebende aus dem Konvoi wahrscheinlich an den Strand der Inseln über dem Winde geworfen werden. Weht er dagegen nach Süden, würde man auf spanisches Territorium stoßen. Bei Südwind dagegen würde man etwa zwischen Hispaniola und Antigua landen... Von diesen Alternativen wäre ihm die letzte am liebsten, doch er durfte nicht auf dieses Glück bauen.

Southwick unterbrach seine Gedankengänge und berichtete: „Fünfzehn Minuten pumpen, und wir sind wieder trocken, Sir."

„Fast unglaublich."

„Zum Glück hielten die Ladeluken." Der Kapitän blickte zu der mit Äxten arbeitenden Besatzung hinüber und fügte hinzu: „Bald sind sie dort fertig. Hoffentlich werden wir die Wrackteile los, bevor sie sich durch den Rumpf bohren..."

Ramage beobachtete einen Bootsmannsmaat, der anzeigte, wo die Taue zu kappen waren. Manche waren an vier oder fünf Stellen durchtrennt worden, weil es fast unmöglich war, sich durch das Gewirr hindurchzufinden.

Bald kam Southwick zurück und berichtete mit rauher und wegen des Sturms schwer verständlicher Stimme.

„Was ist los mit dem Ersatztauwerk?" fragte Ramage.

„Dort unten herrscht ein wüstes Durcheinander, Sir, aber die Ruderpinne ist intakt, und das Tauwerk hielt stand. Ich weiß nicht, wieso. Die Steuerseile rissen, wo sie über die oberen Rollen liefen. Das Ruder ist in Ordnung. Der verantwortliche Seemann brachte das Entlastungstauwerk mittschiffs an der Ruderpinne an. Er machte das ganz selbständig, nachdem wir Bruch erlitten hatten."

„Merken Sie sich seinen Namen und erinnern Sie mich später daran; ich werde ihn als ‚fähig' einstufen."

„Er verdient es", sagte Southwick. „Haben Sie sich verletzt?" fragte er plötzlich.

„Nur ein Schlag gegen meine Brust."

Dachte ich mir, Sir; Sie machen einen so, nun, mitgenommenen Eindruck. Wie —"

„Ein Huhn im Regen!"

„Genau", lachte Southwick, „ohne Ofen im Gefieder, nicht wahr, Sir? Atmen Sie tief ein und aus. Tut das weh?"

Ramage verneinte. „Ist nur etwas gequetscht."

„Und Ihre Hände sind mitgenommen."

„Und meine Schienbeine auch. Ich glaube, jeder hat solche Blessuren."

„Taue sind halt rauh."

Ramage merkte, daß er seine Hände trotz der Schürfwunden zusammengeballt hatte.

„Der Wind scheint nicht abzuschwächen, Sir", sagte Southwick trocken. „Wir tanzen jetzt bald im Kreis herum wie ein ins Wasser gefallenes Blatt. Und selbst wenn der Wind nachgelassen hat, dauert es noch mindestens sechs Stunden, bis sich auch die See einigermaßen beruhigt."

Ramage wußte, daß er augenblicklich nicht an Deck gebraucht wurde. Die Männer arbeiteten sehr fleißig, und Southwick konnte sie anweisen. Nun war es höchste Zeit, einen Blick in die Karte zu werfen. Das Schiff sollte vor dem Wind bleiben; dann war die Möglichkeit am größten, daß man das Ziel erreichte.

Er gab Southwick die nötigen Anweisungen und ging nach unten. In der Kajüte angekommen, wurde ihm erst so richtig bewußt, wie betäubend der Lärm des Sturmes, wie mitgenommen seine Stimme war, weil nun schon seit Stunden jedes Wort geschrien werden mußte.

Er legte das Ölzeug ab, holte ein trockenes Handtuch vom Haken und fuhr sich über Gesicht und Hände. Die Hände schmerzten; die Haut war noch nicht gerissen, doch verriet die rosa Farbe, wie sehr sie das durchrutschende Seil in Mitleidenschaft gezogen hatte.

Die Karte an Deck zu studieren, war hoffnungslos. Ohne

Masten, die stabilisierend wirkten und das Rollen dämpften und verlangsamten, schlingerte die Brigg heftiger und heftiger. Er ließ sich auf einen Stuhl fallen — nie zuvor hatte er ihn für so luxuriös gehalten.

Ein schneller Blick in sein Tagebuch sagte ihm, von wann der letzte Eintrag stammte. In kürzester Zeit hatte er es auf den neuesten Stand gebracht. Dank des glücklichen Umstandes, daß seine Uhr wasserdicht geblieben war, konnte er die letzte Position mit Datum und Zeitangabe versehen.

Das X auf der Karte, das ihre Position markierte, war etwa einhundertvierzig Meilen westlich von Guadeloupe. Nach Osten war dies das nächstgelegene Festland. Näher war es nach Norden, wo die Gruppe kleiner Inseln lag. Das dänische Santa Cruz mochte ungefähr neunzig Meilen entfernt sein. Der Gedanke, dort landen zu wollen, war nicht allzu tröstlich; Hauptstadt und Hafen der Insel lagen am Nordufer und somit außer Reichweite der *Triton* und *Topaz*. Das dahinter liegende St. Thomas schien mehr zu versprechen. Westlich daran schlossen sich zwei spanische Inseln an: das kleine Vieques und das große Puerto Rico mit seiner westöstlichen Ausdehnung von etwa einhundert Meilen. Die Küste Südamerikas war etwa vierhundert Meilen entfernt. Und direkt westlich von ihnen gab es über tausend oder mehr Meilen nichts als die unendliche Weite des Ozeans. Die mastlose *Triton* durfte unter keinen Umständen in diese Richtung abgetrieben werden, denn Durst und wahrscheinlich auch Hunger würden für die Mannschaft das sichere Todesurteil bedeuten.

Er versuchte, sich auf die entscheidende Frage zu konzentrieren, die im Raum hing und frühestens nach dem Hurrikan auch von Yorke aufgeworfen werden würde: welche Richtung sollte man anzusteuern versuchen? Die Antwort war eigentlich ganz einfach. Das hing einzig und allein von der Windrichtung ab.

Blies er aus Westen, würden sie nach Martinique treiben. Fort Royal lag an der Westküste und hatte eine breite Einfahrt, die sie ohne Schwierigkeiten bewältigen dürften. Kam er dagegen aus Süden, nun, dann war St. Thomas das kleinste von allen Übeln; der große Hafen war an der Südküste angelegt. Die Insel war dänisch und verhielt sich politisch neutral — obwohl das unter Umständen auch Grund zu Sorge sein konnte.

Sollte der Wind tatsächlich aus Osten wehen... Nun, war der Hurrikan vorüber und setzte irgendwo anders Menschen in Angst und Schrecken, folgte erst einmal eine Flaute von zwei oder drei Tagen. Und wurde sie von einem Ostwind abgelöst, konnte man nur hoffen, daß er bald wieder dem reinen Passat weichen würde. Mit dem Bleistift verfolgte er auf der Karte den Weg, den der Konvoi zurückzulegen hatte. Es bestand ja ein kleiner Hoffnungsschimmer, daß die *Triton* das Ziel Jamaika erreichen konnte; aber die *Topaz*?

Ramage rollte die Karte zusammen und legte sie zurück ins Regal. Er zog wieder sein Ölzeug an und begann in seinen durch und durch feuchten Kleidern darunter zu frieren. Wenigstens hielt der Südwester den Wind ab. Er legte die Uhr in die Schublade. Sie durfte nicht so einfach auf's Spiel gesetzt werden.

Ganz leicht hatte der Wind nachgelassen, das war spürbar, als er wieder auf Deck stand. Ob sich auch das Meer schon etwas beruhigt hatte? Wohl kaum. Die Luft war jedoch nicht mehr regen- und gischtgeschwängert. Diese Beobachtungen waren aber recht relativ; die Verhältnisse waren zwar nicht mehr so katastrophal wie zuvor, doch bei Gott noch schlimm genug.

Southwick näherte sich ihm und reichte ihm mit leicht verspöttelnder Verbeugung das Fernrohr.

„Einer der Männer fand es, Sir, unter der letzten Karronade auf Steuerbord!"

„Wie leichtsinnig von mir", antwortete Ramage unbekümmert. „Es scheint, als ob ich auch Steuer und Kompaß nicht mehr an den richtigen Platz zurückgebracht hätte."

„Ja", sagte Southwick, „das habe ich beobachtet und forderte sofort den Ersatzkompaß an." Mit diesen Worten zeigte er auf ein Gehäuse, das mit Leinen an Eisenringen hinter der Ankerwinde festgezurrt war.

„Aber —" begann Ramage.

„Ja, sie sind aus Eisen", beeilte sich Southwick zu wiederholen. „Der Zimmermannsmaat befestigt das Gehäuse weiter vorn an Deck, sobald der Hurrikan vorbei ist. Ich habe schon alles vorbereitet."

„Prima. Nebenbei: haben wir alle Signalflaggen verloren?"

„Nein, Sir." Er zeigte zur Heckreling, wo drei Leute damit beschäftigt waren, ein kurzes Rundholz in der Vertikalen anzubringen. „Ich dachte, das mag für den Augenblick als Signalmast genügen."

Ramage nickte zustimmend. Plötzlich sichtete er die *Topaz* und war über ihre Nähe überrascht. Er wollte gerade die Linsen des Fernrohrs abwischen, doch Southwick hatte ihm das bereits abgenommen.

Das Wrack des Großmastes war schon fast völlig Wind und Wellen preisgegeben. Die Seeleute arbeiteten hart daran, die Takelage zu kappen; ein paar andere mühten sich gerade mit dem Vormast ab.

Sie hatte tatsächlich noch ihr Steuer. Zwei Seeleute bedienten es. Das Kompaßgehäuse fehlte dagegen. Mehrere Geschütze waren verschwunden. Sie hatten sich losgerissen, nachdem das Schanzkleid zerschmettert worden war. Was für ein Jammer, so herrliche Messingkanonen einbüßen zu müssen... Na ja, drei oder vier waren ja noch übriggeblieben.

Beide Schiffe wiesen fast die gleichen Zerstörungen auf, sah man davon ab, daß eben die *Topaz* noch ihr Steuer besaß. Die *Triton* ließ sich dafür mit dem Entlastungstauwerk steuern, und sobald Zeit zur Verfügung stand, würde man eine Ersatzruderpinne an Deck anbringen.

Ein dritter hatte sich am Steuer der *Topaz* eingefunden. Es war Yorke; das Fernrohr am Auge, blickte er zur *Triton*.

Ramage winkte ihm zu, Yorke erwiderte den Gruß und hielt den Daumen nach oben. Yorke begann nun wie ein Pantomimenspieler mit seinen Armen etwas zu erklären. Da Ramage nicht antwortete, wiederholte er sich. Schließlich zeigte ihm Ramage mit erhobenem Daumen, daß er verstanden habe. Yorke wandte sich wieder seinen Leuten zu, und auch Ramage drehte sich zu Southwick um, der ebenfalls beobachtet hatte.

„Haben Sie verstanden?"

„Die Entfernung ist zu groß, Sir, die Augen sind nicht mehr das, was sie einmal waren."

„Die Passagiere sind wohlauf, sein Steuer ist in Ordnung. Er hat nichts, was als Ersatztakellage zu gebrauchen wäre, weil er, wie wir, nicht wagte, die Wrackteile längsseits mitzuschleppen, bis der Hurrikan vorübergezogen ist."

Gegen zwei Uhr am Nachmittag wälzte sich das, was von den beiden Schiffen übrig geblieben war, im Abstand von neunhundert Yards durch die schwere See. Plötzlich riß die Wolkendecke über ihnen auf, und der Wind ließ nach.

„Schauen Sie sich das an", sagte Southwick voll Ärger und zeigte auf die Wolken. „Man könnte meinen, wir segelten im Randbereich eines Sturmes, der sich in einer halben Stunde totgelaufen haben wird."

„Die See spricht aber eine andere Sprache!" entgegnete Ramage.

Southwick nickte und blickte nervös zur *Topaz*. „Ich kann mich einfach nicht an den Zustand der fehlenden Masten gewöhnen. Fühle mich so verwundbar."

„Regen Sie sich nicht auf; ich kann mir nicht vorstellen, daß sich jemals jemand daran gewöhnen kann", versuchte

Ramage ihn aufzuheitern. „Nun ist doch alles so weit in Ordnung, warum ruhen Sie sich also nicht ein wenig aus?"

Der Kapitän warf einen prüfenden Blick über das ganze Schiff, wie wenn er sich versichern wollte, daß nichts versäumt worden war.

„Ruhen Sie sich aus, Mr. Southwick", bestimmte Ramage schließlich. „Falls Sie es wünschen, kann ich Ihnen den Befehl erteilen."

„Entschuldigung, Sir", sagte er fast kleinlaut. „Sie haben ganz recht. Aber Sie —"

„Ich werde Sie rufen, falls sich das Wetter verschlechtert. Ohne Schlaf nutzen Sie jedenfalls niemandem hier." Ramage ereiferte sich richtig. Wußte er doch, daß er den alten Kapitän nur so überzeugen konnte.

Southwick nickte, entschuldigte sich und verschwand.

Wenn sich nur endlich die verdammte See beruhigen würde! Die *Triton* war immer noch in heftiger Bewegung. Hatte er wirklich etwas vergessen? Ramage dachte scharf nach, konnte sich jedoch auf nichts besinnen. Vorher hatte er die Absicht gehabt, alle Schiffbrüchigen der *Topaz* auf die *Triton* zu bringen und das Schiff aufzugeben. Mittlerweile hatte er längst erkannt, daß der Plan in dieser See völlig absurd war, ganz abgesehen von der Tatsache, daß keines der beiden Schiffe noch ein Beiboot besaß.

Die Wahrscheinlichkeit war sehr gering, daß ein anderes Schiff der Königlichen Marine die Brigg sehen und ins Schlepp nehmen würde. Trotzdem zog er die Möglichkeit in Betracht. Doch sicher war jedes Schiff, das sich innerhalb des Umkreises bewegte, den man in einer Woche durchsegeln konnte, in einer mindestens genauso fatalen Lage wie die *Triton*. Erschwerend kam hinzu, daß man weitab von jedem regulären Konvoikurs trieb. Nicht einmal ein Freibeuterschiff würde dieses Weges kommen. Der Gedanke an einen Kaperer machte ihn hellwach. Wie stolz könnte ein Freibeuter mit der *Topaz* im Schlepp sein! Keinerlei Anstrengung, nur Geduld würde nötig sein, um sie zu entern. Einfach auf besseres Wetter warten und dann an Bord gehen. Und im Falle der *Triton* wäre das genauso einfach. Man müßte sich ihr nur so nähern, daß man den Feuerbereich ihrer Kanonen mied...

Um fünf Uhr tauchte Southwick wieder an Deck auf und stellte voller Freude fest, wie stark der Wind schon nachgelassen hatte. Auch die See hatte sich etwas beruhigt.

„Scheint schneller abzuziehen, als er gekommen ist!"

Ramage nickte. „Ich kann kaum glauben, daß das Auge im Zentrum saß."

„Kann es auch eigentlich nicht, Sir. Es hat sich aufgeklärt in — in welcher Zeit?" Er kratzte sich am Kopf und schaute etwas verwirrt drein.

„Verdammt, wenn ich das wüßte", gab Ramage zu. „Vor etwa zehn Stunden verloren wir die Masten, glaube ich. Der Hurrikan — alle Welt, ich weiß es nicht mehr. Welcher Tag ist heute?"

Southwick schüttelte hilflos den Kopf. „Wir werden uns hinsetzen und es herausfinden müssen, Sir — und die Eintragungen im Logbuch vornehmen..."

Bis Mitternach war der Wind in eine frische Brise übergegangen. Sterne funkelten zwischen den Wolken auf. Die See war nicht mehr so furchteinflößend, wenn auch immernoch beachtlich hoch. Ein Appell zeigte, daß vier Mann der Besatzung fehlten. Wahrscheinlich waren sie beim Mastbruch über Bord gespült worden. In Anbetracht der Wellenhöhe und der Geschwindigkeit, in der sich alles abspielte, wußte Ramage, daß er von Glück reden konnte, nicht größere Verluste zu haben. Die Affaire *Peacock* hatte sechs, der Hurrikan vier Opfer gefordert.

Auch Southwick war froh, daß nicht mehr Seeleute zu beklagen waren. „Denken Sie daran, daß einundfünfzig überlebten, Sir!" sagte er und zeigte, daß er seinen Opimismus nicht verloren hatte.

10

Drei Tage waren nun vergangen, seit das Auge des Hurrikans vorübergezogen war. Und dann sah Stafford wenige Minuten vor zwölf Uhr mittags als erster Land. Alle Wachposten hatten sich versammelt und freuten sich, als Ramage ihm einen Guinee zum Geschenk machte.

In seiner kessen Art drehte er die Goldmünze um und küßte sie als Glücksbringer. „Ist es erlaubt, eine Frage zu stellen, Sir?"

Ramage nickte, obwohl er wußte, daß die Frage vielleicht unverschämt ausfallen könnte.

„Haben Sie je daran geglaubt, daß Sie würden zahlen müssen, Sir?"

Als Ramage erstaunt dreinblickte, fügte Stafford erklärend hinzu: „Als wir mitten im Auge vom Hurrikan waren, haben Sie dem eine Guinee versprochen, der zuerst Land sehen würde. Die Aussicht war ja schlecht genug, daß wir gar nicht lang genug leben würden, um Land sehen zu können!"

Ramage war sich klar darüber, daß der Zeitpunkt noch nicht gekommen war, die Mannschaft wissen zu lassen, daß er sie damit nur etwas aufheitern wollte, als die Lage verzweifelt schlecht für sie stand. Statt dessen lächelte er Stafford verständnisvoll zu und sagte: „Ich vermutete sogar, wo Land sein würde!"

Das hatte Stafford nicht erwartet. „Oh je — welches Land, Sir?"

„Eine der Virgin Islands."

„Die Virgins, Sir? Was, *hier?*"

Stafford war recht überrascht, und offenbar auch die anderen Männer um sie.

„Ja, mehrere", sagte Ramage ernst. „Britische und dänische; keine französischen oder spanischen."

„Keine französischen oder spanischen! Habt ihr das gehört!" Stafford versetzte Rossi einen Schubs in die Rippen. „Auch keine italienischen!"

Ramage wandte sich an Jackson. „Geben Sie jetzt gleich der *Topaz* Zeichen, daß *im Nordwesten Land in Sicht* ist."

Die *Topaz* bestätigte sofort. Ramage sah, daß Southwick sich über den Kompaß gebeugt hatte.

Ramage wollte sich über die Größe der Insel orientieren. Er ging zum Kompaß hinüber. Dort beginnend und strahlenförmig auseinanderlaufend, war eine Reihe dünner Rillen in die Deckplanken gekerbt worden. Sie erinnerten an die Speichen eines Rades. Die dickste Rille entsprach genau der Mittschiffslinie. Dieser Kompaßersatz war Southwicks Idee gewesen. Man konnte sich mit seiner Hilfe grob orientieren, ohne jedes Mal den Kompaß benutzen zu müssen.

Ramage nahm die Schiefertafel von ihrem neuen Platz an der Vorderseite der letzten Kanone auf Steuerbord. Nach einem Blick auf die Uhr, begann er zu schreiben.

„12.03 nachm., eine der Virgin Islands gesichtet, NW x W1/2W, etwa 12 Meilen entfernt."

„Wir wollen das Logbuch auf den neuesten Stand bringen", sagte er zu Appleby.

Er notierte Kurs und Geschwindigkeit der *Triton:*

„1$^{1}/_{2}$ Knoten, Kurs Nord, Südwind, frisch."

Doch was bedeutete schon ein Logbucheintrag? Er konnte nicht die Brecher beschreiben, die jetzt nicht mehr ganz so ungeheuer hoch waren; er konnte nicht die Wolken beschreiben, die nicht mehr vor unvorstellbaren Orkanen und Regengüssen warnten, denen nur wenige Menschen mit

Glück entkommen konnten. Kein Logbucheintrag konnte festhalten, wie glücklich die Leute waren, weil sie lebten, wenn auch ihr Schiff fast hilflos war und nur durch den Druck des Windes auf den Rumpf vorwärtsgetrieben wurde.

Er schaute hinüber zur *Topaz,* die sich, einem auf lehmigem Feldweg entlangtrottenden Ochsen gleich, schwerfällig vorwärts bewegte. Selbst ohne Masten, Bugspriet und Klüverbaum sah sie noch schmuck aus. Sie paßte immer noch in die Reihe eleganter Schiffe.

Land auszumachen, war seltsam. Gewöhnlich wartete man Tage, wenn nicht sogar Wochen darauf. Aber sobald das schmale graue Band, und es *war* immer ein solches, ausgemacht war, war es von höchster Dringlichkeit, diesen Streifen zu identifizieren. So auch hier. War das dort drüben, was sich über dreißig Meilen quer zu ihrem Kurs erstreckte, Santa Cruz, konnten sie es sowohl rechts als auch links liegen lassen, um eine der Inseln dahinter anzusteuern. Handelte es sich dagegen um Virgin Gorda, mußten sie sich schnell westlich halten, um nicht auf die Klippen aufzulaufen, die in den Untiefen nahe des westlichen Ufers lauerten.

„Sie lächeln, Sir", sagte Southwick, der gerade an Deck gekommen war. „Santa Cruz?"

„Virgins", antwortete Ramage. „Ich dachte gerade daran, daß Columbus in einer wunderlichen Laune gewesen sein muß, als er zwischen den Inseln durchsegelte und ihnen diesen Namen gab."

„Wieso?"

„Virgin Gorda, drüben im Osten. Das muß die erste gewesen sein, die er sichtete. Der Name bedeutet ‚Die fette Jungfrau'!"

„Sicher war er lang auf See gewesen?" vermutete Southwick.

„Nein, nicht bis zu dem Zeitpunkt, aber sie erschien ihm so, als er vorbeifuhr."

„Puerto Rico", sagte Southwick, „das bedeutet doch ‚Reicher Hafen', nicht wahr?"

„Richtig."

„Warum gibt man aber einer ganzen Insel den Namen ‚Reicher Hafen'?"

„Das war nicht Columbus, wie man hört; dieser Fehler wurde in Madrid gemacht."

„Wie kam es dazu, Sir?"

„Da er die Insel am St.-John's-Tag sichtete, gab er ihr den Namen ‚San Juan'. Dann fand er an der Nordküste eine tief eingeschnittene Bucht, einen idealen Naturhafen. Und der Boden war dort offensichtlich sehr fruchtbar. Deshalb gab er dem Hafen den Namen ‚Puerto Rico'."

„Aha", rief Southwick aus und klatschte sich auf die Knie, „als er darüber berichtete, brachte irgendein Schreiber das durcheinander!" Als Ramage nickte, sprach er weiter. „Warum wurde das nie richtiggestellt?"

„Wahrscheinlich kam der Fehler direkt am Hof auf, denn Columbus erstattete dem König persönlich Bericht. Entweder hat der König den Fehler nicht bemerkt, oder er wollte nachträglich nicht mehr die Aufmerksamkeit darauf lenken."

„Ich kann mir auch niemanden vorstellen, der ihn darauf hingewiesen hätte."

„Nun, was auch immer geschah, so hat sich das nun halt schon seit dreihundert Jahren eingebürgert!"

Southwick zog seine Uhr heraus. Er schaute zuerst auf den grauen Streifen in Fahrtrichtung und dann auf das Kielwasser des Schiffes und schnaubte mißbilligend. Dreißig Minuten, und die Insel ist immer noch nicht voll am Horizont aufgetaucht.

„Wir nähern uns ihr nicht gerade im Galopp!"

In einer Stunde würde er wissen, ob er am östlichen oder westlichen Ende vorbeisegeln mußte, vorausgesetzt, seine Erwägungen wurden nicht durch starke Westströmung oder östliche Winde über den Haufen geworfen. In beiden Fällen würden die *Triton* und die *Topaz* die Insel im Osten liegen lassen. Der augenblicklich wehende Südwind nützte ihnen zwar, war aber ungewöhnlich und würde mit Sicherheit wieder auf Ost drehen. Dann stünden sie erneut voll unter dem Einfluß des Passats.

Eine Stunde später orientierte sich Southwick von neuem. Noch bevor er Santa Cruz auf der Karte eintrug, wußte Ramage, daß die Strömung ihnen keine andere Wahl lassen würde als die Insel im Westen zu umfahren.

Der im Verlauf der letzten Stunde zurückgelegte und auf der Karte eingetragene Kurs der *Triton* machte immer deutlicher, daß alle Anstrengungen nötig waren, um das Schiff wenigstens so weit östlich zu halten, daß sie St. Thomas, dreißig Meilen hinter Santa Cruz, würden anlaufen können. Ungefähr siebzig Meilen westlich von St. Thomas lag nämlich Puerto Rico, und Ramage hatte absolut nicht den Wunsch, nur ein paar Tage, geschweige denn Monate oder Jahre in einem spanischen Gefängnis zu verbringen ...

Southwick schritt mit saurer Miene auf dem Deck hin und her, und Ramage fragte sich, was ihn so verärgert haben könnte. Als Ramage die Niedergangstreppe hochkam, stand der alte Kapitän über den Kompaß gebeugt. Sein Auge verfolgte gerade eine der Rillen auf den Deckplanken, die sich über den Bug bis zum Ostende von Santa Cruz fortsetzte. Dann erst bemerkte er Ramage.

„Hätten wir nur nicht alle Rundhölzer verloren", sagte er wutentbrannt. „Nicht in der Lage zu sein, irgendein Stück Ersatztakelage zu setzen ...! Wer hätte auch gedacht, daß uns nichts bleiben würde?"

„Wir konnten wirklich nichts retten", sagte Ramage besänftigend. „Ich war äußerst froh, alles über Bord gehen zu sehen. Ich wollte nicht unbedingt erleben, wie sich der Großmast, einem Schwertfisch gleich, durch unseren Rumpf bohrt und uns zum Sinken bringt."

„Natürlich nicht, Sir, wenn wir aber doch nur einen winzigen Flecken Segeltuch setzen könnten, würden wir die Insel im Luv umschiffen. So wie die Dinge stehen, wird es verdammt schwer werden, sie überhaupt in Sicht zu behalten, wenn wir im Westen daran vorbeirauschen."

„Egal, was für eine Ersatztakelage Sie sich ausdenken, Mr. Southwick, vergessen Sie bitte nicht, daß Sie für die *Topaz* ein Duplikat anfertigen müssen..."

„Alle Wetter, ja! Wir dürfen sie nicht im Stich lassen!"

„Na also", sagte Ramage und zuckte mit den Schultern.

„Deswegen habe ich trotzdem den Wunsch, im Osten daran vorbeizufahren", sagte Southwick verbohrt. „Das ist doch ganz natürlich. Mein ganzes Leben lang hat man mir beigebracht, niemals einen Zentimeter leewärts nachzugeben."

„Mir auch", sagte Ramage sarkastisch. „Ich gehörte derselben Marine an. Aber wir wollen doch nicht versuchen, die französische Schwadron auf der *Topaz* auszumanövrieren."

„Richtig, Sir. Nebenbei bemerkt: wir öffneten heute ein weiteres Faß mit Schweinefleisch. Sechs Stücke fehlten."

Ramage nahm es zur Kenntnis und war froh, daß Southwicks Anfall von Niedergeschlagenheit vorüber war. Erwähnte der Kapitän solche weltlichen Dinge, war alles in Ordnung.

Alles war in Ordnung — und irgendein unehrlicher Lieferant der Admiralität hatte sich seinen üblichen gesetzeswidrigen Extraprofit beschafft, indem er das Faß mit Lake füllte und ein paar Stücke Salzfleisch weniger hineinlegte, als er außen auf dem Faß angab.

Manchmal fiel es schwer, sich die Marine als Streitmacht vorzustellen, überlegte Ramage. Sie schien eher eine riesige Organisation zu sein, in welcher Lieferanten große Gewinne machten, weil sie Ware verkauften, die zu leicht oder von schlechter Qualität war; es spielte keine Rolle, ob sie gesalzenes Schweine- oder Rindfleisch lieferten, oder Holz aus dem Baltikum, Rum von den Westindischen Inseln, Butter und Trockenerbsen, ob sie den Zahlmeistern Hemden oder Flachs für die Segel verkauften.

Hätten die Lieferanten ihre Waren auf dem Markt zu veräußern, müßten sie den Hungertod sterben, dachte er voller Verbitterung. So aber geht es ihnen blendend. Sie bezahlen ohne viel Aufhebens die Prozente, die verlangt werden, um sicherzugehen, daß die Verantwortlichen der Marine ein Auge zudrückten und Banketts besuchten, wo sie auf den Untergang der Franzosen ihr Glas leerten. Mittlerweile lauteten Woche für Woche die Logbucheintragungen aller Schiffe etwa folgendermaßen: „Faß Rindfleisch geöffnet; außen 151 Stück vermerkt, nur 147 enthalten."

Nun, da die Ersatzruderpinne am Kopf des Ruders angebracht worden war, ließ sich das Schiff viel leichter steuern. Sicherlich beschränkte diese lange Pinne, die über das ganze Achterdeck geführt werden mußte, die Bewegungsfreiheit des kommandierenden Offiziers, doch er war sich nicht so ganz sicher, ob sie für ein Schiff dieser Größenordnung nicht ohnehin einem Steuer vorzuziehen war.

Der Italiener Rossi unterhielt sich an der Ruderpinne mit dem Farbigen Maxton.

„Kein Segel im Wind zu beobachten", sagte Ramage.

„Das spielt keine Rolle, Sir", erwiderte Rossi.

„Warum?"

„Gewohnheit, Sir. Ich schaue die ganze Zeit hierhin oder dorthin —" dabei zeigte er in die Richtung, wo die Luvseite des Hauptsegels zu denken war — „genau, als ob die Masten noch stünden."

„Nicht von Bedeutung, Sir", sagte Maxton, als ob er sich für Rossis Gebrumme entschuldigen wollte. Ramage lächelte unmerklich. Das war ein beliebter westindischer Ausdruck. „Aber als die Masten verschwunden sind, packte mich ebenfalls die große Angst", gab Maxton zu.

„Sie werden sich daran gewöhnen", war Ramages trockene Antwort.

„Wollen wir..." Rossi unterbrach sich und erschrak, als ihm bewußt wurde, daß er so einfach eine Frage stellen wollte. Doch Ramage nickte ihm auffordernd zu. „Wollen wir auf der Insel landen, Sir?"

„Nein, wir fahren so dicht wie möglich daran vorbei. Sie hat keine Häfen oder Buchten, die wir ansteuern könnten. Unser Ziel ist eine andere Insel, etwas weiter nördlich; dreißig Meilen, vielleicht."

Bei Einbruch der Dunkelheit lag Santa Cruz einige Meilen östlich von ihnen. Mit dem Nachtglas konnte Ramage am Westende der Insel gerade das Land hinter Frederiksted ausmachen. Schon am späten Nachmittag war ihnen klar geworden, daß eine immer stärker werdende westliche Strömung sie erfaßt hatte. Wahrscheinlich war das die Strömung, die vom Atlantik durch die Anegada-Passage in die Karibik zog — in den Segelinstruktionen hatte man auf sie hingewiesen. Aus dem nach Norden treibenden Südwind und der nach Westen treibenden Strömung resultierte, daß sie sich krebsgleich diagonal nach Nordwesten schoben.

Am nächsten Morgen wurde Ramage um vier Uhr geweckt. Der Wind habe gedreht, berichtete der Steuermannsmaat. Als er sich in die Kleider warf, durchzuckte ihn der Gedanke, daß jede neue Windrichtung eigentlich nur schlechter sein konnte, als die vom Tag zuvor. Der beste Wind war für sie der gewesen, den sie hatten — der Südwind.

Als er das Deck betrat, erstreckte es sich weit und leer in der Dunkelheit. Eine kleine Gruppe Seeleute stand an der Ruderpinne am Heck, und die drei oder vier Mann der Wache vorn.

„Er dreht, Sir", empfing ihn Southwick düster. „Er ließ ein bißchen nach und drehte auf Süd bis Südost. Ich rechne damit, daß er weiterdreht." Ramage versuchte, sich die Karte vorzustellen. Augenblicklich sollte die Nordwestecke von Santa Cruz rechts hinter ihnen, St. Thomas genau vor ihnen und die kleine Insel Vieques mit dem mächtigen Puerto Rico direkt dahinter genau Backbord liegen.

Zwischen St. Thomas und Vieques war auf der Karte eine weitere kleine Insel namens „Snake Island" eingezeichnet. Sie bildete das eine Ende einer langen Kette von Korallenriffen, die sich westlich bis Puerto Rico ausdehnten. Und zwischen St. Thomas und Puerto Rico gab es weitere Riffe, Inseln und Felsen. Kein Problem bei Tageslicht und guter Besegelung. Nachts war eine sichere Durchfahrt eigentlich unmöglich, egal, ob man Masten hatte oder nicht ...

Drehte der Wind nur noch ein wenig auf Ost, würden sie ohnehin keine Chance haben. Sie hatten ja keine Möglichkeit zu steuern, waren daneben noch den vom Wind hervorgerufenen leichten Kursabweichungen ausgesetzt. Mußten sie durch diese Passage, waren sie geliefert. Die Seekarten ließen Genauigkeit vermissen. Wollten sie langen und oft unerwartet auftretenden Riffen ausweichen, mußten sie das Schiff wenden und sich gegen den Wind vorwärts kämpfen können. Und ein solches Manöver war weder von der *Topaz* noch von der *Triton* durchzuführen.

„Wir wollen versuchen, das beste daraus zu machen", sagte Ramage zu Southwick. „Sie müssen sich nach wie vor so weit wie möglich östlich halten."

Er hielt über das Heck nach der *Topaz* Ausschau. Das war ein echter Vorteil der Tropen: regnete es nicht gerade, war die Nacht nie stockdunkel. Fast immer war es hell genug, um Land oder ein anderes Schiff in beträchtlicher Entfernung zu ahnen. Die *Topaz* bewegte sich genau wie das eigene Schiff. So sei es denn, dachte er. Er konnte an der Situation nichts ändern, ob sich der Wind drehte oder nicht; ob er sich völlig legte oder nicht. Und deshalb wollte er erst mal ein bißchen schlafen. Man hatte ihn vor ein paar Tagen deutlich daran erinnert, welche Gefahren mangelnder Schlaf mit sich bringen konnte.

Kurz vor Anbruch der Dämmerung wurde er geweckt, als die Schiffsbesatzung sich auf dem Achterdeck sammelte. Die Matrosen fanden den Anblick der Kanonen einigermaßen tröstlich. Gott sei Dank hatte Ramage nicht den Befehl gegeben, sie während der schwersten Stunden im Hurrikan über Bord gehen zu lassen. Die *Triton* mochte zwar keinen Mast mehr haben; Freibeuter würden beim Anblick der Geschütze trotzdem nicht so unverschämt sein, sich ihr längsseits zu nähern.

Zunehmende Helligkeit gestattete einen weiten Blick über den ganzen Horizont, und Ramage fühlte sich sehr erleichtert, als er feststellte, daß St. Thomas noch vor ihnen lag, sie sich also erfreulich weit östlich hatten halten können. Andererseits war er in Sorge wegen des sie umgebenden Gewirrs von Inseln, unsichtbaren Korallenriffen und Felsklippen.

„Unmöglich, sie zu identifizieren", sagte er resignierend zu Southwick. „Wir müssen die Karte ausbreiten und sie dann eintragen!"

Solange Jackson sie unten holte, blickte er einmal mehr mit dem Fernglas nach St. Thomas hinüber.

„Sieht aus wie Tuscany", sagte Ramage zu seinem alten Kapitän.

„Langweilig", war dessen kurzer Kommentar. „Nicht der winzigste Hinweis auf Grenada."

Grenada und Martinique waren seine bevorzugten karibischen Inseln. St. Lucia und Antigua haßte er dagegen; die eine, weil sie feucht war und sich durch eine niederdrückende, düstere Atmosphäre auszeichnete, die andere, weil sie trocken und moskitoverseucht war. Ramage stimmte dieser abwertenden Klassifizierung zu, wenn er jedes Für und Wider in Erwägung zog. Jackson kam mit der Karte und rollte sie auf einen Wink auf und fixierte sie, damit sie sich nicht wieder zusammenrollen konnte.

„Stimmt", sagte Ramage, „St. Thomas liegt genau vor uns", sein Finger markierte die Stelle auf der Karte. „Hmm, Puerto Rico ist schon ein beachtlicher Brocken!"

Genau auf Backbord konnten sie einen mächtigen, kegelförmigen Berg sehen, der sich am Ostende der Insel aus einer Gebirgskette heraus erhob.

Ramage nahm die Karte zu Hilfe. „Ah ja, das ist der *El Yunque*, genannt ‚der Amboß'. Der sieht ordentlich hoch aus!"

Southwick deutete auf eine Insel, die genau davor lag. „Ist das Vieques?"

„Ja, auf der Karte ist sie mit ziemlich großer Längserstreckung eingezeichnet. Unser Blickwinkel verzerrt ihr wahres Ausmaß", antwortete Ramage.

Er drehte sich langsam nach rechts herum. „Das wird Snake Island sein. Schauen Sie sich nur all' die kleinen Inselchen und Riffs an, die es umgeben. Man kann die Insel jetzt gut erkennen; sie liegt nördlich von Vieques. Die Karte zeigt, daß all' diese Riffs in ununterbrochener Kette bis Puerto Rico ziehen."

Southwick maß mit zwei Fingern die Entfernung. „Eine Kette von fünfzehn Meilen. Die Kordilleren-Riffs. Und schauen Sie die Felsen am Ende an. Was heißt das denn, ‚Las Cucarachas'?"

„Die Küchenschaben."

„Selten blöder Name." Sein Blick streifte weiter über den Horizont. „Ah, das ist *Sail Rock!*" Er deutete auf eine merkwürdig geformte Insel, die sich aus der See erhob und im Sonnenlicht an ein Segelschiff erinnerte.

Ramage nahm die Tafel und sagte in barschem Tonfall: „Wir müssen ein paar Kursnotierungen vornehmen."

„Tut mir leid, Sir", sagte Southwick entschuldigend. „Ich war mit meinen Gedanken woanders!"

Ramage war überzeugt, daß sie St. Thomas selbst dann nicht erreichen konnten, wenn der Wind nicht mehr weiterdrehte. Die Weststromung, die sie unvermeidlich auf die Riffs um Snake Island trieb, war einfach zu stark. Doch vielleicht würde der Abstand zur Insel nur ein paar Meilen betragen; dann bestand die Chance, Savanna Island, Kalkfin Cay, Dutchcap Cay, Cockroach Cay oder Cricket Cay anlaufen zu können.

Die Sonne schob sich gerade über den Horizont, als ein Steward kam und zum Frühstück bat. Jackson rollte die Karte zusammen, und Ramage nahm sie mit nach unten.

Er hatte den Eindruck, schon wochenlang auf dem Meer zu sein. Dabei waren sie erst vor ein paar Tagen in Barbados abgesegelt, und er konnte noch immer frische Eier zum Frühstück essen. Die Milch dagegen war nur etwa zwölf Stunden frisch geblieben. Die Bewegung des Schiffes ließ sie viel schneller gerinnen, als das an Land der Fall war. Der Steward hatte sich immer noch nicht die Gewohnheit seines Kapitäns zueigen gemacht, zum Frühstück frisches Obst zu essen. Er mißbilligte es, tischte es aber doch auf, solange der Vorrat reichte. Die Karibik hatte außerdem den Vorteil, daß Kaffee wirklich Kaffee war und nicht ein aus gerösteten und aufgebrühten Brotkrumen fabriziertes dunkelfarbiges Wasser.

Als Ramage die Schale des ersten Eis aufbrach, hatte er das Gefühl, vorwärtsgetrieben zu werden wie ein Zweig, der in einen Gebirgsbach gefallen war. Er war der Natur ausgeliefert. Er versuchte die Möglichkeiten abzustecken, die ihm augenblicklich offen blieben. Doch sein Gehirn war leer. Fest stand nur, daß die *Triton* und die *Topaz* zwei mastlose Schiffe waren, und ohne Masten konnten sie sich nur bewegen, wie der Wind es ihnen vorschrieb. Es hatte keinen Sinn, an Ladung zu denken, solange man nicht absehen konnte, wie Wind und Strömung sich verhalten würden. Jegliche Planung war sinnlos.

Um neun Uhr empfanden alle die wärmende Sonne als recht angenehm. Ramage beobachtete, wie die Matrosen die Logge einholten und die Minutenuhr verstauten. Er notierte die Geschwindigkeit der *Triton* und drehte sich dann kopfschüttelnd zu Southwick um.

„Es wird nicht klappen, Sir."

„Sie sind ein Spätbekehrter! Ich habe bereits meine Zimmer abgesagt, die ich im besten Hotel am Platze gebucht hatte."

„Ich hoffte halt die ganze Zeit, ein Wasserwirbel würde uns doch noch hinüberbefördern. Wir sind nur etwa zehn Meilen von St. Thomas entfernt."

Die ganze Zeit steuerten die beiden Schiffe auf die Insel zu, doch sie konnten nicht verhindern, daß diese immer weiter nach Osten entschwand, wohingegen die auf der Backbordseite bis hin nach Puerto Rico immer größer wurden.

Es hatte keinen Zweck, vor der Mannschaft verheimlichen zu wollen, daß man nur vage vermuten konnte, wo die *Triton* schließlich an Land geworfen würde. Southwick hatte auf der als Tisch dienenden Ankerwinde seine Karte ausgebreitet und beugte sich darüber.

„Würden Sie bitte einen Moment zu mir herüberkommen, Sir?"

Ramage ging zu ihm. Southwicks Finger beschrieb ohne ein erklärendes Wort eine sanfte Kurve, die bei ihrer augenblicklichen Position begann, zwischen den Inseln St. Thomas und Snake Island hindurchzog und im offenen Ozean endete. Ramage zog seinerseits eine Linie nach; sie beschrieb eine schärfere Kurve und endete an den Riffs vor Snake Island.

„Nichts zu machen", sagte er kurz und wußte, daß keiner, der ihn vielleicht gehört haben mochte, klüger war durch diese Worte.

„Aber..." Southwick schien hilflos.

Ramage wies auf die drei oder vier Auslotungen hin; die Tiefe schwankte zwischen zwanzig und dreißig Klafter.

„Bei einer Wassertiefe von einhundertundfünfzig Fuß läßt es sich nicht mehr gut fischen", sagte er mysteriös.

„Niederschmetternd, Sir, ich hätte so gerne frischen Fisch gehabt." Er rollte die Karte wieder zusammen und schien nun endgültig vor dem Gedanken zu resignieren, irgendwo Anker werfen zu können.

11

„Nicht schwer zu erraten, warum die Insel diesen Namen bekommen hat!" bemerkte Southwick trocken und zeigte auf Snake Island. Wie sie so dalag, sah sie wirklich wie eine zusammengerollte Schlange aus. Der kleine, runde Berg, der sich aus der Mitte heraus zu erheben schien, bildete den Kopf. Trotzdem entsprach diese Namensinterpretation nicht ganz den Tatsachen. Den wirklichen Grund für die Namensgebung verriet die Karte: die Insel glich dem Kopf einer Schlange, die mit weit geöffnetem Maul in Form einer riesigen, fast abgeschlossenen Bucht nach Osten schaute. Die auf der Ostseite der Bucht liegende Siedlung San Ildefonso war vom Meer her nicht einmal einzusehen.

Nach wie vor wurde die Richtung, in der die *Topaz* und *Triton* trieben, von Wind und Strömung bestimmt. Hatte der Wind auf Nordost gedreht, trieb sie die Strömung nach Nordwest; die daraus resultierende Fahrtrichtung war nach Westen.

„Sicher können wir bald die einzelnen Inseln auf Backbord namentlich ansprechen", sagte Southwick. „Ja, in der

Tat, die Landzunge dort drüben am Nordrand könnte Isla Culebrita sein."

„Wahrscheinlich", sagte Ramage gequält. „Tatsache ist, daß uns das gar nicht so arg berührt! Wir sollten eigentlich nur wissen, wo wir uns befinden, wenn unser Kiel aufsitzt."

„Was bedeutet ‚Culebra', Sir? Der Name ist auf der Karte auch angeführt."

„Das spanische Wort für ‚Schlange'. Halt, ‚besonders große Giftschlange' wäre eigentlich genauer."

Er blickte auf die auf der Karte eingezeichneten Klippen, die ungefähr eine Meile vor der Insel diagonal nach Nordosten zogen. „*Arrecife Culebrita* ... dort werden wir wohl die Reise beenden, Mr. Southwick. Sie können Wetten abschließen, wie wir von hier nach dort — sein Finger deutete auf das Südende der Insel — kommen werden. Ein drei Meilen langes, herrliches Riff. Schade, daß es völlig unter Wasser ist; wir hätten sonst täglich die Front der angetretenen Marinesoldaten und sonntags der ganzen Schiffsgesellschaft abschreiten können!"

„Ich traue dieser Karte nicht", sagte Southwick. „Sie ist eine ungenaue Mischung aus ein bißchen spanisch und ein bißchen italienisch, die man dem Englischen aufgepfropft hat. Eine ganze Reihe isolierter Felsklötze wurde zum Beispiel nicht eingezeichnet — und die werden unschuldigen Schiffen zum Verhängnis."

„Gut, informieren Sie die Leute; um so schneller erledigen sie ihre Aufgaben!"

Ramage zeigte nach vorn, wo die Besatzung schwer mit Tauen, Holzleisten, Hämmern und Nägeln arbeitete und aus einem Dutzend hölzernen Tonnen, deren Frischwasser man vorher ausgekippt und sie dann an Ort und Stelle gebracht hatte, ein Floß baute.

Etwas abseits davon arbeiteten weitere Leute an einem viel kleineren Floß für die Salzfleisch- und Frischwasservorräte. Und ein drittes, noch kleineres, wurde aus Tonnen gemacht, in welchen vorher Musketen, Schießpulver, Kristallglas, Tomahawks und diverse Handwerkzeuge verstaut gewesen waren.

„Wenigstens bekommen wir Erfahrung im Floßbau", sagte Ramage trocken.

„Und die Knaben jetzt zu beschäftigen, schadet auch nichts", ergänzte Southwick.

„Nun, leisten sie gute Arbeit, brauchen sie nur auf ihren Floßen sitzen zu bleiben und zu warten, bis die *Triton* unter ihnen wegtaucht. Dann können sie weitertreiben und dazu musizieren."

„Meinen Sie, sie säuft so schnell ab, Sir?"

„Nein, nicht bei diesem Wetter, doch die Möglichkeit besteht immer. Das hängt davon ab, ob wir auf einen Einzelfelsen auflaufen und in fünf Minuten sinken oder sanft auf ein hübsches Korallenriff rutschen; dort können wir ein Jahr oder länger bleiben, und die spanischen Fischer sollten sich jetzt schon Gedanken darüber machen, was passieren wird, wenn sie freitags Fleisch essen müssen."

„Hoffen wir auf ein sanftes Aufrutschen. Ich würde es vorziehen, unsere neuen Ländereien dort drüben in Besitz zu nehmen, wenn es uns paßt." Er zeigte auf Snake Island.

„Meinen Sie nicht, wir sollten warten, bis die Dons uns ihre Einladung zukommen lassen?"

„Nein, Sir!" sagte Southwick mit Bestimmtheit. „Wir wollen sie nicht der Schwierigkeit aussetzen und sie mehrere Meilen gegen den Wind rudern lassen; von San Ildefonso bis zur Mitte des Riffs sind es bestimmt vier oder fünf Meilen."

„Dann werden wir sie mit wehenden Bannern und Geschenken in den Händen begrüßen, Mr. Southwick", sagte Ramage in dem tüchtigen Politikern eigenen hochgestochenen Ton. „Bei Jupiter, wir dürfen auf keinen Fall riskieren, Seine Höchste Katholische Majestät aufzuregen!"

„Wäre ohne Zweifel eine glanzvolle Angelegenheit, Sir.

Kommt man aber mit einem Floß statt einer prunkvollen Karosse, büßt man etwas von dem Glanz ein."

„Mr. Southwick, wenn ich etwas weltlichere Dinge erwähnen darf als unser erwartetes soziales Engagement — würden Sie bitte Sorge tragen, daß ein Mann dort postiert wird, wo er das Lot bedienen kann?"

„Zu Befehl, Sir; immer Ihnen zu Diensten", sagte er und glaubte, in einer blumigen Sprache gesprochen zu haben, die allerdings besser zu einem spanischen Höfling mit Straußenfedernhut auf dem Kopf passen würde als zu ihm.

Das Meer war noch so tief, daß das Tiefseelot benötigt wurde. Um mit diesem Lot exakt arbeiten zu können, mußte das Schiff beidrehen.

„Ein Mann mit dem gewöhnlichen Lot hält sich bereit; er kann von Zeit zu Zeit Messungen vornehmen." Mit diesen Worten ging Ramage nach vorn, um die Floße zu inspizieren. Der Bootsmann trug die Verantwortung für den Bau des großen und hatte es schon *Gosport Ferry* getauft. Mit dem Namensvetter hatten die meisten Matrosen Bekanntschaft gemacht, die jemals in Portsmouth waren. Jackson zeichnete für das kleinste Floß verantwortlich.

„Brecher von vorn!"

Der Ausruf kam von einem Beobachtungsposten am Bug, und in kürzester Zeit stand Ramage neben ihm. Der Mann deutete auf einen Streifen hellgrünen Wassers vor und etwas rechts von ihnen. Dahinter brachen sich einige Wellen an einer Klippe, die als großer, dunkelbrauner Fleck ein oder zwei Fuß unter der Wasseroberfläche erkennbar war.

Snake Island lag immer noch zwei oder drei Meilen vor ihnen.

„Steuern Sie so weit wie möglich nach Backbord", rief Ramage dem Kapitän zu, der neben dem Mann an der Ruderpinne stand. „Egal, was geschieht, die Floße sind einsatzfähig."

Die letzten Worte hatte er wohlüberlegt angehängt, um

die Besatzung zu beruhigen. Nun wartete er geduldig, was Southwick ausrichten konnte.

Langsam drehte sich der Bug um ein paar Grad. Ramage vermochte abzuschätzen, daß sie das Hindernis gerade noch würden umfahren können, falls nicht plötzlich irgendwelche unvorhersehbare Wirbel in der Strömung alle Hoffnung zunichte machten.

Verdammt nochmal! Sein Gedächtnis ließ nach!

„Mr. Southwick! Setzen Sie für die *Topaz* das Signal *Brecher voraus!*"

Als die Seeleute die entsprechende Flagge hißten, erkannte Ramage, daß die *Topaz* bereits von sich aus ihren Kurs dem der *Triton* angepaßt hatte. Yorke und seine Offiziere hatten nicht viel Zeit verloren. Sie kamen mit Sicherheit am Hindernis vorbei, da sie das Wendemanöver um eine Kabellänge früher eingeleitet hatten. Für die *Triton* dagegen wurde die Sache äußerst knapp. Er stand am Vordersteven. Der Beobachtungsposten neben ihm schien nicht den Funken von Angst zu haben und murmelte, wie wenn er so das Schiff am Hindernis vorbeileiten wollte, „es wird knapp, es wird knapp!"

An diesem Riff zu stranden, würde bedeuten, daß die *Triton* zu Bruchstücken zusammengeschlagen würde, da der rund um die Uhr wehende steife Wind die See aufpeitschte. Und die Floße wären ohne jeden Nutzen, denn spätestens an der zweiten Rifflinie, die hinter der ersten lag, würden auch sie zerschlagen werden. Ob Southwick nicht beobachtet hatte, daß es sich um zwei Reihen von Klippen handelte? Er hatte jedenfalls nicht darauf hingewiesen, als sie den Plan des Floßbaues zum ersten Mal ins Auge gefaßt hatten.

Dann erkannte Ramage, daß auch sie es schaffen würden. Knapp zwar, doch das war letzten Endes egal. Hauptsache, man war der Gefahr entronnen. Die kleinen, schwarzen Gestalten auf dem Riff entpuppten sich als Pelikane. Einer erhob sich in die Luft. Er schien unglaubliche Schwierigkeiten zu haben, bis er ein paar Fuß Höhe gewonnen hatte. Dann klappte er plötzlich seine Flügel zusammen und tauchte im Sturzflug ins Wasser.

„Wie ein Geschoß, Sir!" rief der Wachposten aus.

„Ja, und sie schlagen so hart auf, daß man Angst hat, sie brechen sich das Genick!"

Er drehte sich zu Southwick um und stellte fest, daß augenblicklich niemand an Deck arbeitete. Alle starrten fasziniert auf das Riff. Sie wurden immer noch gewaltig durchgeschüttelt. Doch das Geklirre der Gläser, das Aneinanderstoßen der Tomahawks und das Geschabe der Geschütze auf den Deckplanken war Musik in den Ohren der Matrosen. Das wahnsinnige Geheule eines Hurrikans jedoch, das durchdringende Zischen und Rauschen der sich aufbäumenden See, das verdächtig sanfte Wippen der Wellen über verborgenen Klippen — das alles versetzte sie in Aufruhr. Was kein Feind fertig brachte, gelang der Natur: sie versetzte die Besatzung in Schrecken. Ramage ging langsam nach hinten, stoppte am großen Floß und schaute den Bootsmann an.

„Würde sich lohnen, dort oben ein Segel oder ein altes Sonnensegel festzuzurren; die Sonne wird uns rösten, wenn wir lange auf der *Gosport Ferry* bleiben müssen."

„Zu Befehl, Sir. Ich werde mir auch für die beiden anderen Floße etwas einfallen lassen."

Er ging auf das kleinste, schon fast fertiggestellte Floß zu.

„Es kann, wenn immer Sie es wünschen, zu Wasser gelassen werden, Sir", sagte Jackson.

„Sie hörten, daß ich mit dem Bootsmann über ein Sonnensegel sprach?"

Jackson deutete auf ein Bündel Segeltuch, das auf dem Deck lag und mit einer Leine gesichert war.

Alle an Bord gingen wieder ihrer Arbeit nach, wenngleich Ramage auch sicher war, daß sie das Kliff noch nicht hinter sich gebracht hatten. Er ging gemütlich nach hinten, um Southwick Gesellschaft zu leisten, und stellte dabei fest, daß das Riff etwa vierzig Yards Steuerbord voraus lag.

Southwick wischte sich mit einem großen grünen Taschentuch über das Gesicht und sagte ruhig: „Ich werde allmählich zu alt für so einen Blödsinn, Sir. In diesen Gewässern sich ohne Mast zu bewegen, ist vergleichbar mit dem Ritt über eine Hindernisrennbahn auf ungesatteltem Pferd."

„Wir kommen gut daran vorbei."

„Ja; ich hätte aber gewettet, daß es uns nicht reicht!"

Ungefähr zwei Meilen voraus entdeckte Ramage einen Wasserwirbel. Er setzte das Fernrohr ans Auge und stellte fest, daß es ein einzelner Wirbel war, der sich über eine gute Meile verfolgen ließ. Winzige Schaumkrönchen traten auf, und unter ihnen sah man ein langes, dunkelbraunes Band.

Ein sanft abfallendes Korallenriff? Eine unversehens auftauchende Felsbank? Konnte die *Triton* sanft hochgleiten wie ein Ruderboot, das am Sandstrand anlegt, oder würde sie dagegenknallen wie ein Blinder, der gegen eine Wand läuft? Das Riff war lang und lag quer zu ihrem Kurs. Man konnte es nicht umfahren. Hier also würde die *Triton* ihr Grab finden, und es blieb nichts weiter zu tun, als sich darauf vorzubereiten.

Er rief Jackson zu sich. Geben Sie der *Topaz* drei Signale in folgender Reihenfolge: Gefahr im Anzug vor uns! Gefahr im Südwesten! Gefahr im Nordwesten!"

Southwicks einziger Kommentar war: „Das sagt ihnen alles!"

Die Unzulänglichkeiten des Signalbuches forderten immer wieder die Findigkeit der Kapitäne heraus, indem sie versuchten, sich verständlich zu machen. Hoffentlich würde Yorke verstehen, daß das nun also das Riff war, auf das sie auflaufen würden ...

„Mr. Southwick — bitte inspizieren Sie die Floße. Und versichern Sie sich, daß die Nichtschwimmer unter den Leuten ein Stück Holz haben, an dem sie sich festhalten können. Lassen Sie den Faßbinder ein paar Fässer mit Dauben versehen. Die zusammengezurrten Dauben haben gerade die richtige Größe."

Stafford half Jackson, die Signale zu setzen und sie, um sie durch neue zu ersetzen, wieder einzuholen, sobald die *Topaz* zu verstehen gab, daß die Nachricht verstanden worden war.

Wie konnte man den Aufprall abschwächen? Sich darüber Gedanken zu machen, war lebensnotwendig — egal, ob es sich um ein sanft abgeflachtes Korallenriff oder einen steilen Felsklotz handelte. Sie war allerdings wichtiger, wenn es tatsächlich ein Felsklotz war. Sollte man kurz vor dem Aufprall Anker werfen? Konnte Erfolg haben; das Schiff würde wie der Hund an der Leine herumdrehen. Die Schwierigkeiten bestanden darin, die richtige Zeit dafür zu erwischen. Außerdem mußte das Wasser seicht genug sein, damit der Anker greifen konnte.

Er wies Southwick an, den Steuerbordanker bereit zu machen. Nun gab es wirklich nichts mehr an Deck zu tun als abzuwarten. Er ging mit dem Signalbuch in seine Kajüte und verstaute es dort, zusammen mit anderen Dokumenten wie Tagebuch, Instruktionen, Stammrollenbuch und Briefordnern, in einer durch Blei beschwerten Kassette. Solche Kassetten wurden gebraucht, um im Falle einer Kaperung Geheimapiere über Bord werfen zu können.

Pistolen. Die zwei Duellpistolen. Er lud sie schnell und legte sie wieder zurück in das Holzkistchen. Dieses stopfte er in einen Segeltuchsack. Darüber häufte er Kleidung, ein Paar schwere Lederschuhe. Seinen Quadranten steckte er im Gehäuse in einen anderen Sack; dann nahm er das Jahrbuch und verschiedene andere Bände mit Tabellen aus dem kleinen Bücherregal über dem Schreibtisch und brachte auch sie in dem Kleidersack unter. Ohne sie konnte er keine Positionen ausrechnen. Zuletzt steckte er noch Bleistifte, einen Packen Papier, den Chronometer und eine Miniatur von Gianna dazu.

Fest verschnürte er die Öffnungen der Säcke und ließ sie auf dem Schreibtisch zurück. Danach verließ er die Kajüte, wechselte noch ein freundliches Wort mit dem Wachposten vor seiner Tür und ging zurück nach oben.

Seltsamer Gedanke, daß diese Kajüte und vielleicht das Schiff in einer halben Stunde nicht mehr existieren würden. Es schien ihm schon sehr lange her zu sein, seit er das Kommando der Brigg übertragen bekommen hatte. Seither hatte er sie fünftausend Meilen gesegelt. Nun absolvierte sie die letzten paar Meilen ihres Lebens... Obwohl Ramage die genauen Zahlen nicht im Kopf hatte, ging er noch einmal ihre Baugeschichte durch. Ungefähr dreihundertundfünfzig Ladungen mit Holz waren in der Werft des alten Henry Adams in Beaulieu in der Grafschaft Hampshire verarbeitet worden. Etwa einhundertunddreißig Tonnen Holz entfielen auf den Bau des Rumpfes. Dazu kamen etwa acht Tonnen Eisen, die aus der kleinen Eisenhütte in Sowley Pond stammten. Fast viertausend Kupferbolzen gaben den nötigen Halt. Der Boden, der in Kürze aufgerissen werden würde, war mit fast achthundert Kupferplatten abgedeckt; diese wogen mehr als drei Tonnen. Eine halbe Tonne Nägel, neuntausend Dübel, drei Tonnen Blei... Das alles wurde nur für ihren Rumpf benötigt, und das war noch nicht alles: zwei Tonnen Werg für die Fugen an Rumpf und Deck; je sieben Fässer Pech und Teer brachten weitere eineinhalb Tonnen Gewicht mit sich, und dazu gesellten sich schließlich noch fünfzehnhundert Pfund Farbe, die in dem dreifachen Anstrich steckten. Als der einhundertsechzig Tonnen schwere Rumpf zu Wasser gelassen worden war, schleppte man ihn nach Portsmouth, wo die zwei Masten, die Marsstangen und die Rahen montiert worden waren. Weiteres Gewicht brachten die gesamte Takellage mit den Flaschenzügen. Als schließlich Segel, Anker, Kabel mit mehr als elf Tonnen, sowie Wasser und Nahrungsmittel, Karronaden, Schießpulver und Geschosse, die Ausrüstungen der Kanoniere, Bootsmänner und Zimmerleute, die Beiboote und der Ballast untergebracht waren, wog das Schiff stolze dreihundert Tonnen. Achteinhalb davon entfielen auf die Besatzung mit ihren Seekisten.

Dies alles gehörte zu einer Brigg namens *Triton*. Für jeden, der nicht auf ihr gedient hatte, war sie nur ein Name auf der Liste der Marine, eines der kleinsten Kriegsschiffe, von einem Leutnant kommandiert ...

Für diejenigen aber, die auf ihr gedient hatten — oder wenigstens für den größten Teil von ihnen — war sie ein Zuhause. Und wie ein Zuhause an Land, strahlte auch sie eine eigene Note aus. Sie hatte etwas an sich, das sie von allen anderen unterschied, mochten die Schiffe sich noch so sehr gleichen. An sie würde sich ihre Besatzung noch in zwanzig Jahren erinnern. Man konnte sie sich dann durch anstrengendes Nachdenken, durch einen bestimmten Geruch, ein Geräusch oder seltsame Umstände ganz genau vorstellen.

Sie war oft auf See gewesen, wenn auch nur zweimal unter Ramages Kommando. Sie war achtzehn Jahre alt und hatte, sah man von einer Ausnahme ab, immer das Glück gehabt, von guten Kapitänen befehligt zu werden. Nun aber war ihre Zeit abgelaufen.

Fast jeder an Deck hatte seine paar persönlichen Wertgegenstände und seine bemitleidenswert knappe Ausrüstung und Kleidung in eine Seekiste gesteckt. Ramage rief zu Southwick hinüber:

„Lassen Sie die Leute wählen. Wenn sie wollen, können sie ihre Kisten und Säcke auf Deck bringen. Wenn das

Schiff auseinanderbirst, werden sie sie ohnehin verlieren. Helfen wir alle zusammen, sind die Sachen schnell nach oben gebracht. An Deck werden sie wahrscheinlich unter Wasser gesetzt."

„Entschuldigen Sie, Sir, aber am besten lassen wir sie nicht wählen. Wir haben eine Menge persönliches Gepäck an Bord; wenn wir auflaufen..."

„Sie haben ganz recht; das könnte gefährlich sein. In Ordnung, erledigen Sie das entsprechend."

Was gibt einem Schiff seine persönliche Ausstrahlung? Was verleiht einer trägen Masse aus Holz, Segeltuch, Tauwerk die Fähigkeit, sich fast zu einem Lebewesen zu entwickeln, welches unter solchen Männern Loyalität und tiefe Zuneigung entfachte?

Er zuckte mit den Schultern und gab den Gedanken daran auf, nachdem er wahrgenommen hatte, daß Southwick ihn ohne jedes Verständnis angestarrt hatte. Nachdem ihm niemals vorher ein ähnlicher Gedanke in den Sinn gekommen war, brauchte er auch jetzt keine Antwort auf die Frage zu finden.

„Ein Anker ist bereit, Mr. Southwick?"

„Zu Befehl, Sir."

„Wenigstens brauchen wir uns keine Sorge darüber zu machen, daß bei dem Manöver die Masten über Bord gehen könnten."

Der Kapitän kicherte. „Wir müssen dafür sehr dankbar sein, Sir."

Snake Island kam nun rasch näher. Ramage wollte sich die geographische Situation noch einmal ins Gedächtnis zurückrufen und blickte auf die Karte des Kapitäns. Dann durch das Fernrohr.

Am Südende, welches von der *Triton* am weitesten entfernt war, lief die Insel aus im Punta del Soldado, der Soldatenspitze, einer Reihe niedriger Hügel, die sanft in einer Halbinsel ausliefen. Ihnen am nächsten war die Ostseite mit drei hohen Hügeln und der nicht sichtbaren Siedlung San Ildefonso dahinter. Im Norden erhob sich hinter dem niedrigen Cerro Balcón der mehr als sechshundert Fuß hohe Monte Reseca.

Durch das Fernrohr hindurch sah er vergrößert seine unmittelbare Zukunft vor sich und er fragte sich, wieviele spanische Fernrohre von dort wohl auf die beiden Schiffsrumpfe gerichtet sein mochten, die da auf die Insel zutrieben. Er wollte gerne wissen, welche Befehle der Kommandant der Garnison seinen Truppen gab, um die beiden Mannschaften gefangennehmen zu können ... Doch was war das? Der Wind erstarb völlig.

Mehr als zwei Stunden vergingen, bevor die *Triton* auf das erste Riff stieß. Die Sonne ging gerade unter, als der Kiel die erste Stachelkoralle berührte, die, baumgleich, nach oben wuchs. Die Spitzen der Koralle brachen ab, und das Schiff fuhr weiter, drehte sich breitseits zu Wind und Wellen und zermalmte weitere Korallen. Splitterndes und ächzendes Holz zeigte die Gefahr an, daß das Ruder abgerissen werden könnte.

Dann kam das Schiff zum Halt, der Bug nach Norden gerichtet. Auf den ersten Schreck der Berührung hin war Southwick nach unten verschwunden, und Ramage erwartete ihn nun dringend an Deck. Er verständigte Jackson.

„Loten Sie den Grund rings um das Schiff ab. Passen Sie aber auf, daß sich das Lot nicht in den Korallen verfängt. Am Heck, an beiden Achterdecks, mittschiffs und an beiden Seiten des Bugs."

Das war Routine, völlig belanglos. Es bestand ja überhaupt keine Aussicht mehr, das Schiff jemals wieder flott zu bekommen. Er wollte sich nur absichern, falls ihm bei einem späteren Prozeß der Verlust seines Schiffes vorgeworfen werden würde. Dabei wurde ihm bewußt, daß er schon stundenlang nicht mehr an Jamaika und nicht mehr an Konteradmiral Goddard oder Sir Pilcher Skinner gedacht hatte.

Southwick kam zurück und berichtete, daß die *Triton* unbeschädigt geblieben war. Jackson gab laufend die Tiefen durch.

Sowohl Ramage als auch Southwick suchten mit dem Fernrohr die östliche Seite der Insel ab, doch sie konnten weder berittene Truppen noch Boote beobachten, die auf dem Weg zu ihnen waren. Offensichtlich hatte man sie noch nicht entdeckt.

„Schaut alles ganz ruhig und sicher aus", sagte Southwick. „Keine Partouillen oder Posten, und vom Dorf aus können sie die See nicht einblicken."

„Ein Wachposten würde sich aber nicht zu erkennen geben."

„Nein, Sir, uns kann man aber schon seit Stunden sehen. Sie hätten massig Zeit gehabt, ihre Boote zu richten."

„Vielleicht sind sie gerichtet."

„Das bezweifle ich, Sir; bestimmt würden sie es nicht wagen, vor Einbruch der Dunkelheit durch die Riffs hindurch zu uns zu kommen."

„Die Riffs bilden bei Nacht eine geringere Gefahr als unsere Kanonen bei Tage."

„Stimmt, Sir, aber trotzdem bin ich sicher, daß man uns noch nicht gesichtet hat."

Ramage schüttelte ungeduldig den Kopf. „Hätte ich hier eine Garnison zu befehligen, würde ich meine Nähe geheim halten, wenn plötzlich zwei Schiffe auf die Insel zutrieben."

„Warum denn, Sir? Sicher, die Seeleute hätten mehr Interesse daran, das Land zu betreten, wenn kein Gegner zu ihrem Empfang bereitsteht."

„Und ich würde meine Leute versteckt halten; und erst, wenn die Ankömmlinge ihre Boote oder Floße verlassen wollten, würde ich sie niederschießen."

Southwick gab kein contra mehr. „Sie haben recht, Sir.

Ich kann nur hoffen, daß die dort drüben keinen Kommandanten haben wie Sie einer sind."

„Vielleicht gibt es hier überhaupt keine Garnison", räumte Ramage ein. „Ist doch gar kein Grund gegeben, hier eine zu stationieren. Ich bezweifle, ob die Spanier von der Insel überhaupt Gebrauch machen. Vielleicht gibt es hier nur ein paar Fischer und Schafe und Ziegen", und, dachte er für sich weiter, den roten Jasminbaum, Jacaranda, Hibiskus und singende exotische Vögel...

Während ihrer Unterhaltung beobachteten sie die *Topaz*. Yorke verblieben wenig Steuermöglichkeiten. Das Handelsschiff würde mehr oder weniger dort auf das Riff auflaufen, wo es die Strömung hintrieb. Ramage freute sich, daß sie ziemlich dicht nebeneinander zu liegen kommen würden. Siebzehn Minuten später lief die *Topaz* auf Grund, hundert Yards weiter im Norden. Auch auf ihr war ein Anker geworfen worden, der das Schiff herumschwingen und allmählich zum Halten kommen ließ. Ihr Bug schaute, gleich wie bei der *Triton* nach Norden, und sie schien nun ihrerseits diesem Schiff vorausfahren zu wollen.

Ramage begrüßte Yorke mittels Sprechrohr: „Willkommen auf der Triton-Klippe!"

„Danke", rief er zurück. „Ich bin traurig, daß Sie mich schlugen; ich habe immer davon geträumt, einem Stück Land einen Namen geben zu dürfen."

„Dann soll es Ihnen gehören", sagte Ramage. „Ich werde ins Logbuch eintragen: ‚Beide Schiffe strandeten auf der Topaz-Klippe'."

Yorke schleuderte etwas übertrieben seine Mütze hoch. „Sehr verbunden! Danke bestens!" Die beiden Männer diskutierten, was zu tun sei. Ihre Stimmen wurden immer rauher, mitgenommen durch stundenlanges Schreien. Yorke war einverstanden, daß Mannschaft und Passagiere seines Schiffes die Nacht auf der *Triton* verbringen und am kommenden Tag mit zum Ufer übersetzen sollten.

Ramage beauftragte Appleby, dafür Sorge zu tragen, daß ein Teil des Schanzkleides abgetrennt würde. An dieser Stelle wollte man die Flöße zu Wasser lassen. Unverzüglich machten sich die Männer ans Werk, und Ramage wandte sich befriedigt Southwick zu.

„Das Wetter scheint sich beruhigt zu haben. Ich will unsere Matrosen und ein Dutzend Seeleute heute nacht an Land schicken. Sie sollen uns morgen, wenn wir nachfolgen, mit ihren Musketen Rückendeckung geben."

Southwick stimmte zu und konnte seine Bewunderung nicht verbergen.

„Sie sollten starten, sobald ein Floß einsatzfähig ist. Ich werde Appleby das Kommando übertragen."

„Oh, Appleby?" warf der Kapitän ein. „Ich hoffte —" Ramage winkte ab.

„Soll ich Appleby informieren, Sir?"

„Ja. Und erteilen Sie Jackson und den Schiffsprofos den Auftrag, sich drei Mann zu schnappen, mit denen sie zusammen sofort den Raum mit den Alkoholika leeren. Ich möchte, daß alle Alkoholika hierher gebracht werden."

„Die Fische werden betrunken sein", witzelte Southwick und ging zu Appleby.

Ramage war froh, den Befehl mit den kleinen und großen Rumfässern erteilt zu haben. Schließlich konnten nicht überall Wachposten mit Musketen stehen, und allzu oft war schon das Stranden eines Schiffes der Grund dafür gewesen, daß ein Teil der Besatzung sich den Weg in den Lagerraum erkämpfte und sich dort bis zur Besinnungslosigkeit betrank. Häufig waren dies dann die einzigen Opfer, die ertranken... Er würde ein großes Faß mit zweihundertundfünfzig Litern Rum zurückhalten, und der Rest würde über Bord gekippt werden.

Plötzlich war ein lautes Klatschen zu hören. Ramage sah, daß die Männer das kleinste Floß mit Erfolg zu Wasser gelassen hatten und es ein Stück vorwärts zogen. Ein paar Mann trugen neu fabrizierte Paddel, die in Bündel zusammengebunden gewesen waren.

Verdammt — er hatte Appleby weggeschickt und nun benötigte er ihn, um das Floß zur *Topaz* zu paddeln.

Southwick kam sehr geschäftig zurück.

„Appleby mustert die Leute, Sir. Den Schlüssel für den Raum mit dem Rum habe ich dem Schiffsprofos gegeben. Mit Ihrer Erlaubnis werde ich das Floß begleiten, um die Leute der *Topaz* herüberzubringen."

Ramage fixierte den alten Kapitän.

„Ich wußte nicht, daß Sie diese Art von Bootsexpeditionen schätzen."

„Man ändert sich, Sir. Übung macht den Meister."

Nochmals fixierte er ihn scharf und nickte ihm dann zu.

Als es zwei Stunden später fast dunkel war, befanden sich die meisten Leute der *Topaz* an Bord der *Triton*. Ein Maat war mit einem Dutzend bewaffneter Männer zur Bewachung des verlassenen Schiffes zurückgeblieben. Yorke hatte vorgeschlagen, die für den kommenden Tag benötigten Nahrungsmittel- und Wasservorräte zu retten und dann beide Schiffe in Brand zu setzen. Ramage machte aber Einwendungen dagegen. Durch das davor liegende Snake Island waren beide Wracks neugierigen puertorikanischen Augen verborgen. Da sie nur so wenig über die Wasseroberfläche ragten, war es sogar möglich, daß vorbeifahrende gegnerische Schiffe sie fälschlicherweise für niedere Riffs hielten, die ja über die ganze Gegend verstreut waren. Hochschlagende Flammen bei Nacht, oder während des Tages aufsteigender Rauch wäre von so ziemlich überall zu sehen, von St. Thomas Vieques und Puerto Rico.

„Und was macht das, wenn sie Flammen oder Rauch sehen?" wollte Yorke wissen. „Sie können keinerlei Nutzen daraus ziehen, weil die Schiffe ja verbrannt sind."

„Sie werden informiert, daß wir hier sind."

„Das wüßten sie bald; sie sehen ja die Wracks."

„Sie werden die Wracks sehen, aber über die große Entfernung könnten sie sie vielleicht für Riffs oder Felsen halten", wiederholte er sich geduldig. „Vergessen Sie nicht, daß sie ja nicht nach Wracks *suchen*."

„Aber angenommen, sie sehen sie?"

„Dann finden sie zwei mastlose, völlig verlassene Wracks und werden wahrscheinlich zu der Überzeugung kommen, daß sie Opfer des Hurrikans wurden und daß die Überlebenden sie aufgaben und von anderen Schiffen übernommen wurden. Wahrscheinlich werden sie plündern was zu plündern ist und glücklich wieder ihres Weges gehen. Finden sie aber ausgebrannte Wracks, wissen sie ganz genau, daß *nach* dem Stranden Menschen dagewesen sein müssen; Menschen, die sie angezündet haben. Und sie werden die ganze Insel absuchen, denn sie wissen, daß sie zwei komplette Schiffsmannschaften finden werden."

„Sie haben recht", gab Yorke schließlich zu.

„Ich werde mich vor allem dafür einsetzen, daß wir nicht den Spaniern in die Hände fallen; ihre Gefängnisse sind ein wenig primitiv."

„Einverstanden", sagte Yorke. „Nebenbei bemerkt: wie beabsichtigen Sie zur Vermeidung von Schwierigkeiten und Mißverständnissen mit meinen Leuten umzugehen?"

„Wir müssen wohl in Zeitkategorien denken, die einen wochen- oder sogar monatelangen Aufenthalt hier an Land ansprechen", sagte Ramage sehr taktvoll.

„Deshalb meine Frage."

„Sind Sie sich Ihrer Leute nicht sicher?"

„Ja", antwortete Yorke freimütig. „Das sind Seeleute der Handelsschiffahrt. Ich kann ihnen keinen Eindruck machen mit Kriegsartikeln."

„Was schlagen Sie vor?" fragte Ramage vorsichtig. Er wußte, wohl, was am angebrachtesten war, doch wollte er, daß das von Yorke selbst ausgesprochen würde.

„Sie in den Dienst pressen", sagte Yorke kurz. „Setzen Sie sie auf das Stammrollenbuch der *Triton*. Damit stehen achtundzwanzig Leute mehr in Königlichen Diensten."

„Trauen Sie den Maaten?"

„Absolut! Ihnen stand noch die Heuer für ein paar Monate zu, deshalb habe ich die beiden gekauft!"

„Fein", meinte Ramage. „Ich werde die Männer besser in den Dienst pressen, bevor ich die *Triton* offiziell verlasse. Leider habe ich nicht die entfernteste Ahnung, was die Bestimmungen über den Zeitpunkt sagen, doch ich denke, das wird sein, wenn dieses Schiff zu existieren aufhört."

„Schauen Sie", sagte Yorke, und der Tonfall verriet, daß er etwas Ernstes vorzubringen hatte. „Haben Sie es sich wirklich gut überlegt, die beiden Schiffe nicht niederzubrennen?"

Ramage nickte nur.

„Sie wissen aber, daß Sie ein großes Risiko eingehen, nicht wahr? Ich meine, Sie persönlich. Kann man Sie vor Gericht nicht belangen, weil Sie nicht ‚das äußerste unternommen' haben, um zu verhindern, daß Ihr Schiff in Feindeshand fällt? Ich meine, man könnte behaupten, die Dons hätten die Möglichkeit, die Wracks vom Riff zu schleppen und wieder zu reparieren."

„Das könnten sie, und wahrscheinlich wollen sie das auch. Aber der einzige Weg, die Schiffe zu zerstören, ist, sie zu verbrennen. Und das würde wahrscheinlich zu unserer Entdeckung durch die Spanier führen. Und unsere Entdeckung wäre immer noch weniger tragisch als die der St. Brieucs."

„Sie retten sie vor der Gefangennahme und stecken dabei selbst den Kopf in die Schlinge", sagte Yorke.

„Das erklärt mein Verhalten auf ziemlich melodramatische Weise. Wir haben keine andere Wahl."

„Sie werden niemals zustimmen."

„Sie haben in dieser Angelegenheit nichts zu bestimmen", sagte Ramage einfach, und da nun ohne viel Aufhebens gesagt werden konnte, was ohnehin klar sein mußte, fügte er hinzu: „Sie vergessen, daß ich der Kommandant bin."

„Das vergesse ich nicht", sagte Yorke freundlich. „Ich habe sogar meinen Paradedegen mitgebracht, damit ich ihn tragen kann, wenn Sie als Governour von Snake Island eingesetzt werden. Ich sage das nur, weil ich Admiral Goddards Interesse an Ihrer Person nicht vergessen will."

„Das erkenne ich an", sagte Ramage, „doch, falls er nicht ertrunken ist, ist er in der glücklichen Lage, mich auf Gnade oder Ungnade ihm ausgeliefert sein zu wissen, ob ich die Schiffe in Brand stecke oder nicht! Es zu tun, kann genauso mein Untergang sein wie es zu lassen. Ich habe also völlig freie Hand!"

Yorke lachte und sagte ruhig: „Was auch immer Sie machen, ich werde voll hinter Ihnen stehen. Voll!"

Yorke sprach mit seinen Leuten, und nach einer Stunde waren sie alle ins Stammrollenbuch der *Triton* aufgenommen und mit der Prämie entlohnt, die Freiwilligen zustand. Auf Snake Island haben sie es wahrscheinlich besser, als wenn sie auf einem Schiff der Königlichen Marine Dienst tun müßten, dachte Ramage. Erstaunlicherweise hatten die Seeleute der *Topaz* freudig darauf reagiert, sich der Königlichen Marine anschließen zu dürfen. Wahrscheinlich dachten sie, sie wären im Falle einer Gefangennahme durch deren Autorität besonders geschützt.

In der Dunkelheit inspizierte Ramage die Matrosen. Mit einer Laterne ausgerüstet, versicherte er sich, daß ihre Musketen und der Pulvervorrat gut vor Gischt geschützt waren und daß jeder ein Paddel hatte. Dann instruierte er Appleby, sich Richtung Ostseite der Insel zu halten; man konnte das fragliche Gebiet als kleinen schwarzen Fleck erkennen. Sofort nach dem Anlegen hatte er das Floß zu sichern und mußte die Seesoldaten anweisen, den besten und nächstgelegenen Verteidigungsplatz ausfindig zu machen und zu besetzen, sowie Pulver und Waffen dort zu deponieren.

Waren sie sicher, daß niemand sie gesehen hatte, konnten sie den Rest der Nacht schlafen. Zwei hielten Wache. Sah er bei Tagesanbruch am nächsten Morgen die startklaren Floße bei der *Triton*, sollte er Segeltuchstreifen über Büsche hängen und dadurch kundtun, wo er war. Es klang alles so einfach, daß Ramage befürchtete, an der ganzen Sache müsse ein Haken sein.

Mittlerweile war sein Steward eifrig damit beschäftigt gewesen, seine Kajüte für die Aufnahme der Familie St. Brieuc vorzubereiten. Vom Balken an der Decke hingen zwei weitere Schwingbetten herab. Appleby stellte die eine, Southwick die andere zur Verfügung.

Ramage ließ für sich eine Hängematte an Deck bringen. Als er in ihr lag, schaute er zum östlichen Himmel. Er konnte alle Sterne sehen. Das Wetter gab augenblicklich also keinen Grund zur Beunruhigung. Es wehte nur eine leichte Brise, die Höhe der Wellen war normal. Aber in den Tropen geschah es eben häufig, daß sich die Verhältnisse binnen einer Stunde änderten. Die beiden verbliebenen Floße würden samt Besatzungen, Passagieren und Vorräten jeder Art lange vor Morgengrauen startklar sein, um Appleby zu folgen und das kennenzulernen, was Snake Island auch immer zu bieten hatte.

12

Yorke hatte in aller Ruhe die französischen Gäste und Southwick auf das Anlegemanöver vorbereitet. Als die kleinen Wellen sich überschlagend und gurgelnd das Floß die letzten paar Yards in Bewegung hielten und Richtung Ufer schoben, stand plötzlich, auf einen kaum wahrnehmbaren Wink des Kapitäns, der junge Trommler in Habachtstellung und ließ einen Trommelwirbel ertönen.

Ramage sprang verunsichert auf. Am Strand warteten etwas zurückgezogen die Seesoldaten, während Appleby am Rande des Wassers stand.

Es herrschte Stille. Ein paar Seeleute sprangen ins Wasser, um das Floß, das zum Halten gekommen war, vor Schaden zu bewahren. Dann gab Southwick den Befehl: „Trommler — den Gruß des Governors!" Das Gesicht des jungen Trommlers spiegelte volle Konzentration wider. Obwohl ein wenig scheu, war er doch stolz, im Mittelpunkt des Interesses zu stehen. Er ging ein paar Schritte über das Floß und kam wieder zurück und spielte dabei auf seiner Trommel einen temperamentvollen Rhythmus, nicht ohne immer wieder die Trommelschlegel durch die Luft wirbeln zu lassen. Yorke, Southwick und die beiden Franzosen standen in Habachtstellung und salutierten, alle drei mit einem breiten Grinsen im Gesicht.

Sobald das Floß gesichert war, rief Southwick einem aufgeschreckten Appleby zu: „Aufstellung! Der Governor betritt sein Land. Warum präsentieren Ihre Marinesoldaten nicht das Gewehr?"

Der Kapitänsmaat hatte schnell begriffen; er rief den Marinesoldaten etwas zu, rannte den Strand hoch, um einen kurzen, dicken, von Wind und Wetter polierten Ast zu holen. Diesen als Streitkolben über die Schulter gelegt, nahm er Aufstellung.

Southwick ging drei Schritte vorwärts, stellte sich vor Ramage auf, salutierte ein weiteres Mal und sagte in großer Lautstärke: „Sir, Ihre Insel erwartet..."

Ramage erwiderte den Salut und sagte in aufreizender Hochnäsigkeit: „Die Landungsbrücke fehlt. Ich werde aus diesem Grunde meine Füße naß machen müssen."

Er verbeugte sich tief vor Madame St. Brieuc und Maxine. „Meine Damen, Sie gestatten, daß ich Ihnen die Freiheit auf der Insel übertrage!"

Damit war die Zeremonie vorüber. Matrosen halfen den Damen, den Strand trockenen Fußes zu erreichen. Ramage sprang hinüber und ging gleich zu Appleby, um sich informieren zu lassen.

„Wir haben nichts bemerkt, Sir. Ich selbst habe in der Nacht mit dem Korporal einen Erkundungsgang gemacht. Außerdem habe ich die Seeleute strandauf und strandab geschickt, doch auch sie entdeckten nichts — keine Hütten, keine Boote. So zogen wir das Floß nur in seichtes Wasser und sicherten es."

„Gut", sagte Ramage. „Ab jetzt tragen die Matrosen die Verantwortung über den Schutz der Passagiere."

Damit rief er Jackson zu sich. „Nehmen Sie sich drei Leute und hauen Sie ein paar dieser Palmwedel ab. Damit lassen Sie für die Damen eine Art Sonnensegel bauen. In der Sonne wird es bald unerträglich heiß sein. Suchen Sie eine Stelle aus, die im Einflußbereich des leichten Windes liegt."

Kaum hatte er ausgesprochen, als einer der Seemänner aufschrie und in höchster Lautstärke fluchend auf einem Bein aus dem Wasser hüpfte.

Sofort war Southwick in heller Aufregung neben ihm und befahl ihm, augenblicklich still zu sein. Er wurde rot, als er daran dachte, die beiden Damen hätten die sehr eindeutigen Kraftausdrücke hören können.

„Was ist los?" wollte Ramage wissen.

„Er sagt, sein Fuß schmerzt, Sir."

„Ist wohl nicht mehr daran gewöhnt, barfuß zu gehen?"

„Er sagt, er sei in scharfe Nägel getreten — Donnerwetter, Sir, auf der ganzen Fußsohle hat er schwarze Flecken!"

„Seeigel!" sagte Ramage lakonisch. „Kann er denn nicht auf sie aufpassen?"

Der Mann hatte jedoch noch nie welche gesehen gehabt. Und in der Tat: Ramage stellte entlang des gesamten Strandes im Uferbereich ganze Scharen von ihnen fest. Das veranlaßte ihn, seine Leute zusammenzurufen.

„Schauen Sie ins Wasser", sagte er laut. „Können Sie die kleinen braunschwarzen Kugeln auf dem Sand sehen? Manche sind drei oder vier Inches im Durchmesser. Das sind Seeigel. Kleine Bälle mit Hunderten von kurzen Stacheln ringsum. Wie bei einem Stachelschwein. Tritt man darauf, bleiben die Stacheln im Fuß stecken und brechen ab.

Eine halbe Stunde lang tut das unwahrscheinlich weh. Dann läßt der Schmerz nach. Nach ein oder zwei Tagen denkt man nicht mehr daran. Aber man kriegt sie nicht mehr heraus, sind sie erst einmal in den Fuß eingedrungen. Man erreicht nur, daß sie noch weiter abbrechen und sich die Stelle infiziert. Lassen Sie sie also gegebenenfalls drin — unter Umständen verschwinden sie von ganz alleine. Das gilt zwar nicht für die Seeigel des Mittelmeeres, doch wir sind hier ja auch in der Karibik. Und wenn wir schon gerade zusammen sind: wir befinden uns auf Snake Island, es gibt aber keine Schlangen. Der Name geht nur auf die Form der Insel zurück. Das einzige, worauf Sie also acht-

zugeben haben, sind Seeigel im Wasser, Moskitos an Land
— und auf Mr. Southwick und mich.

Gut, machen Sie sich wieder an die Arbeit und seien
Sie vorsichtig."

Southwick wandte sich ihm zu: „Es gibt ein Mittel, den
Schmerz zu verringern, Sir! Ich frage mich, ob Sie —"

„Kenne ich", sagte Ramage trocken und fügte leise
hinzu: „Natürlich weiß ich, daß es Erleichterung bringt,
wenn man auf die Stacheln pißt; doch wollte ich diese
Methode nicht unbedingt in Gegenwart der Damen erwähnen..."

„Gut, Sir", sagte Southwick und war rot geworden. „Ich
kümmere mich jetzt besser um die Nahrungsmittelvorräte.
Das nächste Floß wird in wenigen Minuten hier sein."

Er deutete auf das Meer, wo der Bootsmann das kleinere Floß mit den Musketen, Handwerksgeräten und Fässern mit Schießpulver herübersteuerte. Seeleute brachten es
mit kräftigen Paddelschlägen gut vorwärts.

Ramage war einverstanden. „Wir wollen mal sehen, ob
der Bootsmann es für möglich hält, daß Appleby mit dem
anderen Floß noch einmal zum Schiff zurückkehren kann,
bevor der Wind dreht. Wir sollten noch so viele Lebensmittel wie möglich herüberholen. Hier scheint uns nämlich
in dieser Richtung nicht viel geboten zu sein. Und wir tun
auch gut daran, Wasser zu holen."

„Zu Befehl, Sir, sieht ziemlich trocken aus. Auf der
Karte sind keine Gewässer eingezeichnet", sagte Southwick. „Doch vielleicht sind wir nur nicht am richtigen
Platz. Wahrscheinlich ist in der Nähe des Dorfes eine
Süßwasserquelle, aber —"

„Falls es eine Garnison gibt, wird man uns bestimmt
nicht anbieten, dort unsere Fässer zu füllen..."

Der Bootsmann manövrierte das kleine Floß dicht neben
das große. Über das Riff, auf welchem die beiden Schiffe
lagen, schien tatsächlich eine gleichmäßige Strömung hin-

wegzuziehen. Da sie erst etwa fünfzig Yards vor der Küste aufhörte, brauchte man nur zuletzt eigene Muskelkraft einzusetzen.

Innerhalb der nächsten fünfzehn Minuten waren Appleby und der Bootsmann auf dem Weg zurück zum Schiff. Sie wurden begleitet vom Maat der *Topaz,* der von Yorke den Auftrag erhalten hatte, einige besondere Vorräte herüberzubringen.

Als schließlich das letzte Floß entladen und die Waffen in sicherer Entfernung von der Wasserlinie deponiert worden waren, hatte Ramage endlich Zeit, sich auf einen Felsen niederzusetzen und über ihre Situation nachzudenken.

Obwohl es noch nicht einmal acht Uhr war, wußte er jetzt schon, daß jedermann ab sofort anders über tropische Hitze denken würde. Hier war es heiß und feucht. Man hatte das Gefühl, seit Jahrhunderten hätten sich die Felsen und die Erde mit Hitze vollgesaugt und sie wie riesige Öfen gespeichert. Auf dem Meer gab es diese Hitze nicht; dort genoß man den kühlen Passat.

Der Aufenthalt auf der Insel bedeutete für Ramage eine angenehme Abwechslung nach Monaten auf See. Er wurde reichlich entschädigt durch den Duft hier wachsender Gräser und Kräuter, der fast betörend war. Von seinem Sitzplatz aus konnte er mehrere Jasminbüsche sehen, die über und über mit weißen Blütendolden geschmückt waren. Das reiche Aroma erinnerte ihn an alle erotischen Erlebnisse, die er je hatte. Doch er wollte es nicht zu sehr auf sich wirken lassen; sein Gedächtnis war nicht auf solche Hilfestellungen angewiesen.

Der Gesang der Vögel war wunderbar melodiös und drückte unentwegt Freude und Entzücken aus. War man auf See, vergaß man tatsächlich solche Vergnügen wie einfach dasitzen und den Vögeln lauschen. Sein besonderes Interesse galt augenblicklich einem winzigen Kolibri, dessen Gefieder an dunkelgrünen Samt erinnerte. Seine Schwingen schwirrten so schnell, daß das menschliche Auge die Einzelbewegungen nicht mehr erkennen konnte. Sie ermöglichten es ihm, in der Luft zu stehen und mit seinem langen Schnabel den Nektar aus der Blütendolde zu saugen. Dann schoß er in einer plötzlichen Bewegung zum nächsten Ast. Über ihm war kurz ein goldgelber Blitz zu sehen; eine exotische Vogelschönheit fand die Ansammlung von Menschen zu alarmierend und floh.

Zwischen zwei Möglichkeiten fühlte sich Ramage hin- und hergerissen. Sollte er weitere Vorräte vom Schiff herüberholen und ein Standquartier errichten lassen, das er im Falle einer Gefahr würde verteidigen können? Oder sollte er sich auf den Weg machen, um die Insel zu erkunden? Er konnte nicht zur selben Zeit an zwei Plätzen sein, wollte andererseits aber während seiner Abwesenheit keiner anderen Person sein volles Vertrauen schenken.

Jackson! Plötzlich erinnerte er sich an eine Bemerkung, die sein Steuermann vor ein oder zwei Jahren gemacht hatte, als sie sich durch die Toskana kämpften und bemüht waren, Bonapartes starker Kavallerie aus dem Wege zu gehen.

„Ich war mit Colonel Pickens in Cowpens, Sir", hatte der Amerikaner gesagt und gemeint, diese Erklärung genüge, warum er so gut über das Soldatsein Bescheid wußte. Der Teufel mochte wissen, wer Colonel Pickens war und was er in Cowpens zu tun hatte; doch Jackson war offensichtlich während des amerikanischen Krieges ein brauchbarer Rebell gewesen.

Ramage rief ihn zu sich.

„Jackson, auf dieser Insel gibt es ein Dorf, vielleicht eine kleine Stadt: San Ildefonso. Sie ist zwei oder drei Meilen von hier entfernt, dort hinter jenen Hügeln."

Ramage zeigte nach Nordwesten und kniete sich dann hin. Mit seinem Finger versuchte er, einen Kreis zu ziehen.

„Hier ist eine fast abgeschlossene Bucht. Sie liegt ziemlich exakt in der Mitte der Insel. Der Zugang befindet sich genau hinter dieser Landzunge. Der Ort liegt an der Ostseite — etwa hier." Er symbolisierte ihn mit einem kleinen Kreis. „Über diesen Ort will ich mehr wissen; ob es dort eine Garnison gibt, ob ein Kai dort ist, an welchem Schiffe liegen, und so weiter. Wie lange —"

„Drei Stunden, Sir, wenn ich ein paar Helfer mitnehmen darf", und bevor Ramage ihm ins Wort fallen konnte, gab er deren Zahl selbst an.

„Drei, Sir."

„So viele wie Sie für nötig halten."

„Ich hätte gerne Stafford, Rossi und Maxton", sagte er wie aus der Pistole geschossen. „Und, Sir, darf ich einen Vorschlag machen?"

Als Ramage zustimmte, sagte er: „Die Marinesoldaten, Sir, und die roten Umhänge... Könnten sie nicht einfach Hemden und Hosen tragen? Das Rot leuchtet über zwei Meilen, und außerdem in der Hitze..."

„Sie scheinen mit dem Rot schon Erfahrungen gemacht zu haben?"

Jackson grinste. „Ja, Sir, ich habe so manche Muskete entdeckt, weil sie auf einem Rotmantel getragen wurde..."

Der Krieg ist schon absurd, dachte Ramage; nun kämpft er auf unserer Seite und warnt mich vor dem roten Tuch.

„In Ordnung, ich werde mir das durch den Kopf gehen lassen. Nehmen Sie Waffen mit, die Sie brauchen, und kommen Sie so schnell zurück wie —"

Er hielt einen Moment inne. Eigentlich bestand kein Grund zur Eile. Jackson sollte seine Sache lieber bestens erledigen. „Nein, hetzen Sie nicht. Seien Sie bis Sonnenuntergang zurück. Lassen Sie sich von Mr. Southwick Essensrationen und Wasser mitgeben."

Zehn Minuten später sah Ramage die vier Leute im niedrigen Buschwerk hinter dem Strand verschwinden. Nur zwei von ihnen trugen Musketen. Die anderen beiden hatten kurze Degen, und Pistolen steckten in ihren Gürteln. Das war durchaus sinnvoll. Ihre Aufgabe war nur, Ausschau zu halten und verborgen zu bleiben, nicht aber, zu kämpfen.

Er ging zu dem Jasminbusch, schnitt ein paar Blüten ab und besuchte Familie St. Brieuc und St. Cast, die unter ihrem Palmwedeldach saßen.

„Aus dem Garten des Gouverneurspalastes", sagte er zu Maxine und verbeugte sich tief, als er ihr die Blumen in vollendeter Manier überreichte.

„Bitte sprechen Sie dem Chefgärtner meine Hochachtung aus", sagte sie. „Oh — dieser Duft! Rieche daran, Mutter!"

St. Brieuc sagte: „Wir danken für unseren Palast. Kein Marmorpalast könnte einladender sein als dieser Palast aus Palmen!"

„Bis zum Nachmittag werden wir für Sie etwas Besseres hergestellt haben", war Ramages Antwort.

„Glauben Sie mir", erwiderte St. Brieuc, „die Dauerhaftigkeit der Unterkunft ist unbedeutend, da niemand von uns erwartet hatte, jemals wieder Land zu sehen. Meine Frau hat mir gerade erzählt, daß sie noch nie in ihrem Leben so faszinierende vierundzwanzig Stunden erlebt hat wie die letzten."

Ramage wandte sich ihr zu. „Es tut mir leid, daß wir Sie in Wracks ein- und aussteigen lassen mußten, doch wir konnten das nicht vermeiden."

„Bitte entschuldigen Sie sich nicht", sagte sie. „Ich habe mich prächtig dabei amüsiert. Und Maxine auch! Wir verstehen zwar diese Art von Leben nicht, sind aber durchaus daran interessiert!"

Ramage verneigte sich. „Unglücklicherweise kann ich für die Zukunft keinerlei Versprechungen machen..."

„Mr. Yorke erzählte mir, daß Sie dagegen waren, die Wracks niederzubrennen — ich verstehe das völlig", sagte

St. Brieuc. Das letzte Wort hatte er ganz leicht betont, seinen Kopf dabei etwas geneigt.

Die Männer rollten auf Southwicks Anordnung fleißig Fässer die schiefe Ebene vom Strand nach oben bis zur Buschreihe, die sowohl als Schattenspender als auch als Versteck diente. Ramage war befriedigt.

Plötzlich schrie ein Seemann auf. Der Teufel soll es holen, dachte Ramage, bitte keine weiteren Seeigel mehr! Er ging zu dem Mann, schaute sich dessen Fuß an und stellte fest, daß es auf Snake Island recht stachelige Kakteen gab. Sie waren sozusagen die Landausgabe der Seeigel. Kleine, grüne Scheiben mit radial abstehenden Dornen, die abgeflachten Löwenzahnblüten ähnelten.

„Ziehen Sie sie einfach heraus", sagte Ramage. „Doch passen Sie auf, daß sie Ihnen nicht in die Finger fahren."

„Zu Befehl, Sir", sagte der Seemann geduldig. Ramage fühlte, daß er es ihm übelnahm, die Kakteen nicht in seine vorherige Warnung mit einbezogen zu haben.

Appleby hatte mittlerweile den halben Weg zur *Triton* zurückgelegt. Die Sonne stand schon hoch über dem Horizont, doch eine Brise war noch nicht aufgekommen. So würde es ihnen wohl möglich sein, die Brigg bei völliger Windstille zu erreichen. Gelänge es, jeden Morgen vor dem Aufkommen des Windes eine Floßladung voll Proviant herüberzubringen, könnten sie es auf Snake Island fast unbegrenzt lange aushalten.

Plötzlich schoß ihm ein Gedanke durch den Kopf. Er lud die Fässer auf das Floß — und dabei würden sie doch ganz alleine schwimmen! Vielleicht sogar durch die Strömung in Richtung Land treiben. Sie müßten nur außen geteert sein. Fischer auf der Insel — sollte es welche geben — mochten sie vielleicht entdecken, doch es würde ja ohnehin nicht lange dauern, bis sie auch die Wracks gesichtet hätten. Nichts war also zu verlieren, wenn man vorläufig nur ein paar von ihnen teerte und sie dann den Wellen und der

Strömung überließ. Für heute war es zwar zu spät, doch sowie die Zimmermannsleute die bessere Unterkunft für die französischen Gäste fertiggestellt hatten, sollten sie ein Boot machen, in welchem ein halbes Dutzend Mann täglich zu den Wracks übersetzen konnte.

Kurz vor zwölf Uhr mittags war die Hitze so unerträglich geworden, daß die Männer ihre Arbeit unterbrachen und den Schatten aufsuchten, um sich dort ein wenig zu unterhalten. Southwick berichtete, daß die Proviant- und Wasserfässer wohlbehalten angekommen und bereits verstaut waren. Ein Marssegel diente als Plane und wurde seinerseits mit Palmwedeln überdeckt, um sie vor neugierigen Augen abzusichern.

Für die Ersatzmusketen, das Pulver und die Geschosse hatten die Männer kleine, flache Steine gesammelt, die überall am Strand herumlagen. Sie hatten damit eine Art Magazin gebaut, das aussah wie ein großer Ofen, der zwischen Vorratslager und Strand stand. Ramage fühlte sich lebhaft an die Unterstände erinnert, die aus Italien so vertraut waren. Zweige dienten als Dachgebälk. Darüber gespanntes Segeltuch schloß das Eindringen von Regenwasser aus. Augenblicklich bespannten sie noch die Wände und den Fußboden mit Segeltuch, um von allen Seiten Luftfeuchtigkeit fernzuhalten.

Southwick hatte den Platz ausgesucht und war stolz darauf. Konnten die Wachposten doch so gleichzeitig Vorratslager, Strand und Magazin im Auge behalten; auf ihrem Weg vom Strand, wo man sich ja die meiste Zeit aufhalten würde, zum Vorratslager und zurück, kamen sie sogar zweimal daran vorbei.

Ramage hatte einen der kühlsten Plätze am hinteren Ende des Strandes als Hauptaufenthaltsbereich ausgewählt. Da er nach Osten schaute, lag er voll im Einflußbereich des Passats. Vor der Hitze der Nachmittagssonne schützte ein unvermittelt steil aufragender Felsen. Beide Wracks waren von hier im Blickfeld und ebenso die Einfahrt zur Bucht, es konnte also kein Boot oder Schiff ein- oder auslaufen, ohne von ihnen gesehen zu werden.

Sie Sonne stand immer noch fast senkrecht über ihnen, als plötzlich ein Wachposten der Marine zu ihm gerannt kam, um eine Botschaft seines Korporals zu übermitteln: „Fünf Mann nähern sich von West, Sir!"

„Fünf?" fragte Ramage erstaunt.

„Zu Befehl, Sir, der Korporal legte größten Wert darauf, daß ich Ihnen die Zahl ‚fünf' nenne. Nicht vier, wie beim Weggang unserer Leute."

„Ist es denn überhaupt Jackson mit seiner Begleitung?"

„Das sagte der Korporal nicht, Sir", antwortete der Wachposten hölzern. „Doch sie sind ja schon lange genug weg."

„Bringen Sie mich zum Korporal."

Ramage rief Southwick kurz zu, was er beabsichtigte und beauftragte ihn, bei den Leuten zu bleiben. Dann rannte er hinter dem Mann her, vorbei am Magazin und Vorratslager. Bei den Büschen angelangt, mußte er sich bücken, um diese nicht zu überragen. Sie ereichten einen kleinen Hügel, und der Marinesoldat gab ein kurzes Pfeifsignal, das ankündigte, daß sie ihn hochklettern würden. Kurz später kniete Ramage auf der Kuppe und hatte freie Sicht auf einen nach Norden ziehenden schmalen Weg, der nach links zog und dann mäandrierend in ein Tal einmündete. In etwa fünfhundert Yards Entfernung gingen tatsächlich fünf Männer in ihrer Richtung und versuchten keinen Moment, sich zu verbergen. Schnell untersuchte Ramage den Boden rechts und links von sich und kauerte sich nieder. Er fluchte leise, weil er das Fernrohr vergessen hatte. Nun konnte er nur warten, bis die fünf näher gekommen waren.

„Wo sind Ihre Leute?" fragte er den Korporal.

„Sechs von ihnen sind dort, Sir", und er deutete auf eine

Stelle dicht am Weg vor dem Hügel. „Wir entdeckten diese Männer vor ein paar Minuten, Sir. Sofort schickte ich sechs Leute dort hinunter, um einen Angriff aus dem Hinterhalt vorzubereiten. Sie haben ihre Anweisungen, Sir", sagte er gewichtig, „sind alles gute Leute."

Ramage nickte. Doch selbst aus dieser Entfernung schien ihm die Gangart von einem der fünf sehr vertraut: er trottete wie Jackson. Aber *fünf* Männer?

Der Korporal atmete tief durch und sprach, wie er meinte, mit hochoffizieller Stimme: „Meiner Meinung nach, Sir, ist es Jackson, der von seinem Inspektionsgang zurückkehrt und einen weiteren Mann bei sich hat, dessen Identität im Moment nicht geklärt ist."

„Ich gebe Ihnen recht", sagte Ramage lächelnd. „Hoffentlich fallen Ihre Männer ihn nicht aus dem Hinterhalt an."

Doch der Korporal hatte anscheinend im Laufe der Jahre seinen Sinn für Humor verloren; vielleicht war er ihm durch das Gestampfe von Stiefeln und das Geklappere von Musketenkolben ausgetrieben worden.

„Sie werden sie anrufen, Sir, und sie erst auf das Codewort passieren lassen."

„Sehr gut", lobte ihn Ramage, wußte aber, daß diese Antwort niemals bei einem Appell unbeanstandet durchgegangen wäre.

Jacksons Gruppe hatte einen Gefangenen mitgebracht, einen alten Neger.

„Eigentlich kein *echter* Gefangener", drückte sich Jackson vorsichtig aus, als sie zum Lager zurückschritten. „Eine Art freiwilliger Gefangener."

„Sie sind im karibischen Raum bekannt genug", sagte Ramage sauer. Doch zuerst — gibt es irgendwelche Anzeichen für eine Garnison?"

„Nein, Sir. Dieses San Ildefonso ist nur ein kleines Dorf, zweiundzwanzig Häuser, einige zusammengestürzt, fast verlassen. Vielleicht noch ein Dutzend Ansässige. Daneben ungefähr ein Dutzend Soldaten und zwanzig Negersklaven. Sie ziehen Gräben und werden von Soldaten bewacht."

„Und dann?"

„Dann schütten sie die Gräben wieder zu, Sir."

„Erzählen Sie noch einmal von vorn", sagte Ramage verzweifelt.

„Der Spähtrupp", erklärte Jackson, „ist fast sofort auf den Weg gestoßen und ihm gefolgt, allerdings in Deckung und ungefähr fünfzig Yards daneben. Er zieht nach Süden, gabelt sich, und ein Zweig führt zwischen zwei kegelförmigen Hügeln hindurch offensichtlich direkt zur nächsten Bucht im Westen. Der andere führt dem Tal entlang zum Dorf."

Sie hatten gerade die Abzweigung ungefähr eine Meile vom Strand entfernt erreicht, als sie Männergesang hörten. Singende Neger kamen von einem Sattel zwischen den zwei Hügeln herab.

„Ich ließ Rossi und Stafford als Beobachtungsposten an der Gabelung zurück und ging selbst zur weiteren Erkundung mit Maxton weiter. Ich fand eine Spur, die in beiden Richtungen mehrmals benutzt worden sein mußte. Abgebrochene Blätter und Zweige machten das ganz deutlich. Maxie und ich folgten dieser Spur, Sir. Als wir etwa ein Viertel des Wegs zum Sattel zurückgelegt hatten, fanden wir direkt neben dem Pfad einen Graben, Sir, genau unter einem Flaschenkürbisbaum, und dieser war offensichtlich wieder zugeschüttet worden."

„Welches Ausmaß hatte er?"

„War groß genug für ein Grab, Sir."

„Keine Gedenktafel — kein Stein, kein Kreuz, nichts?"

„Nein, Sir. Wir gingen weiter dem Gesang nach. Es hörte sich an, wie wenn Neger bei ihrer Arbeit singen; kein Ausdruck von Freude, aber rhythmisch.

Nach weiteren vierzig Yards fanden wir genau dieselbe

Art von Graben, auch zugeschüttet, auch in der Größe eines Grabes, allerdings dieses Mal rechts vom Pfad; der andere war ja links. Auch hier hatte man einen Schatten spendenden Flaschenkürbisbaum ausgewählt.

Bevor wir die singenden Männer erreicht hatten, fanden wir zwei weitere solche Erscheinungen. Die Männer waren offensichtlich direkt auf dem Sattel, in flachem, mit Büschen und hohen Felsen durchsetztem Gelände. Einige der Felsen messen über zwanzig Fuß.

Wir konnten ganz dicht heranschleichen. Ich kroch auf einen Felsen mit flacher Oberseite und konnte so auf sie herunterschauen. Zwei Sklaven standen in einem tiefen Loch und gruben mit Pickeln. Zwei warteten, um sie abzulösen und vier weitere standen mit Schaufeln da — Sie wissen, so langstielige Schaufeln.

Ein Offizier stand mit drei Soldaten direkt über ihnen, acht weitere Soldaten hatten sich um sie herum postiert. Und außerdem stand ein Dutzend weiterer Sklaven einfach wartend herum.

Die Wachen waren nicht sehr streng. Sie schienen nur an dem Loch Interesse zu haben; das galt besonders für die Offiziere. Die Sklaven dagegen hatten nur Interesse an dem Loch, das sie gruben, und dort schauten sie hinein."

„Ihr Gefangener?" drängte Ramage.

„Oh, ja, Sir. Ich beobachtete, wie ein Neger hinter der Gruppe der Wächter entlangging und — hm — an einem Baum austrat. Ein anderer benutzte nach ihm denselben Platz.

Die Soldaten gaben sich keinerlei Mühe, ihn zu bewachen. So gingen Maxie und ich in die Nähe des Baumes und warteten, bis ein weiterer kam. Maxie sprach ihn leise aus seinem Versteck hinter einem Busch an. Und sofort wollte der Kamerad mit uns gehen. Ich vermutete, die spanischen Wachen würden meinen, er sei abgehauen. Ich dachte, Sie würden mehr aus ihm herausbekommen, als uns das jemals gelingen könnte, Sir. Ich mußte mich schnell entscheiden, und ich hoffe, ich handelte zu Ihrer Zufriedenheit, Sir, denn eine solche Chance wird sich uns nicht mehr bieten."

„Sie handelten richtig", versicherte ihm Ramage.

„Die Wachen hatten sechs Musketen zwischen sich stehen. Die anderen hatten Spieße und Peitschen. Die Musketen waren nicht geölt, Rost zeigte sich. Die Uniformen abgetragen, schmutzig und alt. Sehr lange Peitschen. Der Offizier ein Dandy, Sir. Hielt sich ein Spitzentaschentuch an die Nase. Entweder war eine Erkältung im Anzug oder er roch an Parfüm."

Sie näherten sich dem Lager und Ramage wandte sich Maxton zu.

„Welche Sprache spricht der Kamerad denn?"

„Spanisch, Sir, und Eingeborenendialekt."

„Gut, wir bleiben kurz hier stehen, bevor er das Lager sieht. Ich möchte ihm gerne ein paar Fragen stellen."

„Er wird uns helfen, Sir", sagte Maxton eifrig. Ramage wußte wohl, daß sein Eifer in erster Linie der Tatsache zuzuschreiben war, daß der neue Mann farbig war wie Maxton selbst. „Er heißt Roberto, Sir."

„Man nennt dich Roberto?" fragte er auf spanisch.

Der Mann grinste über das ganze Gesicht und nickte heftig.

„Wessen Sklave bist du?"

„Der Armee, *commandante*", antwortete er.

„Was treibt ihr in den Hügeln?"

„Wir legen Gräben an, *comandante*."

„Das weiß ich. Weißt du, wofür? Ihr grabt und füllt dann wieder auf."

„Ja, wir graben tief, so tief, wie ein Mensch groß ist. Sobald wir das geschafft haben, befiehlt der *teniente*, daß wieder aufgefüllt werden muß. ‚Stop!' sagte er. ‚Nun schüttet wieder zu'."

„Und dann?"

„Dann gehen wir an einen anderen Platz und beginnen von neuem."

„Was begrabt ihr?"

„Begraben?" wiederholte der Mann überrascht. „Warum, nichts, *comandante!*"

„Nach was sucht ihr dann?"

Roberto zuckte mit den Schultern. „Weiß niemand."

„Jemand muß es wissen!"

„*Si, comandante!* Aber weder die Soldaten, noch die Sklaven; nur der *teniente*."

„Wieviele Soldaten sind auf der Insel?"

„Die, die uns bewachen. Ich kann nicht zählen."

„Nicht mehr? Keine Garnison?"

Der Neger schüttelte den Kopf.

„Wo schlafen die Soldaten?"

„Im Dorf. Einige leere Häuser. Sie haben drei. Wir Sklaven leben in einem anderen. Sie schließen uns ein."

„Und der *teniente?*"

„Ja, er hat ein Haus. Sein eigenes."

„Mit Wachposten?"

„Nein, nur seine zwei Diener. Sie sind Soldaten, aber auch Diener."

Ramage sah langsam etwas klarer. Trotzdem konnte Roberto ihm im Augenblick nicht weiterhelfen. Er stand auf und wandte sich an Maxton.

„Kümmern Sie sich um ihn; besteht Gefahr, daß er flieht?"

„Nein, Sir, er will bei uns bleiben. Er rechnet fest damit, daß er nicht mehr zu den Spaniern zurück muß. Er ist uns so dankbar."

„Gut, behalten Sie ihn im Auge. Immerhin besteht die Möglichkeit, daß er zu ihnen zurückkehrt und alles erzählt. Sagen Sie ihm das aber bitte nicht", fügte er hastig hinzu. „Bringen Sie ihn nicht erst auf so einen Gedanken!"

Als sie am Lager angekommen waren, hatten die Köche gerade ein Mahl fertiggestellt. Yorke schlug vor, bei den französischen Gästen zu essen. Ramage stimmte zu; er wollte ihnen bei dieser Gelegenheit berichten, wie wenig er gerade erfahren hatte. Auf seinem Weg zu ihrem mit Palmen geschützten Platz informierte er auch kurz Southwick. Der alte Kapitän sah es nicht so gerne, daß die Matrosen ihre Musketen beiseite gelegt hatten und zu arbeiten begannen.

Die Familie St. Brieuc und St. Cast saßen recht bequem in ihren mit Segeltuch bespannten Stühlen, welche der Bootsmann, zusammen mit einem Klapptisch, von der *Topaz* herübertransportiert hatte.

Einer der Stewards des Handelsschiffes flüsterte St. Brieuc zu, daß Ramage auf dem Weg zu ihnen sei. Einem selbstsicheren Gastgeber gleich, der in einem riesigen Speisesaal steht, machte er eine einladende Handbewegung in Richtung Tisch. „Lunch ist angerichtet. Wenn Sie bitte Platz nehmen wollen . . ."

Stühle wurden gerückt, St. Brieuc sprach das Tischgebet, Stewards servierten eine heiße Suppe, und man begann zu essen. Ramage wollte gerade mit seinem Bericht beginnen, als ihn die Qualität der Suppe voll gefangen nahm und darüber der Gedanke an das Rätsel der Gräben in den Hintergrund gedrängt wurde. Er schaute St. Brieuc an.

„Die schmeckt phantastisch. Dank Ihnen steht uns der beste Koch der Karibik zur Verfügung!"

„M'sieur le Gouverneur", sagte St. Brieuc lächelnd, „heute morgen ließ ich Sie wissen, wie glücklich wir sind. Das war, bevor ganz unerwartet unsere Möbel hier ankamen und bevor wir erkannten, welche kulinarischen Genüsse man für uns vorbereitet hatte."

Ramage nickte vergnügt. „Ich fühle mich geneigt, der ersten Person zuzustimmen, die da behauptet, daß meine

Kolonie die am besten verwaltete des ganzen Empires ist, egal ob französisch oder britisch!"

„Ich behaupte das!" rief Maxine aus und errötete ob ihrer Kühnheit.

„Und ich tue es Ihnen gleich, Mam'selle", sagte Yorke.

„Dann werde ich meinen Bericht der beratenden Versammlung des Gouverneurs übersenden", sagte Ramage und erzählte ihnen von Jacksons Streifzug und seiner eigenen Befragung von Roberto.

„Diese Gräben", fragte Yorke, „verstecken oder suchen sie etwas? Verstecken oder Suchen?"

„Suchen, offensichtlich."

„Was veranlaßt Sie, so sicher zu sein?"

„Der Neger hat keine Ahnung, was das ganze soll. Wollte man etwas vergraben, wüßte er zweifelsohne Bescheid."

„Nicht unbedingt. Die Spanier könnten beispielsweise die Sklaven wegschicken, etwas in das Loch legen, es teilweise auffüllen und die Sklaven dann den Rest der Arbeit erledigen lassen."

Ramage schüttelte den Kopf. „Nein, das habe ich überprüft. Sie beginnen unmittelbar, nachdem sie mit Ausgraben fertig geworden sind, mit dem Zuschütten. Die grabenden Männer sind zwischendurch nicht einmal aus dem Loch herausgestiegen. Würden sie etwas vergraben wollen, hielten sie diese Sache bestimmt unter Bewachung im Dorf zurück."

„Ja, das ist eine richtige Schlußfolgerung", war Yorkes Kommentar.

St. Cast schien laut zu denken, als er sagte: „Wenn sie das Loch füllen, bleibt die Erde locker, falls sie sie nicht feststampfen. Bereiten sie diese Löcher für späteren Gebrauch vor und füllen sie nur vorübergehend auf?"

„Es besteht doch keine Veranlassung, sie zuzuschütten", sagte St. Brieuc. „Warum diese unnötige Arbeit auf sich laden? Es besteht keine Gefahr für Mensch oder Tier, hineinzufallen. Und zu Geheimniskrämerei hat man keine Veranlassung..."

„Ich bin sicher, sie suchen etwas", sagte Ramage. „Und sie wissen, daß es in einer Tiefe versteckt ist, die ungefähr der Größe eines Menschen entspricht; so etwa fünf bis sechs Fuß."

„Sie würden sie bestimmt zuschütten, falls sie es verheimlichen wollten", meinte St. Cast.

„Wasser!" rief Yorke triumphierend aus. „Sie wollen neue Quellen anbohren!"

„Auf einem Hügel?" fragte Ramage ungläubig.

„Warum nicht? Ich habe schon viele Quellen gesehen, die oben an einem Hang entsprangen."

Ramage fühlte sich etwas enttäuscht. Das war eine so naheliegende Erklärung. Auf die war er nicht gekommen, weil er, wie ein Schüler, daraus ein Rätsel gemacht hatte...

Nach dem Essen verließen sie den Tisch und setzten sich noch ein bißchen zusammen, um über ihre unmittelbare Zukunft zu sprechen. Ramage war recht angenehm überrascht, als er herausfand, daß keiner großen Wert darauf legte, die Insel so schnell wie möglich zu verlassen. Im Gegenteil: die Familie St. Brieuc amüsierte sich wirklich. Maxine schien nur zu bedauern, daß ihr kein Pferd zur Verfügung stand, auf dessen Rücken sie die Insel erforschen konnte. Ihre und ihrer Eltern Begeisterung kannte keine Grenzen, daß sie für unbestimmte Zeit der — wie St. Brieuc es nannte — „überhitzten Heuchelei des *salon*" den Rücken kehren konnten. Einen kurzen Augenblick lang gab sich Ramage dem Gedanken hin, eine neue, kleine Welt aufzubauen. Eine Welt ohne Goddards und Sir Pilcher Skinners, ohne Direktionen und klatschsüchtige Gesellschaft und falsche Politiker... Menschen umgaben ihn, die er bewunderte, und zwar vom einfachen Seemann bis hinauf zu Southwick; von St. Brieuc bis Yorke.

Maxine schien aufzublühen. Das empfindsame Wohnzimmerverhalten war verschwunden, wie wenn es niemals existiert hätte. An seine Stelle war wachsendes Vertrauen und Sicherheit getreten, die beide überraschten und entzückend waren. Sie hatte in den Tropen nicht den Versuch unternommen, Gesicht und Hände vor der Sonne zu schützen. Deshalb hatte sie nun ein wunderbares Braun, das ihre schönen Gesichtszüge noch bereicherte.

Ramage wünschte, er könne sie zu einem Galopp über die Hügel einladen, bis ihre Pferde erschöpft waren. Falls es dazu käme, stellte er sich vor, würde sie seine Hand ergreifen und mit ihm zu den Stallungen zurückgehen. Sie glich einer zarten Pflanze, die plötzlich gewachsen war und nun in voller Blüte stand.

Während der Unterhaltung ertappte sich Ramage dabei, daß er häufiger ihren Blick suchte, um zu ihr, ohne Worte, zu sprechen. Schließlich entschuldigte er sich mit dem Hinweis, er müsse die Arbeit der Männer der *Topaz* überwachen, die aus einem der Ersatzsegel für die Gäste ein Zelt bastelten.

13

Es war Nacht. Ramage versuchte, auf dem blanken Boden zu schlafen. Immer wieder mußte er nach über ihn krabbelnden Ameisen und nach Moskitos schlagen, die auf ihm gelandet waren, nachdem sie ihn vorher mit bange machendem Gesurre umkreist hatten. Wieder dachte er an die Gräben.

Auch eine weitere halbstündige Befragung von Roberto

hatte ihn nicht klüger gemacht. Der Neger hatte ihm alles erzählt was er wußte; und das war wenig genug. Nur eine Information könnte vielleicht bedeutend sein — vielleicht aber auch völlig belanglos; sie könnte lebenswichtig oder ohne jegliche Auswirkung sein.

„Sind die Spanier knapp an Trinkwasser?" hatte Ramage gefragt.

„Oh, nein!" Roberto war überrascht. „Nein, *commandante*, sie haben genug. Der Brunnen beim Dorf ist groß und tief und führt Süßwasser. Der *teniente*, sagt man, wäscht sich darin zweimal pro Tag von Kopf bis Fuß."

Bestand keine Wasserknappheit, war keine Veranlassung gegeben, woanders neue Quellen ausfindig zu machen... Dennoch war das Dorf etwa drei Meilen von dem Platz entfernt, wo Jackson die Gräber entdeckt hatte.

Gräber, — er mußte sich zwingen, an *Gräben* zu denken! Der Begriff ‚Gräber' umriß in groben Zügen ein Bild, das seine Gedankengänge beeinflussen konnte und unter Umständen verhinderte, daß er auf eine Lösung des Problems kam.

Um noch einmal von vorn zu beginnen: Warum grub ein Mensch ein großes, tiefes Loch?

Um etwas zu vergraben. Um nach Wasser zu suchen. Um etwas zu suchen, was von einem anderen dort vorher vergraben worden war. Hmm, dachte Ramage, ich werde mich bald davon überzeugt haben, daß sie nach dem verborgenen Schatz von Captain Kidd suchen, nach Gold, das vor einigen Jahrhunderten von Spaniern erbeutet worden ist.

Die Suche nach Wasser schien am wahrscheinlichsten. Zugegeben, drei Meilen sind ganz schön weit, wenn man Wasser tragen muß. In kleinen Fässern wurde es auf Mauleseln oder Maultieren transportiert. Aber Fässer leckten oft. Wasser verdunstete in der Hitze.

Wollten die Spanier jedoch *wirklich* auf dieser Seite der Insel ein Depot anlegen?

Zusätzliche Wasservorräte waren nur dann sinvoll, wenn die Spanier wirklich an Snake Island Interesse zeigten. Und das war wohl der Fall. Ging die Insel mit ihrer großen Bucht, die eine ganze Flotte aufnehmen konnte und selbst in einem Hurrikan genug Schutz bot, in Feindeshand über, konnte von hier Puerto Rico beherrscht werden. Auf der Ostseite von Puerto Rico gab es keinen Hafen. San Juan lag weit entfernt an der exponierten Nordküste. Von hier waren es fünfundsiebzig Meilen bis zum Ostende der Insel, und die ganze Strecke war dem Wind ausgesetzt. Snake Island bedeutete für Puerto Rico, was Plymouth für England war: ein sicherer Ankerplatz für die Flotte, der in bezug auf ein zu schützendes Gebiet noch dazu in günstiger Windrichtung lag. Vielleicht war das den Spaniern endlich bewußt geworden, so daß ihre Soldaten eine erste Prüfung der natürlichen Gegebenheiten durchführten.

Er richtete sich auf, schlug in der Dunkelheit wieder ein paar Ameisen weg und überlegte, ob es keinen besseren Lagerplatz gab.

Die spanischen Soldaten waren weit genug entfernt und im Augenblick beschäftigt genug; und trotzdem wagte er es nicht, einen weiteren Tag denselben Platz zu benutzen. Hätten die Fischer erst einmal das Lager, die Wracks oder Wrackteile gesichtet, würde sofort Alarm geschlagen werden. Seine Unsicherheit und Sorge war allerdings völlig verschwunden, seitdem er wußte, wieviele Soldaten auf der Insel stationiert waren. Sein eigenes Lager wurde von doppelt so vielen und weit besser ausgerüsteten Seeleuten und Matrosen bewacht.

Doch konnte jeden Tag ein spanisches Schiff mit Lebensmitteln oder Verstärkungstruppen auftauchen, und spätestens dann würden die Wracks und wahrscheinlich auch das Lager entdeckt werden. Ob es ihm gelang, die Spanier zu umzingeln und zur Aufgabe zu zwingen? Konnten die Seeleute in hellem Tageslicht völlig leise durch die Büsche hindurch auf den Hügel gelangen? Wenn sich die Stacheln der Kakteen in die Fußsohlen bohrten ... Nein! Es waren gute Leute, jeder einzelne von ihnen, doch nur Jackson war auch im Kampf zu Lande ausgebildet worden. Er mußte sie entlang des Weges, der auf den Hügel führte, in den Hinterhalt legen.

Wahrscheinlich begannen die Sklaven ihre Graberei frühmorgens. Verdammt, er mußte jetzt einen Plan machen und die Leute einteilen. Er krabbelte hoch und ließ den harten Boden und die hungrigen Ameisen gerne zurück.

Einer der Wachposten wußte, wo Jackson schlief, und schon ein, zwei Minuten später kniete Ramage neben dem Amerikaner. „Wo ist Maxton mit dem Sklaven?"

Jackson deutete nach rechts. „Gleich dort drüben, Sir, neben jenem Busch."

„Kommen Sie mit!"

Jackson sprang sofort auf seine Füße und streifte den Gürtel mit dem Kurzdegen über den Kopf.

„Den werden Sie nicht benötigen!"

Sie fanden Maxton Seite an Seite mit Roberto schlafend.

„Roberto", zischte Ramage leise, „um wieviel Uhr verlassen die Soldaten morgens das Dorf?"

„Kurz vor Tagesanbruch, *commandante*."

Verdammt, dachte Ramage bei sich, wie lange dauert dieses „kurz vor"? Du mußt es anders versuchen.

„Wie weit seid ihr gestern gegangen, bevor die Sonne hochkam?"

„Wir erreichten den Platz, wo wir zu graben hatten, kurz bevor die Sonne hochkam, *commandante!*"

Ramage gab auf. Weder ein Spanier noch ein Neger machte sich viel aus einer genauen Zeitangabe. Für einen spanischen Sklaven hatte Zeit überhaupt keine Bedeutung. Früh, irgendwann.

„Wo, glaubst du, werden sie morgen früh graben — wenn die Sonne scheint?"

„Am selben Hügel, *commandante*. Wir graben dort schon seit vielen Tagen, viele Gräben."

„Ich kann also sicher sein, sie dort zu finden?"

Ramage fühlte geradezu, wie Roberto steif wurde; wahrscheinlich aus Angst und Vorsicht.

„Sie bringen mich doch nicht zurück, *commandante*?"

Ramage kicherte leise und klopfte dem Mann beruhigend auf die Schulter. „Nein, Roberto, du bist befreit worden. Meinst du, deine Freunde würden auch gerne befreit werden?"

„Oh, ja, Sir! Dann töten sie den *teniente!*"

„Warum tun sie das?"

„Ein schlechter Mann, Sir; jede Nacht läßt er einen Sklaven an einen Baum binden und auspeitschen."

„Bestrafung für Diebstahl?" fragte Ramage neugierig.

„Manchmal, Sir, hat niemand etwas Verbotenes getan, läßt er den Wachposten einfach willkürlich einen anbinden!"

Ramage nickte langsam. Er konnte sich den Leutnant fast vorstellen. Dennoch war er der einzige, der das Geheimnis der Gräben kannte und der wußte, wann ein Versorgungsschiff anlegen sollte.

„Jackson!"

„Hier, Sir."

„Wieviele Leute werden wir brauchen, um die Gruppe unterwegs aus dem Hinterhalt zu überfallen, bevor sie den Hügel erreicht haben?"

„Zwanzig, wenn Sie ein Blutvergießen vermeiden wollen, Sir; zehn, wenn das keine Rolle spielt."

„Haben Sie irgendwelche besonders geeignete Stellen für einen solchen Überfall ausmachen können? Wir haben nicht genug Zeit, um uns die Gegend noch einmal in der Dunkelheit anzuschauen."

„Ist nicht nötig, Sir. Ich kenne eine solche Stelle. Notierte sie mir, als wir zurückgingen. Sie liegt direkt hinter der Weggabelung, Sir. Sie ist ganz ideal."

„Sehr gut; dann wollen wir uns auf die Suche nach dem Korporal machen."

Jackson stöhnte etwas. Dieses Stöhnen konnte auf zweierlei Art gedeutet werden. Einem mißmutigen Ramage gegenüber hätte Jackson es auf Befragung mit seinen Rückenschmerzen erklären können. War Ramage dagegen gutgelaunt, konnte Jackson es als Zeichen seiner Abneigung gegen Matrosen auslegen, die als Landsoldaten dienen mußten. Dafür sollte man seiner Meinung nach Leute der Handelsmarine auswählen.

Ramages Laune war weder zu gut noch zu schlecht. Er ignorierte einfach Jacksons Stöhnen und beschloß, acht Matrosen und zwölf Seeleute auszuwählen. Jackson mußte seinen leisen Protest dadurch bezahlen, daß er die Seeleute auszuwählen, sie in ihre Pflicht einzuweisen und sie bewaffnet und ausgerüstet um 4.30 Uhr außerhalb des Lagers antreten zu lassen hatte.

Nachdem Ramage den Marinekorporal gefunden und Anweisungen gegeben hatte, bat er die Wachposten, ihn um vier Uhr zu wecken. Daraufhin begab er sich wieder zu seiner harten Lagerstätte zurück. Er hatte sie dort ausgewählt, wo jeder ihn leicht finden konnte. Dann kauerte er sich nieder, wußte jedoch genau, daß er kein Auge mehr zumachen würde.

Er meinte, doch gerade eingeschlafen gewesen zu sein, als die rauhe Stimme des Wachpostens in sein Ohr flüsterte, „Captain, Sir!"

Kaum hatte er sich aufgerichtet, als dieser schon wieder verschwunden war. Dann nahm er zwei Gestalten wahr, die sich aus der Dunkelheit herausschälten und rechts und links von ihm standen.

„Morgen, Kommandant."

Der eine, der so lebhaft grüßte, war Yorke. Ramage rieb sich den Schlaf aus den Augen und erkannte dann etwas verschwommen, daß er in voller Montur vor ihm stand, ja sogar bereits den Gürtel mit dem Kurzdegen über die Schulter gehängt hatte und eine Muskete trug.

„Morgen", murmelte Ramage verschlafen. „Ein bißchen früh, für so aufmunternde Worte. Ah, Jackson?"

„Ja, Sir. Nehmen Sie das Glas Zitronenlimonade und die paar Kekse, Sir. Die Zitronen sind saftig und frisch. Eignen sich prima zur Mundhygiene."

„Besten Dank. Vielleicht können Sie Mr. Yorke auch ein Glas besorgen?"

„Er hat schon eines gehabt, Sir."

„Sie haben es schon getrunken? Alle Wetter!" rief Ramage voller Erstaunen aus. „Was in aller Welt treibt Sie so früh in die Höhe?"

„Frühmorgens jagt es sich leichter", antwortete Yorke hochtrabend. „Ich gehe auf Entenjagd."

„Um Himmels willen, nein!" Ramage war außer sich. „Der Klang eines Schusses wird..." er unterbrach sich und lachte. „In Ordnung, ich bin noch nicht ganz wach. Tut mir leid, daß ich Sie nicht schriftlich eingeladen habe zu meiner —"

Ramage trank den Saft und spülte damit das trockene Keks hinunter. Die Kekse aus dem Marinevorrat aß man am besten in der Dunkelheit. Man brauchte dann die vielleicht nahrhaften, aber nicht gerade appetitlich aussehenden Rüsselkäfer weder zu sehen noch zu hören.

„Nun?" wandte Ramage sich an Jackson.

„Alle Männer fertig, Sir. Der Korporal hat die Matrosen gemustert."

„Kommen Sie mit", sagte Ramage zu Yorke. „Wir wollen sie inspizieren. Woher kannten Sie unseren Plan?"

„Das geschäftige Hin und Her vor Mitternacht. Ich ließ

meine Spione Nachforschungen anstellen und ordnete an, mich zur ausgemachten Stunde zu wecken."

„Mit Fruchtsaft", ergänzte Ramage.

„Natürlich."

Der Korporal ließ die Matrosen in doppelter Reihe antreten. Ramage konnte ihn gerade noch rechtzeitig bremsen, in überlauter Befehlsstimme die Aufmerksamkeit der Leute auf sich zu lenken.

Ramage nahm seinen Arm und zog ihn ein paar Schritte beiseite.

„Korporal, das wird ein vollkommen lautloser Einsatz. Muß etwas Notwendiges mitgeteilt werden, darf das nur im Flüsterton geschehen. Falls auch nur einer laut ist, werde ich ihn prügeln lassen. Ist das klar?"

„Ja, Sir."

„Gut, denn. Informieren Sie Ihre Leute einzeln. Flüstern Sie!"

Während der Korporal, einer erregten Schlange gleich, einem Mann nach dem anderen etwas zuzischte, inspizierte Ramage die Seeleute. Sechs trugen Musketen und hatten Tomahawks in ihren Gürteln stecken, sechs weitere trugen Kurzdegen, und in ihren Gürteln steckten Pistolen.

Ramage erkannte, daß Jackson Rossi, Stafford und Maxton ausgewählt hatte; das war fast vorauszusehen gewesen. Doch alles in allem zählte er dreizehn Leute.

Er schritt etwas zurück und zählte noch einmal.

„Jackson! Wieviel Mann haben Sie zusammengestellt?"

„Eh — zwölf, Sir."

„Zählen Sie sie!"

„Ich weiß, Sir, sieht wie dreizehn aus."

„Sieht aus? Verdammt nochmal, es ist, ich meine es sind dreizehn."

Aus der Dunkelheit heraus hörte man plötzlich Bowens Stimme. „Entschuldigen Sie. Ich lud mich selbst ein, Sir. Ich dachte, Sie könnten einen Arzt nötig haben. Schußverletzungen und ähnliches..." Seine Stimme verlor sich, als er fühlte, wie Ramage ihn anstarrte.

Ramage erkannte, daß Yorke schnell hinter ihn getreten war. Vielleicht vermutete er aufkommende Schwierigkeiten. Ramage war etwas verwirrt über die Art und Weise, in welcher Jackson, Yorke und Bowen den Einsatz übernehmen wollten.

„Mr. Bowen", begann Ramage voller Sarkasmus, „als ich diese ganze Expedition plante, überlegte ich, ob Küfer, Kalfaktoren, Zimmerleute, Köche, Leute für die Wache im Mast, Leute für das Vorderdeck oder Gehilfen des Schiffsarztes notwendig seien. Ich überlegte auch, ob wir geplagt sein würden von Lippengeschwüren, Erbrechen, Malaria oder Tripper. Und ich beschloß ebenfalls, daß uns das nicht passieren würde, ein Arzt also nicht nötig sei."

„Zu Befehl, Sir, ich entschuldige mich. Ich gehe zurück zum Lager."

Bowen schien so niedergeschlagen, daß Ramage mitleidig wurde. „Nun, da Sie schon einmal da sind, ist es besser, wenn Sie mit uns gehen", sagte er. Seine Stimme ließ erkennen, daß er die Geschichte übelnahm. „Ich will nicht, daß Sie jeden aufwecken, wenn Sie in der Dunkelheit im Lager umhertappen."

Damit ging er hinüber zu den Matrosen und inspizierte sie sehr genau. Er wies sie noch einmal darauf hin, wie unbedingt wichtig absolute Ruhe war. Dann scharte er Jackson, den Korporal, Yorke und Bowen um sich.

Er war schlecht gelaunt. Er hatte tief geschlafen und benötigte immer eine gewisse Zeit, bis er ganz bei sich war, und fast immer verschlechterte sich seine Laune. Um ehrlich zu sein: er war nervös, wenn er an das ungewohnte Soldatsein dachte. Doch zum Glück war keine Zeit für Ehrlichkeit gegeben. Er konnte nur das einzige Vergnügen genießen, das einem Gruppenführer gegeben war — er konnte schlecht gelaunt sein.

„Wir werden uns in zwei Gruppen teilen, die Gruppe der Seeleute und die der Matrosen. Ich werde das Kommando über die Seeleute übernehmen, und da Mr. Yorke uns die Gnade seiner Anwesenheit zuteil werden ließ, kann er die Matrosen kommandieren.

Das bedeutet nicht, Korporal, daß Sie keine Verantwortung tragen für jede Ungeschicklichkeit oder Dummheit, die Ihren Leuten anzulasten ist. Mr. Bowen schließt sich auch den Marinesoldaten an." Dieser Gedanke schien ihm nachträglich gekommen zu sein. Yorke und Bowen waren intelligent genug, die Matrosen richtig zu führen.

„Musketen und Pistolen dürfen erst geladen werden, wenn wir im Versteck sind. Kein Wort. Ich will jedes unnötige Töten vermeiden. Gebrauchen Sie also Ihren gesunden Menschenverstand. Der spanische Leutnant muß lebend gefangengenommen werden. Irgendwelche Fragen? Machen Sie sich dann ans Werk."

Jackson folgte ihm, als er zur Gruppe der Seeleute hinüberging. „Richtig, folgt mir. Geht paarweise. Und solltet Ihr stolpern — tut es bitte leise!"

Jackson setzte sich ganz automatisch an die Spitze und schlug ein Tempo an, das weder zu schnell noch zu langsam war. So ging ein Mann, der wußte, wohin er gehen wollte und daß er dorthin gelangen würde. Jackson war im Gelände zuhause und bewegte sich mit einer Sicherheit und Vorsicht, wie man sie von einem Fuchs oder anderen in freier Wildbahn lebenden Tieren gewohnt war. Und dennoch schien er auch auf ein Schiff zu gehören.

Noch war es dunkel. So dunkel, wie man es von jeder tropischen Nacht kannte. Das Kreuz des Südens, aus jenen vier markanten Sternen gebildet, wies die Himmelsrichtung an. Gegenüber leuchtete der Große Wagen und achtzehn Grad über dem Horizont der Polarstern. Alle anderen vertrauten Sternbilder leuchteten heller als in nördlichen Breiten, schienen näher zu sein.

Ein Seemann hinter ihm stolperte. Ein kleines Tier huschte durch die Dunkelheit. Ein Landkrebs hastete über den Weg. Bald bildete Ramage sich ein, etwas weiter sehen zu können. Das Schwarz der Nacht ging in dunkles Grau über, und seine Augen schienen die Umwelt etwas verschwommen zu erfassen. Lange Erfahrung sagte ihm, daß dies das erste Anzeichen für die Morgendämmerung sei. Der Weg bog nach links. Ramage hoffte, daß die Matrosen ihre Aufgabe gut erfüllen würden. Er wollte es Jackson schon zeigen ...

Die Muskeln an der Vorderseite seiner Schienbeine schmerzten. Sie waren nicht an lange Fußmärsche gewöhnt. Er dachte an die Blasen an seinen Fersen. Doch dieser Gedanke wurde vertrieben von der Vorstellung, daß die in den Magen einschlagende Kugel aus einer Muskete ein weit schlimmeres Leiden wäre, das er bestimmt bald auszuhalten haben würde. Jackson hatte das Tempo etwas gedrosselt, um ihn aufschließen zu lassen.

„Die Gabelung liegt ungefähr dreißig Yards vor uns, Sir."

Ramage wartete, bis die Zweierreihe ebenfalls herangekommen waren. Links sah man, wie sich der Pfad sanft hochschlängelte. Rechts war das Gelände eben.

Er entschloß sich, die Matrosen noch ein Stück weiter in Richtung Dorf zu postieren. Die Spanier mußten dann auf dem Weg zu den Gräben an ihnen vorbeigehen und würden von den nachfolgenden Seeleuten gestellt. Falls sie vor den aus dem Hinterhalt auftauchenden Seeleuten fliehen und in Richtung Dorf rennen wollten, liefen sie direkt in die Falle. Würden aber die Marinesoldaten diszipliniert genug sein, die Spanier zuerst passieren zu lassen, ohne das Feuer auf sie zu eröffnen? Da Yorke und Bowen unter ihnen waren, konnte er sich darauf verlassen. Er setzte Yorke und dem Korporal seinen Plan auseinander, und daraufhin verdrückten sich alle in die Dunkelheit.

Ramage war angenehm überrascht, wie geräuschlos sie sich bewegen konnten. Sowie sie außer Sicht waren, vermochte man sie nicht mehr zu hören. Beide Gruppen versteckten sich auf der linken, westlichen Seite des Weges. Auf diese Weise wußte die eine wenigstens ungefähr, wo die andere war und, was wichtig war, keine würde gegen den Hügel schießen, sollte es wirklich zu einer Schießerei kommen.

Schnell führte er mit Jackson die Seeleute in die Büsche und postierte jeden zwei oder drei Yards vom Pfad entfernt. Er zeigte jedem, wo der nächste Mann rechts und links postiert war und warnte davor, was passieren konnte, falls das von nur einem vergessen wurde.

Schließlich gingen die beiden den Pfad entlang, um ihre eigene Position einzunehmen. Ramage fand einen großen, wuchernden Divi-Divi-Busch, hinter dem sich beide verbergen konnten. Er setzte sich hin; seine Fußsohlen schmerzten, und er war müde. Dem Amerikaner an seiner Seite ging es genauso. Er zog eine der beiden Pistolen aus dem Gürtel und vergewisserte sich, daß sie nicht geladen war. Dann betätigte er den Abzug, um sicher zu gehen, daß er funktionierte. Das war offensichtlich der Fall. Nun beförderte er aus seiner Manteltasche ein metallenes Schießpulverhorn zutage, schüttete ein Maß des groben Pulvers in den Lauf und schob es mit dem Stampfer und einem Ladepfropfen nach unten. Dann nahm er eine Bleikugel aus der Tasche, drehte sie zwischen Daumen und Zeigefinger, um sicher zu gehen, daß sie absolut glatt und rund war und entsprechend gerade fliegen würde. Er stopfte sie dann in die Mündung und drückte sie vorsichtig mit einem zweiten Ladepropfen fest. Schließlich öffnete er das andere Ende des Pulverhorns, in welchem sich das feine Pulver befand. Er neigte die Pistole nach links und schüttete eine kleine Menge desselben in die Zündpfanne. Mit großer Sorgfalt prüfte er, daß die Öffnung zwischen

Pfanne und Lauf der Waffe voll Pulver war. Danach verschloß er die Pfanne. Leichtes Blasen beseitigte die Überreste des Pulvers. Er legte die Waffe auf den Boden neben sich und machte sich daran, die zweite zu laden.

Erst als er das hinter sich gebracht hatte, konnte er sich ein wenig entspannen. Nur eine kleine Bewegung beider Daumen war nötig, um die Gewehrhähne zu spannen, und der leichteste Druck auf den Abzug genügte, um sie abzufeuern.

Ramage und Jackson saßen da und versuchten, sich vorsichtig und leise der nun schon zu zutraulichen roten Ameisen zu erwehren, deren Bisse sich wie Stiche glühend heißer Nadeln anfühlten. Als der heller werdende Morgen die Sicht verbesserte, schauten sie den Pfad entlang. Ein in fünf Yards Entfernung stehender Busch war schon deutlich zu erkennen, und innerhalb von Minuten konnten sie Einzelheiten der Blätter und Zweige unterscheiden. Das Einheitsgrau, in das Land und Himmel getaucht gewesen waren, verblaßte und ging allmählich in Einzelfarben über. Hier blühte ein gelber Busch, dort ein weißer. Die Halme des harten Grases waren grün, die Büsche dunkelgrün.

Jackson stieß leise an Ramages Knie. Und dann hörte auch dieser den entfernten Klang von Metall und Stimmen: eine schwache, dunkle, variierte Melodie, und dann dazwischen entferntes Gemurmel. Ramage wußte: das waren Sklaven, die auf dem Weg zu ihrer Arbeit sangen und sich unterhielten.

Er fühlte keinerlei Anspannung in sich; im Gegenteil. Er war erleichtert darüber, daß er dem Sklaven Roberto geglaubt hatte. Das einzige Risiko bestand nun darin, daß die Sklaven am Versteck ankommen würden, bevor es hell genug war, um genug zu sehen.

Jackson schien seine Gedanken erraten zu haben, denn er flüsterte: „Der Pfad schlängelt sich von hier etwa eine Meile weit den Hügel hinab, Sir. Deswegen können wir sie so gut hören. Sie werden erst in fünfzehn oder zwanzig Minuten hier sein."

Es schien ewig lange zu dauern, ehe es allmählich etwas heller wurde. Ramage war erstaunt, wie geräuschvoll er selbst sich verhielt. An Bord hatte er das nicht festgestellt. Hier in der Morgenstille jedoch schien die Luft zu zischen, als sie durch die Nasenlöcher ein- und austrat. Er versuchte, nur durch den Mund zu atmen, gab das aber gleich wieder auf, als seine Kehle auszutrocknen begann. Er hatte Angst, husten zu müssen. Sein Herz schien besonders laut zu schlagen. Sein Magen knurrte. Der Teufel soll ihn holen! War sein Körper immer so laut wie jetzt?

Ein paar Minuten lang war der Gesang verstummt. Ramage befürchtete schon, der spanische Offizier würde seine Leute an einen neuen Platz führen. Jackson konnte ihn aber beruhigen. Der Weg beschrieb nur eine leichte Kurve, und der Hügel verschluckte den Ton. Und dann waren sie wieder zu hören — plötzlich lauter als zuvor.

Schnell stand er auf, eine Pistole in jeder Hand. Neben sich hörte er das Knacken von Zweigen. Ein Seemann war unvorsichtig gewesen, doch das machte jetzt nichts; der Gesang der Sklaven übertönte solche Geräusche.

Und dann fluchte er in sich hinein, als ihm einfiel, daß er vergessen hatte, die Seeleute darauf hinzuweisen, daß er die Spanier in ihrer Landessprache ansprechen wollte. Er war überzeugt, daß sie in jede Richtung schießen würden, aus der Spanisch zu vernehmen war.

Jackson merkte die plötzliche Spannung in Ramage und im Flüsterton erfuhr er den Grund.

„Kein Grund zur Aufregung, Sir", flüsterte der Amerikaner beruhigend, „ich sagte ihnen das, bevor wir das Lager verließen."

Ramage war erleichtert, fühlte sich aber auch etwas verwirrt. Der Amerikaner schien einfach an alles zu denken.

Der Gesang der Neger wurde lauter, und Ramage konnte

eine Gruppe von Menschen auf sich zukommen sehen. Jeweils drei oder vier gingen nebeneinander, sie bildeten also keine Formation. Die vordersten trugen Mützen; es waren spanische Soldaten. Hinter ihnen bestand eine Lücke, dann kamen wieder zwei oder drei Mann, dann wieder eine Lücke. Sie verteilten sich über ein viel längeres Stück Weg, als das, das abgesichert war. Lag zwischen seinen Leuten etwa ein Yard, so waren es zwischen dem ersten und letzten Spanier etwa zwanzig Yards. Daran hätte er denken müssen...

Noch war nicht die volle Helligkeit erreicht. Die Dämmerung hatte nun das Stadium erreicht, in welchem kleine Felsklötze riesig erschienen, Büsche die Umrisse mythologischer Tiere annahmen und alle Wolken bedrohlich erschienen.

Er hatte den Fehler eingebrockt, nun mußte er die Suppe auslöffeln... Und hier kamen die ersten Männer... zwanzig Yards... fünfzehn... zwei groß, einer klein... zehn Yards... Musketen über den Schultern, mehr bummelnd als marschierend... fünf Yards...

Ramage trat hervor und stellte sich vor ihnen auf. In jeder Hand hielt er eine Pistole. Sein Magen schien zusammenzuschrumpfen... er schien so verwundbar zu sein. Wie leicht konnte jemand auf sie schießen.

Die Männer stoppten erschrocken. Ihre Körper schienen wie durch Kälte erstarrt. Jeder einzelne stand da, wie wenn er es gerade noch bewerkstelligt hätte, rechtzeitig vor einer Schlange stehen zu bleiben und nun große Angst hatte, auch nur einen Schritt weiterzugehen.

Die Männer aus den hinteren Reihen schlossen zu ihren Vorderleuten auf. Eine nörgelnde Stimme fragte: *„Que pasa?"*

Ramage antwortete in klarem und scharfem Spanisch.

„Niemand bewegt sich. Hundert englische Gewehre sind auf Sie gerichtet. Der *teniente* soll nach vorn kommen!"

Nichts geschah.

Ein Neger stöhnte; ein furchtsames, erschrecktes und erschreckendes Stöhnen war das.

„Kommt der *teniente* nach vorn, wird ihm nichts geschehen. Falls ich meine Männer beauftragen muß, ihn zu finden, werden wahrscheinlich viele von Ihnen, einschließlich *teniente*, getötet."

Ramage glaubte, kichern zu müssen. Durch einen verrückten Einfall und eine schnelle Zunge in den Büschen hundert Leute zu erschaffen, machte Spaß. So war es leicht, Armeen zu bewegen.

Immer noch keinerlei Reaktion.

Ramage machte einen Schritt vorwärts. Er richtete die Pistolen auf die Anführer und spannte die Hahnen. Ein lautes, scharfes und unheimliches Klicken war zu hören.

„Ist der *teniente* unter euch?"

„*Si, senor.*"

„Er hat nur einfach keine *cojones*, eh?"

„*Si, senor — no! No, senor!*"

Ramage brach in blutrünstiges Lachen aus.

„Bald fehlt es ihm daran, falls er nicht hervortritt!"

Jetzt traten ein paar Männer zur Seite, und ein großer, dünner Mann kam hervor, blieb aber stehen, bevor er auf gleicher Höhe mit den drei Führenden war und starrte Ramage an.

„Wer sind Sie?" fragte er verdrossen auf spanisch.

Ramage drehte sich zu Jackson um und wies ihn in Englisch an: „Nehmen Sie ihm seinen Degen ab. Gehen Sie nicht zu sanft mit ihm um."

Der Leutnant protestierte mit verdrießlicher Stimme, die an eine zänkische junge Frau erinnerte. Doch der Protest, so stellte Ramage fest, war nicht allzu energisch.

Sobald Jackson die Waffe hatte, sagte Ramage zu dem Spanier: „Heißen Sie Ihre Leute an, die Waffen wegzulegen."

Er kam dieser Aufforderung mit bemerkenswerter Bereitwilligkeit nach. Musketen wurden von den Schultern genommen und auf den Boden gelegt. Andere, in der noch herrschenden Dunkelheit nicht klar zu erkennende Waffen wurden ebenfalls niedergelegt.

„Befehlen Sie den Sklaven, stillzustehen und den Soldaten, hervorzutreten und sich zehn Schritt hinter mir aufzustellen."

Ramage schritt zur Seite, und die Soldaten gingen, von den dreien vorn angeführt, los.

Plötzlich ertönte ein durchdringender schriller Pfeifton. Ramage sprang sofort zurück. Fast neben sich nahm er den Blitz und Knall aus einer Pistole wahr, und etwas Schlangenähnliches wandte sich für den Bruchteil einer Sekunde vor seinen Füßen auf dem Boden.

Ein paar Fuß entfernt ertönte inmitten einer Gruppe Soldaten ein schreckliches Gurgeln. Ramage erkannte blitzschnell, daß es von einem Soldaten kam, der am Boden lag, einen stockähnlichen Gegenstand krampfhaft in seiner Hand festhaltend. Ramages Ohren dröhnten vom Lärm des Schusses, und er war vom hellen Blitz etwas benommen. Trotzdem erkannte er, daß Jackson geschossen hatte. Das Pfeifen ging zurück auf einen Peitschenschlag, mit dem ihn ein Spanier hatte niedermachen wollen.

„Stillgestanden!" rief er auf spanisch. „Keiner bewegt sich, oder alle müssen sterben!"

Was für eine herrliche melodramatische Sprache das Spanisch ist, dachte er bei sich und rief dann auf englisch den Pfad entlang: „Mr. Bowen, hier gibt es Arbeit für Sie."

Ramage war sich im klaren, daß er mit Jacksons Hilfe alleine nichts ausrichten konnte. Er rief deshalb mit lebhafter Stimme: „Männer der *Triton*, nehmt die Soldaten gefangen!"

Es raschelte, und seine Leute kamen hinter den Büschen hervor. Ramage befahl den Sklaven, stillzustehen.

Fünf Minuten später — und nun wurde es wirklich in jeder Sekunde heller — stand der Leutnant neben ihm. Jackson bewachte ihn von hinten mit zwei Pistolen. Die spanischen Soldaten waren hintereinander aufgestellt, und von Mann zu Mann durch ein Tau verbunden. Die Sklaven bildeten eine Gruppe und schwatzten aufgeregt durcheinander.

Bowen kam hinzu; er wischte sich die Hände an einem Tuch ab.

„Es ist nicht gut, Sir, er ist tot."

„Zu dumm", sagte Ramage und erinnerte sich an den Pfeifton der Peitsche. Kurz dachte er darüber nach, was geschehen wäre, falls man ihn getroffen hätte. Er ging zu dem Toten und hob die Peitsche auf. Sie war das gemeinste, was er je gesehen hatte. Dieses Ding war als Folterinstrument, als Mittel zur Bestrafung und als Waffe entworfen worden. Ein scharfer Schlag konnte einen Menschen fast in zwei Teile zertrennen. Die ganze Peitsche war aus Leder geflochten. Der Griff, ungefähr fünf Fuß lang, war so dick und unbeweglich wie ein Besenstiel. Von hier verjüngte sich die Peitsche in den Schlag, der mindestens acht Fuß lang und am Ende nur wenig dicker war als der Schlag einer Angelrute.

Er öffnete die Hand des Toten und entnahm ihr die Peitsche. Er fühlte, daß er vor Wut zitterte, als er sich daran erinnerte, wie der Sklave Roberto beschrieben hatte, daß der *teniente* willkürlich einen Sklaven auspeitschen ließ, falls sich niemand hatte etwas zuschulden kommen lassen, das bestrafenswert gewesen wäre. Das Echo der nörgelnden Stimme des *teniente* von vor ein paar Minuten klang ihm noch im Ohr. Und er erinnerte sich, wie widerstrebend der *teniente* seine Anonymität und Sicherheit in der Gruppe aufgegeben hatte und nach vorn gekommen war, um seine Aufgabe als Führer der Gruppe zu übernehmen.

Bowen kannte den Grund für seine Wut, deutete auf die Peitsche und sagte ruhig. „Eine durchschlagende Methode, Sir."

Ramage schleuderte die Peitsche von sich.

„Vielen Dank", murmelte er und machte sich auf den Rückweg zum Lager. Den Korporal hieß er an, die Gefangenen und Sklaven mitzuführen und den Toten zu beerdigen.

Im Lager angekommen, wusch und rasierte er sich und frühstückte alleine. Durch den Zwischenfall mit der Peitsche war er immer noch in großer Wut. Er malte sich aus, wie Soldaten Sklaven aus reiner Langeweile oder wegen leichter Vergehen auspeitschten. Die neunschwänzige Katze der Kriegsmarine war zwar kaum als Spielzeug zu betrachten, doch man bediente sich ihrer nur bei außergewöhnlichen Umständen. Nur der Kapitän eines Schiffes — oder ein Gericht — konnte entscheiden, ob sie zur Anwendung kommen sollte. Es gab einige schlechte Kapitäne, wie z. B. Pigot von der *Hermione;* er hatte sich der Katze so verschrieben, daß die Mannschaft meuterte und ihn ermordete. Doch diese Sorte war selten und wurde von den Kollegen verachtet.

Verglich man diese beiden Peitschen, so entsprach die neunschwänzige Katze einem Bund Schnüre beim Kaufmann. Eine Tracht Prügel mit ihr war vergleichsweise nur peinlich. Und dabei handelte es sich um die härteste Strafe, die ein Gericht verhängen durfte, sah man von der Todesstrafe einmal ab. Mit dieser Peitsche hier konnte der rangniederste Soldat mit ein oder zwei aus purer Laune heraus versetzten Schlägen einen Mann so hart bestrafen, wie das nur dem Kriegsgericht der Marine möglich war. Schlug er drei oder vier mal zu, konnte der Tod eintreten. Und nach Robertos Bericht wurde er dafür nur getadelt, weil man einen Sklaven weniger zur Arbeitsverrichtung hatte.

Ramage freute sich bei Gott nicht darauf, diesen verachtenswerten *teniente* zu befragen. Augenblicklich bewachte ihn das vierblättrige Kleeblatt Jackson, Stafford, Rossi und Maxton. Natürlich hatte er einmal daran gedacht, daß man ihm Begünstigung vorwerfen könnte, weil er diese vier öfters mit Sonderaufgaben betraute, aber das Quartett hatte die Sympathien der anderen. Sie hatten mit ihm schon so viele Situationen durchgestanden, daß jeder die Gedankengänge des anderen kannte. In Notfällen sparte das wertvolle Sekunden.

Ramage steckte eine Pistole in den Gürtel, klatschte sich die Mütze auf den Kopf und schritt durch das harte Gras und vorbei an stacheligen Kakteen zum Vorratslager hinüber, wo der Gefangene hingebracht worden war. Die Sonne jagte die Temperatur hoch. Das gleißend helle Licht rief Falten auf Ramages Stirn hervor. Er glaubte, in der trockenen Luft den Geruch von Heu wahrzunehmen.

Die vier Matrosen standen um den Leutnant herum, welcher sich auf einen Baumstumpf gesetzt hatte und das Bild gereizter Niedergeschlagenheit abgab. Als Ramage sich ihm näherte, versuchte er, aufzustehen, doch er hieß ihn wieder Platz nehmen; er wollte jede der gewohnten höflichen Formalitäten vermeiden.

„Ihr Name?"

„*Teniente* Jaime Colon Benitez."

„Ihr Regiment?"

„Das erste Bataillon des Regiments von Aragon."

„Was tun Sie auf dieser Insel?"

„Ich kommandiere einen Zug."

„Offensichtlich. Welche Befehle hatten Sie?"

„Sie sind geheim", sagte Colon verächtlich, wie wenn er plötzlich, auf dem Baumstumpf sitzend, seinen Mut wiedergewonnen hätte.

„Sehr gut", sagte Ramage und schien die Antwort zu akzeptieren.

„Wo ist das Hauptquartier Ihres Regiments?"

„San Juan — bei El Morro."

„Der Rest Ihres Bataillons liegt in der Festung?"

„Ja. Ein paar Züge wie meiner sind abkommandiert."

„Wann kamen Sie hier in Culebra an?"

„Vor drei Wochen."

„Mit Ihren Aufträgen?"

„Mit meinen Aufträgen."

„Seit wann legen Sie Gräber an?"

„Gräber? Wie absurd!" Wieder zeigte sich Colon sehr verächtlich, als ob das Wort Gedanken an Gewerbetreibende oder ähnliches beinhaltete, mit welchen sich niemand vom Schlage eines Colon beschäftigte, was jedoch ein Engländer wie Ramage nicht verstehen konnte.

„Gräben, also?"

„Ich bin nicht darauf eingestellt, darüber zu reden."

„Natürlich nicht", sagte Ramage; „wegen Ihrer Anweisungen."

„Genau. Sie sind geheim."

„Aber ich kann Sie in Ihrem Quartier finden, in Ihrem Haus im Dorf, und sie dann lesen."

„Oh, nein, das können Sie nicht!" triumphierte Colon. „Sie wurden mündlich übermittelt. Der Colonel ließ ausdrücklich kein geschriebenes Dokument anfertigen. Wegen der Notwendigkeit der Geheimhaltung", fügte er hinzu, und dabei nahm seine Stimme einen leisen, verschwörerischen Tonfall an.

„Ah, ja", sagte Ramage voll gespielter Sympathie. „Es ist wirklich gefährlich, so geheime Dinge einem Papier anzuvertrauen."

„Sicher ist es das!"

„Gut. Lassen Sie mich nachschauen, ob ich alle Ihre Angaben korrekt verstanden habe."

Er wiederholte Name, Regiment und Ort der Stationierung.

Colon nickte zustimmend und sagte: „Das stimmt alles. Sie sprechen sehr gut spanisch; mit etwas kastilischem Akzent."

Ramage nickte anerkennend und erwiderte: „Ich bitte um Entschuldigung; ich bräuchte noch ein oder zwei Einzelheiten. Danach habe ich keine weiteren Fragen mehr."

„Ich werde mein bestes tun, um Sie zufriedenzustellen", sagte Colon affektiert.

„Danke. Wann wird das nächste Schiff mit Proviant von Puerto Rico erwartet?"

„Das kann ich Ihnen nicht sagen."

Ramage nickte bedauernd. „Nun die letzte Frage: Welcher der Gräben, die Sie angelegt haben, befindet sich an der hübschesten, ruhigsten Stelle?"

„Was für eine absurde Frage!"

„Aber wichtig", sagte Ramage sanft.

„Nun, ich weiß nicht genau. Keiner befindet sich an einem Platz, den ein zivilisierter Mensch als Laube bezeichnen würde."

„Trotzdem, Sie müssen einen bevorzugten nennen."

„Nun, ich bevorzuge keinen; ich hasse alle", sagte Colon ungeduldig, als ob ihn das Thema ‚Gräben' langweilte.

„Ich muß Sie zur Antwort zwingen", sagte Ramage etwas schärfer. „Nur einen."

„Nein! Nicht einmal einen."

„Gut denn", sagte Ramage in verständnisvollerem Ton, „darf ich fragen, welchen Platz auf der ganzen Insel sie als den ruhigsten betrachten würden — Gräben hin oder her?"

Colon winkte verächtlich ab. „Der ganze Platz ist abscheulich, ich hasse ihn."

Er stampfte mit dem Fuß auf und wiederholte fast hysterisch, „Ich hasse ihn! Ich hasse Puerto Rico! Ich hasse die Tropen!"

„Wirklich?" fragte Ramage mitfühlend. „Nun, Sie bringen mich in eine schwierige Lage. Ich wünsche, Sie würden mir nur einfach einen ruhigen Platz für einen Graben nennen."

„Seien Sie endlich still mit Ihren Gräbern!" explodierte er schließlich.

„Dann also doch ‚Gräber'", konterte Ramage.

Colon riß seine Augen auf. „Ich mag die Art nicht, in der Sie das sagten!"

„‚Gräber'?" wiederholte Ramage scheinbar überrascht. „Was ist daran falsch?"

„Sie sagten es mit drohender Stimme."

„Sie können mir nicht vorwerfen, daß ich Sie bedrohe", sagte Ramage böse. „Ich versuche alles so zu arrangieren, wie Sie es bei Ihrer Heimkehr haben möchten."

„Meiner *Heimkehr?*"

„Nur eine höfliche Umschreibung für den Tod", antwortete Ramage ohne jede Regung.

Colon fiel in Ohnmacht.

„Schnell", wandte Ramage sich an Jackson. „Haben Sie eine Leine oder einen Gürtel? Ich möchte eine Schlinge für eine Hinrichtung haben."

„Hier", sagte Stafford und hielt ein Stück Kordel hin. „Darf ich der Henker sein, Sir?"

„Wir werden niemanden hängen, aber Sie können so tun als ob. Verknoten Sie das eine Ende zu einer Schlinge und lassen Sie die Kordel über jenen Balken dort und dann durch Ihre Finger laufen. Und blicken Sie wild drein!"

„Zu Befehl, Sir."

„Schau", schaltete sich Rossi ein, nahm die Leine vorschriftsmäßig auf und legte das eine Ende in eine Schlinge. „Nun stecke dein linkes Handgelenk hindurch. So — die Leine läuft nun von dir über den Balken zum Nacken des Opfers. Du mußt nun dein linkes Handgelenk heben und dann mit einem heftigen Ruck nach unten hauen; gleichzeitig läßt du dich auf die Knie fallen. So — siehst du?"

„Rossi!" rief Ramage und mußte grinsen, als er die Begeisterung und das grundlegende Wissen des Italieners wahrgenommen hatte. „Geben Sie Stafford die Kordel wieder. Unser Freund kommt zu sich."

Colon stöhnte schwach. Ramage gab Jackson und Rossi ein Zeichen, den Mann hochzuheben, ihn zu schütteln und wieder auf den Stumpf zu setzen.

Dieser Stumpf ging, wie Ramage feststellte, auf einen Blitz zurück, der in den Baum eingeschlagen hatte.

„Fühlen Sie sich wieder besser?" fragte er.

„Sie Mörder!" platzte er heraus.

„Ich bin kein Mörder — noch nicht!" ergänzte er, was zu einer erneuten Ohnmacht des Spaniers führte.

„Hei, ich muß schnell sein, wenn ich ihn erdrosseln will", brummte Stafford.

„Erdrosseln", sagte Jackson automatisch, als er sich über Colon beugte. „Nebenbei, Sir, was wollen wir eigentlich wissen?"

„Alles über die Gräben. Warum er sie anlegt. Er sagt, seine Anweisungen seien geheim."

„Spricht er englisch, Sir?"

„Ich fragte ihn nicht; vielleicht."

„Wenn er es kann — warum überlassen Sie ihn dann nicht einfach Ihrer barbarischen Mannschaft?"

„Nichts dergleichen, Jackson!"

„Nein, Sir, wir würden ihn nicht berühren; aber ich garantiere, er wird sprechen. Tatsächlich, wir werden ihm alles aus der Nase ziehen!"

Ramage stimmte schließlich zu. „Aber keine Gewalt."

„Ich garantiere, daß er nicht berührt wird, Sir."

Garantien sind nicht nötig. Denken Sie nur daran, sich immer gemäßigt zu verhalten!"

„Zu Befehl, Sir; das sagte schon immer mein Großvater."

Sobald sich Colon wieder erholt hatte und auf den

Baumstumpf verfrachtet worden war, bemühte sich Ramage, so brutal und verrucht dreinzublicken wie es ihm möglich war. Eiskalt fragte er: „Sprechen Sie Englisch?"

„Ein bißchen."

„Sie bekommen eine letzte Gelegenheit, mir alles über die Gräber zu erzählen."

„Niemals", sagte Colon mit wenig Überzeugungskraft und fügte verzweifelt hinzu, „es sind keine Gräber."

„Ich habe keine Zeit mehr", sagte Ramage hochnäsig. „Ich verabschiede mich und überlasse Sie meinen Männern."

Diese Worte hatten eine so unerwartete Wirkung bei Colon hervorgerufen, daß Ramage und seine Matrosen fast ein wenig erschraken. Er stöhnte voller Verzweiflung, ließ sich vom Baumstumpf auf den Boden gleiten und umklammerte Ramages Füße.

„Nein", flüsterte er, „ich kann es nicht preisgeben —"

Ramage wurde verlegen, schritt hastig zurück und blickte kurz auf Jackson. Er verabschiedete sich noch einmal und sagte so melodramatisch wie es ihm wöglich war: „Leben Sie wohl, *senor;* wenn Sie nichts erzählen können, können Sie auch nicht länger leben..."

Damit drehte er sich herum und eilte davon.

Nur ein Narr kennt niemals Angst, dachte er bei sich. Aber ich kann es verdammt nicht leiden, wenn man seiner Angst freien Lauf läßt.

Colon glaubt, er habe nur noch kurze Zeit zu leben. Er ist überzeugt, daß ich Befehl gab, ihn zu töten. Eine Minute oder so ist nicht lang, um die Zähne zusammenzubeißen, sich zu erheben und vielleicht sogar Trotz zu zeigen. Das ist man sich selbst schuldig und macht den Gang wahrscheinlich sogar leichter als wenn man lamentiert und sich die Haare rauft.

Noch keine zwanzig Yards hatte er auf dem Rückweg zum Lager zurückgelegt, als er unsicher wurde; würde

Jackson ihn zum Reden bringen können? Angenommen, Colon weigerte sich weiter? War er darauf vorbereitet, mit seinem Geheimnis sterben zu müssen? Weil dieses ekelhafte Beispiel des Sich-Zierens der Schlüssel war für ... für was eigentlich?

Er hielt inne, starrte ziellos in die Weite, und sein Gehirn arbeitete wild.

Was auch immer Colon mit seiner Bande von Totengräbern und seinem Zug von bewaffneten Küstern im Schilde führte, ging ihn absolut nichts an, solange nicht die Gefahr bestand, daß durch ihn die Männer der *Triton* und *Topaz* in Gefahr gerieten. Er war nur verantwortlich für die Sicherheit der Besatzungen und ihre spätere Rettung.

Zurück im Lager, ließ sich Ramage über die Arbeit des Tages berichten. Appleby war mit dem Floß hinausgefahren und hatte die Strecke bis zu den Wracks fast zur Hälfte hinter sich gebracht. Zimmermannsmaate beider Schiffe hatten sich ihm angeschlossen, um geeignetes Holz für den Bau eines Bootes zu finden. Berechnungen über die Nahrungsmittelvorräte hatten ergeben, daß sie für drei Monate versorgt sein würden.

Ramage ging mit Southwick um das getarnte Vorratslager herum, erwiderte den Gruß des Wachpostens und inspizierte dann die Magazine. Die Männer hatten hervorragende Arbeit geleistet, um die Waffen zu schützen. Nach der Art, wie die Einwohner von Cornwall jahrhundertelang ihre Steinmauern gebaut hatten, hatten sie ein Steinhaus darum herum errichtet.

In ein paar Jahrhunderten, so ging es Ramage durch den Kopf, würde man bestimmt diese kleinen Magazine untersuchen und sich fragen, wie das aus der Alten Welt bekannte Bauschema an einem so entlegenen Platz auftauchen konnte. Freilich, man wußte ja nichts von einem ehemaligen Hurrikan und einer *Triton* und *Topaz*, die durch ihn hierher geschlagen worden waren. Bestimmt würde der niedrige Eingang die Vermutung aufkommen lassen, daß die Männer oder Frauen, die ihn benutzten, Zwerge gewesen sein mußten ...

Jackson tauchte auf und riß ihn aus seinen Gedanken. Er schaute vergnügt, fast sogar ein wenig selbstgefällig drein.

„Ich denke, er ist bereit, Ihnen alles zu erzählen, Sir", antwortete er auf Ramages Frage. Ich kann zwar, wie Sie wissen, kein Spanisch, doch er machte mir das hinreichend klar."

Ramage schaute Colon an und bemerkte, daß er niedergeschlagen und bucklig daherkam, sich zu jedem Schritt überwinden mußte und die Beine nicht mehr abhob.

„Was haben Sie mit ihm angestellt?"

„Nun, Sir", begann Jackson treuherzig, „wir haben ihn mit keinem Finger berührt."

Ramage blickte ihn an und lachte. „Leutnant Colon wird mir alles erzählen."

Jackson schaute betreten. „Ehrlich, Sir, wir berührten ihn nicht. Nur ein bißchen Schauspielerei von Staff und Rossi."

Kurze Zeit später wurde Colon von einem frohlockenden Stafford, von Rossi und Maxton herangeführt.

Southwick schaute ihn neugierig an. Er hatte wenig Interesse gezeigt, als Ramage ihm frühmorgens den Plan mit dem Hinterhalt auseinandersetzte. Doch gerade auf diese Weise wollte er seine Mißbilligung zeigen, daß nicht er das Kommando zu führen hatte.

Colon sah nur Ramage an und begann zu sprechen, sowie Stafford ihn angeheißen hatte, stehen zu bleiben.

„Ich will Ihnen alles erzählen", sagte er und seine Worte überschlugen sich, wie wenn er kurz vor dem fallenden Messer der Guillotine ein Schuldgeständnis ablegen wollte. „Ich werde Ihnen alles erzählen, aber ich möchte eine Garantie: Ihr Ehrenwort —"

„Eine Garantie worüber?"

„Daß sie mich nicht erdrosseln!" sagte er und deutete auf die Matrosen. „Langsam erdrosseln", fügte er hinzu und schauderte. Staffords Pantomime scheint hervorragend gewesen zu sein. Doch wieder mußte Ramage an diesen Mann denken, der aus purem Vergnügen einen Sklaven auspeitschen ließ.

„In Ihrer Situation darf man um keine Garantien bitten. Erzählen Sie mir alles über die Gräber."

„Nicht Gräber!" rief Colon fast unter Tränen aus. „Gräben."

„Löcher", sagte Ramage erzürnt. „Sie sollten mit solchen Wortspielereien keine Zeit verlieren. Berichten Sie mir über die Löcher."

„Ich will eine Garantie."

Ramage war sich zwar nicht sicher, ob er ernst bleiben konnte oder vielleicht in Lachen ausbrechen würde, sagte aber trotzdem: „Ein Bettler stellt keine Forderungen."

Colon blickte zu Boden, Ramage suchte Staffords Blick und ließ seine Augen zur Kordel wandern, die der Cockney noch immer in der Hand hielt.

Stafford hatte sofort begriffen. Er begann herumzuwandern, klatschte sich die Kordel ungeduldig gegen das Bein und pfiff fröhlich vor sich hin. Er glich ganz dem ungeduldigen Killer, der nur darauf wartete, ein Stichwort zugerufen zu bekommen.

Colon blickte nervös hoch, zuerst zu Stafford, dann zu Ramage, der sich in Schweigen hüllte. Man hörte in diesem Augenblick überhaupt nur das Klatschen der Kordel gegen das Bein, Staffords Pfeifen und in der Ferne die Wellen, die sich am Riff brachen.

Für Colon war diese Stille trotzdem angefüllt mit erschreckenden Phantasievorstellungen. Er schwitzte und war bleich, die Bewegungen seiner Hände spiegelten seine nervliche Verfassung wider.

„Die Aufträge, die Sie erhielten", sagte Ramage rasch.

Colon starrte ihn überrascht an wie ein Tier, das in der Falle saß.

„Sie können raten", sagte er.

Ramage war einen Augenblick lang recht erstaunt und fragte sich, ob hinter Colon mehr steckte als er dachte. Hoffte er etwa, Ramage würde das Richtige erraten, damit er keine Worte gebrauchen mußte, die die Geheimnisse verrieten? Ramage war sich sicher, daß er auf die Bestimmung der Löcher kommen mußte; er wollte Colon eine kleine Hilfestellung geben.

„Ich nehme an, Sie suchten nach etwas."

„Natürlich."

„Das einzige, wofür man sich auf dieser Insel interessiert, sind Wasser und Piratenschätze."

Plötzlich wurde Colon lebhaft. Er hob den Kopf, setzte sich aufrecht hin, beide Arme hoben sich, wie wenn er einen lange vermißten Freund begrüßen wollte.

„Genau! Und im Dorf gibt es viel Wasser . . . !"

„Also suchten Sie nach einem Schatz."

Colon antwortete nicht, strahlte aber vor Glück. Ramage war zu aufgeregt, um die langwierige Methode weiter zu verfolgen. Ein Schatz! Vermutlich ein Schatz, der von den Spaniern geplündert worden war. Wer konnte also besser darüber Bescheid wissen als die Spanier selbst!

„Sie haben eine Landkarte?"

Colon verneinte das.

„Sie graben doch bestimmt nicht einfach aufs Geradewohl?"

Colon nickte.

Wollte dieser Clown wieder halsstarrig werden? fragte sich Ramage.

„Sie graben *wirklich* willkürlich?"

Colon nickte heftig.

„Es wäre gut, wenn Sie Ihre Sprache wiederfänden",

sagte Ramage. „Vergessen Sie nicht, daß ich die Sache mit dem Schatz erraten habe; Sie haben das ja nicht verraten!"

Das gab Colon sein Gefühl der Sicherheit zurück.

„Irgendwo", sagte er. „Einfach Stellen aussuchen, die sich als Versteck eignen und graben."

„Sind alle Löcher gleich tief?"

„Oh, ja, nicht tiefer als ein kleiner Mensch groß ist."

„Warum diese Beschränkung?"

Colon zuckte mit den Schultern. „Anweisung. Der Colonel meinte, tiefer könnte er nicht liegen."

„Woher glaubte er das zu wissen?"

Langsam gewann Ramage den Eindruck, daß Colon sich auf seine Weise wie ein Verschwörer benahm; wie wenn er sich heimlich von seinem Colonel und von den Spaniern losgesagt hätte und nun dem Briten verstohlene Schützenhilfe geben wollte.

„Da gab es einen Bericht."

„Was für einen Bericht?" fuhr ihn Ramage an und wurde allmählich ungeduldig, weil er Colon jedes Wort aus der Nase ziehen mußte.

„Nun kommen Sie schon, erzählen Sie mir alles was Sie wissen, sonst werden Sie in der Sonne angepflockt, um zu dörren wie *boucan*."

Seine Worte hatten genau die gewünschte Wirkung. Colon wurde wieder weiß wie die Wand und war einer Ohnmacht nahe. Piraten und Freibeuter spießten rohes Fleisch zum Dörren und Haltbarmachen in der Sonne auf. Sie nannten es „boucan", was ihnen selbst den Spitznamen *boucanniers* eingebracht hatte.

Ramage wandte sich Jackson zu und wies auf englisch an: „Schlagen Sie mit Ihrem Kurzdegen dort drüben das Buschwerk ab auf einer Fläche von sieben mal fünf Fuß. Der Kamerad da soll es vor seinen Augen sehen."

Jackson salutierte zackig und ließ seine Waffe durch das Buschwerk sausen.

Colon beobachtete ihn wie hypnotisiert. Als Jackson fertig war und die abgeschlagenen Zweige zur Seite kickte, drehte sich Ramage abrupt zu dem Spanier um und sagte: „Dort angepflockt. Was sagten Sie?"

„Der Bericht", beeilte sich Colon zu reden. „Eine Familie hier auf dieser Insel. Keine Steuern — sie hatten keine Steuern bezahlt. Lange wurde die Regierung betrogen. Der *Intendente* wollte Vater und Sohn ins Gefängnis werfen und ihr Land konfiszieren. Um sich und seinen Sohn zu retten, wollte der Vater dem *Intendente* alles über den Schatz erzählen, falls ihm die Steuern erlassen würden."

„Woher wußte er von dem Schatz?"

„Er stammt von einem Piraten ab. Hier gibt es viele solche Familien."

„Aber ein Schatz? Nicht jede Piratenfamilie —"

„Diese eine wußte davon", sagte Colon verächtlich.

„Wie konnte der *Intendente* sicher sein, daß sie die Wahrheit gesprochen hatten?"

„Nun", sagte Colon nervös, „der Schatz ist hier an *einer bestimmten Stelle* vergraben. Jahrelang wußte ich schon davon in San Juan. Sie suchten eine Karte und beobachteten die Leute in der Hoffnung, daß besagte Familie eines Tages zu graben beginnen würde."

„Nein. Tatsache ist, daß sie keine Einzelheiten wußten. Nur die Tiefe war ihnen bekannt."

„Und wo befindet sich der wichtige Schlüssel?"

„Ich wollte Ihnen das gerade erzählen", sagte Colon schnell. „Jeder sagt, er sei wichtig, doch niemand versteht ihn."

„Äußern Sie sich."

Colon zitierte:

„„Beim Klang der See
und meinem Gedächtnis

drei mal drei
ein Baum drüber'"

„Und niemand weiß, was das bedeutet?" fragte Ramage.
„Niemand!"
„Was sollten Sie mir sonst noch sagen?"
„Das ist alles", antwortete Colon, und Ramage fühlte, daß er die Wahrheit sprach. „Das ist alles, und nun können Sie mich töten."
Beim Klang der kläglichen Stimme mußte Ramage lachen und stellte fest, daß Colon dieses Lachen als Bestätigung quittierte.
„Ich will noch etwas warten", sagte Ramage. „Vielleicht fallen mir noch weitere Fragen ein. Nebenbei: was wissen Sie über die Familie, die das Gedicht kennt?"
„Sie sitzt immer noch im Gefängnis von El Morro."
„Und die anderen Inselbewohner?"
„Sie wissen nichts."
Ramage gab Jackson Anweisungen bezüglich der Bewachung von Colon und ging mit Southwick zum Strand hinunter. Dort trafen sie Yorke, St. Brieuc und St. Cast und bummelten mit ihnen an der Uferlinie entlang. Er beschrieb ihnen den sogenannten Schlüssel zum Rätsel und sagte schließlich: „Sie können sich nun alle den Kopf darüber zerbrechen. Sobald mir einer von Ihnen die Lösung sagt, können wir zu graben beginnen."
„Falls das wirklich ein Schlüssel ist", zweifelte Yorke.
„Ich bin geneigt, daran zu glauben", sagte St. Brieuc. „Die Spanier sind nicht dumm. Sie haben eine enge Beziehung zu dem Schatz. Glauben sie also daran, sollten wir das auch tun."
Sie gruben, wo das Gelände eben ist", überlegte Yorke. „Das können wir auf jeden Fall machen. Ebene Flächen gibt es inmitten einer so hügeligen Landschaft bestimmt nicht viele. Im Meeresniveau findet man sie zwar recht

häufig, doch ich glaube, die Dons wissen, daß es sich um ein kleines, ebenes Gebiet im Hügelland handeln muß. Wir können es dort versuchen, um keine Zeit zu verlieren, und dabei über dem Schlüssel brüten. Wir sollten von dem Versteck des Schatzes Wind bekommen, bevor das nächste Versorgungsschiff hier einläuft."

Ramage hatte ganz vergessen, diesen Termin herauszufinden. Er entschuldigte sich und ging zurück zum *teniente*. Er fand ihn viel fröhlicher vor und war überrascht, daß er sogar sprechbereit war.

Das nächste Schiff sollte am ersten Tag des Monats kommen. Das wurde immer so gehandhabt. Freilich konnte es schon einmal ein oder zwei Tage Verspätung haben.

Ramage dachte über das Problem nach, wo er Colon als Gefangenen einsperren konnte. Da erinnerte er sich an die Häuser im Dorf... An die Häuser und den Brunnen.

Die Matrosen und eine Handvoll Seeleute konnten hier bleiben, um Vorratslager und Magazine zu bewachen, und die übrigen gingen nach San Ildefonso. Die Sklaven schienen ihre neue Lage sehr zu genießen: sie waren frei, nur ein wenig in ihrer persönlichen Freiheit eingeschränkt.

14

Bis zum Einbruch der Nacht hatten die meisten Überlebenden der beiden Schiffe das Dorf besetzt. Pulver und Musketen waren mitgenommen worden. Das beste Haus hatte man den französischen Gästen zugewiesen. Ramage, Yorke, Southwick und Bowen teilten sich in ein anderes. Die Maate bewohnten zwei weitere. Vier in verschieden gutem Zustand waren den Seeleuten vorbehalten. Sie riefen jedoch, zu Ramages Erstaunen, keine Begeisterung hervor.

„Was ist los mit den Häusern?" fragte er Jackson. „Warum lehnen die Leute sie ab?"

Jackson blickte leer, als Ramage gereizt weitersprach. „Ich habe den Leuten vier Häuser angewiesen und sie wissen lassen, daß sie es unter sich selbst ausmachen sollten, wer in welches zieht. Sie wissen das ja!"

„Es tut mir leid, Sir", entschuldigte sich der Amerikaner. „Ich verstehe nicht ganz, was Sie meinen. Die Männer sind dankbar, Sir, aber sie wollen lieber im Freien schlafen."

„Sie meinen, für sie ist nicht gut genug, was für die Offiziere völlig ausreicht", sagte er scharf.

„Oh, nein, Sir!" rief Jackson beunruhigt aus, „das entspricht keineswegs den Tatsachen. In Hängematten schlafen, die zwischen tropischen Bäumen hängen, all' die Vögel und den Duft stark riechender Blumen um sich haben — das ist es. Sie freuen sich darüber wie Kinder an Weihnachten. Sie lieben das. Sie haben Wetten abgeschlossen, welche Blüte von einem Kolibri innerhalb einer gewissen Zeit angeflogen wird."

„Oh", meinte Ramage gedehnt. „Ich bin froh, das zu wissen. Ich hoffe nur, sie vergessen mittlerweile nicht, wie man eine Hängematte auf einem Schiff richtig befestigt."

„Sie sind bereit, zur See zurückzukehren, wenn die Zeit dafür reif ist, Sir. Das hier ist halt etwas ganz neues für sie. Selbst Leute, die vom Land kommen, finden es so völlig anders als zu Hause, Sir."

Das Abendessen wurde im größten Raum von Ramages Haus eingenommen. Der Einfachheit halber nahm Ramage seine Mahlzeit mit den anderen ein.

Sie waren noch am Essen, als Ramage plötzlich fragte: „Hat sich jemand über den Schlüssel Gedanken gemacht?"

Niemand hatte das getan.

„Was schlagen Sie vor zu tun?"

„Nun, das nächste Schiff wird frühestens in drei Wochen von San Juan herüberkommen. Ich könnte die Männer genauso gut weiter Löcher graben als auch etwas anderes tun lassen."

„Die Wracks, Sir", erinnerte ihn Southwick.

„Natürlich. Am wichtigsten ist ohnehin, uns hier zu schützen, die Vorräte zu bewachen. Dann muß das restliche Schießpulver herüber gebracht werden. Außerdem befinden sich auf den Wracks noch weitere Vorräte, die geborgen werden müssen, ehe die Schiffe auseinanderbrechen. Es könnte ja sein, daß wir hier eine Zeitlang bleiben müssen. Das bedeutet, daß ich die Sklaven und einige Seeleute zum Graben einsetzen kann. Die Dons gruben nie zwei, drei Löcher zur gleichen Zeit."

„Das überrascht mich nicht", sagte Bowen. „Wäre der spanische Offizier nicht zur Stelle gewesen, hätte sich ein eventuell gefundener Schatz augenblicklich in Luft aufgelöst!"

„Genau", stimmte Ramage ihm zu. „Da wir uns aber auf mehrere Leute verlassen können, steht der Graberei an verschiedenen Fronten nichts im Wege."

„Zählen Sie mich dazu", sagte Yorke.

„Ich hoffe, Sie vergessen mich nicht, Sir", schloß sich Bowen an. „Ich würde die Entdeckung eines Piratenschatzes als absoluten Höhepunkt meiner medizinischen Laufbahn betrachten."

„Medizin und Piraterie gehen Hand in Hand", neckte Southwick.

„Genau", stimmte Bowen zu. „Bemerkten sie nicht die Bereitwilligkeit, mit welcher ich mich freiwillig anbot?"

„Ich möchte zu gerne wissen, in welcher Sprache der Schlüssel ursprünglich abgefaßt war", überlegte Yorke.

„Warum nicht in Spanisch?" wollte Ramage wissen.

„Ich kann mir einfach nicht vorstellen, daß sich ein Pirat nicht um einen Reim bemühte. Ich frage mich, ob Englisch die ursprüngliche Sprache war, das dann schlecht übersetzt wurde, jetzt rückübersetzt wird und sich dadurch etwas vom Original unterscheidet."

„Daran hätte ich vorher denken müssen", sagte Ramage und merkte, wie er rot wurde. „Die Spanier waren nicht die Piraten; sie waren die Opfer. Ganz bestimmt wäre der Schlüssel sonst nicht in Spanisch geschrieben gewesen."

„Wir wollen noch einen Übersetzungsversuch starten", schlug Yorke gut gelaunt vor.

Ramage ließ sich von seinem Steward Feder, Tinte und Papier bringen, schrieb eine Übersetzung der spanischen Linien und las diese schließlich vor:

„Beim Klang der See
und meinem Gedächtnis
drei mal drei
ein Baum darüber."

„Schauen wir uns die erste Linie an", sagte er. „Ich suche danach, den Gedanken an einen Schatz mit dem an die Dichtkunst in Einklang zu bringen!"

Yorke warf ein: „Die Linie ist bestimmt falsch übersetzt, ich bin sicher. Sie steht in keinem Zusammenhang mit der nächsten, in die sie ursprünglich sicher weich überleitete."

„Was wollte der Mann beschreiben?" fragte Bowen.

„Auf eine Entfernung wird hingewiesen", deutete Southwick. „Vergraben innerhalb eines Gebietes, in welchem das Meer zu hören ist."

„Sie haben recht", rief Ramage aus. „Wollen wir uns kurz auf die zweite Linie konzentrieren. Sie ist zweideutig. Es könnte heißen ‚mein Gedächtnis' oder ‚erinnere Dich an mich'."

„‚Erinnere Dich an mich'?" fragte Yorke.

Ramage nickte, schrieb es nieder und versuchte es von neuem. „Es könnte so beginnen: ‚Hör die See und erinnere Dich an mich...'"

„Das klingt besser", meinte Bowen. „Wie heißt die dritte Linie?"

Ramage las sie noch einmal vor, und der Arzt wiederholte. „Drei mal drei. Eh! Neun Schritte — oder vielleicht drei Stück von irgend etwas an drei verschiedenen Plätzen?"

„Drei Stücke... Ich glaube, dann hätte es geheißen ‚Drei für drei'", sagte Yorke.

Ramage kritzelte es nieder und las dann die vierte Linie. „‚Ein Baum darüber' — das könnte auch bedeuten ‚Unter einem Baum' oder in seinem Schatten."

„Was haben wir bis jetzt, Sir?" wollte Southwick wissen und fuhr sich mit der Hand durchs weiße Haar. „Ich habe kein so gutes Gedächtnis in bezug auf Dichtkunst."

Ramage änderte noch kurz das eine oder andere Wort und fragte dann: „Wie klingt das?"

„Lausche auf die See
und erinnere Dich an mich;
drei mal drei,
unter dem Baum."

„Gut, wir können die See hören", fuhr er fort. „Dann müssen wir noch an diesen Kerl, d. h. wahrscheinlich an seinen Schatz denken. Dann ‚drei mal drei' oder ‚drei für drei'. Bäume in drei Gruppen à drei... Ein Hügel mit drei Gruppen von drei großen Felsbrocken am Abhang — gibt es eine Menge hier, wie ich festgestellt habe. Oder drei Hügelgruppen mit drei Spitzen?"

„Sicher keine Bäume", meinte Southwick. „Sie wachsen schnell oder werden im Hurrikan herausgerissen. Oder verbrennen; ich habe hier eine Menge Brandspuren entdeckt. Wahrscheinlich wurden solche Brände durch Blitzeinschlag ausgelöst. Und Hügel? Die sind nicht exakt genug auszumachen."

„Keine Bäume", echote Yorke. „Wäre zu offensichtlich. Die Familie, die den Reim kennt, hätte sonst auch darauf kommen können. Sie haben wahrscheinlich ein Jahrhundert lang oder länger nach einer solchen Dreiheit gesucht."

„Kann man die See an der Stelle hören, an der Jackson die grabenden Spanier entdeckt hat?" wollte Bowen wissen.

„Kaum", antwortete Ramage. „Vielleicht in einer stillen Nacht, wenn schwere Brecher gegen das Kliff donnern..."

„So blieb ihnen entweder die Bedeutung des ‚Der Klang der See' verborgen, Sir, oder sie ließen den Hinweis unberücksichtigt", schloß Bowen.

„Ja, aber offensichtlich hatten sie jede Menge Zeit. Ich fragte unseren Colon nicht, wie lange er eigentlich hier bleiben wollte, aber das Versorgungsschiff kommt monatlich. Nun, wir haben genug Sklaven, um fünf Gruppen à vier Mann aufzustellen. Jeder Gruppe gehört zu den vier Seeleuten ein Offizier an."

Als sie zu Bett gingen, stand fest, wer die einzelnen Gruppen führen sollte. Früh am nächsten Morgen machten sie sich auf den Weg zum Lager. Ramage hatte sich für diese Richtung entschieden, weil Colon schon alle flachen Stellen abgegrast hatte, die den Pfad flankierten, bis zu dem Punkt, an welchem er gefangengenommen worden war.

Abends kamen die Gruppen zurück und erstatteten Bericht. Jede hatte durchschnittlich zwölf Löcher gegraben, aber keinerlei Hinweis auf einen Schatz gefunden.

„Sechzig verdammte Löcher", sagte Ramage wütend zu Southwick, „und keine Spur..."

„So dürfen Sie nicht denken", beschwichtigte der alte Kapitän. „In der Woche sind das dreihundertundsechzig.

Der spanische Leutnant hätte das gerade in einem Jahr schaffen können."

Diese Rechnung war tröstlich, doch wer auch immer den Schatz versteckt haben mochte — er hat sich bestimmt nicht vorgestellt, daß Hunderte von Männern wochenlang danach graben würden. Er dachte bestimmt an jemanden, der das Gedicht lernt und das enthaltene Rätsel löst, um direkt dorthin zu gehen, wo der Schatz vergraben liegt.

Beim Abendessen diskutierte er mit den anderen über diesen ersten Grabetag. Er hatte das Gefühl, daß die anderen nicht so sehr von der Dringlichkeit der Sache überzeugt waren wie er; drei Wochen schienen ihnen genug Zeit zu sein. Wahrscheinlich stimmte das auch, aber er wies Yorke auf folgendes hin: „Wir können nicht sicher sein, daß ein Schiff erst in drei Wochen einläuft. Kommt tatsächlich eines früher, müssen wir es entern und, falls es geeignet ist, mit ihm weitersegeln — Schatz hin oder her."

„Wir sollten mit wissenschaftlicher Genauigkeit vorgehen", witzelte Yorke. „Gehen ein, zwei Mann, die das Gedicht kennen, hier einfach um die Insel herum, um nach möglichen Plätzen zu suchen und die Linie ‚drei mal drei' zu knacken, können wir viel Zeit und Mühe sparen."

Nach dem Abendessen bereitete Ramage auf dem abgeräumten und gesäuberten Tisch ein Blatt Papier aus und fertigte eine Faustskizze von der Insel an. Er kennzeichnete den Teil, an dem seine Leute an diesem Tag gewesen waren und auch die Plätze, wo Colons Mannschaft ohne Erfolg gegraben hatte.

„Was würden Sie bevorzugen?" fragte er Yorke. „Suchen oder graben?"

„Suchen!" sagte dieser wie aus der Pistole geschossen.

Drei Tage lang suchten sie die Insel ab. Ramage arbeitete mit Jackson zusammen, Yorke und Stafford bildeten die zweite und Bowen mit Rossi die dritte Gruppe. Langsam arbeiteten sie sich über die niedrige Fußhügelzone zum Nord- und Nordostteil der Insel vor. Ramage war sich sicher, daß die Landspitze im Osten, Cabeza de Perro, vor welcher die Wracks lagen, vielversprechend war. Genau gegenüber, etwa eine halbe Meile entfernt, lag die kleine Insel Culebrita, nordwestlich davon eine weitere. Dort boten sich den Fischern zwei Strandabschnitte als ideale Anlegeplätze an, und ganz in der Nähe waren in die niederen Hügel verschiedene, Plattformen ähnelnde, flache Gebiete eingebettet. Doch nichts in der Nähe dieser Plattformen beantwortete das geheimnisvolle „drei mal drei".

Spät abends saßen Ramage und Yorke beisammen auf der niederen Mauer vor ihrem Haus und blickten auf die spiegelglatte Wasseroberfläche in der Bucht, auf welcher sich die Sterne spiegelten.

„Es kann ein Jahr dauern", sagte Yorke.

„Es kann", antwortete Ramage eigensinnig. „Das beabsichtigte die Person, die sich hinter dem Schatz verbirgt, mit Sicherheit nicht."

„Ich habe versucht, sie mir vorzustellen", sagte Yorke. „Wer vergräbt schließlich und endlich einen Schatz und warum?"

„Leute wie wir, vor einem Jahrhundert oder so."

„Wie meinen Sie das?" wollte Yorke wissen, sprang aber plötzlich auf und verbeugte sich. „Madame."

Maxine war aus ihrem Haus getreten.

„Sprechen Sie über Staatsgeschäfte, oder darf ich herüberkommen und zuhören?"

„Sie sind immer willkommen; ich werde Ihnen einen Stuhl holen."

Sie winkte ab. „Ich möchte lieber mit Ihnen auf der Mauer sitzen."

Sie nahm zwischen ihnen Platz und arrangierte ihren Rock. Dann drehte sie sich Ramage zu und lächelte ihn schelmisch an.

„Wir versuchen, uns in die Person des Korsaren zu versetzen, der den Schatz vergrub", sagte Ramage.

„Wie faszinierend. Bitte, hören Sie nicht auf damit; ich werde mich als wichtig betrachten, wenn ich Ihnen helfen kann."

Nachdem das Gespräch ein paar Minuten lang weitergeführt worden war, bat Maxine Ramage, den Lösungsspruch zu wiederholen. Sie hörte gespannt zu und sagte schließlich: „Ich würde eigentlich fünf Zeilen erwarten. *Peut-être* ... hat jemand eine Linie vergessen?"

„Donnerwetter!" rief Yorke aus. „Ich glaube, Sie haben recht."

Und auch Ramage war davon überzeugt. Colon hatte ihn zum Narren gehalten.

„Bitte, wollen Sie mich für ein paar Minuten entschuldigen", sagte er.

Er sammelte Jackson und Stafford auf und ging mit ihnen zu dem Haus hinüber, das als Gefängnis diente. In einem plötzlichen Anfall von Gereiztheit hatte Colon sich geweigert, seine Parole preiszugeben. Deshalb war Ramage gezwungen, ihn weiter einzusperren und bewachen zu lassen.

Jackson ging mit einer Laterne voraus und führte sie, an dem Wachposten vorbei, in den Raum.

Colon blinzelte in das plötzlich auftauchende Licht und schaute recht argwöhnisch drein.

„Der Reim", begann Ramage scharf. „Sie haben mir eine Linie zu sagen vergessen. Ich hoffe sehr, Sie machten nicht noch weitere Fehler."

Colon verneinte. „Ich sagte Ihnen alles."

„Ich rettete Ihr Leben", erwähnte Ramage.

„Bringen Sie Gefangene gewöhnlich um?"

„Hören Sie genau zu", sagte Ramage und bemühte sich nicht, eine gewisse Bitterkeit aus seiner Stimme fernzuhalten. „Seit der Inquisition hat Ihr Volk einen schlechten

Ruf, was Gefangene angeht. Nun, denken Sie wie ein Mann. Fiele ich in die Hände Ihres Colonels, und fände er heraus, daß ich einen Reim kenne, der der Schlüssel zum Geheimnis eines Schatzes ist ... Sie wissen, was er tun würde!"

„Er würde sich wie ein Herr benehmen."

„Unfug!" rief Ramage verärgert aus. „Er würde mich quälen, und das wissen Sie genau. Genau so, wie der *Intendente* jene Familie quälte. Es dürfte Ihnen sogar nicht einmal schwerfallen zu erraten, *wie* er mich quälen würde!"

Colon schwieg und ließ dadurch Ramage erkennen, daß er mit dem Beispiel des Colonel einen Volltreffer gelandet hatte.

„Nun", sagte Ramage drohend, „ich brauche jetzt nur den Colonel zu imitieren. Sie dürfen sich dann aber nicht beklagen."

Colon begann zu schwitzen. Kleine Schweißperlen glitzerten auf den Augenbrauen und der Oberlippe. Seine Augen rollten so aufregend hin und her, daß Jackson den Anblick kaum ertragen konnte.

„Schicken Sie diese Leute hinaus, damit ich reden kann!" flüsterte er.

„Sie verstehen kein spanisch."

„Wie kann ich dessen sicher sein?"

„Das können Sie überhaupt nicht", war Ramages abweisende Antwort. „Sie müssen schon mein Wort dafür nehmen."

Ich werde Ihnen alles sagen", versprach Colon. „Sie kennen den Reim schon, bis auf die erste Linie."

„Nun fangen Sie schon an", verlangte Ramage ungeduldig, als der Spanier kurz innegehalten hatte. Doch dann sah er, daß er sich konzentrierte, wie wenn er dieses Mal unter allen Umständen einen Fehler vermeiden wollte.

> „Du siehst die drei,
> im Klang der See
> und erinnere Dich an mich,
> drei mal drei
> ein Baum darüber.

„Das ist alles, ich schwöre es", sagte Colon. „Ob mit oder ohne diese Linie — kein Sinn ist erkennbar. Die klügsten Köpfe in Spanien haben schon versucht, diesen Reim zu entschlüsseln. Und dann ist da noch die Legende, daß der Schatz nicht tiefer als mannstief versteckt sei."

„Können Sie mir sonst noch irgendwas dazu sagen?"

„Nein, *senor*", sagte Colon, „ich schwöre es."

Ramage glaubte, daß er jetzt tatsächlich die Wahrheit sprach. Er ging vor Jackson, der noch abschließen mußte, aus dem Raum und machte sich auf den Weg zu seinem eigenen Zimmer, um sich den Zettel mit der früheren Version des Reims zu holen. Nun galt es also, die neue Version so zu ändern, daß sie in eine modifizierte Übersetzung paßte. Er schrieb:

> „Du siehst die drei
> und hörst die See
> Dann drei mal drei
> und erinnerst Dich an mich.
> unter dem Baum."

Maxine und Yorke unterhielten sich immer noch, und Ramage kehrte zu ihnen zurück. Sie drehten sich beide erwartungsvoll nach ihm um.

„Sie hatten recht, Madame, ich danke für Ihre Hilfe."

„Vermutlich haben Sie jetzt die fehlende Linie?" fragte Yorke.

Ramage nickte. „Sie hilft aber noch nicht viel", ergänzte er und wiederholte den Reim.

„Man steht irgendwo, sieht drei Dinge und hört die See", überlegte Maxine laut. „Aber was für drei Dinge sind das? Bäume, Hügel, Kaps?"

„Landzungen!" rief Ramage aus. „Schnell, holen wir eine Karte!"

Sie gingen ins Haus, und Ramage rollte die Karte auseinander. Der Maßstab war aber so klein, daß sie von keinem größeren Nutzen war.

„Ob da ein einheimischer Fischer weiterhelfen kann?" fragte Yorke.

Die Möglichkeit bestand. Er rief seinen Steward und beauftragte ihn, den Sklaven Roberto zu finden. Er kannte bestimmt den glaubwürdigsten Fischer.

Eine halbe Stunde später stand ein dünner, erschrockener Fischer mittleren Alters vor Ramage. Er hielt seinen breitkrempigen Strohhut in der Hand. Seine Haut war mahagonifarben und verriet, daß er farbige Vorfahren hatte, aber auch, daß er sein ganzes Leben unter tropischer Sonne verbracht hatte.

„Nimm bitte Platz", sagte Ramage ruhig und deutete auf einen Stuhl, dessen Rückseite mit Zeltplanstoff überzogen war.

Der Mann schlich sich seitlich an den Stuhl heran, wie aus Furcht, in eine Falle zu geraten. Schließlich setzte er sich.

„Ich wünsche, daß du mir hilfst", sagte Ramage auf spanisch. „Betrifft nur eine Kleinigkeit auf der Insel."

Der Fischer starrte ihn unverwandt an.

„Die Namen der Buchten und Landzungen", begann Ramage, „kennst du sie alle?"

Der Fischer nickte.

„Das ist alles, was ich wissen will", beruhigte ihn Ramage. „Nur die Namen."

„Wo soll ich beginnen?"

„Bei dieser Bucht hier. Stelle dir vor, wir segeln aus ihr heraus und wollen die Insel in der Richtung umsegeln, in der die Sonne zieht."

„Dakity", begann er. „Ensenada Dakity, das ist die erste Bucht. Dann kommt Malena, dann Punta del Soldado, das ist die Spitze der Insel. Dann gibt es keine weiteren Namen bis Punta de Maguey und Punta Tampico, und zwischen ihnen liegt Bahia Lina."

Als der Fischer kurz nachdachte, wußte Ramage, daß das hier im Grunde Zeitverschwendung war. Doch er wollte ihn jetzt nicht unterbrechen, da er seine innere Sicherheit wiedergewonnen hatte.

„Ja, die nächste ist Punta Melones, dann Bahia Tarja; sie schließt sich direkt an und zieht bis Punta Tamarindo Chico."

„Bei Tamarindo Chico ist es sehr felsig, doch dort gibt es viele Hummer. Das ganze Stück von dort bis Punta Noroeste —"

Yorke unterbrach ihn und fragte Ramage: „Nannte er nicht gerade drei oder vier Plätze mit —"

„Ich lasse ihn weiterreden, um nicht unser Interesse merken zu lassen."

Yorke nickte, und Ramage deutete dem Fischer an, weiterzumachen. Es folgte Name auf Name — Molinos... Flamenco... Manchiata... Playa Larga... Perro... Manzanilla... Vaca... Mosquita.

Schließlich hob er etwas seine Stimme: „Punta Carenero, Punta Cabras — und dann sind Sie wieder hier."

„Vielen Dank", sagte Ramage. „Das sind interessante Namen. Wie kam man wohl auf den Namen Punta del Soldado? Vielleicht wegen einer Garnison?"

„Ja, vor langer Zeit", erzählte der Fischer. „Mein Großvater erwähnte sie."

„Und Bahia de Sardinas — bestimmt gibt es dort besonders viele Sardinen?"

Der Fischer brummte: „Habe in *dieser* Bucht nie eine gesehen!"

„Nicht mehr als es Tamarinden in Bahia Tamarindo gibt!"

„Ah", sagte der Fischer und schien gut informiert. „Direkt hinter dem Strand gibt es viele Tamarinden. Ich sammle die Schoten, und wir entfernen die Samen. Dann legen wir die Samen in kochendes Wasser, bis sie weich sind und ich sie herausstechen kann. Soll ich Ketten für die Dame machen?" fragte er und schaute Maxine an. „Würde sie sie gerne kaufen? Ich kann sie in jedem Muster herstellen, das sie wünscht."

Schnell griff Ramage die Gelegenheit beim Schopfe und wandte sich in französisch an Maxine, wie wenn er sie fragen wollte. Dann sprach er wieder mit dem Fischer. „Die *senora* würde gerne solche Ketten kaufen. Sie bittet mich, morgen früh zu der Bucht zu gehen und die Samen auszuwählen."

„Sicher", antwortete er, „ich habe keine Samen vorrätig. Wieviele Halsketten möchte die Dame haben?"

„Viele", antwortete Ramage, „für sich und ihre Mutter."

„Ah", sagte der Einheimische, „ist mir ein Vergnügen."

Ramage wies ihn an, am nächsten Morgen in der Frühe zu kommen. Mit einer Verbeugung zu Maxine, die ganz den ehrenhaften Mann erkennen ließ, ging er weg.

Yorke runzelte die Stirn. „Verraten Sie uns die Geheimnisse der Tropen, oh, Governor, der Sie der spanischen Sprache mächtig sind."

Maxine mußte lachen, als Ramage sich aufrichtete und tief Luft holte wie ein Politiker, der sich anschickte, eine Rede an sein Volk zu halten.

„Tamarinde", begann er bedeutungsvoll, „stimmen Sie für Tamarinde, die unseren spanischen Brüdern als *tamarindo*, und unseren französischen Schwestern als *tamarin* bekannt ist."

„Sie darf unserer Gunst sicher sein", antwortete Yorke im gleichen Tonfall. „Was wir aber jetzt zu wissen wünschen, ist, ob sie sich bei der Wahl durchsetzen kann; wird sie ohne große Mühe Steuern senken, zu Frieden und Reichtum führen können?"

„Wir werden das bis morgen wissen", sagte Ramage und erklärte, was der Fischer ihm erzählt hatte. „Es gibt drei sogenannte ‚Tamarindenspitzen' — was generell ungewöhnlich ist — mit einer sogenannten ‚Tamarindenbucht' obendrein."

„Wieso drei Spitzen?" wollte Yorke wissen.

„Nun, die eine in der Mitte heißt einfach Punta Tamarindo. Südlich schließt sich bis zur Punta Tamarindo Chico die Bahia Tamarindo an. ‚Chico' kann ‚klein' oder ‚kurz' bedeuten. Nördlich davon liegt die Punta Tamarindo Grande. Und ‚grande' bedeutet bekanntlich ‚groß'."

„Und jetzt . . ." begann Yorke, wurde aber unterbrochen.

„Schlafen wir, und morgen früh kommt der Fischer und bringt uns dort hin, um Tamarindensamen aufzusammeln."

„Oh, prima, ich muß zugeben, daß sie mir schon fast ausgegangen sind", feixte Yorke.

„Dachte ich mir doch", konterte Ramage. „Nebenbei, es handelt sich um die wilde Species der Tamarinde. Die Samen lassen sich als Perlen verarbeiten, oder man kann sie in den Schoten schütteln und so als Musikinstrument gebrauchen."

Den Sonnenaufgang am nächsten Morgen erlebten Ramage, Yorke, Jackson und Stafford bei Punta Tamarindo. Die Luft war heiß und voller Aroma. Die Hitze hatte schon jetzt alle Insekten hervorgelockt, die die Büsche umschwirrten. Das Gefieder der die Blüten untersuchenden Kolibris leuchtete prächtig in den ersten dunkelroten Sonnenstrahlen. Der Fischer zupfte Ramage am Arm.

„Herrlich hier, was?"

Ramage konnte nur nicken. Sein Blick folgte dem ausgestreckten Arm des Mannes, der auf eine kegelförmige Insel vor ihnen deutete.

„Cayo de Luis Peña", sagte er. „Dort leben nur Ziegen. Gutes Fischwasser — Barsche, Hummer und andere. Dahinter liegen kleine Riffe und Sandbänke, genannt Las Hermanas. Weitere folgen in Richtung Puerto Rico, ich kenne aber ihren Namen nicht. Dort —" er zeigte auf eine langgestreckte, niedere Insel im Südwesten — „das ist Vieques. Dort lebt der Priester", fügte er hinzu. „Er besucht uns zweimal im Jahr."

Ramage nickte und fragte sich, wie er die Konversation auf den Platz bringen konnte, auf dem sie standen. Doch der Fischer kannte keine Eile. Er drehte sich nach links in Richtung Süden.

„Dort, das ist die Bahia Tamarindo. Das Wasser — haben Sie jemals so blaues Wasser gesehen? Tamarindo Chico liegt am hinteren Ende der Bucht."

„Und hinter Chico?"

„Ah", begann der Spanier und war stolz wie ein Verkäufer, der einen Kunden zu beachtlichem Preis eine Ware verkaufen konnte. „Das ist Punta Melones, und in direkter Verlängerung dahinter und am weitesten entfernt liegt Punta del Soldado."

„Wunderschön", sagte Ramage.

Der Fischer drehte sich nach Norden. „Tamarindo Grande", verkündete er. Ramage nickte anerkennend und fragte Yorke auf englisch: „Irgend ein Kommentar zur Szenerie?"

„Ja. Was hat es zu bedeuten, daß Tamarindo Grande, Melon — wie auch immer das geheißen hat — und Punta del Soldado auf einer Linie liegen. Jeweils zwei Meilen trennen sie voneinander, und am Westrand läßt sich durch alle drei eine exakt gerade gezogene Linie legen."

„Und das", setzte Ramage den Gedankengang fort, „scheint auf unsere ‚drei mal drei' zu passen."

Yorke verstand ihn nicht.

Der Fischer war etwa fünfzig Yards weitergegangen und hatte schon begonnen, die langen, flachen Schoten der Tamarinde abzupflücken, sie aufzubrechen und die Samen in einen mitgebrachten Sack zu schütteln.

Ramage und Yorke schauten sich auf der kurzen Landzunge um. Überall standen Bäume. Der auffallendste war eine hohe, spitzblättrige Casuarine, auf die sie nun zubummelten.

„Sieben Bäume", zählte Yorke. „Sieben steht aber in keinem sichtbaren Zusammenhang mit drei oder drei mal drei!"

„Ich weiß", erwiderte Ramage. „Ich bin schon bald so weit, daß für mich nur noch Dinge existieren, die sich ergeben, wenn man irgendwas mit drei multipliziert."

Yorke mußte lachen und bückte sich, um eine große Muschel aufzuheben. Sie war von der Sonne gebleicht, von Wasser und Sand bearbeitet.

„Wie kommen solche Dinge hier herauf?"

„Wahrscheinlich durch Vögel", meinte Ramage. „Sie entdecken sie lebend, bringen sie hierher zum Verspeisen."

„Eine hübsche Muschel."

„Wie ein flammender Helm."

„Was ist los?" fragte Yorke erstaunt.

„Diese Muschel. Sie gehört zur Art der Schneckenmuscheln. Sie haben doch gesehen, wie die Einheimischen die Königsschneckenmuscheln aßen. Sie schneiden hier einen kleinen Schlitz hinein" — er zeigte auf das eine Ende — „dadurch trennen sie den Saugfuß des Tieres durch und können das Fleisch herausziehen. Die Vögel kennen diesen Trick nicht. Diese Muschel hier ist mit der Königsschnecke verwandt. Sehen Sie, sie ist ähnlich wie ein Helm geformt."

„Ich habe noch nie vorher eine gesehen", staunte Yorke und drehte sie in seiner Hand um. „Ich werde sie mitnehmen und der Madame zum Geschenk machen."

Der Fischer kam zu ihnen, seinen Sack voll Samen über die Schulter gehängt.

„Er geht mit Ihnen zurück", sagte Ramage. „Jackson und ich wollen uns noch schnell die beiden anderen Tamarindenspitzen ansehen."

Yorke äußerte Zweifel: „Ich habe das Gefühl, daß unsere drei Spitzen nur zufällig beieinander liegen."

Ramage grinste. „Ein Ertrinkender klammert sich am Strohhalm fest; warum sollen wir uns nicht an den Tamarindenspitzen festhalten...?"

Yorke, Stafford und der Fischer machten sich auf den langen Rückweg; Ramage und Jackson hingegen marschierten nach Norden in Richtung Tamarindo Grande. Eine öde Gegend erwartete sie dort; nur ein paar Bäume und Felsblöcke. Sie gingen, wieder an Punta Tamarindo vorbei, zurück und weiter nach Tamarindo Chico.

Jackson machte seinem Ärger Luft, indem er einen kleinen Stein wegkickte.

„Es sieht nicht so aus, als ob die Spanier *verdienen*, den Schatz zu finden, Sir!"

„Sie verdienen das nicht mehr und nicht weniger als wir", antwortete er trocken.

„Das glaube ich nicht, Sir. Steht den Admiralen ein Anteil zu, Sir?"

Eine interessante Frage, überlegte Ramage. „Keine Ahnung. Wird wahrscheinlich nicht wie Beutegeld behandelt."

„Das ist es aber doch, nicht wahr, Sir?"

„Höchstwahrscheinlich nicht! Nur ein Schiff kann als Beute beschlagnahmt werden. Sie würden zum Beispiel keinen roten Heller dafür bekommen, daß Sie diese Insel beschlagnahmt haben."

„Nicht mal eine Belohnung, Sir?"

„Vielleicht würde man Ihnen etwas geben. Hüten Sie sich aber davor, es auszugeben, bevor Sie es wirklich in Händen halten — wenn man Ihnen tatsächlich was geben sollte!"

Sie machten sich schweigend auf den Heimweg zum Dorf.

Lachende Frauenstimmen drangen an Ramages Ohr, als sie den Abhang hinunter auf ihre Häuser zuschritten. Und kurz darauf sah er Yorke mit allen seinen französischen Gästen auf dem Balkon ihres Hauses sitzen.

Fröhlich winkte Maxine ihm zu und forderte ihn durch eine Geste auf, sich zu ihnen zu gesellen. Viel lieber hätte er sich in dem Augenblick in sein Zimmer zurückgezogen, um ein oder zwei Stunden alleine zu sein. Der Besuch von Punta Tamarindo hatte ihn mehr enttäuscht als er sich selbst eingestehen wollte. Während der ganzen letzten Nacht und sogar noch auf dem Marsch dorthin hatte er sich in den Gedanken verrannt, daß die drei Landzungen mit dem Namen Tamarindo einfach zu dem Reim passen mußte. Und seine Hoffnung war bestärkt worden, als er die drei fraglichen Gebiete nebeneinander liegen sah. Nun aber fühlte er sich völlig leer. Seine Füße schmerzten vom langen Gehen. Seine Augen taten weh vom gleißenden Sonnenlicht. Sein Mund war ausgetrocknet und sandig von den staubigen Pfaden, und er war überall von Moskitos und Sandfliegen zerstochen.

„Kommen Sie!" rief ihm Maxine zu. „Wir haben *Fruchtsaft* für Sie vorbereitet."

Wie sie so mit glänzenden Augen und ausgestreckten Armen vor ihm stand, überwältigte ihn fast der Wunsch, sie in seine Arme zu schließen. Er schritt die Stufen zum Balkon hoch, verbeugte sich vor der Familie St. Brieuc und nickte den anderen zu.

„So ein betrübtes Gesicht!" rief Maxine aus.

„Jemand hat sein Luftschloß zerstört!" erklärte Yorke.

Maxine verstand nicht. „Luftschloß?"

„Mr. Yorke spricht in Rätseln."

Sie zuckte mit den Schultern. „*Alors* — er hat mir ein wunderschönes Geschenk gemacht."

Ramage war eifersüchtig, beeilte sich aber zu sagen:

„Sagen Sie mir nicht was es ist — ich möchte raten. Nun, lassen Sie mich sehen — ein Krönchen, mit Diamanten und Rubinen besetzt?"

Sie verneinte lachend. „Nicht ganz."

„Ein Diadem dann also — aus Gold, mit einem riesigen Smaragd gekrönt und hundert herrlichen Perlen ringsum verziert."

Sie schüttelte wieder den Kopf. „Nein, es ist *viel* schöner."

„Eine Miniatur von mir."

Sie mußte so laut lachen, daß ihre Mutter geschockt war und ihr Vater sich mitfreute. St. Brieuc schaute Ramage an, als ob er ihn aufmuntern wollte, sie bei so guter Laune zu halten; sie brauchte das wie die Luft zum Atmen.

„Das wäre eine ‚unbezahlbare Perle' — nennen Sie das nicht so? Nein, es ist eine Seemuschel."

Sie hielt den flammenden Helm hoch. Yorke hatte ihn gesäubert und poliert, so daß er jetzt im Sonnenlicht glitzerte.

„Sie ist wunderschön — schauen Sie, wenn ich sie an mein Ohr halte, kann ich das Rauschen des Meeres hören!"

Ramage fühlte sich kurz eiskalt, griff dann aber schnell nach der Muschel.

„Geben Sie sie mir, bitte", sagte er mit rauher Stimme.

Er hielt die Öffnung der Muschel an sein Ohr und hörte ebenfalls ein dunkles Geräusch, Brechern ähnlich, die auf einen entfernten Strand rollten. Er beobachtete dabei Yorkes Gesicht, das zuerst überrascht schien, dann nachdenklich wurde und schließlich ungläubiges Grinsen zeigte.

Bevor einer von ihnen etwas sagen konnte, flüsterte St. Brieuc: „Das ist es, ‚Der Klang des Meeres' . . ."

Dann fügte Maxine, die kurz vorher noch etwas erschrokken war, als Ramage ihr die Muschel aus der Hand genommen hatte, freundlich hinzu: „Eine unbezahlbare *Muschel*, also!"

Sie lachten ein paar Minuten lang erleichtert, schnatterten dann aufgeregt durcheinander und reichten die Muschel reihum. Ramage versuchte, diese besondere Muschel in die Lösung nach dem Geheimnis des Schatzes einzubauen.

Dann ergriff St. Brieuc das Wort und konnte sich mit seiner autoritären Stimme Gehör verschaffen. „Wir dürfen nicht vergessen, daß das nur eine Muschel ist. Ich nehme an, davon gibt es Tausende im Meer."

Alle blickten ihn niedergeschlagen an.

„Die Jagd nach dem Schatz geht uns allen an die Nerven", sagte Ramage. „Mir jedenfalls", fügte er hinzu.

„Mir auch!" pflichtete Yorke ihm bei. „Ich muß ja zugeben, daß das aufregend ist. Selbst wenn wir nichts finden, habe ich mich amüsiert. Welcher kleine Junge hat nicht das Piratenspiel und die Schatzsuche geliebt?"

„Stimmt", gab Ramage zu, „ich wäre aber gleichzeitig gerne unter den Erwachsenen, die tatsächlich *fündig wurden!*"

Maxine beobachtete ihn nachdenklich, als er sprach, so, also wolle sie ihn abwägen. Ihre Augen trafen sich, und Ramage stellte sich, wieder einmal, die Frage, wie ihr Mann aussehen könnte.

Eine Woche nach der glücklichen Landung auf den Flößen war das Leben auf Snake Island bereits zur angenehmen Routine geworden. Die Seeleute beider Schiffe hatten ihren Spaß an der Schatzsuche. Ja, sie waren so darauf aus, sich einer der grabenden Gruppen anschließen zu dürfen, daß Southwick mißmutig wurde und entschlossen war, eventuelle Schurken unter ihnen von der übrigen Floßbesatzung abzusondern. War die tägliche Grabarbeit verrichtet, verbrachten einige der Männer ein oder zwei Stunden damit, den Boden vor ihren Häusern in Ordnung zu bringen. Sie entfernten weiteres niederes Buschwerk, um dem Jasminbaum, dessen Blütezeit sich allmählich dem Ende näherte, und auch einigen weiteren blühenden Büschen und Bäumen mehr Luft zu verschaffen. Sie hatten einfache Tische und Sitzgelegenheiten gebastelt und im Schatten eines riesigen Flammenbaumes aufgestellt, der sich wie ein scharlachroter Schirm über sie spannte. Die Verbindungswege zwischen den Häusern wurden mit kleinen Begrenzungssteinen eingefaßt, die Steine weiß getüncht. San Ildefonso war dabei, sich in einen hübschen Weiler zu verwandeln. Die Männer waren normalerweise dazu verdammt, jahrelang auf ein Leben an Land zu verzichten, und Ramage beobachtete, wie sich hier bei ihnen ein neues Gefühl für die Natur entwickelte. Sie beobachteten den Boden, unterstützten die natürlichen Anlagen, um noch mehr Schönheit hervorzulocken. Southwick half ihnen dabei in seiner ruhigen, fast väterlichen Art. Appleby wurde beauftragt, von den Wracks Farbe, Nägel und aus dem Schanzkleid gehauene Bretter herüberzutransportieren, damit sie weitere Möbel herstellen konnten.

Bowen hatte voll Freude festgestellt, daß St. Cast ein hervorragender Schachspieler war. Nachdem Appleby das Schachbrett und die Figuren des Arztes herübergeholt hatte, zogen sich die beiden jeden Abend für ein paar Spiele zurück.

Die Familie St. Brieuc hatte sich in dem winzigen Dorf San Ildefonso eingerichtet, wie wenn sie in einem vornehmen Loireschloß zuhause wäre. Früh morgens, bevor die Sonne erbärmlich vom Himmel brannte, gingen sie gemächlich am Strand entlang, wie wenn sie ihre Besitzungen inspizieren wollten. Sie waren entzückt von den Schwärmen kleiner weißer Silberreiher, die abends aufflogen, um draußen auf einem der kleinen weißen Felsen die Nacht zu verbringen. Und sie kehrten fast täglich mit neuen Beschreibungen fremdartiger Vögel und Schmetterlinge, Chamäleons und Insekten zurück.

Ramage beabsichtigte, Appleby noch zweimal zu den Wracks hinüber fahren zu lassen. Danach würden sie mehr als genug Verpflegung haben. Seine Idee, halbgefüllte Fässer selbständig herübertreiben zu lassen, hatte sich als großartig erwiesen. Der Faßbinder hatte die Gelegenheit auch beim Schopfe gepackt, Wasserfässer zu reinigen und herübertreiben zu lassen. Nun standen sie in Reih und Glied neben dem Brunnen, bereit, nach Ankunft des Versorgungsschiffes mit Nahrungsmitteln gefüllt zu werden. Ramage wollte auf ihrem weiteren Weg nach Jamaika weder knapp an Wasser noch an Nahrungsmitteln sein.

Die Sklaven waren eine fröhliche Gesellschaft. Nahezu Abend für Abend setzten sie sich zusammen, um Lieder aus ihrer afrikanischen Heimat zu singen oder Stammestänze um ein Feuer herum aufzuführen. Dies geschah sehr zur Freude der Schiffsbesatzungen, die bald selbst die Tanzschritte erlernten und begeistert mitmachten.

Jeder hatte seinen Spaß daran, Ramage mit „Governor" anzureden. St. Brieuc war es, der diese Idee propagierte, und dadurch wurde die Arbeit für Ramage bestimmt erheblich einfacher. Maxine ausgenommen, war er der jüngste von allen, doch als Governor konnte er Anweisungen ausgeben, ohne die soziale Seite ihres Zusammenlebens zu tangieren.

Jackson fragte eines Morgens seinen Governor: „Hat der Fischer eigentlich gute Arbeit geleistet?"

„Er arbeitete hervorragend. Die Halsketten waren ein voller Erfolg."

„Die Sache mit Punto Tamarindo war aber eine große Enttäuschung, Sir."

Ramage stimmte zu. „Tamarinden und flammende Helmmuscheln — es wird mir nichts ausmachen, wenn ich nie mehr in meinem Leben welche sehe!"

„Flammende Helmmuscheln, Sir?" fragte Jackson. „Was ist das?"

Ramage beschrieb sie dem Amerikaner.

„Ja, ich erinnere mich jetzt, Sir."

„Ja, wenn es nur drei von ihnen gegeben hätte", bedauerte Ramage und war fast geistesabwesend, weil er sich gerade Maxines Ausruf „ich kann das Meer hören" wieder in Erinnerung rief und daran dachte, wie aufgeregt sie alle plötzlich gewesen waren.

„Es waren doch drei, Sir", sagte Jackson. „Drei, die in gerader Linie hintereinander lagen. Mr. Yorke hob die nächstliegende auf. Haben Sie die anderen nicht gesehen?"

15

Die Nacht versprach, lang zu werden. Bestimmt wäre die Aufmerksamkeit der Einheimischen geweckt worden, hätte man eine Gruppe von Seeleuten nach Punta Tamarindo geschickt, um im Schein der Laternen zu graben. Je weniger sie wußten, desto besser war es für den Augenblick. Sie waren informiert, daß die Engländer bei Tageslicht Gräben zogen; damit wurde ja nur die Arbeit der Spanier nachgeahmt. Grub man plötzlich bei Nacht, konnte das auf eine besondere Dringlichkeit hindeuten ...

Die Hitze in Ramages Zimmer war erdrückend. Nach Sonnenuntergang blieb der Seewind aus, und der leichte Landwind hatte nicht die Stärke angenommen, die nötig war, um die Nacht angenehm kühl zu gestalten. Nun konnte man sich auf Tropentauglichkeit testen. Ramage vergaß völlig das Naturschauspiel um ihn herum: den herrlichen Aufstand von Farben, die aufregenden Blumen, das Scharlachrot des Flammenbaumes und das aufregende Blau des

Meeres. Er vergaß sogar die Temperatur während des Tages, wenn eine leichte Brise und skurrile Schattenbilder das Schauspiel perfekt machten.

Im Elend einer windstillen Nacht während der Hurrikanzeit sehnte sich Ramage nach den frischen Nächten nördlicher Breiten. Frostbeulen und Erkältungen, das Geschnupfe und Geniese, die Notwendigkeit, eine wärmende Hülle über die andere zu ziehen, um nicht zu erfrieren — all' das wurde vergessen; und zum ersten Mal wurde Ramage so richtig bewußt, daß der Wind das Leben der Tropen regierte. Es kam durchaus vor, daß das Thermometer mittags um zwei Uhr achtzig Grad Fahrenheit zeigte. Blies der Passat, war das eine ideale Temperatur. Ohne Wind empfand man aber achtzig Grad als recht unangenehm. Die Kleider saugten sich voll mit Schweiß, und jede Tatkraft fiel der Hitze zum Opfer.

Jemand klopfte fast unhörbar an seine Tür. Ramage griff zur Pistole neben dem Bett.

„Wer ist da?" fragte er in gedämpftem Ton.

„Ich bin's, Yorke."

„Kommen Sie herein."

Als sich die Tür öffnete, sah er kurz den Sternenhimmel aufleuchten.

„Was ist los? Können Sie nicht schlafen?"

„Nein — ich habe immer noch den Ton des Meeres in dieser verdammten Helmmuschel im Ohr. Sie wissen ja, ich kann einfach diese Warterei nicht leiden; ich bin viel zu ungeduldig!"

„Das geht mir auch so", gab Ramage zu. „Ich liege auch nur da und warte, daß die Zeiger meiner Uhr weiterrücken."

„Wann brechen wir nach Punta Tamarindo auf?"

„Um fünf Uhr. Wir brauchen ungefähr eine Stunde dorthin. Ich will, daß die Leute denken, wir graben einfach zur Abwechslung mal an einem anderen Platz."

„Wer weiß", meinte Yorke leichthin, „vielleicht ist das wirklich alles was wir tun."

„Wahrscheinlich sogar. Es ist bestimmt das beste, so darüber zu denken."

„Warum gehen wir nicht jetzt und graben?" fragte Yorke impulsiv. „Nur ein paar von uns. Das geht ohne viel Lärm; und Punta Tamarindo ist ohnehin einer der isoliertesten Plätze in der ganzen Karibik."

Ramage schwang die Beine vom Bett herunter und begann sich schweigend anzukleiden.

Southwick mißbilligte die Anweisung, als stellvertretender Kommandant im Dorf zurückzubleiben, als fünfzehn Minuten später Ramage und Yorke eine kleine Gruppe aus zehn Seeleuten und fünf Matrosen den Weg um die große Inlandbucht herumführten. Sie durchschritten ein langes Tal, beschrieben dann einen Halbkreis, um eine Kette von drei hohen Hügeln zu umgehen, welche Bahia Tamarindo von der übrigen Insel abtrennte.

Die Seeleute waren überhaupt nicht böse, daß man sie nach der anstrengenden Graberei während des Tages schon wieder geweckt hatte. Im Gegenteil: sie waren aufgeregt. Wäre es nicht notwendig gewesen, still zu sein, vermutete Ramage, hätten sie bestimmt ein Lied angestimmt wie eine Gruppe von Bergleuten aus Cornwall, die auf dem Weg zu einem Jahrmarkt waren.

Sie erreichten ihr Ziel Punta Tamarindo in etwas mehr als einer Stunde. Die Seeleute und Soldaten warteten in einer Entfernung von etwa zwanzig Yards, während Ramage mit Yorke und Jackson zu der bekannten Casuarine ging. Jackson hatte die Laterne in der Hand und fand die Muscheln schnell wieder.

„Hier ist eine, Sir, und da die andere. Und das ist der Platz, wo Ihre lag. Sie können den Eindruck, den sie hinterlassen hat, noch sehen; er ist ziemlich tief. Ich frage mich, ob sich darunter ein Skorpion versteckt hatte.

Drei flammende Helmmuscheln in einer Linie. Alle drei zeigten mit der Spitze landeinwärts, genau auf die Wurzel des Baumes. Die offene Seite blickte zum Meer.

„Wollte man aus ihnen eine bestimmte Richtung ablesen", meinte Yorke, „so kommt meines Erachtens hierfür nur der Baum in Frage." Und er deutete auf die Casuarine.

Ein Baum und drei Muscheln in einer Linie; jede, wie er feststellte, zwei Schritt von der anderen entfernt; und alle deuteten in dieselbe Richtung.

> „Du siehst die drei
> und hörst die See ..."

Welche drei? Die drei Landzungen oder die drei Muscheln? Logisch gedacht, wäre es nötig, die drei Landzungen zu sehen und dann in den Muscheln „die See hören". Doch sicher lautete der Reim ganz anders ...

> „... und erinnere Dich an mich.
> Dann drei mal drei
> unter dem Baum."

„Drei mal drei" — das *muß* sich auf die Muscheln beziehen. Und die erste „drei" bezieht sich auf die Landzungen. Aber, fragte er sich in Rage wegen der Wunderlichkeit des Reims, was *bedeuten* die letzten beiden Linien?

Drei mal drei — nun, die erste Zahl muß sich auf die Linie von Muscheln beziehen. Doch welches andere Symbol aus der drei zeigt die Richtung, in welcher zu graben ist?

„Nun", sagte Yorke und ließ leichte Ungeduld erkennen, „haben Sie sich entschlossen, wo wir graben sollen?"

Ramage schluckte hart, um eine kurze, bittere Antwort zu vermeiden. Yorkes Tonfall brachte zum Ausdruck, daß nur durch Ramages Zögern die Spaten der Männer noch nicht auf den Schatz gestoßen waren.

„Ja", sagte er schließlich, „und Sie haben die Ehre, den ersten Spatenstich durchführen zu dürfen."

„Oh, danke schön!" sagte Yorke, und sein alter Enthusiasmus brach wieder hervor. „Hey! Stafford! Bringen Sie mir Ihren Spaten!"

Yorke spuckte sich in die Hände. „Ich bin nicht sicher, was das bringt, aber alle guten Arbeiter tun es. Nun, wo beginnen wir?"

„Ich habe keine Ahnung", gestand Ramage. „Wir müssen einfach irgendwo beginnen!"

Yorke schaute sich auf dem von der Laterne beschienenen Gelände um. „Es wird ein paar Tage brauchen, bis wir die ganze Gegend hier mannstief ausgehoben haben..."

„Ich weiß; deswegen hoffte ich ja, hier einen weiteren Schlüssel zu finden. ‚Drei mal drei...'"

„Drei Schritte von den Muscheln?" fragte Yorke hoffnungsvoll.

„In welche Richtung, und von welcher Muschel aus gemessen?"

„Ja", sagte Yorke. „Hört sich nicht an, als ob unser Piratendichter die Beschreibung so ungenau hinterlassen hätte."

Ramage wies Jackson an: „Lassen Sie die Männer hier entlang einen schmalen Graben ziehen. Zwei Fuß tief."

Zu Yorke sagte er: „Wir müssen die Muscheln entfernen. Wir sollten durch Stöcke markieren, wo sie lagen."

Innerhalb von fünfzehn Minuten gruben die Männer heftig, und an den am Rande des beleuchteten Areals in den Boden gesteckten Stöcken konnte man sich gut orientieren.

Nach einer Stunde hatten die Männer einen etwa achtzehn Fuß langen Graben angelegt, der den Baum mit dem Fundort von Yorkes Muschel verband. Er war nicht tief; der mit kleinen Steinen durchsetzte schwere, rote Boden lag nur dünn über dem anstehenden Gestein.

Die Männer schritten etwas zurück. Yorke machte einen

Vorschlag: „Wie steht es damit, ein geometrisches Muster anzulegen?"

„Warum nicht?" pflichtete Ramage ihm bei. „Möglich ist alles. Wir werden einen weiteren anlegen, der im rechten Winkel dazu steht und gleichlang ist. So entsteht ein Kreuz."

Yorke deutete auf die schwitzenden Männer. Ihre Gesichter glänzten im dunklen Laternenschein, und ihre Körper warfen groteske Schattenbilder. „Die Totengräberszene aus Hamlet", sagte er. „Oh weh, armer Yorick..."

„Wie alt ist dieser Baum wohl, Ihrer Meinung nach?" fragte Ramage plötzlich.

„Keine Ahnung. Eine Casuarine, nicht wahr? Wird hier als Windschutz für die Häuser in Reihen angepflanzt. Das bedeutet, daß sie schnell wachsen, wie Fichten. Hundert Jahre? Mehr auf keinen Fall."

„Das bedeutet, daß der Baum vielleicht mit all' dem überhaupt nichts zu tun hat?"

„Das ist höchstwahrscheinlich der Fall. Warum?" fragte Yorke.

„Mich beschäftigen diese Muscheln. Schließlich könnte sie auch irgendjemand einfach hierher gekickt haben, und damit wären wir wieder am Punkte Null."

„Ich frage mich, wann hier zum letzten Mal jemand stand?"

„Zugegeben; doch woher konnte ein Pirat wissen, daß hier keine Büsche wachsen, die die Muscheln unter sich vergraben würden?"

„Denken Sie daran, daß er ja seinen Schatz *verstecken* wollte", war Yorkes Einwand.

„Ja, ich frage mich aber, warum?"

„Oh — vielleicht wurde er verfolgt... oder diese Insel diente ihm als Ausgangspunkt, und plötzlich wurde sein Schiff zerstört — zum Beispiel durch einen Hurrikan... vielleicht war er hier von der Außenwelt abgeschnitten und starb den Hungertod, oder einfach an Altersschwäche. Verbarg seinen Schatz und schnitzte kurz vor seinem Tod noch irgendwo hinein seinen Reim..."

Ramage nickte. „Das klingt ganz glaubwürdig. Henry Morgan war hier vor hundert Jahren ‚The Brethren of the Coast' — war das nicht der Name seiner Bande?"

„Ja, und er war auch Governor von Jamaika, nicht wahr?"

„Ich glaube ja, Dennoch, Jamaika war weit weg für damalige Verhältnisse. Ich halte es für möglich, daß der Governor damals nicht dieselbe das Gesetz achtende Persönlichkeit war wie heute!"

„Eine Muschel!"

„Der Schrei kam von einem Matrosen. Ramage brüllte zurück: „Nicht berühren!"

Jackson schnappte die Lampe und rannte zu ihm. Er hatte an dem dem Land zugekehrten Ende des Grabens gearbeitet.

„Ich habe sie nicht aufgehoben, Jacko", sagte der Mann aufgeregt. „Schau, hier ist sie!"

Jackson beugte sich mit der Laterne nieder, und Ramage konnte die Stelle gut einblicken. Es war ein flacher Helm und er zeigte direkt auf den Baum.

Ramage schaute Yorke an. „Geometrie!" sagte er, „oder Trigonometrie. Oder einfach jemand, der Spaß daran hatte, ein Muster zu legen!"

„Die Richtung, in die sie zeigt", überlegte Yorke, „sie muß eine gewisse Bedeutung haben!"

„Jackson — ein neuer Graben", befahl Ramage kurz. „Beginnen Sie hier und ziehen Sie ihn vollkommen gerade auf den Baum zu. Mit etwas Glück werden Sie weitere Muscheln finden."

Er drehte sich um und schaute seine Leute an. „Kommen Sie hier nacheinander vorbei und schauen Sie sich die Muschel an, wenn Sie den neuen Graben zum Baum ziehen, müssen Sie auf weitere Muscheln dieser Art achten. Vorsicht, daß sie nicht aus ihrer ursprünglichen Lage gerissen werden. Oder merken Sie sich wenigstens, wohin die Spitze zeigt."

Wie eine Gruppe kleiner Jungs, die man auf eine Reihe reifer Erdbeerpflanzen losgelassen hat, bildeten die Männer nun eine gerade Linie und begannen erneut zu graben.

„Ein schwachter Trost macht sich in mir breit", sagte Ramage ruhig zu Yorke, und seine Worte gingen im Lärm der fröhlich arbeitenden Männer fast unter.

„Wenn ich herausfinde, daß ich mich innerhalb eines Radius befinde, in welchem ein Schatz von einer Million Pfund versteckt ist", erwiderte Yorke trocken, „fällt es mir nicht schwer, eine schwach glimmende Hoffnung zu einem tobenden Feuer zu entfachen!"

Die beiden Männer standen schweigend da. Jeder hing seinen eigenen Gedanken nach; jeder blickte von einem der grabenden Männer zum nächsten und hoffte insgeheim, einer von ihnen würde mit einem Begeisterungsschrei hochspringen.

Er hat gute Nerven, dachte Yorke bei sich, als er Ramage beobachtete, der ab und zu blinzelte, und dessen Gesicht sich scharf gegen den Schein der Lampe dahinter abzeichnete. Während der vergangenen paar Wochen hat er einen französischen Freibeuter gestellt, dem fast die *Topaz* zum Opfer gefallen wäre. Er hat einen Hurrikan überlebt und sich zum Herrn einer kleinen Insel gemacht. Das merkwürdige dabei ist, daß er auf jedem Gebiet perfekt zu sein scheint, egal, was er anpackt: er brachte die *Triton* längsseits an das Freibeuterschiff, er führte die Brigg durch den Hurrikan, konnte mit fertigen Flößen aufwarten, als beide Schiffe gestrandet waren. Er führte die ganze Gesellschaft sicher auf die kleine Insel herüber und übernahm wegen der Spanier die Rolle des Kerkermeisters. Er war ein guter Gastgeber für die Passagiere aus Frankreich und brachte es fertig, die Mannschaften beider Schiffe zu einem Team zusammenzuschweißen. Und last not least war er ein sympathischer Freund für Yorke selbst. Bei Gott, eine recht eindrucksvolle Liste.

Als Verantwortlicher bei der Schatzsuche bewies er Phantasie, Geduld und Entschlußkraft und verhielt sich stets so, als ob sein ganzer Lebenszweck darin bestand, auf Schatzsuche zu gehen ...

Yorke war gerne in Ramages Gesellschaft. Ein Grund dafür lag bestimmt darin, daß sein Sinn für Humor wuchs, je schwieriger die Aufgabe war, der er sich gegenübergestellt sah. Vielleicht entpuppte er sich erst dann als humorloser und langweiliger Kumpel, wenn alles perfekt lief, wenn keine Probleme oder Krisen am Horizont auftauchten.

Vielleicht war ‚langweilig' das falsche Wort. Wahrscheinlich konnte er gar nicht langweilig sein, denn er hatte stets ein Interesse am Leben und allem was damit zusammenhing, das schon fast als naseweis zu klassifizieren war, und seine Umwelt fühlte sich immer von ihm angesprochen. Man denke über seine Kenntnisse in bezug auf die Flammenhelmmuschel, an den Gebrauch ausgefallener und archaischer, manchmal schon fast exzentrischer Wörter in verschiedenen Sprachen, die er gerne gebrauchte, und zwar nicht, um sich aufzuspielen, sondern weil er annahm, daß alle seine Mitmenschen dieselbe Freude an ihnen hatten, wie er sie empfand. Er hatte eben die Gabe, Informationen, die er auf seinen Reisen aufgepickt hatte, zu verarbeiten und zu speichern.

In Yorkes Augen war er aber einsam. Natürlich war nicht Einsamkeit an Bord gemeint; wollte man Disziplin erreichen und mußte entsprechende Befehle geben, war man als Kapitän immer einsam. Nein, wahrscheinlich war er einsam in seinem Privatleben, wenn vielleicht auch nur aus Mangel an Gelegenheit, jemanden Passendes zu finden; Menschen, die seine Gesamtpersönlichkeit verstehen konnten, waren dünn gesät. Yorke hatte das bestimmte Gefühl, daß die Eltern St. Brieuc ihn ganz gerne als ihren Sohn, oder doch wenigstens Schwiegersohn gesehen hätten. Sie brachten das Gespräch oft auf Maxines Gatten, aber gelegentlich in einer Art und Weise, wie man über sein Lieblingspferd spricht. Es bestand ein körperliches, kein seelisches Band. Maxine selbst erwähnte ihn überhaupt niemals. Entweder brach seine Abwesenheit ihr das Herz oder sie löste in ihr nicht den Kummer aus, den er selbst vielleicht erhofft hatte. War Maxine in Ramage verliebt? Dieser Gedanke bereitete ihm schmerzende Eifersucht, obwohl ihm jeder Beweis dafür fehlte.

Alles drehte sich hier um Ramage. Doch wie sah seine Zukunft aus? Er war witzig, charmant, ungeduldig, mutig bis zur Tollkühnheit und fast verdammenswert großzügig. Seine Familie war reich. Auf diesem Polster könnte er ein angenehmes Leben in England führen. Doch wie schon sein Vater und Großvater, hatte er der See den Vorzug gegeben. Nach all' dem Leid, das man dem alten Grafen zugefügt hatte, hätte jeder gesund denkende junge Mensch sein Offizierspatent zurückgegeben. Da er das nicht getan hatte, kamen die Gefahren seines Lebens sowohl von Leuten wie Goddard als auch von Naturgewalten oder Schlachten. Er mußte die See wirklich lieben, weil —

Ein Matrose rief etwas, und Yorke riß sich zusammen und blickte zu Ramage hinüber. Dieser stand wie versteinert da, sein Mund offen, seine Augen ins Leere blickend ...

Auch Ramages Gedanken waren gerade weit von Punta Tamarindo entfernt gewesen.

„Flammenhelm, Sir!" rief Jackson aufgeregt. „Liegt gleich tief wie der letzte und zeigt in dieselbe Richtung."

Yorke und Ramage blickten auf die im Graben erleuchtete Stelle.

Ramage zeigte auf die neue Fundstelle. „Derselbe Abstand wie vorhin; zwei Schritte. Und..."

Er deutete auf eine weitere Stelle: „... hier sollte die nächste liegen."

„Jackson!"

Der Amerikaner griff nach der Schaufel und kratzte dort die Erdschicht weg, immer bedacht, eine Muschel, auf die er eventuell stoßen konnte, nicht zu zerstören.

Nach ein paar Minuten hielt er plötzlich inne. Er legte die Schaufel beiseite und grub mit den Händen weiter.

„Hier ist sie, Sir."

Die Stille war beängstigend. Yorke hatte das Gefühl, daß jeder zum ersten Mal glaubte, unmittelbar vor einem großen Reichtum zu stehen. Ramage wies die Matrosen an, zum Baum hinüberzugehen.

„Jackson, Stafford!" rief er. „Knien Sie sich nieder und gehen in Schußposition, falls wir von irgendwoher angegriffen werden sollten. Verhalten Sie sich absolut ruhig und schauen Sie nicht in die Laterne hinter Ihnen, weil Sie dann für eine gewisse Zeit geblendet sind. Kauern Sie sich dicht an Buschwerk oder einen Felsen, damit sich Ihr Körper nicht silhouettenhaft im Schein der Lampe abhebt. Rufen Sie gegebenenfalls zweimal an; kommt dann immer noch keine Antwort, schießen Sie sofort. Haben Sie noch Fragen? — Dann nehmen Sie Ihre Positionen ein."

Ramage nahm seine beiden Pistolen, gab sie Jackson und sagte leise: „Ich werde graben. Stellen Sie sich hinter diesen Baum und sichern Sie uns. Ich kann mir nicht denken, daß einer der Männer Dummheiten macht, aber falls hier wirklich ein Schatz vergraben liegt — Gold kann einen Mann um den Verstand bringen. Verstecken Sie sich in Reichweite. Niemand braucht zu wissen, wo Sie sind. Behalten Sie die Matrosen im Auge, obgleich..."

Und damit wandte er sich Yorke zu: „Haben Sie irgendwelche Vorschläge zu machen, wo wir graben sollen?"

Yorke schaute verwirrt drein. „Vielleicht hier entlang — oder sollen wir besser an dem Graben dort drüben weitermachen?" Er deutete in die entsprechende Richtung.

„Vielleicht", meinte Ramage, und Yorke schien ob seiner offentlichtlichen Unsicherheit innerlich zu triumphieren, „mir gefallen aber Dreiecke, sie haben drei Seiten. Verfolgt man die Linie der zuerst gefundenen Muscheln und dann die dieser drei Muscheln, hat man bereits zwei Seiten eines gleichschenkligen Dreiecks. Jedenfalls fast zwei Seiten. Schauen Sie —" er deutete auf die angesprochene Zone „— wie wäre es mit dieser Stelle als Scheitelpunkt?" Er zeigte auf einen Punkt, der fünf Fuß vom Baumstamm erntfernt war.

Ramage wartete die Antwort erst gar nicht ab und ging zu der Stelle. Dort bohrte er seinen Absatz in die weiche Erde und bat den nächststehenden Seemann:

„Graben Sie hier. Ein großes Loch. Untersuchen Sie die Erde genau."

Zu Yorke sagte er: „Ich veranstalte jetzt ein Ratespiel, auch wenn es zu diesem Zeitpunkt vielleicht verrückt erscheint."

Yorke wartete gespannt. Als Ramage nach geraumer Zeit noch immer nichts verlauten ließ, drängte er ihn: „Nun? Warum funktionieren Sie das Spiel nicht zu einer Wette um? — Dann gewinnt einer von uns wenigstens *etwas!*"

„Ich hoffe geradezu, Sie würden diesen Vorschlag unterbreiten. Lassen Sie uns eine Wette auf das Alter dieses Baumes abschließen!"

„Fünfzig Jahre", antwortete Yorke wie aus der Pistole geschossen. „Und ich setze fünfzig Guinees darauf."

„Ah", meinte Ramage, „ich wette, daß er über hundert Jahre alt ist, oder genauer: daß er aus der Zeit stammt, in der der Schatz vergraben wurde."

„Abgemacht", schlug Yorke ein.

Ramage fühlte sich an ruhige, beschauliche Tage in

Cornwall erinnert, als er einen Hund beobachtete, der sich in einen Kaninchenbau eingrub. Er japste vor Entschlossenheit und Jagdeifer, und die Erde flog zwischen seinen Hinterbeinen hoch. Das Loch hatte schon Gestalt angenommen, die ausgegrabene Erde war zu kleinen Buckeln aufgeworfen.

Er ging zu den grabenden Männern hinüber. Das Loch war schon zwei Fuß tief, und die Lampe erfaßte seine Sohle nicht mehr. Er konnte Holzadern sehen und vernahm gelegentlich dumpfe Aufschläge, wenn ein Spaten an einem solchen Wurzelteil abprallte.

In einer Tiefe von drei Fuß wurden die Wurzeläste stärker und verliefen dichter nebeneinander. Es wurde immer schwieriger, sie zu durchtrennen, zumal sie stark nachfederten. Man war nun auf Äxte und Tageslicht angewiesen. Ramage ließ das Graben einstellen, wählte drei Leute aus, die zum Dorf zurückgehen und Arbeitsgerät holen sollten und rief dem Marinewachposten zu, sie passieren zu lassen.

„Wir haben ein großes Schlafdefizit", bemerkte er Yorke gegenüber, „doch bis jetzt hat es uns nichts eingebracht als Erfahrung bezüglich der Graberei."

Yorke gab keine Antwort. Er war niedergeschlagen. Die Aussicht, unter einem Baum graben zu müssen, schien hoffnungslos. Mehr und mehr beherrschte ihn der Gedanke, daß die Schatzsuche ausgestanden war, doch er hätte sich eher die Zunge abgebissen, als Ramage gegenüber eine solche Andeutung zu machen. Das alles hatte Riesenspaß gemacht und gleichzeitig ihre Intelligenz auf die Probe gestellt, doch irgendwo konnten sich ein paar unglückliche Zufälle einschleichen und das Spiel unlösbar gestalten.

Plötzlich ertönte ein aufgeregter Schrei. Ein Seemann hielt aus dem Loch heraus etwas in die Höhe. Das fahle, gelbe Licht der Laterne fiel auf den Gegenstand, und bei dessen Anblick stöhnten einige der Männer auf und ließen dadurch ihrer Enttäuschung, gleichermaßen aber auch ihrer durch Aberglauben bedingten Angst freien Lauf.

Ramage nahm den Gegenstand in seine Hände, betrachtete ihn und sagte trocken: „Ein menschlicher Oberschenkelknochen; hier wird wahrscheinlich auch der Rest des Skeletts liegen."

Er ging zur Seite und legte den Knochen vorsichtig nieder.

„Graben Sie weiter und bringen Sie die übrigen Teile hierher, wenn Sie darauf stoßen; wir werden später alles neu vergraben."

Er wandte sich ab, glaubte, seine Enttäuschung gut überspielt zu haben. Yorke mochte sie zwar nicht entgangen sein, doch keiner der anderen Männer, nicht einmal Jackson, würde sie bemerkt haben.

Nach all' dieser Schufterei hatten sie nur ein Grab entdeckt. Wahrscheinlich das eines Piratenführers, der berühmt gewesen sein muß, um auf dieser fast verlassenen Insel seine letzte Ruhestätte zu finden, der Nachwelt erhalten durch einen Baum, Muscheln und einen Reim.

Jeder — und Ramage schloß sich hier keineswegs aus — hatte vermutet, daß das, was hier auch immer versteckt gewesen sein mochte, mit einem Schatz in Zusammenhang stand. Teller, Tassen und Trinkbecher aus massivem Gold; dicke, schwere Armspangen aus Silber, mit eingelegten Edelsteinen... Niemand hatte an blanke Knochen gedacht. Dennoch konnte der Reim genau so gut ein Epitaph sein:

„... und gedenke meiner
unter dem Baum."

16

Jeder im Dorf gab sich sehr mitfühlend und verständnisvoll. Manchmal empfand Ramage diese Haltung schon fast aufreizend. Was ihn ärgerte war, daß jeder geheuchelt hatte, über den Fund überrascht gewesen zu sein. Er war sich sicher, daß — mit Ausnahme von Maxine — einer wie der andere der Meinung war, er jage hinter einem Phantom her; und aus lauter Höflichkeit hatte man ihn dazu sogar noch angespornt, ihn metaphorisch auf die Schulter geklopft, so lange die Aktion noch lief; und jetzt, da die Sache fehlgeschlagen war, streichelte man ihm, sozusagen zum Trost, symbolisch übers Haar.

Er saß in seinem Zimmer, das Tagebuch offen vor sich. Die Anspannung stand ihm ins Gesicht geschrieben. Warum nur war er in die Welt eines aufgeregten Schuljungen zurückgerutscht? Warum hatte er sich so von dem verdammten Reim beeinflussen lassen? Von dem ersehnten Schatz hätte ohnehin nicht jeder etwas abbekommen können. Er fühlte sich gedemütigt.

Jemand klopfte an seine Tür. Nach entsprechender Aufforderung, einzutreten, stand Maxine vor ihm.

„Nicholas", begann sie zögernd, „mein Vater —"

„Möchte er mich sprechen?" und schon war Ramage auf seinen Füßen und auf dem Weg zur Tür.

„*Non!*" sagte sie lächelnd und forderte ihn auf, wieder Platz zu nehmen. „Mein Vater weiß, daß ich Sie besuche."

„Oh", erwiderte er langsam. Es war ihm immer peinlich, wenn eine Dame andeutete, daß ihr guter Ruf litt — oder auch nicht — wenn sie mit ihm alleine war. „Sie sind ein willkommener Gast."

Er geleitete sie zu dem einzigen noch vorhandenen Stuhl, und sie setzte sich mit katzenhafter Geschmeidigkeit, gleichzeitig aber auch königlich würdevoll nieder. Ihre Anwesenheit verwandelte den schäbigen, heißen, staubigen Raum in einen eleganten Salon.

Er setzte sich ebenfalls. Sie blickte ihn an und versuchte keine Sekunde zu verschleiern, daß er ihr gefiel. Wohlüberlegt verdrängte sie den Gedanken, daß sie eine junge, verheiratete Frau war, deren Gatte sich Tausende von Meilen entfernt aufhielt und daß sie sich gegenwärtig alleine bei einem jungen Mann in dessen Zimmer befand. Sie drückte offen und mit nicht zu überbietender Eleganz aus, daß sie wußte, wie sie in ihrer Schönheit auf Männer wirkte. Und auch er war sich im klaren darüber, wie sehr Damen auf ihn ansprachen.

„Sie sind sehr erregt", begann sie die Unterhaltung.

Er zuckte mit den Schultern. „Enttäuscht, vielleicht. Ist doch natürlich, nicht wahr?"

„Ja, völlig natürlich, *mais* — das ist nicht alles, was Sie bedrückt..."

Sie sprach ruhig, mit großer innerer Sicherheit, wählte ihre Worte sorgfältig und konzentrierte sich auf die Aussprache. Sie erwartete keinen Widerspruch von ihm, und er ertappte sich dabei, daß er gar nicht wiedersprechen wollte.

„Nicht das Lösegeld aus dem Schatz zu bekommen, auf dem man zu stehen glaubt..." sagte er gedehnt.

„Sie meinen, Sie haben versagt."

„Das habe ich auch!"

Sie seufzte. „Diese Männer! Sie haben mehr Angst vor dem Wort ‚Versagen' als vor sämtlichen Teufeln in der Hölle!"

„Versagen tritt auch deutlicher in Erscheinung", bemerkte er trocken.

„Aber Sie *versagten* doch nicht! Hätten Sie von Ihrem Admiral den Auftrag gehabt, den Schatz zu finden, den Schatz, von dem man mit Sicherheit wußte, daß er sich *wirklich dort* befindet — gut, dann könnte man es als Versagen bezeichnen, wenn Sie die Aufgabe nicht hätten lösen können."

Sie ereiferte sich so, daß sie sich mit den Händen auf die Knie schlug. „Man kann aber doch nicht von Versagen sprechen, wenn es gar keinen Schatz gibt. Man würde doch auch nicht von Versagen sprechen, wenn Sie es nicht fertig brächten, auf einer Gans zum Mond zu fliegen."

„Richtig, doch das ist was ganz anderes, denn —"

In diesem Augenblick wurde heftig an die Tür geklopft.

„Herein!" rief Ramage, und der Tonfall zeigte, wie verärgert er über diese Störung war.

Ein aufgeregter Jackson trat ins Zimmer, blieb aber verwirrt stehen, als er Maxine erblickte.

„Entschuldigung, Sir —"

„Schießen Sie los, Jackson."

„Es handelt sich um die Graberei, Sir..."

„Erzählen Sie — hier gibt es nichts geheimzuhalten."

„Nun, Sir —" Jackson brach erneut ab, und Ramage erkannte, daß dafür nicht Maxines Anwesenheit der Grund war. Etwas Unangenehmes mußte sich ereignet haben, der Gesichtsausdruck des Amerikaners ließ keinen Zweifel offen. Was mochte ihn veranlaßt haben, so schnell von Punta Tamarindo zum Dorf zurückzulaufen, obwohl man ihn beauftragt hatte, mit einem halben Dutzend Seeleute die Gräben wieder zuzuschütten?

Ramage klopfte nervös mit den Fingerspitzen auf die Tischplatte. Daraufhin begann Jackson ein zweites Mal.

„Nachdem Sie und Mr. Yorke weggegangen waren, Sir, machten wir uns unsere Gedanken über das Skelett."

„Kommen Sie, Jackson, heraus mit der Sprache, wollen Sie, daß ich Ihnen jedes Wort einzeln entreißen muß?"

„Das Skelett lag nicht direkt unter dem Baum, Sir."

„Ich verstehe nicht —" Ramage unterbrach sich, denn plötzlich war ihm klar geworden, daß die Lage des Skeletts in der Tat seltsam war. Sollte der Baum das Grab markieren, wäre er direkt über dem Körper zu erwarten gewesen; doch dieses lag etwas abseits davon, in einer Tiefe von vier Fuß, und nur die seitlich ziehenden Wurzeln hatten ihn umschlungen. Der Baum war gepflanzt worden, oder der Same hatte begonnen zu keinem, nachdem der Körper beerdigt worden war. Sollte diese Erkenntnis eine Rolle spielen? — Doch Jackson hatte noch nicht alles berichtet.

„Stafford und ich versuchten, den Grund herauszufinden. Wir hatten wirklich keine Ahnung, was wir davon halten sollten und entschlossen uns, weiterzugraben, nachdem Sie weggegangen waren. Der Rest der Jungs war darauf versessen, Sir."

„Wo haben Sie gegraben?"

„Rings um den Baum, in einem großen Kreis; und wir fanden viele weitere Skelette."

„Wirklich, um Himmels willen?"

„Ja, Sir, acht haben wir bis jetzt, und weitere kommen zutage."

Maxine seufzte. Ramage blickte sie an und entdeckte, daß sie weiß wie die Wand war. Sofort stand er neben ihr, hielt sie an ihren Schultern und drückte sie an sich.

„Atmen Sie tief", sagte er ruhig. „Es tut mir leid, wir sind grausame Dummköpfe."

„*Non*," flüsterte sie, „es ist nicht das Gespräch über Leichen und Skelette. Ich dachte nur gerade an ... etwas. Es ist schon wieder gut."

Ramage gab Jackson zu verstehen, er möge das Zimmer verlassen. Sobald sich die Tür hinter ihm geschlossen hatte, nahm er sie in die Arme. Dies sollte ihr, so reflektierte er später, eigentlich nur ihre Sicherheit wiedergeben; doch sie schloß die Augen, öffnete die Lippen, und eine Sekunde später klammerten sie sich so verzweifelt aneinander, als ob sie dem Ertrinken nahe wären.

„Oh, Nicholas", flüsterte sie, und er meinte, sie schon eine Ewigkeit in seinen Armen gehalten zu haben, „schon so lange wünsche ich mir, dich zu küssen..."

Wir müssen vorsichtig sein — die Leute werden..."

„Ich kümmere mich nicht darum", sagte sie. „Und meine Eltern vermuten so etwas ohnehin schon."

Ramage dachte an ihren Mann. Hatte sie ihn vergessen? Und was vermuteten ihre Eltern über ihren augenblicklichen Besuch, wenn sie schon Verdacht geschöpft hatten? Sie konnten es kaum billigen, daß ihre verheiratete Tochter mit einem Leutnant der Königlichen Marine befreundet war.

„Küsse mich noch einmal", flüsterte sie, „und dann mußt du zu Jackson. Aber, mein Liebling, bitte lasse nicht zu, daß die Schatzsuche dein Leben bestimmt."

Er hielt sie fest in seinen Armen. „Ich habe meinen Schatz gefunden!"

„Du hast lange genug dazu gebraucht", sagte sie.

Eine Stunde später standen Yorke und Ramage am Rande eines großen, halbkreisförmigen Loches, in dessen Mittelpunkt der Baum stand. Die Skelette lagen noch unverändert. Die Männer hatten lediglich die Erde um sie herum beseitigt.

„Schauen Sie, Sir", sagte Jackson und sprang in das Loch hinein. Er ging von Skelett zu Skelett und deutete auf die einzelnen Schädel, die arg zugerichtet waren.

„Durch Schuß in den Hinterkopf getötet", kommentierte Ramage.

„Ja, Sir, und ihre Arme liegen auffallend eng nebeneinander."

„Man fesselte ihnen die Hände, erschoß sie von hinten

und stieß sie in ein großes offenes Grab", erklärte Ramage.

„Das dachten wir auch, Sir", äußerte sich Jackson, „aber wir können keinen Sinn dahinter erkennen."

Ramage begann, sehr zur Freude von Yorke, laut nachzudenken.

„Eine Massenhinrichtung, doch wer waren die Opfer? Vielleicht Piraten; vielleicht hatte eine Bande eine andere angegriffen. Oder die Mitglieder einer Bande hatten sich in die Haare bekommen. Es könnte sich auch um eine Gruppe von Sklaven gehandelt haben, die erschossen wurden, nachdem sie einen Auftrag erledigt hatten, der geheim bleiben sollte."

„Sklaven", grübelte Yorke halblaut. „Dazu bestimmt, ihr eigenes Grab zu schaufeln."

Ramage nickte. „Das scheint sinnvoller, weil wir mindestens zwanzig Skelette finden werden, wenn das Massengrab einst als geschlossener Kreis angelegt wurde. Zwanzig Piraten zu fesseln und zu erschießen würde wahrscheinlich bedeuten, daß nochmal so viele Skelette zu finden sind."

„Aber *warum* das ganze?" fragte Yorke leise. „Ich kann einfach keinen Sinn dahinter erkennen. Es ist doch sinnlos, einen Reim als Hinweis auf ein Massengrab zu hinterlassen."

Ramage fixierte Yorke. Vielleicht wurde hier neben den Skeletten doch auch ein Schatz vergraben? Kaum jemand würde unter dem Niveau graben, auf welchem man die Toten beerdigt hatte. Der Anblick eines menschlichen Knochens würde genügen, um die weitere Graberei einzustellen. Man will kein Grab zerstören. Aus demselben Grund hatte ja auch er die Männer angeheißen, das Loch wieder zuzuschütten, kaum daß das erste Skelett gefunden worden war.

Nur widerstrebend befaßte er sich noch einmal mit dem Gedanken an einen Schatz; die Enttäuschung war einfach zu groß gewesen. Doch vielleicht wiesen die beiden durch die Muscheln symbolisierten zusammenlaufenden Linien doch auf etwas anderes ...

Yorke nickte ihm zu, als er die Stelle anpeilte.

„Ich verstehe nicht, was zum Teufel das alles zu bedeuten hat", sagte Yorke, „doch ich glaube, wir sollten dort weitergraben."

Ramage wies Jackson an, vier Mann an der bezeichneten Stelle arbeiten zu lassen. Er setzte sich mit Yorke hin, um die schlimmste aller Wartezeiten zu überstehen.

Die Männer waren mehr damit beschäftigt, Wurzeln zu durchtrennen als wirklich zu graben. Ihre Arbeit war schwer, denn die sich ins Erdreich windenden Verästelungen federten elastisch auf jeden Schlag mit der Axt und leisteten harten Widerstand. Mehr als eine Stunde war vergangen, ehe einer der Männer, der im äußeren Bereich des Loches arbeitete, etwas vor sich hinbrummte, sich drehte und aus der neuen Position noch einmal mit seiner Spitzhacke zuschlug. Dann bückte er sich.

„Jacko!" rief er, nachdem er sich wieder aufgerichtet hatte. „Was hältst du davon?"

Ramage, der sich etwa fünf Yards entfernt davon mit Yorke unterhalten hatte, hörte aus dem erstaunten Tonfall des Mannes heraus, daß er dieses Mal mit Sicherheit kein Skelett gefunden hatte.

Jackson sprang mit einem Satz in das Loch und kniete sich nieder. Ramage ging bewußt langsam auf sie zu und hörte ihr aufgeregtes Gemurmel. Dann sprang Jackson wieder aus dem Loch heraus, kniete sich strahlend vor Ramage nieder und öffnete die Hände. Mehrere Münzen kamen zum Vorschein. Sie glänzten schwach.

Goldstücke; Taler und andere Werteinheiten ... Er rieb einen Taler, um ihn zum Glänzen zu bringen.

Er nickte befriedigt und reichte ihn Yorke.

„Sind viele davon da?" fragte er spontan.

„Hunderte, Sir — alle ergießen sich aus einer verrotteten Holzkiste."

„Ich bin so froh", sagte er genau so spontan. „Sie tun wohl gut daran, Stafford wegzuschicken, um ihn weitere Marinesoldaten holen zu lassen.

„Wir brauchen hier eine wirksame Wache. Und bitten Sie Southwick, den Gästen zu berichten, daß wir — eh — einen gewissen Erfolg hatten."

Es war schon bemerkenswert, wie ruhig man sein konnte, wenn sich Erfolg eingestellt hatte.

Die nächste Woche verlief so unwirklich, daß Ramage nicht nur zu träumen glaubte, sondern der Überzeugung war, den Traum eines Traumes zu erleben. Fast die ganze Besatzung war nach Punta Tamarindo beordert worden, um nicht jeden Morgen den langen Anmarsch zurücklegen zu müssen. Die Männer hatten ihre Hängematten zwischen die Bäume gehängt. Tagsüber gruben sie vorsichtig unter der Casuarine. Hinter dem Baum hatten die Zimmerleute begonnen, mit Sägen, Hämmern und Nägeln starke Kisten herzustellen, in welchen man den Schatz verstauen wollte. Die Münzen wurden nach ihrem Herkunftsland sortiert, in aus Segeltuch geschneiderte Beutel geschüttet und darin eingenäht. Jeder Beutel kam dann in eine Holzkiste und wurde mit den Fäusten in eine quadratische Form gepreßt, ehe man die Kiste vernagelte.

Das Gewicht einer jeden Kiste war von Ramage auf einen halben Zentner begrenzt worden. Southwick übernahm ihre letzte Überprüfung und veranlaßte, daß der Inhalt außen mit Farbe vermerkt wurde. Mittels zweier an den Seiten befestigter langer Stangen ließen sie sich von jeweils zwei Mann wie eine Tragbahre transportieren. Man brachte sie zum Dorf. Das Haus, in welchem der Fund aufbewahrt und streng bewacht wurde, hatte bereits den Spitznamen ‚das Schatzhaus' erhalten.

Die Gold- und Silberkollektion, die von Geschirr bis zu Kandelabern reichte, wurde auf die gleiche Weise sicher verstaut. Für diese Funde hatte man größere Kisten zimmern müssen, da die Gegenstände recht sperrig waren. Auch hier führte Southwick über jedes Stück ganz genau Buch. Wußte man einmal weder Namen noch Verwendungszweck eines Gefäßes, brachte man zur Kenntlichmachung außen eine maßstabgetreue Skizze an und notierte das Gewicht.

Ramage war froh, daß die Männer das Graben und Packen auch dann noch als großes Spiel betrachteten, als sich die Kisten mit Geld, Geschirr, Gefäßen und anderen Funden in ihrem „Schatzhaus" schon hoch stapelten.

Trotzdem hatte er sich mit Southwick und Yorke über mögliche Gefahren unterhalten, die der plötzliche Reichtum heraufbeschwören konnte. Auf beiden Schiffen hatten etwa fünfundsiebzig Mann überlebt. Ihnen standen aber nur drei Marineoffiziere bzw. ein Dutzend Ranghöhere der Handelsmarine gegenüber. Faßten die Seeleute den Plan, den Schatz zu behalten, wäre es für sie ein leichtes, die Offiziere nachts in ihren Betten umzubringen. Waren aber die Offiziere tot, wäre der Marinekorporal ein Narr, wollte er versuchen, seine Leute daran zu hindern, sich den Seeleuten anzuschließen ...

Die drei beobachteten das Geschehen scharf, doch bisher gab es nicht den geringsten Hinweis darauf, daß die Mannschaft eines der beiden Schiffe die Absicht hatte, den Schatz zu plündern. Ramage war fest davon überzeugt, daß jeder der Männer ein paar Goldmünzen in seinen Hosenaufschlägen eingenäht hatte. Ja, er hoffte es insgeheim, denn es war wirklich nicht einzusehen, einem Mann zehn Guinees zu mißgönnen, wenn ihm für seine Arbeit eigentlich zehntausend zustanden.

Yorke war einverstanden, daß nur die Funde aufgezeichnet wurden, die man aus dem Loch herausbeförderte.

Was die Männer mit den überall verstreut liegenden Münzen machten, die sie in dem sechs Fuß tiefen und acht Fuß im Quadrat messenden Loch aufhoben, ging niemanden was an. Da keiner von ihnen mehr als eine Hose trug, konnten sie nur eine beschränkte Zahl verstecken. Es blieb nur zu hoffen, daß die Männer untereinander brüderlich teilten.

St. Brieuc beschwor Ramage, besondere Vorsichtsmaßnahmen gegen meuternde Seeleute zu treffen. Er war so von dem Gedanken besessen, sie alle würden in ihren Betten umgebracht werden, daß Ramage ihm einen Gürtel mit Pistolen gab. St. Brieuc war äußerst dankbar dafür, ließ ihn jedoch vier Tage später durch Yorke wieder zurückgeben, weil seine Frau und Maxine den Anblick der Waffen im Haus nicht ertragen konnten. Yorke versuchte das Verhalten dadurch zu erklären, daß der Franzose nun bestimmt von der Integrität der Männer überzeugt sei.

Teniente Colon verlangte häufig danach, Ramage sprechen zu dürfen. Übergab der Wachposten allerdings ein Blatt Papier und einen Bleistift und forderte ihn auf, seine Botschaft an Ramage schriftlich zu fixieren, kam er dieser Aufforderung nicht nach. Daraus konnte man schließen, daß er nur neugierig war zu erfahren, ob die Suche nach dem Schatz erfolgreich war.

Ramage kümmerte sich nicht darum, ob Colon von dem Fund erfuhr oder nicht. Um so erstaunlicher war, daß die Wachposten nichts hatten verlauten lassen, obwohl Colon in seinem schlechten Englisch immer wieder den Versuch unternahm, sie in ein Gespräch zu verwickeln.

Zwei Tage bevor das nächste Versorgungsschiff erwartet wurde, waren die letzten Stücke aus dem Schatz ans Tageslicht befördert und entsprechend verstaut worden. Die Skelette hatte man wieder begraben. Ramage las eine Totenmesse. Danach wurde der Boden geebnet, und die Arbeitsgruppe ließ Punta Tamarindo für immer hinter sich.

„Ich wünschte, wir wären hier gewesen, als man sie verscharrt hat", bedauerte Yorke. „Es ist fesselnd, nicht genau zu wissen, was sich zugetragen hat."

Ramage zuckte mit den Schultern. „Vielleicht wären wir auch in dem Grab gelandet. Mich interessiert mehr, herauszubringen, *warum* der Besitzer seinen Schatz vergraben hat. Ich glaube, unsere These stimmt, daß das Loch von Sklaven oder Gefangenen ausgehoben worden ist und daß man sie tötete und verscharrte, um ihnen für immer die Möglichkeit zu nehmen, dieses Geheimnis auszuplaudern."

„Was dann aber der Reim?" Yorke ließ nicht locker.

„*Das* ist das Rätsel. Könnte es sich um Piraten handeln, deren Schiff auf ein Riff aufgelaufen war und die sich beeilten, ihren Schatz zu verstecken, ehe man sie gefangen nahm. Vielleicht hat man sie für den Rest ihres Lebens in ein Gefängnis gesteckt... und einer von ihnen schrieb den Reim..."

„Oder einer von ihnen blieb auf der Insel zurück. Colon erwähnte doch einen Vorfahr, der eine Kopie des Reims besaß."

„Ein Vorfahr... einer der ursprünglichen Piraten, der hierblieb oder zurückkam... das werden wir nie wissen."

Beim Abendessen sprach Bowen das aus, worüber jeder schon nachgedacht hatte.

„Haben Sie eine Vorstellung, wieviel das alles wert ist, Sir?"

Ramage verneinte. „Ich weiß nicht, wie hoch Gold momentan im Kurs steht."

St. Cast blickte auf. „Hier kann ich helfen. Letzten Februar beobachtete ich in London einige Vermögenswerte und ich kann mich noch ganz gut an die Preise erinnern. Goldbarren und -münzen brachten £ 3 17s 6d die Feinunze. Portugiesisches Gold wurde genauso gehandelt. Der Wert bezieht sich natürlich auf das Troysystem", fügte er hinzu. „Ein Troypfund entspricht mehr als einem halben

Handelspfund. Wenn ich mich richtig erinnere, sind es acht Zehntel."

Southwick kritzelte mit seinem Bleistift.

„Ein Handelspfund Gold ist mindestens £ 100 wert", sagte er. „Oder anders ausgedrückt: ein Zentner entspricht £ 11,200."

„Wie schwer ist der ganze Schatz?" wollte St. Brieuc wissen.

Ramage antwortete: „Wir haben noch nicht alles addiert, doch wir schätzen, daß wir auf mehr als fünf Tonnen Gold und ungefähr eine Tonne Silber kommen werden."

„Eine Tonne Gold ist fast eine Viertel Million wert", sagte Southwick.

„Fast?" wiederholte Yorke.

„Ungefähr £ 224,000. Unsere fünf Tonnen ergeben also grob gerechnet £ 1,120,000 ..."

Southwick suchte Ramages Blick. „Man wird es nicht als Beute anerkennen, Sir, dessen bin ich ganz sicher. Die Krone wird alles für sich beanspruchen, und niemand erhält auch nur einen Heller."

„Das sagte ich Ihnen ja schon, als wir zu graben begannen", meinte Ramage gedehnt. „Wie schade, daß wir den Schatz nicht die Spanier finden ließen. Wir hätten dann das Schiff, mit dem sie wegfahren wollten, nur zu kapern brauchen ..."

„Warum?" wollte St. Cast wissen.

„Dann würde es sich um wirkliches Beutegeld handeln ... und in diesem Falle hätte ich zwei Achtel davon erhalten. Southwick und Bowen müßten sich in ein Achtel, die Seeleute in zwei weitere Achtel teilen."

Voller Verachtung warf Southwick seinen Bleistift beiseite. „Das hätte für Sie £ 280,000 bedeutet", sagte er zu Ramage, „während Bowen und ich nur je die Hälfte von £ 140,000 erhalten würden. Puh", stieß er aus, „ich habe gerade festgestellt, daß der junge Appleby ein ganzes Achtel, nämlich £ 140,000 erhalten würde. Er müßte es mit keinem Offizier, Leutnant zur See, Pfarrer und so weiter teilen..."

Yorke lachte. „Tatsächlich komme ich am besten weg. Da mir überhaupt nichts zusteht, habe ich weder £ 280,000 noch £ 140,000 verloren!"

17

Stafford schritt auf Jackson zu, blieb vor ihm stehen und salutierte elegant. „Ein Dutzend blutrote Kaballieros, alle sind da und korrekt angezogen, señor!"

Jackson strahlte in der Uniform eines spanischen Leutnants. Er blickte an der Reihe von Seeleuten entlang, die in den Uniformen spanischer Soldaten angetreten waren.

„Hmm", sagte er gespielt hochnäsig, „keiner von euch könnte es mit der Königsgarde in Madrid aufnehmen; in dieser Einöde hier will ich aber nicht so kleinlich sein!"

Die Seeleute lachten vergnügt. Dann beeilte sich Jackson zu sagen: „In Ordnung, haltet euch gerade, ihr angeschmutzten Dons. Hier kommt der Kapitän."

Ramage verließ das Haus, stülpte die Mütze auf seinen Kopf und schritt auf Jackson und die angetretenen Seeleute zu.

Jackson hatte großen Spaß daran, die Rolle des *teniente* spielen zu können. Er salutierte und meldete: „Garnison vollzählig und in korrekter Kleidung angetreten, Sir."

„Sehr schön", erwiderte Ramage und schritt langsam die Reihe ab, um die Männer zu begutachten. Jackson hielt sich einen Schritt hinter ihm.

Aus einer Entfernung von fünfzehn Yards würde sie jeder für echte Soldaten halten. Sogar noch aus zehn Yards sahen sie proper aus; stand man aber direkt vor ihnen, schauten sie genau nach dem aus, was sie wirklich waren — britische Seeleute, die in die Uniformen spanischer Soldaten geschlüpft waren.

Plötzlich gab Ramage Stafford einen Auftrag: „Stafford, gehen Sie zur Tür meines Hauses und kommen Sie dann wieder zurück."

Der Seemann trat aus der Reihe heraus, und Jackson blickte ihm aufmerksam nach. „Ich fürchte, sie haben alle den gleichen Gang, Sir."

„Es ist schon ein bißchen spät, um daran noch etwas zu ändern. Stecken Sie ihnen Besenstiele in ihre Jacketts!"

„Vielleicht noch zwanzig Minuten, Sir ..."

„Machen Sie sich keine Sorgen; lassen Sie sie einfach nicht marschieren!"

Kapitän und Mannschaft des Versorgungsschiffes konnten beim Anblick der beiden Wracks auf den östlichen Klippen vielleicht Schwierigkeiten ahnen. Doch Ramage war sich fast sicher, daß er Ruhe vorgaukeln konnte, indem er die gelb-rot-gelbe spanische Flagge am Mast vor den Häusern von San Ildefonso hissen und die Garnison mit ihrem Leutnant zum Empfang am hölzernen Landungssteg antreten ließ.

Ein Dutzend Mal hatten Ramage, Southwick und Yorke dieses Zeremoniell durchgesprochen. Man hielt den spanischen Kapitän für nicht allzu intelligent, da er nur ein kleines Transportschiff kommandierte. Trotzdem blieb man bei dem ausgearbeiteten Plan. Schöpfte der Kapitän im letzten Augenblick Verdacht, war es zu spät, auf eine andere Taktik umzuschwenken. Vier Messingkanonen der *Topaz* sollten aus Verstecken neben den Häusern Rückendeckung geben. Gerade als das Schiff vor Punta del Soldado wendete, um richtig an die enge Einfahrt der Bucht heranzukommen, wurden die Kanonen geladen und auf verschiedene Ziele rings um den Landungssteg ausgerichtet. Lief irgendetwas schief, würde auf einen Zuruf von Ramage ein Dutzend als spanische Soldaten verkleidete Seeleute aus der Schußrichtung springen und auf ein weiteres Kommando das Feuer auf das Schiff eröffnet werden.

Das Schiff hatte einen Tag Verspätung. Es hätte eigentlich am letzten Nachmittag einlaufen müssen, doch die Posten auf Punta del Soldado konnten es erst am kommenden Vormittag gegen zehn Uhr sichten, als es langsam von Cape San Juan aus, dem nächstgelegenen Ort auf Puerto Rico, seinen Weg in Richtung Snake Island antrat. Es hatte sehr lange gedauert und war anscheinend mühsam gewesen, es richtig vor den Wind zu legen. Das Halsen nach Norden war durch die fast ununterbrochene Linie von Klippen und Riffs zwischen den beiden Inseln nur unter Schwierigkeiten möglich.

Man hatte viel Zeit gehabt, sich auf den Besuch vorzubereiten. Den echten spanischen Soldaten waren ihre Uniformen weggenommen und einer Anzahl lachender englischer Seeleute übergeben worden; sie hatten dann aus den Tuniken, Breeches, Mützen und Stiefeln die für sie am besten passenden Teile herausgesucht.

Jackson hatte mit Colons Uniform entschieden den besten Griff getan. Die beiden Männer waren ähnlich gebaut. Ramage mußte grinsen, als er sich an Colons Gesichtsausdruck erinnerte. Kaum hatte er den Schock überwunden, sich seiner Uniform entledigen zu müssen, als er auch noch Staffords freche Kommentare mit anhören mußte, während sich der Amerikaner in die Uniform schwang.

Die Insel bot hervorragende Möglichkeiten zum Ankerwerfen. Die Bucht glich einer riesigen Flasche, deren Hals in Form der schmalen Einfahrt nach Süden blickte. Da der Passat fast immer aus Ost blies, konnte jedes Schiff bei der schwierigen Einfahrt auf gute Windunterstützung rechnen. Schwieriger war die Ausfahrt, v. a., wenn der Wind nur ein wenig auf Südost drehte. Das konnte bedeuten, daß man ein paar hundert Yards die Beiboote zum Schlepper benutzen mußte. Doch nur wenige Schiffe, die aus der Bucht von Snake Island auslaufen wollten, waren so in Eile, daß sie nicht bessere Windverhältnisse abwarten konnten.

Ramage erspähte weit draußen, außerhalb der Einfahrt zur Bucht, etwas Weißes. Er ging zum Haus und traf dort Southwick.

„Ich habe sie ausgemacht", berichtete er. „Sie umfuhr gerade Punta del Soldado und trifft Vorbereitungen, für die Einfahrt in die Bucht die Leinen zu lockern."

„Hier ist alles bestens vorbereitet, Sir."

„Ihre kastilianische berittene Miliz dürfte kaum schmuck genug sein, um die Palastgarde Seiner Höchsten Katholischen Majestät in Escorial ersetzen zu können", spöttelte Yorke, „doch aus einer gewissen Entfernung dürfte sie die Musterung als Garnison von Snake Island bestehen."

„Ich werde sie als die Freiwilligentruppe von Snake Island mustern", sagte Ramage. „Die Rekrutierung beginnt am Morgen. Subalterne Offiziere scheiden durch Verkauf ihres Offizierspatents für fünfhundert Guinees aus der Armee aus."

Yorke pfiff durch die Zähne. „Ein stilvolles Regiment, eh?"

„Wir können es uns leisten, bei der Auswahl der uns Genehmeren kleinlich zu sein", sagte Ramage hochnäsig, erstarrte aber plötzlich, als er Maxine entdeckte, die sie vom Fenster ihres Hauses aus beobachtete.

„Ich dachte, ich hätte Anweisungen gegeben, die Familie St. Brieuc bis zur Landung des Schiffes unter Geleitschutz landeinwärts zu führen."

„Stimmt", bemerkte Yorke müde. „Es erweist sich aber

als ein bißchen schwierig, das jüngste Familienmitglied zum Gehorsam zu bekehren."

„Wo sind die Eltern und St. Cast?"

„Sie sind schon ein paar Meilen von hier weg und werden von einigen Maaten und sechs meiner Seeleute begleitet."

„Aber warum ist Maxine nicht...?"

„Fragen Sie sie selbst", fiel Yorke ihm ins Wort.

Ramage errötete und schaute deshalb schnell wieder in Richtung Einfahrt zur Bucht. Der Rumpf des Schiffes hob sich deutlich gegen die Erdkrümmung ab. Es mußte noch einige Meilen zurücklegen.

Vorausgesetzt, die Seeleute formierten sich wieder so rechtzeitig, daß der fremde Kapitän nicht ihren rollenden Gang erkennen konnte, war keine Notwendigkeit gegeben, sie die ganze Zeit in der Sonne brüten zu lassen. Jackson wurde beauftragt, sie in den Schatten der Häuser zu führen. Er schaute Ramage etwas verunsichert an.

„Lassen Sie sie abtreten", wiederholte er. „Ich beobachtete, wie einer oder zwei von ihnen lachten, als Stafford das versuchte."

Jackson kam der Anordnung nach.

„Hogarth sollte hier sein", meinte Yorke, „und seine Staffelei auf dem Balkon aufstellen; nur sein Pinsel kann diese Szene so schön einfangen."

„Die Ankunft der Wüstlinge", sagte Ramage, „das wäre doch ein passender Titel!"

Eine Stunde verging, bis sich das Schiff, das sich als behäbiger Schoner entpuppte, schließlich durch den Flaschenhals zwängte. Jetzt nahmen Jacksons Soldaten wieder Aufstellung am Landungssteg.

Niemand schien zu wissen, warum der Schoner mit all' dem Pomp empfangen werden mußte. Doch Roberto hatte beschrieben, wie das letzte Versorgungsschiff begrüßt worden war, und Ramage verließ sich auf diese Beschreibung.

Jenes Schiff war ein paar Tage nach der Fregatte gekommen, auf welcher Colon, die Soldaten und Sklaven von San Juan herübergebracht worden waren, und Roberto hatte in Colons Gesicht abgelesen, wie sehr sich dieser ärgerte, daß seine Leute wegen der Begrüßung die Graberei unterbrechen mußten.

Eine Erklärung konnte Roberto dafür freilich auch nicht geben. Die Soldaten halfen nicht beim Ausladen; das war Sache der Sklaven. Sie feuerten weder Salutschüsse ab, noch präsentierten sie das Gewehr, als das Schiff längsseits festmachte. Roberto erinnerte sich, daß er und seine Kameraden im letzten Augenblick vom Landungssteg heruntersprangen, weil der Kapitän recht unsanft anlegte, und jeder davon überzeugt war, daß der Steg den Stoß nicht aushalten konnte.

Leutnant Colon saß damals auf dem Balkon seines Hauses und beobachtete das Geschehen. Seeleute sprangen auf den Landungssteg, um herübergeworfene Leinen festzumachen. Einmal hatte die Mannschaft die Soldaten beschimpft, und etwas später gerieten sich der Kapitän und der *teniente* in die Wolle. Sie schrien sich eine halbe Stunde lang an, berichtete Roberto, und wechselten dann nie mehr ein Wort miteinander.

Man fragte ihn, was für ein Schiff das war, doch er konnte keine Auskunft geben. Es war ein Zweimaster. Von einer roten Linie, die sich wie ein Gürtel um den ganzen Schiffskörper zog, unterbrochen, war sein Rumpf schwarz gestrichen. Roberto war in seinem Leben erst auf zwei Schiffen gewesen. Das erste hatte ihn als Sklaven nach Puerto Rico, das zweite nach Snake Island gebracht. Das Schiff hieß die *La Perla*. „Der *teniente* erwähnte den Namen, als er dem Kapitän gegenüber seinen Eid ablegte."

Diese Informationen erzeugten bei Ramage ein Gefühl der Sicherheit. Anscheinend gab es keine militärische Gewohnheit, die Verdacht erregen konnte, wenn sie unbeachtet blieb. Er wollte jeden Fehler vermeiden. Mußte nämlich nur eine der Kanonen der *Topaz* das Feuer eröffnen, wäre das das Ende für den Schoner und würde ihn wahrscheinlich für immer außer Gefecht setzen.

Das Schiff machte schnelle Fahrt, als es das Innere der Bucht erreicht hatte.

Der Kapitän mußte die Leinen einholen, um den Steg nicht zu verfehlen. Aus einem Grund, den weder Ramage noch Yorke verstehen konnten, segelte er weiter, luvte dann plötzlich an und ließ das Fock-, Groß- und die Fockmastsegel herunter. Der Schoner machte jetzt natürlich zu viel Fahrt. Als die Seeleute in großer Eile versuchten, die Segel einzurollen, rannte der Kapitän auf dem Achterdeck hin und her und schrie die beiden Männer an der Ruderpinne an. Der Schoner kam schon auf den Steg und die Häuser zugeschossen, als sie es im letzten Augenblick schafften, die Pinne auf Backbord zu hieven.

„Versuchen Sie zu beten", schlug Yorke vor.

„Wunder", sagte Ramage, „ja, wir sind auf Wunder angewiesen."

Unmittelbar bevor der Schoner auf den Landungssteg knallte, drehte sich sein Bug nach Steuerbord. Ramage rief Jackson zu, seine Leute in Sicherheit zu bringen. Augenblicklich war es nicht gefährlich, in englisch zu sprechen; Jackson hätte sogar eine Musikkapelle „Heart of Oak" intonieren lassen können — niemand hätte davon Notiz genommen. Ramage rannte den Abhang vor dem Haus hinunter, gefolgt von Southwick und Yorke.

In diesem Augenblick fuhr der Schoner ohne Berührung am Ende des Stegs vorbei, und glitt, Bug voraus, sanft den Strand hinauf.

Die drei Männer blieben stehen und beobachteten die Masten, die nun bedenklich über ihnen schwankten. „Weg!" schrie Southwick, und sie rannten in verschiedene Richtungen, um nicht von eventuell krachenden und splitternden Masten getroffen zu werden. Das einzige, was man hören konnte, war das Geschrei des Kapitäns, der einen Tobsuchtsanfall erlitten zu haben schien.

Ramage drehte sich um und rannte zum Strand. Er rief nach Jackson, der mit seinen Männern wie vom Erdboden verschluckt war. Wie sollte er diese Situation in den Griff bekommen? Seine hervorragenden Pläne hatten die möglicherweise vernichtende Wirkung schlechter Seemannskunst nicht berücksichtigt.

Nun gab es nur eine Möglichkeit, an Bord des Schoners zu gelangen: er mußte durch den Sand waten und über die Bugseite hochklettern. Er winkte Southwick zu und machte ihn auf die Stellungen der Kanonen aufmerksam.

„Eine muß zur Abschreckung auf diese Seite ausgerichtet werden!"

Er stand mit Yorke am Wasserrand und schaute dem Bugspriet und Klüverbaum entlang, die hoch über ihnen herausragten.

„Ich könnte ihn erwürgen", sagte er wütend. „Dieser verdammte, unfähige Idiot!"

„Spart sich das Ankerwerfen und das Auswerfen der Leinen", spottete Yorke, „und natürlich bekommt man nasse Füße, wenn man an Land geht!"

Ramage zitterte vor Wut. Wo verdammt in alle Ewigkeit blieb der Amerikaner mit seiner Truppe?

„Jackson!" bellte er. „Jackson, verflucht nochmal!"

„Hier, Sir!" rief der Amerikaner. Ramage und Yorke blickten um sich, sahen aber niemanden.

„Hier oben, Sir!" rief Jackson und blickte vom Bug des Schiffes herunter.

„Was machen Sie denn dort oben?" fragte Ramage müde.

„Sie befahlen, an Bord zu gehen und —"

Eine ungeheure Explosion hinter ihnen veranlaßte Ramage und Yorke, sich schnellstens Gesicht nach unten flach hinzuwerfen. Aus allen Richtungen ertönte das Echo des Knalls, und Scharen von Silberreihern erhoben sich kreischend in die Luft. Ramage wußte, was passiert war.

„Ihre verdammten Messinggeschütze", meinte er lakonisch, als er aufstand und sich den Sand aus den Kleidern klopfte. „Mein Gott, was für ein heilloses Durcheinander!"

„Ich weiß nicht", sagte Yorke gelassen. „Beuteschiff genommen ohne das ein Schuß fiel — bis die Lage unter Kontrolle war."

Der Schoner *La Perla* war vor sieben Jahren aus spanischer Eiche und Lärche in Rota gebaut worden. „Ein Gutes hat es ja", bemerkte Yorke Ramage gegenüber, „daß das Schiff auf Grund gelaufen ist: es ist viel leichter, seine Front abzuschreiten."

Die Besatzung hatte sich kampflos ergeben. Und Jacksons Beschreibung ihrer Gefangennahme würde Ramage jahrelang als Tischgespräch zum besten geben können. Die Männer hatten erkannt, daß die *La Perla* am Steg vorbeifahren würde. Sie rannten am Strand entlang, um sie an Ort und Stelle begrüßen zu können. Da die Steuerbordseite von Ramage und Yorke nicht einzusehen gewesen war, hatten die beiden sie aus dem Blick verloren.

Sobald das Schiff aufsaß, sprangen sie ins Wasser, befestigten ihre Musketen um die Schulter und kletterten über den Bug hoch. Das Wasserstag und den Anker gebrauchten sie als Trittflächen. Die spanischen Seeleute empfingen sie sehr höflich, in der Annahme, Colon und seine Männer vor sich zu haben.

„Sie halfen jedem von uns über das Schanzkleid", erzählte Jackson. „Einer der dicksten Männer, die ich jemals gesehen habe, reichte mir seine Hand, damit ich an Deck springen konnte. Solange kein Wort gesprochen wurde, brauchten wir uns nicht zu beeilen. Ich schritt an Bord auf und ab und erweckte ganz den Eindruck, als ob ich mit dem Kapitän und meinen Soldaten höchst unzufrieden wäre.

„Die Jungs lösten schnell ihre Musketen von den Schultern, und ohne ein Wort meinerseits stellten sich Staff und Rossy nebeneinander. Und das kleinste Zeichen genügte, daß sich die anderen in zwei Reihen aufstellten. So standen wir dort, Sir, mein Dutzend Jungs in Hab-acht-Stellung und ich, der ich vor ihnen auf und ab schritt.

„Die spanischen Matrosen nahmen nicht viel Notiz von uns, und der Kapitän schrie noch immer mit seinem Steuermann herum. Ich wurde den Gedanken nicht los, daß wir bestimmt noch stundenlang so dastehen würden, ergriff ich nicht selbst die Initiative. Ich stellte mich also vor meine Männer und wollte gerade rufen ‚Tritonier, übernehmt das Schiff', als sowohl Staff als auch Rossy zu lachen begannen; wahrscheinlich habe ich meine Brust gewölbt wie ein spanischer Zollbeamter.

Daraufhin nahmen wir das Schiff in Besitz, und dann hörte ich Sie nach mir rufen, Sir."

Die eigentliche Aufgabe der *La Perla* bestand darin, spanische Garnisonen mit Nachschub zu versorgen. Die Mehrzahl der Truppen lag auf Puerto Rico selbst. Auf Vieques waren keine stationiert, wie Ramage mit Erstaunen vernahm. Der Kapitän fand gar keinen Gefallen daran, daß Snake Island, welches er Culebra nannte, eine Garnison hatte. Bedeutete das doch für ihn, weitere vierzig Meilen gegen den Wind segeln zu müssen. Sonst hätte er San Juan verlassen können, um Ponce an der Südküste und danach Mayaguez am Westrand der Insel anzusteuern.

Die *La Perla* wieder flott zu machen brauchte vier Stunden. Zuerst befürchtete Ramage, man müßte ihr kleines Beiboot zum Schleppen benutzen. Glücklicherweise frischte der Wind gerade in dem Augenblick auf, als er entsprechende Anordnungen geben wollte. Wie gewöhnlich kam der Wind aus Ost und drehte den Bug des Schiffes, der im rechten Winkel zum Strand lag, langsam nach Osten.

Die Matrosen der *Triton* gingen über den Bug an Bord, während die Mannschaft der *Topaz* die Leute des geenterten Bootes bewachte. Bald danach standen Ramage und Southwick auf dem Achterdeck und ließen ihren Blick ringsum schweifen.

Ramage beobachtete, wie ein paar seiner Männer vom Beiboot der *La Perla* aus Tiefenlotungen vornahmen.

„Scheint in Ordnung zu sein. Wir haben eine Menge Platz. Fahren Sie herum und kommen Sie längsseits."

Hoffentlich war die *La Perla* nicht auf Schlamm aufgelaufen, denn dieser würde das Schiff wie mit Fangarmen festhalten. Je dichter der Schlamm, desto schwieriger, das Schiff wieder flott zu bekommen. Glücklicherweise schien der Untergrund sandig zu sein.

Ramage durchschritt das Schiff vom Heck bis zum Bug und prägte sich seine Form ein. Er versuchte, sich vorzustellen, wie es unter der Wasserlinie geformt war und wie weit es eintauchen würde unter dem Gewicht der verschiedenen Segelkombinationen.

Die Matrosen gaben Southwick die ausgeloteten Tiefenwerte durch.

„Gerade voraus, Sir", sagte dieser zu Ramage, „ich rechne damit, daß das Wasser voraus nur sechs Inches zu niedrig ist ..."

Das bedeutete, wie Ramage erfreut feststellte, daß die *La Perla* mit Hilfe des Windes und der gehißten Fockmastsegel auf Steuerbord drehen und dadurch in tieferes Wasser getrieben werden mußte. Dann würde man die bereits gesetzten, aber jetzt nur passiv flatternden Fock- und Großsegel spannen und dadurch das Schiff endgültig wieder flott machen.

Eine einfache Operation, die, obwohl sie nicht Routine war, auf Anhieb zum Erfolg führte. Er segelte das Schiff durch die Bucht, um ein Gefühl für seine Fahreigenschaften zu entwickeln, und legte es dann ohne die geringste Schwierigkeit längs am Landesteg an.

Schichtweise arbeiteten die Männer, um die Vorräte zu löschen und Platz zu schaffen für die große Zahl von Menschen, die die *La Perla* nun nach Jamaika zu transportieren haben würde.

Die meisten Lebensmittel waren den britischen Seeleuten bekannt. Sie hatten jedoch bei weitem nicht so viel Reis erwartet, und eine Bohnenart sahen sie zum ersten Mal. Einer der Männer war so unvorsichtig, in eine Zwiebel zu beißen, schnappte jedoch sofort nach Luft. Seine Augen begannen zu tränen.

„Vergreife dich nicht an den Vorräten", sagte Jackson verächtlich, „und tust du es doch, laß' deine diebischen Hände wenigstens weg vom Knoblauch."

Jetzt, da alles für die Weiterreise nach Jamaika vorbereitet war, ahnte Ramage langsam Böses. Er scheute sich nicht, die Risiken für sich und seine Leute auf sich zu nehmen. Als jedoch die *La Perla* startklar war, machte er sich immer mehr Sorgen um die französischen Gäste. Stand es ihm zu, mit ihrem Leben zu spielen, besonders, da St. Brieuc von der britischen Regierung hoch geschätzt wurde? Das einzige, was er tun konnte, war, sie zu warnen.

Am Abend lud er St. Brieuc, St. Cast und Yorke zu einem Gespräch in sein Zimmer ein. Als sie ihn mit erwartungsvollen Augen anschauten, fiel es ihm schwer, die richtigen Worte zu finden.

„Die Reise, die wir morgen antreten..." begann er zögernd.

Die drei hörten aufmerksam zu.

„Es gibt da Gefahren..."

St. Brieuc fühlte sein Unbehagen und sagte leichthin: „Wir gewöhnen uns langsam daran. Sie sind sozusagen die Würze des Lebens!"

Yorke wollte Ramage helfen. „Gemeint sind andere Gefahren. Ich glaube, unser ‚Governor' denkt an Piraten."

St. Cast schaute St. Brieuc an und lächelte. „Mir scheint, er ist mehr in Sorge wegen uns als wegen des Schatzes — ein schmeichelhafter Gedanke!"

„Er ist dauernd um unsere Sicherheit bemüht", sagte St. Brieuc, als ob Ramage überhaupt nicht anwesend wäre. „Ich denke, er sollte sich mehr um den Schatz kümmern — das wäre sicher im Sinne der Admiralität."

Ramage hätte gerne gewußt, ob St. Brieuc seine Gedanken erraten und entsprechend taktvoll darauf reagiert hatte.

„Die Piraten beschäftigen mich, so oder so", versicherte Ramage, „ich möchte nur erreichen, daß Sie sich der Gefahren bewußt sind."

„Ich schätze, die Gefahr ist groß", sagte St. Brieuc, „da alle Inseln zwischen hier und Snake Island in spanischer Hand sind."

Ramage nickte. „In der Tat. Wenn ich nur wüßte, wie ich sie beschreiben soll. Sage ich Ihnen, wir werden sechs Freibeutern begegnen, halten Sie das für gefährlich. Spreche ich von einem Dutzend oder hundert, ziehen Sie daraus denselben Schluß..."

„Die Zahl tut nichts zur Sache", meinte St. Brieuc, „da wir keinen Vergleichsmaßstab haben. Entscheidend ist allein folgende Frage: würden Sie die Reise mit dem Schatz, aber ohne uns, riskieren?"

„Ja, aber darauf kommt es nicht —"

„Doch, darauf kommt es an", unterbrach ihn St. Brieuc völlig sachlich. „Sie machen sich unnötigerweise um uns Sorgen. Bleiben wir hier, wäre es nur eine Frage der Zeit, bis spanische Soldaten hier aufkreuzten und uns niedermachten — oder stimmen Sie dem nicht zu?"

Ramage nickte.

„Bleiben wir also hier, werden wir den Rest unseres

Lebens in einem spanischen Gefängnis verbringen müssen — wenn uns nichts Schlimmeres zustößt."

„Mit ziemlicher Sicherheit", sagte Ramage und korrigierte sich sofort: „Mit absoluter Sicherheit."

„Welche Chancen haben wir, wenn die *La Perla* wirklich aufgebracht wird?"

Ramage zuckte mit den Schultern. „Wie standen die Chancen, von einem Hurrikan eingeholt zu werden? Eins zu hundert? Eins zu fünf? ... Schwer zu sagen."

„Bezüglich Freibeuter", meinte Yorke, „würde ich nicht mehr setzen als eins zu zehn."

St. Brieuc lächelte Ramage freundlich, wenn auch etwas oberflächlich zu. „Sie betrachten sich als Spieler, junger Mann?"

„Ich glaube, ja. Mir liegt zwar das Spiel um Geld nicht, trifft man aber Entscheidungen, muß man ..."

„Hören Sie auf den Rat eines alten Mannes: beschränken Sie sich auf die Vorteile in der Schlacht. Treten Sie nie nahe an einen Spieltisch heran!"

Ramage grinste. „Sie scheinen sehr sicher, daß ich verlieren würde."

„Ja, und das haben Sie gerade bewiesen. Sie sagten, daß man uns gefangennehmen wird, wenn wir hier bleiben. Wir sind aber tatsächlich hundertprozentig verloren. Segeln wir dagegen mit Ihnen auf der *La Perla*, steht die Chance, gefangen genommen zu werden, nur eins zu fünf. Obwohl ich ein höchst ängstlicher Spieler bin, weiß ich, wie ich mich zu entscheiden habe!"

„Mathematik ist zwar nicht die stärkste Seite unseres ‚Governors'", warf Yorke trocken ein, „aber ich glaube, er ist unfair sich selbst gegenüber."

„Ja", bekannte Ramage ehrlich. „Ich stellte mir vor, daß wir nach unserer Ankunft in Jamaika eine Fregatte herschicken würden, die Sie rettet. Ich würde genug Männer hier lassen, um die Spanier in Schach zu halten."

St. Brieuc blinzelte ihm zu. „Ihr Herz leitet Ihren Verstand. Das erhöht die Gefahr für uns. Bleiben wir hier, enden wir genauso im Gefängnis, wie wenn die *La Perla* aufgebracht wird. Kommen Sie dagegen wohlbehalten in Jamaika an, müssen wir auf die Fregatte warten, die uns abholt. Auf der ganzen Strecke muß sie gegen den Wind segeln; vielleicht gerät sie in einen Hurrikan ... Was alles könnten die Spanier zwischenzeitlich angerichtet haben? Nein, bitte, lassen Sie uns auf der *La Perla* mit Ihnen fahren. Ich verstehe Ihre Sorge, und wir haben volles Vertrauen in Sie, ganz abgesehen davon, daß die Waagschale nach der Wahrscheinlichkeit sich auf der Seite senkt, auf welcher die Durchführung der Fahrt verzeichnet steht."

Yorke nickte zustimmend.

„Da wir uns nun einig sind", leitete St. Cast die Unterhaltung in eine andere Richtung, „— wie lange wird es wohl dauern, bis die Spanier in San Juan etwas in Sachen Snake Island unternehmen werden?"

„Höchstens drei Wochen", meinte Ramage. „Sobald ein passierendes Schiff die Wracks sichtet und darüber in San Juan berichtet, wird der Kommandant der Marine eine Fregatte herüberschicken ... Abgesehen davon ist ja die *La Perla* in Ponce überfällig, und das hat man längstens in einer Woche festgestellt. Da sie Snake Island zuerst anlief, wird man hier nach ihr zu suchen beginnen. Wahrscheinlich werfen sie wegen Leutnant Colons Mission ohnehin ein besonderes Auge auf diese Insel."

„Sobald wir absegeln, wird Colon versuchen, Alarm zu schlagen. Puerto Rico kann man in einem Fischerboot erreichen, es ist nicht weit."

„Southwick hat alle diese Boote sammeln lassen; morgen früh werden sie verbrannt. Hat Colon genug Verstand, wird er das Gras und die Büsche auf den Höhen in Brand setzen. So kann er hoffen, daß man in Puerto Rico den Rauch wahrnimmt."

„Welches Glück, daß wir die *La Perla* haben", bemerkte St. Brieuc.

„Ja, die Aussicht, Jamaika mit ihr zu erreichen, ist größer als bei der *Topaz*", sagte Ramage. „Zugegeben, sie ist nicht so bequem, aber sicherer."

St. Brieuc schaute erstaunt.

„Schiffe", begann Ramage zu erklären, „sind wie Menschen. Man kann eine ganze Menge von ihrem Aussehen lernen. Rumpf und Ausstattung der *La Perla* sind eindeutig spanisch. Sie hätte niemals in England gebaut sein können."

Yorke nickte zustimmend, und Yorke fuhr fort: „Die große Gefahr wird zuerst darin bestehen, daß uns spanische Freibeuter oder Kriegsschiffe aufbringen. Später kommt die Hauptgefahr von den Franzosen, die vom Westende Hispaniolas herübersegeln können. Auf dem allerletzten Stück können dann noch einmal die Spanier gefährlich werden, die auf Cuba sitzen.

„Sieht ein Spanier die *La Perla* unter spanischer Flagge dicht vor seiner Küste vorbeisegeln, wird er sie für ein spanisches Schiff halten. Auch der Franzose wird sich täuschen lassen. Es besteht für den einen wie den anderen kein Grund, anders zu denken."

Yorke schaute Ramage kühn ins Gesicht: „Ich verstehe — wenige Meilen vor der puertorikanischen Küste vorbeisegeln, dann auf das Westende Hispaniolas zusteuern, um schließlich nach Jamaika weiterzurasen?"

Ramage nickte. „So dicht an die Küsten heran wie wir es eben wagen."

„Angenommen, die Franzosen wollen an Bord, um uns zu überprüfen?"

Ramage blieb gelassen. „Lassen Sie sie ruhig kommen. Wir haben alle Papiere des Schiffes, und falls der Kommandant der an Bord kommenden Gruppe nicht fließend spanisch spricht — und das ist höchst unwahrscheinlich —

kann ich mich bestimmt erfolgreich als Spanier ausgeben. Das wäre sogar bei einem spanischen Piraten möglich; die Akzente variieren enorm von Provinz zu Provinz."

St. Brieuc nickte zustimmend. „Sicher könnten Sie das. Als Sie mit dem Schuft Colon sprachen, hielt ich Sie auch nicht für einen Engländer."

„Fraglich ist aber, ob Sie mich für einen Spanier gehalten hätten", grinste Ramage. „Wie auch immer — kann einer von Ihnen, meine Herren, meinen Plan in irgendeinem Punkt entscheidend verbessern?"

Keiner hatte Vorschläge zu machen.

„Gut", schloß Ramage, „dann segeln wir morgen früh, sobald der Wind einsetzt, los in Richtung Jamaika."

Nach dem Abendessen fühlte Ramage, wie Maxines Fuß den seinen unter dem Tisch leicht berührte. Kurz später sagte sie ganz beiläufig zu ihrem Vater: „Nicholas und ich wollen einen letzten Spaziergang an der Bucht entlang machen."

„Laßt keine Abschiedsstimmung aufkommen", mahnte er. „Als deine Mutter und ich heute nachmittag das gleiche taten, wurden wir sehr traurig."

„Wir scheinen immer Plätze verlassen zu müssen, die uns gefallen", erwiderte Maxine und nahm Ramage beim Arm. „Wir werden nicht lange wegbleiben."

Sie wußte nun, daß sie ihn liebte, war jedoch davon überzeugt, daß es eine unglückliche Liebe war. Er liebte offensichtlich eine andere. Nur so ließ sich sein steifes Verhalten erklären. Sie wollte ihn heute abend eine halbe Stunde lang für sich besitzen; für eine halbe Stunde, in der er nicht an Piraten, Hurrikane oder Schatzsuche dachte.

Sie gingen auf dem sandigen Weg, der zum Landungssteg führte. Der Schoner hob sich dunkel gegen die Sterne ab, und die Luft war erfüllt vom schrillen Gequake von Baumfröschen.

Mit ihrem linken Arm raffte sie etwas ihren Rock hoch, mit dem rechten hielt sie seinen Arm fest umschlungen. Sie malte sich aus, wie er besorgt den Boden prüfte, um sie auf dem unebenen Gelände nicht stolpern zu lassen. Aus dem Winkel ihres Auges nahm sie wahr, daß er seine rechte Hand zu seiner Augenbraue hochführte und die zwei Narben rieb!

Nach weiteren zehn Minuten hatten sie den von ihr ausgewählten Platz erreicht. Inmitten einer kleinen Bucht lagen mehrere Felsbrocken verstreut, und einer davon bot sich als Sitzgelegenheit an.

„Laß' uns hier ein paar Minuten bleiben. Wir wollen Culebra danken und Lebewohl sagen."

Er setzte sich, doch sie merkte, daß ihm jede Tatkraft fehlte. Plötzlich schien er völlig erschöpft zu sein.

Sie dreht sich ihm zu.

„Du bist müde", sagte sie. „Das war ein schrecklicher Monat."

Er verneinte. „Nicht schrecklich; aufregend, ja."

„Der Hurrikan, die Schatzsuche ... ja, aufregend genug."

„Und du", ergänzte er. „Ich wünschte, ich hätte dich schon viel, viel früher kennengelernt."

„Warum ,viel, viel früher'?"

„Bevor du verheiratet warst", sagte er scheu.

Plötzlich zitterte sie. Es blieb ihm nicht verborgen.

„Es tut mir leid; wie taktlos von mir, das zu erwähnen."

Sie schmiegte sich dicht an ihn und umfaßte sein Gesicht mit beiden Händen.

„Ja, taktlos ... was weißt du über meinen Mann?"

„Nichts — außer seinem Namen und der Tatsache, daß du ihn offensichtlich liebst", sagte er sanft, fast sogar ein wenig furchtsam.

„Weißt du, wie sehr ich ihn liebe?" fragte sie im Flüsterton.

„Du hast niemals über ihn gesprochen; wie wenn dich der Gedanke an ihn unglücklich machte."

„So ist es; sehr unglücklich sogar. Aber, Nicholas, nicht aus dem Grunde, den du vermutest." Sie flüsterte immer noch. Ihre Hände tasteten sich zu seinem Haar, spielten darin und zogen ihn sanft zu sich.

„Nicht aus dem Grund, den du meinst", wiederholte sie. „Nein — die Erinnerung an ihn macht mich unglücklich, weil ich ihn hasse. Ich wünschte, er wäre tot!"

Er hatte sie nicht verstanden, vermutete sie, so, wie er sie an den Schultern packte. Und sie erschrak etwas über ihre rauhe Stimme und die Worte, die sie wählte, als sie weitersprach. „Du hast Mitleid mit dem Mann, der mich, meine Mutter und meinen Vater an die Agenten des Direktoriums verriet?"

„Hier!" sagte sie, zerrte vorn an ihrem Kleid herum und führte seine Hand über ihre Brust. „Da — und da — und da! Fühlst du die Narben? Mein Mann hat sie auf dem Gewissen. Die Peiniger des Direktoriums benutzten glühend heiße Feuerhaken. Sie wollten wissen, wo mein Vater ist."

„Und du hast nichts verraten", ergänzte er und fühlte sich nicht nur von dem Bericht betäubt, sondern auch von der Tatsache, daß seine Hand immer noch auf ihrer Brust ruhte, ja, die sie fest an sich preßte. Er fühlte, wie die Warze unter seiner warmen Handfläche schwoll und steif wurde.

„Sie ließen mich gehen und folgten mir heimlich, weil sie vermuteten, ich würde ihnen so den Weg zu Vater zeigen. Es passierte in Paris. Ich suchte aber nur nach meinem Mann, weil ich entschlossen war, ihn zu töten. Meine Eltern versteckten sich in Britanny und konnten nach London fliehen. Und mir gelang es, ihnen zu folgen. Und nun bin ich hier", fügte sie hinzu.

„Ich war so eifersüchtig", sagte Ramage. „Und ich —"
Er wollte sagen, daß er sie liebte, aber nicht einmal ihren

richtigen Namen wußte, doch er zog es vor, den Satz unvollendet zu lassen und sie stattdessen in seine Arme zu schließen und zu küssen.

Gegen neun Uhr am folgenden Morgen drehte die leichte Brise, die fast die ganze Nacht aus Nord geweht hatte, auf Ost und frischte auf. Ramage wartete ungeduldig darauf, daß das Beiboot der *La Perla* nach einer Fahrt zum gegenüberliegenden Ende der Bucht an Deck gehievt wurde.

Jackson ließ seine Gruppe Matrosen zurück und kam zu Ramage herüber, um Bericht zu erstatten.

„Wo haben Sie sie ausgesetzt?"

„Auf der Landzunge, auf die Sie verwiesen haben, Sir; Punta Colorado. Dort drüben, auf der Westseite der Einfahrt zur Bucht."

„Gibt es dort irgendwelche Spuren oder Pfade?"

„Ich konnte keine feststellen, Sir. Viele Bäume und Büsche. Ist nicht schwierig, sich durchzuschaffen. Es dürfte drei Stunden oder so dauern, hierher zurückzukehren."

„Sie machten keine Schwierigkeiten?"

„Nein, Sir. Der Leutnant jammerte nur über den langen Heimweg."

Ramage reagierte mit einem leicht säuerlichen Grinsen. „Er hat Glück gehabt!"

„Das sagten wir ihm auch, Sir."

Was hätte man mit *Teniente* Colon, seinen Leuten und der Besatzung der *La Perla* machen sollen? Man hatte das Problem so gelöst, daß man die Soldaten von Colon und die Besatzung des Schiffes in das große Haus mit den zugemauerten Fenstern einsperrte, während man den *teniente* selbst zusammen mit dem Kapitän der *La Perla* auf die andere Seite der Bucht brachte, ausgerüstet mit dem Schlüssel, der das riesige Vorhängeschloß an der Tür des Hauses aufschloß. Die Gefangenen waren zusammengepfercht, doch Ramage störte das nicht.

Was die Sklaven betraf, so stellte man sie vor die Wahl, sich der Königlichen Marine anzuschließen oder auf Snake Island zu bleiben. Roberto hatte sich mit vier weiteren entschlossen, als Freiwilliger zu dienen. Die anderen zogen das ihnen bekannte Dasein eines Sklaven dem unbekannten Leben vor, das sie in der Marine erwartete.

Sobald das Boot gesichert war, gab Ramage in rascher Abfolge mehrere Befehle. Die Leinen der *La Perla* wurden eingeholt, Fockmastsegel, das große Focksegel und das noch größere Großsegel gesetzt. Das Schiff fuhr sanft die Bucht entlang und näherte sich der schmalen Ausfahrt. Bisher hatte der Wind nur die Hügel umspielt; nun frischte er von Minute zu Minute mehr auf. Das Wasser war allerdings innerhalb der Bucht noch ruhig, die Oberfläche nur leicht gekräuselt.

Southwick nickte Ramage zu: „Sie marschiert fein."

„Wir haben sie im Bug zu sehr belastet!"

Der alte Kapitän ging zum Bug vor und blickte über die Leeseite. Dann kam er wieder zurück, schaute über die Heckreling auf das Kielwasser. Er löste vorübergehend die zwei Männer an der Ruderpinne ab und bediente sie selbst. Sein Griff war fest und trotzdem so gefühlvoll, daß er die Bewegung des Ruders im Wasser spürte. Dann übergab er die Pinne wieder den Männern. „Zwei Tonnen, Sir. Tut mir leid", sagte er zu Ramage.

Ramage lachte spitzbübisch. „Bei einem neuen Schiff darf die Abtrift zehn Tonnen betragen!"

„Machen Sie sich keine Sorgen, Sir", sagte Southwick. Dann merkte er, daß Ramage gar nicht kritisieren wollte, sondern nur seinen Kommentar abgab. Das beruhigte ihn. „Ich werde sie trimmen, sobald wir um jene Spitze gebogen sind. Ich dachte selbst daran."

Ramage klopfte Southwick — und das erlebte der alte Kapitän zum ersten Mal — auf den Rücken und rief aus: „Mr. Southwick, ist Ihnen klar, was Sie da gesagt haben?"

Der Kapitän schaute etwas verwirrt. „Nein, Sir! Ich dachte daran, sie zu trimmen. Ich meine", fügte er hastig hinzu, „ich ließ den Frachtraum so beladen, daß ich umstauen kann. Die Münzen lassen sich am leichtesten bewegen. — Natürlich! jetzt weiß ich, was Sie meinten! Den Schatz!"

„Genau! Wieviele Kapitäne gibt es, die Gold und Silber als Ballast mit sich führen?"

Southwick strahlte über das ganze Gesicht. „Du meine Güte. Das muß ich im Logbuch festhalten: ‚so-und-so-viele Tonnen spanische Münzen umgestaut, um das Schiff richtig zu beladen'. Dieses Seemannsgarn werden wir in Portsmouth spinnen!"

Um zehn Uhr hatte das Schiff die Einfahrt zur Bucht hinter sich gelassen. Um die bis hinunter zum Westzipfel der Insel ziehenden Riffs gut zu umschiffen, ließ man die Schote locker. Und schließlich war Punta del Soldado ohne Zwischenfall umsegelt.

Im Westen tauchte im Dunstschleier der Hitze Puerto Rico auf. Davor zeichnete sich im SW die kleine Insel Vieques als niederer, langer Schatten ab. Verband man die drei Inseln Snake Island, Vieques und Puerto Rico, erhielt man drei Seiten eines Quadrats. Die fehlende vierte wurde durch die Reihe kleiner Riffs gebildet, die sich zwischen dem Nordrand Puerto Ricos und Snake Island erstreckte und fast unpassierbar war.

Ohne die spanischen Seekarten hätte Ramage das Risiko nicht auf sich genommen, die Passage zwischen Viques und diesen Riffs zu durchfahren. Doch er nahm an, daß die *La Perla* auf ihrem Weg nach Ponce immer diesen Weg wählte. Südlich von Vieques vorbeizufahren, konnte vielleicht Verdacht erregen.

Die Sonne schraubte sich am Horizont hoch. In wenigen Stunden würde sie senkrecht über ihnen stehen. Auf dem Wasser zeigten Streifen in hellem Grün und braune Flekken, die wie schmutzige Fingerabdrücke auf einem glänzend blauen Emailgeschirr wirkten, wo die Riffs sich versteckten. Sie lauerten, raubfischgleich, darauf, die Schiffe von unten aufzuschlitzen. Einige von ihnen ragten über die Wasseroberfläche und waren mit strahlend weißen Korallen geschmückt, die im Sonnenlicht glänzten; sie dienten den Dutzenden schweigsamer und würdevoller Pelikane als kleine Inselchen, von denen aus sie hochsteigen, faul ins Wasser tauchen oder einfach die in sicherer Entfernung vorbeifahrende *La Perla* beobachten konnten.

„Seltsames Gefühl, nicht wahr?" sagte Ramage zu Yorke und schaute auf die spanische Flagge, die über ihnen im Wind flatterte.

„Ganz gewiß."

Das waagerecht verlaufende Gelb-Rot-Gelb begegnete britischen Seeleuten recht selten auf dem Wasser.

„Die Flagge zu hissen ist legal, vermute ich?" fragte Yorke. „Ich meine, falls wir von einem spanischen Schiff aufgebracht werden, wäre das kein Grund, uns als Freibeuter, Piraten oder so was aufzuhängen?"

„Völlig legal", versicherte Ramage. „Man muß nur die eigene Flagge hissen, bevor man auf jemanden schießt, das ist alles."

„Barbarisch!" bemerkte Yorke mit einem Schaudern.

„Sie sehen das aus dem Blickwinkel des möglichen Opfers!"

„Das stimmt; ich bin als mögliches Opfer geboren!"

„Die Sache sieht ganz anders aus, wenn man auf diese Weise ein Beuteschiff überrumpeln will."

„Ich bin ein friedliebender Mensch", beteuerte Yorke. „Und mir ist die Achtung vor einer jeden Flagge mitgegeben."

„Mir auch", bekannte Ramage offen. „Aber ich glaube einfach nicht alles was ich sehe!"

Am späten Nachmittag hatte die *La Perla* die schwierige

Durchfahrt zwischen Vieques und der Südostecke Puerto Ricos gemeistert. Punta Tuna, das steuerbord voraus auftauchte, sollte der letzte höher gelegene Vorposten sein, den sie sehen würden, bis sie Puerto Rico im Westen passiert und die Mona Passage durchfahren haben würden, um dann Richtung Ostende von Hispaniola weiterzusegeln.

Kurz vor der Dunkelheit suchte Ramage mit seinem Fernrohr den ganzen Horizont ab. Kein Segel war zu entdecken. Die Wachtposten an der Küste entlang sollten ganz zufrieden sein: termingerecht hatte die *La Perla* Snake Island verlassen und war unterwegs nach Ponce. Was sie natürlich nicht wissen konnten, war, daß der Schoner Ponce gar nicht anlaufen, sondern in der Dunkelheit daran vorbei fahren würde; daß er bis zum Morgengrauen schon hinter Puerto Rico und somit außer Sichtweite sein würde, falls der Wind nachts nicht völlig erlahmte.

18

Für Ramage war Jamaika immer einer der aufregendsten tropischen Landstriche gewesen. Die Gipfel der ihren Namen so völlig zu Recht tragenden Blauen Berge tauchten etwa fünfzig Meilen vor ihnen auf. Ein erhebender Moment, als man ihrer kurz vor Sonnenuntergang am fünften Tag ihrer Fahrt nach Westen ansichtig wurde.

Die Verantwortung, die Ramage, Southwick und Yorke für den kleinen Schoner, seine wichtigen Passagiere und eine fast unschätzbar wertvolle Fracht trugen, hatte sie seit dem Ablegen in Snake Island nicht mehr als zwei Stunden am Stück schlafen lassen. Sobald die Mona Passage hinter ihnen lag und Hispaniola genau auf steuerbord auftauchte, hatten die Ausgucke nicht viel mehr zu tun gehabt als gelegentlich zu rufen: „Hallo, Deck! Segel in Sicht!"

Jedesmal mußte Ramage erst umdenken, den Marineoffizier innerlich vergessen und in die Rolle eines spanischen Kapitäns schlüpfen, in den er sich äußerlich verwandelt hatte. Sollte man sie wirklich an Bord überraschen, mußte er daran denken, daß er angeblich in Puerto Rico ausgelaufen war mit dem Auftrag, der Garnison in Havanna auf Cuba Lebensmittel und Seeleute zu bringen, die auf eine dort liegende Fregatte abgestellt waren. Das klang echt, und die vier Schiffe, die um Auskunft anhielten, hatten tatsächlich keinen Verdacht geschöpft. Ramage war froh, nur einem spanischen bzw. zwei französischen Freibeutern sowie einer französischen Korvette begegnet zu sein und keine britische Fregatte zu Gesicht bekommen zu haben. Er war nicht in der Stimmung, irgendeinen verspäteten, skeptischen Kapitän von der Wahrheit seiner unglaublichen Geschichte überzeugen zu müssen.

Er hatte Southwick angeheißen, für die restliche Nacht einen Teil der Segel zu streichen, um morgens kurz nach Anbruch der Dämmerung bei Morant Point Anker werfen zu können.

Die Familie St. Brieuc erlebte den Sonnenaufgang an Deck. Sie waren begierig, einen ersten Blick auf die Insel werfen zu können, nachdem sie schon fast nicht mehr daran geglaubt hatten, sie jemals zu Gesicht zu bekommen. Maxines Aufregung war ansteckend: „Sie ist so herrlich grün und so bergig!" rief sie voll Entzücken aus.

„Als Columbus sie Königin Isabella beschrieb, zerknüllte er das Stück Papier und warf es ihr auf den Tisch."

„Wo liegt Port Royal?" wollte sie wissen.

„Genau rechts vom höchsten Gipfel. Doch nach einem Erdbeben und einem Hurrikan ist nicht mehr viel übrig geblieben. Heute ist Kingston der Haupthafen."

Um neun Uhr betrat Southwick Ramages Kajüte und berichtete, daß sich das Ostende der Palisadoes schon klar abzeichnete. Sie gingen zusammen an Deck, und Ramage beobachtete, daß Yorke Maxine beim Gebrauch des Fernrohrs behilflich war und versuchte, ihr bei der Suche nach irgendeinem Punkt zu helfen.

„Sie sehen, wie das Land nach Osten zieht und dann nach Süden umbiegt?" sagte Ramage. „Nun, Kingston liegt genau in der Beuge. Unter den Pallisadoes versteht man eine lange, spitz zulaufende Sandbank, die parallel zur Küste zieht. An ihrer Spitze liegt Port Royal, und hier fährt man auch in den Hafen von Kingston ein."

„Städte!" sagte Maxine verächtlich. „Sie sprechen von Städten, in Anbetracht dieser herrlichen Natur? Schauen Sie sich nur die Berge an! Und den Dunst in den Tälern. Das ist bezaubernd!" Durch Yorkes Anwesenheit war Maxine wieder auf das förmliche ‚Sie' übergegangen.

Yorke schaute Ramage bedeutungsvoll an, als Maxine mit dem Fernrohr die ganze Insel entlangblickte.

„Schauen Sie doch mal!" rief sie aufgeregt. „All' die kleinen Schiffchen und Kanus dort drüben dicht am Strand."

„Ansässige Fischer", murmelte Yorke.

„Alle Häuser haben spitzgieblige Dächer!"

„Das sind Mühlen", erklärte Ramage. „Rinder treiben Maschinen an, die Zucker produzieren."

„Und aus den Schornsteinen dort kommt Rauch!"

„Die Schornsteine gehören zu sogenannten Kochhäusern", sagte Ramage.

„Was kocht man dort?"

„Das Zuckerrohr. Sie ziehen durch die Hitzeentwicklung das Sirup heraus."

„Erklären Sie mir, wie Zucker hergestellt wird", bat Maxine.

„Das weiß ich nicht", gestand Ramage, „ich weiß nur, daß es entsetzlich stinkt."

„Entschuldigen Sie, Sir", mischte sich Southwick ein, „ich kann den Schoner mit dem Lotsen nicht ausmachen; ist es gestattet, eine Kanone abzufeuern?"

Ramage stimmte zu. Vor der *La Perla* und zwischen ihr und der Insel wimmelte es plötzlich von Schiffen. Die kleinsten brachten Zucker, Rum und Sirup von kleinen, abseits gelegenen Buchten nach Kingston. Die größten waren Schoner, die von verschiedenen Ländern kamen und den Hafen anlaufen wollten.

Kaum war die Kanone abgefeuert, als auch schon ein Schoner Segel setzte und Kurs auf sie nahm.

„Ha! Sie lassen sich Zeit", brummte Southwick.

„Vergessen Sie nicht, daß die *La Perla* nicht in Königlichen Diensten steht", erinnerte ihn Ramage. „Für die ist das nur ein weiterer kleiner Schoner mit oft geflickten Segeln."

„Warten Sie, bis sie das hier sehen!" orakelte Southwick und zog neben der spanischen die englische Flagge am Mast hoch. Damit gaben sie zu verstehen, daß die *La Perla* ein Beuteschiff war.

„Der Lotse läßt sich davon bestimmt nicht beeindrucken; er hat schon genug Beuteschiffe gesehen, die hierher gebracht wurden."

Zehn Minuten später lagen die *La Perla* und der Schoner des Lotsen Seite an Seite, und ein kleines Paddelboot brachte den Lotsen an Bord. Wie Ramage so dastand und das Umsteigemanöver beobachtete, dachte er zum ersten Mal seit vielen Stunden an die Schwierigkeiten, die ihn hier in Kingston wohl erwarten würden.

Die Schatzsuche, die Ankunft der *La Perla* und schließlich die letzte Etappe der Reise selbst hatten seine Gedanken immer wieder in andere Bahnen gelenkt. Nun mußte er darauf gefaßt sein, daß Konteradmiral Goddard bereits angekommen war. Ein Schiff wie die *Lion* sollte bei richtiger Handhabung eigentlich einen Hurrikan überstehen.

Vielleicht hatte der Admiral schon die Hoffnung aufgegeben, Ramage wiederzutreffen und ihm die Behandlung zukommen zu lassen, die er für ihn vorbereitet hatte.

Der Lotse, ein muskulöser, junger Neger, kletterte schnell und geschickt an Bord. Er trug weiße Leinenhosen, ein leuchtend blaugelbes Hemd und einen schmalrandigen Strohhut, der durch mehrmaliges Lackieren mit schwarzer Farbe so hart geworden war, daß er lebhaft an einen gußeisernen Kochtopf erinnerte.

Er starrte die britische Flagge an und blickte sich dann langsam auf der *La Perla* um.

„Mach' voran, Blackie!" sagte Southwick voller Ungeduld.

„Harry Wilson, wenn Sie gestatten."

Der Kapitän rümpfte die Nase. „In Ordnung, Harry Wilson. Sobald Ihr Paddelboot aus dem Wege ist, setzen wir die Fahrt fort."

Auch er rümpfte die Nase und zeigte damit recht deutlich, daß er hier seiner Meinung nach die Perlen vor die Säue warf.

„Ein hübsches, kleines Schiff", begann er mit Ramage eine Unterhaltung. Der Leutnant steckte noch immer in der spanischen Verkleidung. Er entdeckte Maxine, winkte ihr mit der Mütze zu und verbeugte sich tief. Dann drehte er sich wieder Southwick zu.

„In gutem Zustand, das kleine Schiff", versuchte Wilson erneut die Aufmerksamkeit auf sich zu lenken. „Sie müssen einen feinen Kapitän haben, der Ihnen das Kommando über eine solche Beutemannschaft überträgt."

Ramage fixierte unentwegt Southwick und wollte ihm dadurch zu verstehen geben, daß er den Neger mundtot machen sollte.

Southwicks Schweigen veranlaßte Wilson, sich erneut Ramage zuzuwenden. „Wer kaperte das Beuteschiff?"

„Die Brigg *Triton*."

„Ist nicht schwierig, hier einen Käufer dafür zu finden; sie hat eine handliche Größe. Vor einem Monat wurde so ein Schoner für fünfzehnhundert Pfund verkauft."

„Gut, wir können das Geld brauchen", war Ramages Kommentar.

Southwick ärgerte sich über die unnötige Fahrtverzögerung und befahl lautstark, die *La Perla* wieder in Bewegung zu setzen.

Yorke hatte sich bei der Heckreling aufgehalten. Er kannte Kingston und war zufrieden, für die Navigation des Schiffes nicht verantwortlich zu zeichnen.

Der Lotse schaute Ramage und Yorke ein-, zweimal an und war offensichtlich etwas verwirrt. Die beiden Männer vierhielten sich wie Offiziere, doch nur einer, nämlich Southwick, trug eine Offiziersuniform.

„Sie kennen Kingston?" fragte er Ramage.

„Nein."

Als junger Leutnant zur See war er ein paar Mal dagewesen, aber gab es wirklich jemanden, der Kingston richtig kannte? Das Leben in den großen Häusern war beträchtlich luxuriöser als das in großen Londoner Häusern, da sich nur ganz wenige englische Bürger ein solches Heer von Bediensteten leisten konnten. Wie aber lebte man in den winzigen Hütten in den Bergen, wo das dumpfe Dröhnen der Voodoo-Trommeln so vertraut war wie das Gequake der Baumfrösche.

„Diese Geschütztruppen", sagte der Lotse und deutete zur Hafeneinfahrt, „die pusten Sie aus dem Wasser! Bumbum — und nichts mehr ist übrig von Ihrem kleinen Schiff."

„Sie leben hier wirklich sicher genug", sagte Ramage ehrfürchtig.

„Wir sind darauf angewiesen!" meinte der Lotse, und sein Blick aufs Meer hinaus ließ keinen Zweifel offen, warum. „Freibeuter ... die Spanier in Cuba ... einfach

Piraten. Die Durchfahrt ist schmal; Sie kämen nicht weit ohne Lotse, Mister."

Er deutete zu den Riffs und Klippen auf Backbord voraus, die nur einen schmalen Wasserstreifen bis zum Land offen ließen. Wilson drehte sich zu Southwick und verfiel, nachdem Anerkennung ausgeblieben war, in schmollendes Schweigen. Ramage ging zu Yorke nach hinten.

Die Sandbank mit dem Hafen und der Stadt Kingston lag nun neben der *La Perla,* die sich im Abstand von etwa einer Meile küstenparallel vorwärts arbeitete. Als der Lotse eine halbe Stunde später Anweisungen gab, das Schiff auf Nordkurs zu bringen, um vor Port Royal ankern zu können, nahm Ramage kurzentschlossen selbst das Steuer in die Hand. Yorke erklärte Maxine verschiedene Sehenswürdigkeiten.

„Die Überreste von Port Royal", sagte er und deutete zum westlichen Ende der Pallisadoes. „Sehen Sie den Hügel an der einen Seite? Die große Geschützgruppe dort drüben nennt man die ‚Zwölf Apostel'. Jetzt können Sie deutlich Fort Charles erkennen. Die niedrigen, roten Backsteinmauern sind alles, was übrig geblieben ist. Und dahinter liegt Gallows Point!"

Maxine schauderte.

„Die Körper hängen immer noch an den Galgen; Meuterer von der Fregatte *Hermione!"*

„Mon Dieu! Seit wann hängen sie dort?"

„Ein oder zwei Jahre. Sie sind in Ketten gelegt; als Warnung und Abschreckung für andere Seeleute..."

Southwick hielt sich auf dem Vorderdeck auf, um alles für das Ankerwerfen vorzubereiten. Yorke entschuldigte sich und ging zu Ramage hinüber.

„Jeder, der ein Fernrohr zur Hand hat, beobachtet uns", meldete er.

Ramage nickte. „Und sie können aus uns nicht schlau werden!"

„Sind wir nur ein weiteres Beuteschiff?"

„Ja; das Interesse wird sich bald nur darauf konzentrieren, wieviel sie einbringen wird."

Der Lotse hielt sich bei den Ankerketten auf und war offensichtlich ob des Desinteresses, das man seiner Person entgegenbrachte, gekränkt. So konnte niemand ihrer Unterhaltung lauschen.

„M'sieur St. Brieuc hatte recht", sagte Yorke gedämpft. „Sie wollen seinen Rat doch befolgen, nicht wahr?"

„Ich glaube, ja", antwortete er zögernd. „Ich habe mich noch nicht endgültig entschieden."

„Sie äußern sich ziemlich spät!"

„Ich weiß", sagte Ramage mürrisch; „ich hasse es, wenn sie mit solchem Blödsinn belästigt werden."

„Belästigt? Sehen Sie her, Ramage!" Ramage zuckte durch den harten Ton in Yorkes Stimme zusammen. „Sie verdanken Ihnen ihr Leben." Er hob eine Hand, um Ramages Protest zu unterdrücken. „Das ist eine Tatsache. Bestimmt jedenfalls einmal, nämlich beim Angriff der *Peacock*, und wahrscheinlich auch ein zweites Mal, als Sie uns alle nach Snake Island und dann nach Jamaika brachten!"

Ramage zuckte nur mit den Schultern, doch Yorke gab nicht nach.

„Ja, er zieht sich selbst mit hinein, ob Sie es glauben oder nicht. Wären Sie nur ein Leutnant ohne jegliche Probleme — gut... Da es sich aber um Sie handelt, hält er sich vorläufig verborgen."

„In Ordnung!" sagte Ramage schließlich matt. „Ich werde tun was er sagt. Ich schätze seinen Vorschlag."

„Ist Ihr Bericht ganz fertig?"

„Dutzende von Berichten", antwortete er sauer. „Mir scheint, seit wir Puerto Rico hinter uns gelassen haben, habe ich nur Berichte niedergekritzelt. Es gibt viel zu schreiben; der Verlust des Schiffes, die Weiterfahrt in einem offenen Boot... Es sei denn, man hätte kein Papier und keine Feder."

Yorke mußte lachen. „Die Marine schwimmt in Tinte, und Schiffe baut sie aus Papier."

„Und ihre Kanonen feuern auf die Federn", fügte Ramage hinzu.

„Bis morgen wird M'sieur St. Brieuc also von der Bildfläche verschwinden." Yorke wollte diese Tatsache noch einmal festhalten.

„Ich hoffe, das ist richtig so." Ramage war immer noch im Zweifel. „Dieses verdammte Protokoll. Wem erstattet er Bericht?"

„Dem Gouverneur. Seine Briefe sind an ihn adressiert."

Ramage seufzte erleichtert. „Das könnte eine Hilfe sein. Ich hätte darauf kommen müssen."

„Was wollen Sie nun tun?" wollte Yorke wissen.

„Sobald wir Anker geworfen und — ohne den Schatz zu erwähnen — die Zollformalitäten hinter uns gebracht haben, werden wir nach Kingston fahren. Dort gehe ich an Land und berichte dem Oberbefehlshaber, falls Goddard nicht anwesend ist."

„Die *Lion* ist hier, Sir!"

Ramages Blick folgte dem ausgestreckten Arm von Jackson. Er erkannte in der angegebenen Richtung den teils von Kriegsschiffen verdeckten abgetakelten Rumpf. Sie bot einen traurigen Anblick! Nur der Großmast stand noch. Rechts und links neben ihr lag ein Leichter. Ramage griff zum Fernrohr und erkannte, was passiert war. „Fockmast und Besanmast gingen über Bord", sagte er laut, denn er wußte, daß alle um ihn herum neugierig auf seine Auskunft warteten. „Großmast in zwei Teile zerbrochen, Schanzkleid eingeschlagen; Klüverbaum weg und der Bugspriet aus dem Wasser gefischt, mehrere Schießschartendeckel abgerissen."

Yorke rieb sich ganz vergnügt die Hände. „Wir steckten also nicht als einzige in Schwierigkeiten!"

Dann nahm Ramage den Wasserstrom wahr, der sich über das Deck ergoß.

„Und schwer leck; sie pumpen."

„Flagge, Sir?" wollte Jackson wissen.

„Keine — der Admiral muß an Land sein."

Ramage suchte mit dem Fernrohr den Hafen ab, um sicher zu gehen, daß weder eine der drei Fregatten noch die Logger *Lark*, die die Eskorte gebildet hatten, zu sehen waren.

Ramage setzte das Fernrohr ab. An Land würde er mehr in Erfahrung bringen können, vor allem auch, wieviele Handelsschiffe aus dem Konvoi den Hurrikan überlebt hatten.

Wenigstens mußte er seine Berichte nicht umadressieren. Sie waren an Konteradmiral Goddard gerichtet, doch insgeheim hatte er gehofft ... Na ja, nun mußte er eben statt dem Oberbefehlshaber dem Konteradmiral berichten, dem neuen Ersten Offizier der Schiffe Seiner Majestät ... in und um Jamaika.

Nachdem die Zollbeamten die *La Perla* in Port Royal abgefertigt hatten, steuerte Ramage den Schoner um Galows Point am Ende der Sandbank herum und zwischen den im Hafen liegenden Schiffen hindurch.

„Ein Gutes haben ja Schiffe dieser Größenordnung", bemerkte Southwick, „man kann sich seinen Ankerplatz selbst wählen und wird nicht irgendwo eingewiesen!"

Ramage nickte. Er wollte unbedingt dicht vor der Stadt Kingston ankern, denn das Beiboot des Schiffes war so klein, daß der zurückzulegende Weg zwischen Liegeplatz und Landesteg jedesmal zur schlimmen Strapaze werden konnte.

Yorke betrachtete sich per Fernrohr die *Lion* ganz genau, als der Schoner in geringer Entfernung an ihrem Heck vorüberzog.

„Sie hat Glück gehabt, den Hafen zu erreichen. Ich wette, daß mindestens zehn Mann Tag und Nacht pumpen."

Kaum luvte die *La Perla* an und ankerte, als sie auch schon von Proviantbooten umschwärmt wurde. Jedes einzelne trug einen ungeheuer phantasievollen Namen und war farbenfroh gestrichen. Die Segel hatte man aus Säcken und Segeltuchfetzen zusammengestückelt. Jedes wurde von einem energischen, auffallenden Neger gesteuert, der in höchstmöglicher Lautstärke brüllte, um in die Gunst zu kommen, den Kapitän oder Transportgut an Land bringen zu dürfen. Während die Segel des Schoners eingeholt wurden, boten sie Southwick eine Preisliste an, auf der all' die Dinge verzeichnet waren, die ein Schiff und seine Besatzung benötigen könnten — von Frischobst bis zu Frauen. Offensichtlich hielten sie den alten Kapitän wegen seiner fülligen Figur für den Zahlmeister.

Sie stöhnten gequält, als das Beiboot der *La Perla* startklar gemacht wurde und begannen, die Vorzüge ihrer Schiffe in den leuchtendsten Farben zu schildern.

Ramage ging nach unten in die winzige Kajüte, in die er sich mit Yorke teilte, um eine seiner besten Uniformen anzulegen. Kaum war er in Schale, als er auch schon in Schweiß gebadet war. Die Kajüte bot kaum Platz zum Hocken, geschweige denn zum Stehen. Er zupfte noch einmal an seinem Stehkragen, nahm seinen Degen, seine beste Kopfbedeckung und seinen grob genähten Segeltuchbeutel mit den Berichten.

Ein kurzer Abstecher führte ihn in die Kajüte der Familie St. Brieuc. Keiner von ihnen hatte beobachtet, wie das Schiff in Kingston einlief, und darüber war er etwas enttäuscht. Er klopfte, nannte seinen Namen und wurde von St. Cast zum Eintreten aufgefordert. Maxine hatte geweint. Ihre Augen waren gerötet; Ramage war zu erschrocken, um taktvoll zur Seite blicken zu können. Sie seufzte.

St. Brieuc versuchte, eine schnelle Erklärung zu finden: „Machen Sie sich keine Gedanken, mein Lieber. Meine Tochter ist traurig und doch auch glücklich; und meiner Frau geht es ebenso." Ramage merkte erst jetzt, daß auch sie geweint hatte.

Schnell sprach er weiter, um ein peinliches Schweigen zu vermeiden.

„Wir sind traurig, wenn wir daran denken, Sie verlassen zu müssen, selbst wenn das erst in ein oder zwei Tagen der Fall sein wird."

Ramage war sprachlos und blieb jede Reaktion schuldig. Er stand einfach da, Mütze und Degen in der Hand.

„Und auch ein bißchen in Sorge, bis wir wissen, wie der Admiral Sie empfangen hat. Ich meine Sir Pilcher."

„Goddard", platzte Ramage heraus.

„Ist er hier?"

Ramage riß sich zusammen, konnte seinen Blick aber immer noch nicht von Maxine lösen.

„Die *Lion* ist hier. Sie ist schlimm zugerichtet, aber sie schwimmt."

„Und die anderen?" fragte Maxine.

„Ich konnte leider noch nichts über das Schicksal der Handelsschiffe in Erfahrung bringen; von den Eskorten scheint keine hier zu sein." Hastig fügte er hinzu: „Falls sie nicht zerstört wurden, sind sie vielleicht schon wieder auf dem Rückweg."

Maxine war davon nicht überzeugt und seufzte erneut. Ramage verbeugte sich hilflos und ging.

Jackson wartete schon im Beiboot, und kaum hatte sich Ramage darin niedergelassen, als auch schon die Männer an den Rudern hart arbeiteten und das Land ansteuerten.

Ramage nahm die kleinen Boote nicht wahr, die schließlich die Hoffnung auf beförderungswillige Passagiere aufgegeben hatten; er bemerkte auch nicht die neugierigen Blicke, die ihm von den naheliegenden Handelsschiffen folgten. Er empfand nicht die Hitze, den Staub, den Lärm und Gestank, als sie am Landungssteg festmachten. Er dachte nur an Goddard, der überlebt hatte, aber noch nicht wußte, daß das auch ihm gelungen war. Und er war sich sicher, daß irgendetwas Unangenehmes passieren würde, wenn Goddard ihn erst erblickt hätte. Was das sein würde, konnte er sich zwar nicht vorstellen; doch es gab so viele Möglichkeiten.

Die Hitze und der Lärm schlugen Ramage förmlich ins Gesicht, als er die obersten Stufen des Steges erklommen hatte und auf Konteradmiral Goddords Haus zusteuerte. Welches Menschengewimmel auf den Straßen! Von Handelsschiffen gebrachte Waren wurden auf schweren Gepannwagen, leichten Karren oder dem Rücken störrischer Esel zu den Lagerhäusern transportiert. Fröhliche Neger schoben und drängten und sangen in höchster Lautstärke. Immer wieder rempelten sie sich freundschaftlich an. Dazwischen bewegten sich farbige Frauen mit bewundernswerter Anmut und Eleganz. Viele von ihnen balancierten riesige Körbe auf den Köpfen und bewegten sich dabei so würdevoll, wie das eine Dame bei einem Hofball mit ihrem Diadem auf dem Kopf nicht besser gekonnt hätte.

Konteradmiral Goddards Haus lag nicht allzu nah am Landungssteg. Es stand inmitten eines mit Mauern umgebenen Gartens; ein großes, kühles Steingebäude, mit rotem Dach und weißgekalkten Wänden. Breite, überdachte Balkone liefen rings um das Erdgeschoß und den ersten Stock und erinnerten Ramage lebhaft an einen quadratischen, zweistöckigen Hochzeitskuchen.

Ein alter, grauhaariger Farbiger war dabei, Blätter von einer Fläche zu kehren, die wohl einmal ein Rasen war. Das Gras war verbrannt, die Erde aufgerissen, hatte, wie ein altes Gesicht, jede Elastizität verloren.

Der Wachposten der Marine salutierte, doch der farbige

Diener, der auf Ramages Läuten die Tür geöffnet hatte, ließ ihn einfach stehen und ging zurück ins Haus. Offensichtlich hatte der Admiral Anweisung gegeben, wie junge Leutnants zu behandeln seien, die unaufgefordert an der Residenz eines Ersten Offiziers vorsprachen.

Schließlich erschien der junge Leutnant mit dem Pickelgesicht, den er zum letzten Mal bei der Konvoi-Konferenz an Bord der *Lion* gesehen hatte.

„Guten Tag", grüßte er ihn kalt, „haben Sie zufällig Reservetaschentücher?"

Der Leutnant schaute verblüfft. Ramage fühlte sich jedoch nicht verpflichtet, ihn aufzuklären.

„Admiral Goddard, bitte. Leutnant Ramage wünscht ihn zu sprechen."

„Ich — eh, wir dachten, Sie ... Ja, gut, er hat noch etwa fünfzehn Minuten zu tun. Kommen Sie hier entlang, bitte."

Nervös führte er Ramage in ein Besuchszimmer, forderte ihn, einem Arzthelfer gleich, auf, einzutreten und verschwand.

Ein kühler Raum in einem kühlen Haus; und irgendwo sollte er Platz nehmen. Die Tür glich einem großen, halbgeöffneten venezianischen Fensterladen. Das Dach über dem Balkon spendete Schatten. Die Beine des kleinen, runden Mahagonitisches standen in niedrigen, mit Wasser gefüllten Metallschalen. Sie waren Ausdruck des nie endenden Kampfes, den man in den Tropen gegen Ameisen zu führen hatte.

Ramage legte Mütze und Degen auf den Tisch und öffnete den Beutel, um noch einmal die Berichte zu überfliegen, die er in der winzigen Kajüte der *La Perla* auf den Knien niedergeschrieben hatte. Obenauf lag sein Bericht über den Verlust der *Triton*. Er hatte das in einem eigenen Bericht festgehalten, da ihm eine routinemäßige Gerichtsverhandlung bevorstand, wie das immer der Fall war, wenn eines der Schiffe der Königlichen Marine verloren gegangen war. Sein Augenmerk hatte er besonders darauf gelegt, jede entscheidende Minute festzuhalten — vom Beginn des Hurrikans bis zum Auflaufen des mastlosen Schiffes auf ein Riff. Der Bericht beschrieb den Bau der Floße und endete damit, deren Verwendung als Fähren zum Transport von Besatzung und Nahrungsmitteln aufzuzeigen.

Der zweite Bericht war der Kaperung der *La Perla* und der Überfahrt von Snake Island nach Jamaika gewidmet. Er umfaßte nur drei Seiten. Jedes Wort stimmte, wenn auch nicht alles niedergeschrieben war. So hatte er z. B. verschwiegen, daß er sich in Maxine verliebt hat, und auch, daß Sydney Yorke, sein guter Freund, sehr eifersüchtig war, seit er ihre Zuneigung für Ramage gemerkt hatte.

Den dritten Bericht schließlich hatte er mit dem Vermerk „Geheim" versehen und versiegelt. Er informierte über den Schatz. Beigelegt war eine vollständige Bestandsaufnahme, das „Schatzlogbuch", sowie genaue Listen, welche Stücke in welchen Kisten steckten und last not least ein Plan, der zeigte, welche Kisten in welchem Lagerraum der *La Perla* standen. Diese Liste war erst kürzlich revidiert worden, nachdem Southwick ein paar Kisten hatte umstellen lassen, um das Schiff in eine bessere Wasserlage zu bringen.

Als er die Dokumente wieder in den Sack steckte, sorgsam bedacht, die Reihenfolge beizubehalten, dachte er darüber nach, wie wenig ein solcher offizieller Report eigentlich aussagte. Am genauesten war wahrscheinlich noch der über den Schatz; er war auch am schwierigsten abzufassen gewesen. Aber nichts wurde zum Beispiel wiedergegeben über die Schwierigkeiten, die sich ihm in Form des Reims entgegenstellten; nichts, wie oft er geneigt war anzunehmen, er könnte niemals irgendeinen Sinn in die verworren klingenden Linien bringen. Kein Wort über die Enttäuschung, als zuerst die Knochen gefunden wurden; über die makabre Wirkung, die aufkam, als die Skelette bei Laternenlicht ausgegraben wurden. Und er schilderte auch nicht die Aufregung, als Jackson mit den ersten Münzen aus dem Graben heraussprang...

Von draußen hörte er Stimmen und schwere Schritte, die die Einfahrt hochschlürften. Das lange Warten auf den Admiral hatte ihn ungeduldig gemacht; er stand auf, ging zum Fenster und blickte hinaus. Da standen fünf mit Musketen bewaffnete Marinesoldaten. Sie schwitzten erbärmlich in der Sonne. Der pickelige Leutnant flüsterte mit dem Korporal.

Ramage hatte sich gerade wieder hingesetzt, als der Leutnant schwitzend hereinkam und ohne Einleitung sagte: „Folgen Sie mir. Der Admiral wünscht Sie jetzt zu sprechen."

Er betrat ein riesiges Zimmer, das halb im Dunkeln lag, weil die Fensterläden dicht geschlossen waren. Der Admiral lehnte sich in seiner Polsterbank zurück, die hinter dem großen Schreibtisch am geöffneten Fenster stand.

Sein Platz war kühl, und dennoch schaute der Admiral genauso verschwitzt und unangenehm aus, wie Ramage ihn von ihrem ersten Aufeinandertreffen in Erinnerung hatte. Wieder mußte er an den pickeligen Leutnant denken, der ihn damals mit frischen Taschentüchern versorgt hatte. Nun war sein Gesicht schlaff und gezeichnet. Man gewann den Eindruck, als ob er durch Hitze und Sorgen in dem nachts anschwellenden Lärm Jamaikas keinen Schlaf finden konnte. Ramage glaubte, in ihm einen reichen Mann zu sehen, der sich davor fürchtete, für bankrott erklärt zu werden oder daß ihm seine Frau die Hörner aufsetzen wollte. Vielleicht traf sogar beides zu.

Ramage stand völlig steif vor ihm, die Scheide des Degens in seiner linken Hand, die Mütze unter dem linken Arm und den Segeltuchbeutel in seiner rechten Hand.

„Guten Tag, Sir."

Goddard starrte ihn nur an.

Nichts war zu hören außer dem entfernten Gelächter

der Neger und dem schwachen Knacken, das die Arbeit eines Klopfkäfers verriet.

Die Sitzbank knarrte, als Goddard sich leicht bewegte. Trotz der offenen Tür und der geöffneten Fenster war die Luft muffig; fast roch es wie in einer Gruft.

Ramage starrte auf einen Punkt knapp oberhalb Goddards Kopf und lauschte auf das schwere Atmen. Dieser Mann war wirklich viel zu dick für die Tropen.

„Wo waren Sie?" begann schließlich der Admiral die Befragung. Und seine Stimme verriet, daß er lieber gefragt hätte: „Warum sind Sie von den Toten auferstanden?"

„Die *Triton* lief auf ein Riff, Sir."

„Das überrascht mich nicht. Bestimmt eine unbekannte und unerwartete Strömung, die auf keiner Karte eingezeichnet ist und Sie auf das Riff schleuderte? Die übliche Entschuldigung."

„Ja, Sir."

„Sie geben das zu, ja?"

„Ja, Sir."

„Bei Gott!"

Der Admiral war sprachlos. Seine Fragen waren nur Ausdruck seiner Hoffnung; diese Anschuldigung wollte er gegen Ramage vorbringen, und nun gab der Leutnant alles unumwunden zu.

„Sie stehen unter Hausarrest, Ramage."

„Ja, Sir."

„Verdammt, ist das alles, was sie zu sagen haben? Ein verdammter Papagei!"

„Ja, Sir."

„Wollen Sie unverschämt werden?"

„Oh, nein, Sir!"

„Sind Sie nicht an den Anklagepunkten interessiert?"

„Wenn Sie es wünschen, Sir."

Natürlich war er brennend daran interessiert, aber eher hätte er sich die Zunge abgebissen, als Goddard die Genugtuung seiner Neugier zu geben. Der Armiral brachte absichtlich einen triumphierenden Tonfall in seine Stimme, als er aufzählte: „Artikel zehn, zwölf und siebzehn. Und dazu kommt nun noch sechsundzwanzig."

„Zehn, zwölf, siebzehn und sechsundzwanzig, Sir", wiederholte Ramage völlig gelassen.

„Bis jetzt. Vielleicht folgen noch weitere, wenn ich Ihren Bericht gelesen habe. Er ist doch fertig, oder?"

„Ja, Sir."

„Geben Sie ihn Hobson, wenn Sie hinausgehen."

Leichte Röte stieg in Ramage hoch. „Ja, Sir. Darf ich dem früheren Kapitän der *Triton* eine Botschaft schicken? Er ist augenblicklich auf dem kleinen Schoner, auf dem wir hierher kamen."

Goddard war daran nicht interessiert. „Natürlich", sagte er und deutete an, daß er alleingelassen sein wollte.

Leutnant Hobson wartete vor der Tür.

„Ihre Eskorte wartet", sagte er triumphierend.

Ramage legte die Mütze auf einen Stuhl und öffnete den Beutel. Er schaute noch einmal die drei Berichte an und griff den obersten heraus.

„Für den Admiral."

Hobson nahm ihn in die Hand, als ob man ihm eine heiße Kastanie zu halten gegeben hätte.

Ramage schnallte seinen Degen ab und gab ihn Hobson. „Es ist besser, Sie nehmen ihn. Und geben Sie bekannt, daß mir der Admiral die Erlaubnis erteilt hat, meinem Schiff eine Nachricht übermitteln zu dürfen." Mit diesen Worten nahm er seine Mütze und ging schnell zur Haustür. „Kommen Sie, Korporal, wir wollen uns nicht unnötig lange hier in der Sonne aufhalten!"

Er schritt auf das Gartentor zu und blinzelte in der hellen Sonne. Dann hörte er Stimmen und eiliges Stampfen von Stiefeln. Der Korporal bat: „Sir! Sie bringen uns in Schwierigkeiten, falls der Admiral uns sieht!"

Ramage verlangsamte seinen Schritt, damit die Leute der Marine ihn in ihre Mitte nehmen konnten. „Marschieren Sie los, Korporal, es ist ein herrlicher Tag."

Der Korporal nahm Ramages Degen.

Ramage legte die Feder nieder und schraubte das Tintenfaß zu. Er faltete das Blatt Papier zusammen und verfluchte sich, weil er vergessen hatte, um Siegellack zu bitten. So beschloß er, das Blatt in einen anderen als Umschlag gefalteten Bogen zu stecken und im übrigen darauf zu vertrauen, daß der Überbringer, war er neugierig und las die Zeilen, die Bedeutung der Worte nicht verstehen konnte.

Der Brief war an Southwick adressiert, doch für Yorke bestimmt. Da er ihn nicht versiegeln konnte, hatte er wohlweislich zweideutig geschrieben:

„Man hat mich unter strengen Arrest gestellt wegen Anschuldigungen, die wahrscheinlich aus dem Angriff der *Peacock* auf die *Topaz* herrühren. Artikel zehn, zwölf und siebzehn. Weitere Anschuldigungen folgen bestimmt wegen des Verlustes der *Triton*. Man hat mir bisher weder die genauen Anklagepunkte noch den Prozeßtermin mitgeteilt. Falls nicht unbedingt notwendig, würde ich es lieber sehen, wenn vorläufig nichts von der *La Perla* an Land käme, besonders kein Gerede. Sollten Sie mich zufällig in der Marinekaserne besuchen wollen, bringen Sie bitte mein Rasierzeug und frische Kleidung mit."

Yorke und St. Brieuc würden erkennen, daß Ramage sie noch verborgen halten wollte. Southwick wüßte, daß der Schatz unter Bewachung an Bord bleiben und geheim gehalten werden müßte.

Ramage erhob sich vom Stuhl in seinem winzigen, heißen Zimmer. Eigentlich sollte der Raum die Unterkunft für einen Marinesoldaten niedrigen Dienstgrades sein.

Der Marinekorporal, ein rotgesichtiger, plumper, fröhlicher Londoner schloß auf und trat ein.

„Sehen Sie, das hier muß zum Schoner *La Perla* gebracht werden, das spanische Beuteschiff, das heute einlief!"

„Ja, Sir! Sah sie einlaufen, Sir!"

„Von welchem Schiff aus?"

„Von der *Lion*, Sir."

„Sie kamen mit dem Konvoi?"

„Ja, Sir!"

„Wie war der Hurrikan?"

„Oh je!" Der Korporal rollte die Augen und kickte die Tür mit dem Absatz zu. „Im Vertrauen, Sir, es war schrecklich."

„Windig, nicht?"

„Der Wind war nicht das schlimmste", sagte er doppeldeutig und sprach leise weiter. „Nach dem Sturm, Sir."

Ramage verstand nicht, so daß der Korporal wiederholte. „Danach, Sir."

„Zwei Hände am Steuer?"

Sich so zu unterhalten, war augenblicklich das beste, was Ramage tun konnte. Aus ihm nicht bekannten Gründen war der Korporal freundlich, und da die Gerüchteküche meist funktionierte, wußte er sogar mehr als Ramage selbst über die Hintergründe seiner Verhaftung. Wollte sich der Korporal ihm anvertrauen, lag es an ihm, ihm das leicht zu machen.

„Zwei Hände am Steuer?" Der Korporal dachte kurz über diese Formulierung nach und nickte dann heftig. „Und die steuerten in verschiedene Richtungen, Sir!"

Ramage nickte verständnisvoll. „Auf diese Weise gehen Masten zu Bruch."

„Das stimmt! Elf Mann wurden getötet. Der Besanmast erschlug den Handelskapitän, zwei Leutnants zur See und acht Wachposten."

„Der Marinekapitän wurde nicht verletzt?"

„Nein, Gott sei Dank nicht! Wir wären sonst ertrunken. Erstaunlich, Sir, wie es ihn mitnahm."

„Was nahm ihn mit?"

„Der Verlust der Masten. Er war danach ein anderer Mensch. Befahl —" er unterbrach sich kurz, redete aber gleich weiter und betonte seine Worte, um ihre Bedeutung zu unterstreichen. „Befahl *jeden* vom Achterdeck herunter, der nicht gerade Wache schob. Jeden", wiederholte er. Damit war also auch der Konteradmiral gemeint. „Und dann handelte er, wie er es für richtig hielt, und deswegen kamen wir hier an. Später stießen wir bei Morant Cays auf eine Fregatte, und sie schleppte uns das letzte Stück bis hier."

Der Korporal schaute Ramage an.

„Sie erinnern sich nicht an mich, Sir, oder?"

„Ich glaube, mich an Ihr Gesicht zu erinnern."

„Die *Belette*, Sir. Dafür wurde ich befördert. Als Sie verwundet wurden. War mein stolzester Tag, Sir. Sie waren wunderbar, Sir. Ich werde nie vergessen, wie Sie das Kommando übernahmen. Oh je, Sie schauten schrecklich aus mit den Narben am Kopf!"

Die Augen des Korporals wurden groß. „Sie erhielten zwei Narben an der Stelle!" Er zeigte darauf.

„St. Vincent", erwiderte Ramage schnell. „Die Franzosen scheinen Gefallen an meinem Kopf zu finden!"

Der Bericht des freundlichen Korporals hatte Ramage befriedigt, und er war dankbar, etwas über die Schwierigkeiten erfahren zu haben, die Croucher mit dem Admiral hatte. Trotzdem wollte er seinen Brief an die *La Perla* übermittelt haben.

Der Korporal nahm ihn in Empfang. „Mr. Hobson informierte mich, Sir. Mein bester Mann wird ihn persönlich übergeben. Oh, er ist nicht versiegelt, Sir."

„Ich habe keinen Lack. Können Sie welchen besorgen?"

„Ja, Sir, überhaupt kein Problem."

„Versiegeln Sie ihn einfach und geben Sie ihn dann direkt Ihrem Mann."

„Sie können sich auf mich verlassen, Sir", sagte der Korporal und fühlte sich geschmeichelt, weil der Leutnant Vertrauen zu ihm hatte. Wenige Minuten später kam er wieder, um mitzuteilen, daß der Brief versiegelt und bereits auf dem Wege zur *La Perla* sei. Danach entschuldigte er sich dafür, daß er die Tür wieder schließen mußte.

Eine Stunde später wurde energisch angeklopft. Die Tür flog auf, und ein kleiner, verschrumpelter Mann trat ein. Sein Gang erinnerte lebhaft an den eines Zwerghahns. Das dünne Stahlgestell der Brille klemmte wie ein Preisschild auf seiner Nase.

„Der stellvertretende Rechtsoffizier!" stellte er sich mit einer Fistelstimme vor, die zu seinem Äußeren paßte.

Ramage blieb sitzen, blickte den Mann an und fragte: „Was ist mit ihm?"

„Ich *bin* der stellvertretende Rechtsoffizier."

„Das hätte ich mir denken können. Wie heißen Sie?"

„Harold Syme", antwortete er und ging über Ramages schnippische Bemerkung hinweg. „Ich bin gekommen, um Ihnen die Anklagepunkte vorzulegen."

Ramage streckte die Hand nach den Papieren aus. Der Offizier, verwirrt durch Ramages Schweigen, begann in der Ledermappe herumzukramen, die er unter den Arm geklemmt hatte.

„Die Anschuldigungen wurden von Konteradmiral Goddard erhoben. Schwerwiegende Punkte."

Ramage winkte ungeduldig ab.

„Geben Sie mir alle notwendigen Dokumente. Ich bin in Eile."

„In Eile? Warum —"

„Ich möchte Ihnen die Namen meiner Zeugen zukommen lassen", sagte Ramage hart. „Die Dokumente, bitte."

Syme vertiefte sich in seine Mappe, nahm ein paar Papiere heraus und übergab sie Ramage so vorsichtig, als ob es rohe Eier gewesen wären. Ramage warf sie unachtsam auf den Tisch.

„Ich muß Ihnen den ‚Brief an den Gefangenen' verlesen."

„Ich kann lesen", sagte Ramage. „Lassen Sie mir bitte Siegellack hereinbringen."

„Wofür?"

Ramage deutete auf sein Schreibmaterial auf dem Tisch. „Um meine Briefe vor durchbohrenden Augen zu versiegeln."

„Wirklich? Denken Sie, ich würde —"

„Dieser Gedanke entsprang Ihrer Phantasie, nicht meiner. Auf Wiedersehen, Sir", verabschiedete ihn Ramage und öffnete das Tintenfaß.

„Mr. Ramage, wie —"

„Ich bereite meine Verteidigung vor. Wollen Sie, daß ich daran festhalte, Sie hätten mich absichtlich daran gehindert?"

Schließlich trottete der Mann aus dem Zimmer und meldete dem Korporal laut, daß sein Besuch beendet sei.

Als sich der Schlüssel im Schloß drehte, öffnete Ramage den ersten der Briefe. Es war derjenige, welchen Konteradmiral Goddard vor etwa zwei Wochen an Sir Pilcher geschrieben hatte. Er begann, ihn zu lesen und unterstrich alle Stellen, die wörtlich den verschiedenen Kriegsartikeln entnommen waren.

„Ich bitte um Erlaubnis, Sie informieren zu dürfen, daß Leutnant Nicholas Ramage, kommandierender Offizier Seiner Majestät Brigg Triton nicht die nötigen Kampfvorbereitungen traf und, seinem Rang entsprechend, nicht die ihm untergebenen Offiziere und Männer zum mutigen Kämpfen aufforderte, als er, unter meiner Befehlsgewalt stehend, einen Konvoi begleitete, und in der Nacht zum 18. Juli dieses Jahres eines der Schiffe von einem französischen Freibeuter angegriffen wurde. Darüber hinaus zog sich besagter Lt. Ramage beim gleichen Anlaß zurück

bzw. blieb hinten, anstatt sein äußerstes zu tun, das Schiff des Gegners zu zerstören, was seine Aufgabe gewesen wäre. Weiter versäumte besagter Lt. Ramage beim gleichen Zwischenfall, als kommandierender Offizier eines der für den Konvoi und zum Schutz der Handelsschiffe bestimmten Schiffes, gewissenhaft die in den Unterweisungen enthaltene Auflage zu erfüllen, die die Verteidigung der Schiffe des Konvois und nötigenfalls den Kampf zu ihrer Rettung vorsieht. Ich bin, etc."

Ramage fühlte, wie kalter Ärger in ihm hochstieg. Er war überzeugt gewesen, daß die Anklagepunkte sich ausschließlich auf den Zwischenfall mit der *Peacock* beziehen würden. Obwohl die Kriegsartikel ein weites Feld umspannten, war nicht abzusehen gewesen, daß man ihm Feigheit angesichts des Feindes vorwerfen würde. Wahrscheinlich hielt man Anklagepunkte, die sich auf den Verlust der *Triton* bezogen, noch in Reserve.

Ramage lachte voll Bitterkeit. Während seines ganzen Lebens auf See hatte er wenigstens einmal pro Monat, nämlich sonntags, gehört, wie der Besatzung die Artikel verlesen wurden. Während der letzten zwei Jahre hatte er als kommandierender Offizier diese Aufgabe selbst übernommen. Entsprechende Einträge im Logbuch konnten beweisen, daß er seiner Verpflichtung nachgekommen war. Im Geiste hörte er seine eigene Stimme, die in großer Lautstärke versuchte, sich gegen den Lärm von Wind und See durchzusetzen...

„Artikel zehn... soll nicht Offiziere und Mannschaft entmutigen, tapfer zu kämpfen... soll dem Tod ins Auge schauen. Artikel zwölf ... Jeder einzelne in der Flotte, der durch Feigheit, Nachlässigkeit oder Unzuverlässigkeit bei Gefahr... nicht sein äußerstes gibt, um jedes Schiff zu überwältigen oder zerstören... wird mit dem Tode bestraft. Artikel siebzehn... der feige davonläuft und die

Schiffe im Konvoi der Gefahr aussetzt ... wird bestraft ... mit der Todesstrafe oder einer anderen Strafe, je nach Urteilsfindung des Gerichts ..."

Das war teuflich ausgedacht. Goddard ging davon aus, daß sowohl die Fregatte *Greyhound* als auch die *Topaz* im Hurrikan gesunken waren. Damit blieben die Offiziere der *Lion* die einzigen Überlebenden, die den Angriff der *Peacock* auf die *Topaz* bezeugen konnten. Ihren Aussagen standen lediglich die seiner eigenen Leute gegenüber, und es war nicht schwer zu erraten, wem das Gericht Glauben schenken würde.

Noch ließ sich nicht genau absehen, wie Goddard den Vorwurf der Feigheit gegen ihn erhärten wollte. Sicher war nur, daß er seine ganze Phantasie und Genialität einsetzen mußte, um Ramages Gegenaussage zu erschüttern. Sicher war aber auch, daß er die bessere Ausgangsituation hatte, denn es gab bestimmt wenige Gerichtshöfe, die den Unschuldsbeteuerungen eines wegen Feigheit angeklagten Leutnants glauben würden, wenn diese gegen die Aussage eines Konteradmirals standen, der noch dazu stellvertretender Oberbefehlshaber des Stützpunkts war.

Trotz der Hitze in Jamaika würde in Ramage kaum ein Gefühl der Langeweile aufkommen können: der Prozeßverlauf würde ihn zu voller Konzentration zwingen, denn er mußte stets vor Augen haben, daß das Gericht ihn zum Tode verurteilen würde, falls er des Verstoßes gegen einen der beiden ersten Anklagepunkte für schuldig befunden würde. Bei Artikel zehn und zwölf war Schuldspruch tatsächlich gleichbedeutend mit Todesstrafe; bei Nummer siebzehn konnte es eine Alternativlösung geben — Tod oder ...

Das Klopfen an die Tür und die fröhliche Stimme des Marinekorporals unterbrachen seine Überlegungen.

„Mr. Southwick möchte Sie sprechen, Sir, mit Ihrem Anwalt."

„Lassen Sie sie hereinkommen.

Aufmerksam von Southwick, an einen Anwalt zu denken, doch bei Gericht war es besser, darauf zu verzichten. Die „fünf oder mehr" Kapitäne, die das Gericht bildeten, wußten gewöhnlich wenig oder überhaupt nicht über das Gesetz Bescheid und wurden deshalb oft von den Rechtsanwälten angegriffen.

Es war Yorke, der mit Southwick ins Zimmer trat. Er hatte einen schmuddeligen, schwarzen Anzug an, ging etwas bucklig, trug einen Zylinder und eine dicke Ledermappe unter dem Arm. Sein Haar war schräg in die Stirn gekämmt. Er sah zehn Jahre älter aus und wirkte als Anwalt völlig überzeugend.

Southwick sagte grinsend: „Ich habe Ihnen einen Anwalt mitgebracht, Sir; er sagt, er würde sich glücklich schätzen, Ihre Verteidigung übernehmen zu dürfen. Sein Honorar beträgt hundert Guinees!"

„Das ist zu viel!" entrüstete sich Ramage. „Bieten Sie ihm fünfzig!"

Mittlerweile hatte sich die Tür hinter ihnen geschlossen. Ramage bot den beiden Männern an dem winzigen Tisch Platz an.

„Was wollen Sie gegen ihn vorbringen, Sir?" erkundigte sich Southwick.

„Ich kenne noch keine Einzelheiten, doch Hauptanklagepunkt ist Feigheit."

„Feigheit..." wiederholte Yorke halblaut. „Eine bösartige Anklage. Feigheit ist eines der Wörter, das —". Er führte den Gedanken nicht zu Ende. „Nun — Sie können keines Mordes beschuldigt werden, das steht fest. Entgehen Sie aber überhaupt einer Verurteilung wegen Feigheit, bleibt immer ein — sagen wir: Schandfleck auf Ihrer Weste zurück. Wem gegenüber sollen Sie sich denn feige verhalten haben?"

„Die leidige Geschichte mit der *Peacock*."

„Mit der *Peacock*?" Yorke war sprachlos. „Aber wie kommt man dazu?"

Ramage zuckte die Schultern. „Wahrscheinlich tadeln sie mich, weil die *Topaz* angegriffen wurde."

„Aber gerade das verhinderten Sie doch! Kein Haar wurde den französischen Gästen gekrümmt! Jeder weiß, was geschah. Sie übergaben dem Admiral einen schriftlichen Bericht, nicht wahr?"

Ramage meinte, es sei nun an der Zeit, Yorke zu informieren, mit welchen Mitteln Leute wie Goddard arbeiteten. Er klopfte nervös mit dem Federkiel auf die Tischplatte.

„Dieses Gericht wird Ihnen beweisen, daß Ihre Aussage, den Gästen sei nichts passiert, nicht belegbar ist. Es wird behaupten, sie seien alle im Hurrikan ertrunken. Die *Topaz* ging verloren, es gab keine Überlebende. Auch die drei Fregatten und die Logger *Lark* entkamen der Hölle nicht. Der Admiral beschwört, daß er keinen schriftlichen Bericht vom Angeklagten erhalten hat. Und er ließ sich von seinen eigenen Offizieren augenscheinlich bestätigen, daß die *Triton* hinten blieb, weil der Angeklagte seine eigene Haut retten wollte."

„Das wäre höchst bösartig!" empörte sich Yorke.

„Fast so ruchlos, wie es im Geschäftsleben zugeht", meinte auch Southwick.

„Der ganze Schwindel ist nur möglich, weil Männer um eine Machtposition kämpfen, und das bedeutet, daß sie auf Beförderung und Anerkennung ihrer Interessen aus sind. Beförderung bringt einem dienenden Offizier Vorteile, wie zum Beispiel bessere Bezahlung. Bei einem Geschäftsmann ist das nicht anders", erklärte Ramage wie ein predigender Pfarrer weiter. „Nur, daß sein Gewinn nicht Beförderung heißt, sondern Geld. Um sein Ziel zu erreichen, bedient er sich aber oft genauso ruchloser Methoden."

„Ich befürchte, Sie haben recht", gab Yorke zu. „Es scheint aber, daß das Geschäftsleben etwas subtiler ist."

„Das mag einem Geschäftsmann so erscheinen", sagte Ramage, „aber nicht einem Marineoffizier! Mr. Southwick verglich die beiden Bereiche gerade, damit Ihnen die Unterschiede klar werden. Er vermutet in Ihnen den scharfen Instinkt eines Geschäftsmannes und denkt, Sie könnten so die Gedankengänge des Generals besser verstehen."

Yorke nickte. „Ich *habe* verstanden. Goddard hofft aber doch nicht etwa, den Beweis für auch nur einen der Anklagepunkte erbringen zu können!"

„Warum nicht?" fragte Ramage.

„Mein Beweis alleine würde . . ."

Ramage schüttelte den Kopf. Yorke mußte, das war ihm klar, völlig die Bedeutung seiner Worte verstehen. *„Ihr Beweis wird vielleicht niemals vorgetragen werden!* Das macht Goddards Position so ausgezeichnet. Das Seil, das er mir um den Hals knüpfen will, liegt schon bereit!"

Yorke verstand die Härte in Ramages Stimme nicht. „Er kann mich doch nicht daran hindern, auszusagen?"

„Entdeckt er, daß Sie und die französischen Gäste noch am Leben sind, wird er diesen Anklagepunkt sofort fallen lassen."

„Wie aber kann er das entdecken und die Weichen noch rechtzeitig umstellen?"

„Sie müssen an Bord der *Arrogant* gehen und dort Ihre Aussage machen. Sieht er Sie, wird er sofort bekanntgeben, daß die Anklage ihre Anträge zurückzieht."

„Und was dann?" drängte Yorke. „Damit sind Sie doch in Sicherheit!"

„Eben nicht", antwortete Ramage ungeduldig. „Es bedeutet nur, daß er alle die Punkte fallen läßt, über die Sie zu meinen Gunsten aussagen könnten. Und danach denkt er sich neue aus."

„Aber kommen Sie", protestierte Yorke. „Sie sind überreizt. Was sollte er sich denn ausdenken?"

„Den Verlust des Schiffes", brummte Southwick, „damit könnte er erneut den Strick um Mr. Ramages Hals legen."

Yorke schaute Ramage an, wie wenn er eine Bestätigung haben wollte. Der Leutnant antwortete: „Er würde den ganzen Angriff der *Peacock* auf die *Topaz* vergessen; damit fielen die Artikel zehn und zwölf unter den Tisch. Er könnte ebenso gut das ‚feige Davonrennen' anführen, um herauszustellen, daß ich aus dem Konvoi desertierte — und Sie könnten das nicht widerlegen. Dann würde er sich auf den Verlust der *Triton* konzentrieren, das fällt unter Artikel sechsundzwanzig. ‚... *Schiffe zu stranden oder gegen Felsen oder Sandbänke zu steuern oder leichtsinnig in Gefahr zu bringen ... soll der für schuldig Befundene mit dem Tode oder einer solchen Strafe bestraft werden, die der Anklage ... angemessen ist*'."

„Aber man kann Sie doch bei den gegebenen Umständen kaum an den Galgen bringen."

„Möglicherweise nicht", gab Ramage zu, „hängt man jedoch diese Anklage dem ‚feige Davonrennen' an, können Sie verfolgen, wie sich die Schlinge um meinen Hals zuzieht."

Yorke dachte angestrengt nach und rieb dabei seine Knöchel an der Stirn. Schließlich blickte er auf und sagte vorsichtig: „Ich möchte mich gerne vergewissern, daß ich die Situation voll verstanden habe. Man beschuldigt Sie in Sachen *Peacock* der Feigheit, und Goddard meint, das beweisen und Sie dafür hängen lassen zu können. Er weiß ja nicht, daß St. Brieuc und ich am Leben geblieben sind. Aber Sie wissen umgekehrt, daß Sie Ihre Unschuld beweisen können, weil wir als Zeugen für Sie aussagen werden."

Als Ramage ihm zustimmte, fuhr Yorke langsam fort. „Beweisen Sie aber mit unserer Zeugenaussage Ihre Unschuld, bezichtigen Sie Goddard gleichzeitig, ein Lügner zu sein, der einen Meineid leistete, um Sie an den Galgen zu bringen. Das würde ausreichen, seine Karriere zu zerstören.

Und damit wäre ein für allemal diese törichte Blutrache gegen Sie aus der Welt geschafft."

Wieder nickte Ramage zustimmend.

„Wir sind uns aber auch einig, daß Goddard den Anklagepunkt der Feigheit fallen lassen wird, sobald er uns zu Gesicht bekommt. Und Sie sind der Meinung, daß er sich in kürzester Zeit der neuen Situation anpassen kann. Ist das nicht eine kleine Übertreibung?"

„Das bezweifle ich. Hängt von seiner Geistesgegenwart ab."

„*Kann* er überhaupt die Anklagepunkte so mir nichts dir nichts fallen lassen? Ich meine, würde das Gericht mitziehen?"

Ramage konnte keine genaue Antwort geben. „Der Versuch ist bekanntlich nicht strafbar, und das Gericht setzt sich aus einer Gruppe von Kapitänen zusammen."

„Sie gehen ein teuflisches Risiko ein, Ramage. Unsere Zeugenaussage wird nach der *Peacock*-Geschichte fällig sein. Angenommen, er hat tatsächlich die Möglichkeit, mit Zustimmung des Gerichts die Anklage zurückzuziehen? Dann sehen Sie immer noch dem Prozeß entgegen, der den Verlust der *Triton* zum Thema hat. Warum also den Trumpf bei Prozeß Nummer eins ausspielen? Warum Goddard die Gelegenheit geben, sein stärkstes Geschoß, nämlich die Anklage wegen Feigheit, überhaupt auffahren zu lassen? Warum ihn nicht wissen lassen, daß wir leben, damit er die leidige *Peacock*-Angelegenheit fallen läßt und direkt auf den Verlust der *Triton* und gegebenenfalls das ‚feige Davonrennen' übergeht? Schließlich können Sie ihm bei beiden Fällen contra geben!"

Southwick teilte diese Meinung, was er durch heftiges Kopfnicken zum Ausdruck brachte.

„Ich muß meine Chance nutzen", beharrte Ramage. „Nur so kann ich die Blutrache beenden. Beschreite ich diesen Weg nicht, geht das alles noch jahrelang weiter. Trotzdem, er wird mich wegen des Verlustes der *Triton* packen. Vielleicht entgehe ich der Schlinge, doch meine Berufslaufbahn ist mit Sicherheit beendet."

„Sie wären ja auch dann abgeschrieben, wenn das Gericht Sie nicht schuldig sprechen würde", sagte Southwick wie zu sich selbst.

„Wirklich?" fragte Yorke scharf.

„Ja. Vergessen Sie nicht, daß nie genug Schiffe zur Verfügung stehen. Das bedeutet, daß niemand als Kommandant eingesetzt wird, an dem nur der leichteste Zweifel über sein korrektes Verhalten hängen bleibt. Und vergessen wir nicht die ewigen Begünstigungen", murmelte er.

„Das ist nur zu wahr. Haben Sie erst einmal die Gunst des örtlichen Admirals oder der Admiralität verspielt, werden Sie für den Rest ihres Lebens mit halber Bezahlung darben müssen."

„Ich glaube trotzdem immer noch, Sie setzen zu viel aufs Spiel", blieb Yorke hartnäckig.

„Sie setzen alles, Ihr Leben eingeschlossen, auf eine Karte, nämlich, daß Sie mich und St. Brieuc ins Gericht schleusen und wir dort unsere Aussage machen können, bevor Goddard dazukommt, die entsprechenden Anklagepunkte fallen zu lassen. Was hindert ihn aber daran, dies trotzdem zu tun, nachdem wir unsere Aussagen begonnen haben. Oder vielleicht erst nach unserer Aussage. Haben Sie schon einmal darüber nachgedacht?"

Ramage nickte müde. „Ja, ich habe darüber nachgedacht, bis sich in meinem Kopf alles drehte." Yorke versuchte, ihm zu helfen und er verdiente deshalb eine Erklärung. Doch er wußte ja selbst, welches ungeheure Risiko er einging; und nachdem er sich durchgerungen hatte, es auf sich zu nehmen, wollte er über diesen Punkt nicht mehr diskutieren, um nicht unnötig die Angst in sich zu schüren.

„Ich baue auf mehrere glückliche Umstände. In erster Linie auf die natürliche Neugier des Gerichts. Erscheinen

Sie und St. Brieuc auf der Bildfläche, wird man die ganze Verfolgungsgeschichte bereits unter dem Gesichtspunkt abgehandelt haben, daß Sie tot sind. Ich hoffe darauf, daß das Gericht auf jeden Fall Ihre Aussage hören will — ob das Goddard paßt oder nicht. Sie würden seinem Antrag auf Streichung der Anklagepunkte nicht stattgeben. Aus Ihrer Aussage folgt aber zwingend, daß das Gericht meine Unschuld beschließen muß."

„Fast genau so wichtig", fuhr er fort, „sind die im Prozeß angefertigten Notizen. Vergessen Sie nicht, daß alles, was in einem Prozeß geschieht, protokollarisch erfaßt wird. Selbst wenn Anklagepunkte gestrichen werden, muß darüber eine Aktennotiz an die Admiralität gehen. Mit etwas Glück tragen auch sie zu meiner Entlastung bei."

„Wenn wir nur wüßten, wer sich tatsächlich hinter St. Brieuc verbirgt", grübelte Yorke. „Ich frage mich, ob jetzt noch Notwendigkeit besteht, das geheimzuhalten... Wichtig ist, ob Goddard — angenommen, St. Brieuc ist wirklich sehr einflußreich — gezwungen ist, den Prozeß überhaupt weiterzuführen."

„Das möchte ich auch gerne wissen. Alles, was mir über ihn bekannt ist, ist, daß Goddard Angst vor ihm hat."

Southwick hüstelte höflich. „Angenommen, der Herr ist wirklich sehr bedeutend, Sir; und angenommen, der Admiral zieht die Anklagepunkte tatsächlich zurück. Wäre der französische Herr wichtig genug, daß er die Admiralität oder den Oberbefehlshaber über das, was er weiß, informieren kann?"

Sowohl Ramage als auch Yorke starrten den Kapitän an.

„Das wäre möglich!" rief Yorke aus.

„Entscheidend ist", dämpfte Ramage etwas, „ob Goddard und das Gericht ihn für so wichtig *halten!* Aber fürs erste haben Sie einen wichigen Beitrag geleistet, Mr. Southwick!"

Kurz später schaute Yorke erneut düster drein.

„Es ist und bleibt trotzdem ein großes Risiko, Ramage. Hören Sie, warum schlagen Sie kein Kapital aus der Überlegung von Southwick? Sie müßten sie nur auf sich zurechtschneidern. Lassen Sie als erstes bekannt werden, daß St. Brieuc und ich leben; damit kann die Anklage wegen Feigheit im Falle *Peacock* nicht aufrecht erhalten werden. Lassen Sie Goddard ruhig Anklage wegen Verlustes der *Triton* erheben. Und bitten Sie St. Brieuc, einen Bericht an die Admiralität zu schicken."

Ramage winkte ab. „Jedes geschriebene Wort von ihm würde den Verdacht auf Rachsucht aufkommen lassen. Er würde Anklagepunkte widerlegen, die Goddard überhaupt nicht erhoben hat —"

„Aber er hat sie doch erhoben, verdammt nochmal, Sie haben den Text doch vor sich liegen!"

„— überhaupt nicht *vor Gericht* erhoben hat. Und was dort nicht erhoben wurde, existiert gar nicht, wenigstens nicht in dem von uns gewünschten Sinne. St. Brieuc könnte wirklich nur schreiben, daß Leutnant Ramage sich nicht wie ein Feigling benahm, als die *Peacock* angriff. Und die Herren Bevollmächtigten der Admiralität würden postwendend erwidern: ‚Wer zum Teufel behauptet das?'"

„Da scheinen Sie allerdings recht zu haben", räumte Yorke ein. „Es sieht halt nur so aus, als ob Sie unnötigerweise alles auf eine Karte setzen wollten."

„Das will ich tatsächlich", erwiderte Ramage. „Und genau das versuche ich die ganze Zeit, Ihnen vor Augen zu führen. Falls es mir nämlich nicht gelingt, Goddard bereits bei den die *Peacock* betreffenden Anklagepunkten zu erledigen, bin ich abgeschrieben. Er wird weiter auf mir herumtrommeln. Wenn nicht in dieser Woche, dann in der nächsten; wenn nicht in diesem Jahr, dann in ein paar Jahren. Vergessen Sie nicht, daß das nicht sein erster Versuch ist."

„Wir alle werden tun, was in unserer Macht steht", sagte

Yorke schließlich und sprach in Ramages Sinn weiter, „wir werden uns auf der *La Perla* verborgen halten, selbst wenn man sich bei der Hitze in ihr wie in einem Backofen vorkommt."

Ramage nickte ihm dankbar zu. „Ich werde versuchen, den Prozeß bald beginnen zu lassen; es dürfte keinen Grund für Verzögerungen geben."

Nachdem Yorke und Southwick gegangen waren, las Ramage die restlichen Dokumente durch, die ihm vom stellvertretenden Rechtsoffizier überlassen worden waren. Als zweites fiel ihm ein Brief eben dieses Offiziers in die Hände, wie ihn wohl jeder Angeklagte bekam:

„Sir Pilcher Skinner, der für Jamaika zuständige Vizeadmiral und Oberbefehlshaber der Schiffe Seiner Majestät, hat einen Gerichtsprozeß gegen Sie angestrengt. Er wirft Ihnen Feigheit vor. Termin ist morgen früh, acht Uhr dreißig an Bord der in Königsdiensten stehenden Arrogant. *Es obliegt mir, Sie davon in Kenntnis zu setzen. Ich füge diesem Schreiben zu Ihrer Information die von Konteradmiral Goddard gegen Sie erhobenen Anklagepunkte bei. Sie wollen sich bitte auf diesen Prozeß vorbereiten. Sollten Sie Zeugen zu Ihrer Verteidigung benennen können, werden Sie mir eine Liste mit ihren Namen zuschicken, damit sie ordnungsgemäß und ohne Zeitverlust vorgeladen werden können."*

Sicher hatte der Konteradmiral einen entsprechenden Brief übermittelt bekommen, in dem er seinerseits um eine Zeugenliste zwecks „Erhärtung des Sachverhalts" gebeten wurde.

Morgen früh um acht Uhr dreißig! Ramage schnappte sich die Feder und schrieb schnell einen Brief an den stellvertretenden Rechtsoffizier. Er äußerte darin den Wunsch, den früheren Kapitän der *Triton*, Edward Southwick, sowie dessen Maat, George Appleby, benennen zu dürfen. Gerade als er unterzeichnen wollte, fiel ihm ein, daß er Jackson und Stafford nicht vergessen durfte. Sie sollten zwar nicht aussagen, bekamen auf diese Weise jedoch die Möglichkeit, ein oder zwei Tage auf einem anderen Schiff verbringen zu können; das hatten sie sich redlich verdient. Er fügte ein Postscriptum an: „In Anbetracht der Tatsache, daß man mich erst sechzehn Stunden vor Prozeßbeginn informiert hat, ist das meine erste Zeugenliste. Eine zweite wird folgen."

Er rief nach dem Korporal, übergab ihm den Brief und erfuhr gleichzeitig, daß man ihn in Kürze auf die *Lion* bringen würde, allerdings nicht, ohne vorher die Verantwortung für den Gefangenen auf den Marineleutnant der *Lion* übertragen zu haben, der als Kommandeur der Militärpolizei zu fungieren hatte.

Dann schrieb er für Southwick eine kurze Notiz:

„Mein Prozeß ist festgesetzt auf halb neun Uhr morgen früh. Ort: an Bord der Arrogant. *Nehme an, Eile tut not, weil die verfügbaren Kapitäne bald absegeln müssen. Habe Sie, Jackson, Appleby und Stafford als Zeugen benannt. Bringen Sie bitte mein Tagebuch, ihr Logbuch, das Stammrollenbuch der* Triton, *das Logbuch der* La Perla *mit den Eintragungen während meiner Kommandantur und ein Dutzend runde Muster vom Ballast mit. Bitten Sie unsere Freunde, morgen früh genau um zehn Uhr dreißig an Bord der* Arrogant *zu erscheinen. Sie sollten darauf bestehen, mich zu sehen und, wenn nötig, dem Gerichtsvorsitzenden Visitenkarten übereichen lassen."*

Gegen Abend wurde Ramage zur *Lion* gebracht. Wahrscheinlich befahl Kapitän Croucher auf Anweisung des Admirals dem als Kommandeur der Militärpolizei fungierenden Leutnant der Marinesoldaten eine Eskorte mitzunehmen, die durch die Zahl der Mitglieder eher dazu geeignet gewesen wäre, einen wilden Elefanten an Bord zu bringen...

Der Korporal, dessen einfältige Mimik deutlich widerspiegelte, was er von dem ganzen Zirkus hielt, hatte ihn aus dem Raum geführt und zum Leutnant mit seiner Eskorte gebracht, welcher ihm nun laut seine Vollmacht vorlas. Eine ganze Schar von Seeleuten hatte sich mittlerweile um sie gesammelt.

Stampfende Füße und rasselnde Musketen begleiteten ihn auf dem Weg zum Landungssteg, wo die Segeljolle der *Lion* bereits wartete. Ihre Masten waren nicht aufgerichtet. Goddard beabsichtigte wohl, sie durch die ankernden Schiffe hindurch rudern zu lassen. Niemanden sollte der Blick auf Leutnant Lord Ramage verborgen bleiben, der im Heck saß, von einem Dutzend hellwacher Marinesoldaten mit aufgestecktem Bajonett bewacht, um nicht von den Bürgern Kingstons geraubt, entführt oder vergiftet zu werden. Der Kommandeur hatte sich Ramages Degen auf die Knie gelegt.

Die *Arrogant*, Gerichtsstand für den kommenden Morgen, war ein vierundsiebzig-Kanonenschiff und ankerte eine halbe Meile von der *Lion* entfernt im Wind. Ihre Rahen waren vollkommen quadratisch. Die riesigen Fock- und Großrahen standen einige Fuß über die Seiten des Schiffes hinaus.

Hier also, auf einem nur wenige Quadratfuß umfassenden Raum, sollte seine unmittelbar bevorstehende Zukunft besiegelt werden. Der Prozeß würde in der großen Kajüte über die Bühne gehen. Ein von den Kapitänen gefälltes Todesurteil wäre gegebenenfalls direkt unter der Fockrahe auf der Steuerbordseite zu vollstrecken.

Das Spektakel würde damit beginnen, daß man zur Ankündigung einer bevorstehenden Exekution an der Spitze des Besanmasts eine gelbe Fahne hissen und eine Kanone abfeuern würde. Er stünde genau unter der Fockrahe, die Schlinge um den Hals gelegt. Man würde darauf bedacht sein, daß der Knoten nicht drückte; wie er gehört hatte, waren die Henker besonders rücksichtsvoll, wenn sie ihre letzten Vorbereitungen trafen. Das Seil würde nach oben über die Fockrahe und von dort zum Großmast laufen, wo es von etwa zwanzig mit dem Rücken zum Geschehen stehenden Seeleuten festgehalten würde.

Er als Delinquent hätte eine Kapuze über den Kopf gestülpt bekommen und würde in den paar Sekunden, die ihn noch von der Ewigkeit trennten, den Film seines Lebens ablaufen sehen. Man würde die Vorbereitungen mit dem Laden einer Kanone in seiner unmittelbaren Nähe abschließen und dem Kommandeur entsprechende Meldung machen.

Auf Geheiß des Kapitäns würde die Kanone gezündet werden. Ein Funke würde zuerst das feine Pulver in der Pfanne, dann das im Verschluß in Brand setzen, und im Bruchteil einer Sekunde würden zwei Pfund Schießpulver in Form von Feuer, Rauch und Lärm aus der Mündung ausgespeit werden.

Gleichzeitig bekämen die Männer am Seil den Befehl, nach hinten zu rennen. Sein Körper würde dadurch einige Fuß hoch in die Luft gerissen werden und alles wäre vorbei.

Gehängt werden ... Es war Seeleuten eher vertraut als „Tod durch Erstechen mit dem Bridport-Dolch" — eine Referenz, die man der Stadt Devon erwies für die Qualität der dort hergestellten Seile. Die Auswirkung war letzten Endes aber dieselbe! Wahrscheinlich hatte man schon viele auf der Backbordseite der *Arrogant* gehängt, aber sicher noch niemanden auf Steuerbord, denn diese Seite war den Offizieren vorbehalten. Ramage schauderte — und fühlte sich trotzdem erleichtert, weil der Prozeß nicht verlaufen würde, wie Goddard sich das vorgestellt hatte.

„Ramage!"

Er schaute hoch und erkannte, daß die Jolle auf Höhe der *Lion* segelte. Er war so in Gedanken vertieft gewesen, daß er vollständig die Kommandos für die Männer an den Rudern überhört hatte. Jetzt wartete der Kommandeur der Militärpolizei ungeduldig auf ihn.

Als er sich anschickte, an der Seite der *Lion* hochzuklettern, fühlte er sich plötzlich weit zurückversetzt. Er erinnerte sich an den Bauernhof zu Hause. Hatte eine der Hennen eine Verletzung erlitten, pickten alle anderen an ihr herum. Menschen verhielten sich oft genau so. Hier war er die verwundete Henne. Pick, pick, pick.

Man brachte ihn direkt in eine Kajüte, aus der irgendein Leutnant wegen ihm vertrieben worden war. Der Marineoffizier offenbarte ihm noch einmal, daß er zum Kommandeur der Marinepolizei abgestellt war und als solcher die Verantwortung über ihn trug.

„Erledigen Sie diese Sache zur allgemeinen Zufriedenheit", sagte Ramage zynisch. „Der Job bringt Ihnen täglich vier Schillinge ein."

„Ich habe mein Aufgabenfeld!"

„Dann bewachen Sie mich gut. Ich bin ein verzweifelter Mensch. Jeden Augenblick kann ich über Bord springen, um mich von einer Seejungfer entführen zu lassen."

Der Leutnant schaute ihn verdutzt an und ging schnell weg. Einen kurzen Augenblick fühlte sich Ramage betroffen, weil er ihn geneckt hatte; verdient jedoch die pickende Henne Mitleid, wenn die Angegriffene zurückpickt?

Eine Stunde später erschien Southwick.

Er hatte eine Uniform, frische Wäsche, mehrere Paar seidene Strümpfe, ein Paar hochpolierte Schuhe und ein paar sorgfältig gebügelte steife Kragen mitgebracht.

„Bitte, lassen Sie es mich wissen, wenn Sie noch weitere Wünsche haben. Ihr Steward meinte, das hier dürfte für ein paar Tage genügen."

„Der Prozeß wird nur einen Tag dauern, und danach..."

„Danach werden Sie ein neues Schiff zur Verfügung gestellt bekommen, Sir", fiel ihm Southwick mit Nachdruck ins Wort.

„Das hoffe ich auch", sagte Ramage und merkte, daß der alte Kapitän Trost mehr benötigte als er selbst.

„Ich erhielt Ihre Mitteilung, Sir; alles ist vorbereitet. Die Einhaltung der Zeit ist wichtig, wenn ich richtig sehe!"

„Auf die Minute."

„Jackson hat einen Weg ausgeknobelt, wie er das Beiboot der *La Perla* vor neugierigen Blicken schützen kann!"

„Gut."

„Ich war in Sorge wegen des Ballastes, Sir, nichts ist in den Anweisungen vermerkt", sagte Southwick und blickte sich um. Er runzelte die Stirn, weil er Lauscher befürchtete. Unauffällig zeigte er auf die Tasche eines der Jacketts, die er mitgebracht hatte.

„Deswegen brauchen wir uns keine Sorge zu machen", beruhigte Ramage. „Bei dem Prozeß, der mich erwartet, spielt es keine Rolle mehr, wenn vergessen wurde, den Ballast irgendwo einzutragen!"

„Zugegeben", meinte der Kapitän. „Wird der ‚Ballast' beim Prozeß helfen können, Sir?"

Ramage zuckte die Schultern. Die Antwort darauf hoffte er, sich abends geben zu können, wenn er in seiner Koje lag und darüber nachdachte. Die ganze Zeit war er von Goddard hart beschossen worden. Er benötigte den Frieden und die Ruhe seiner Koje, um zu entscheiden, auf welchen Punkt er seine Salven abschießen sollte. Würde man überhaupt jemandem einen Anteil am Schatz zusprechen oder alles automatisch der Krone zufließen lassen? Das konnte er nicht vorher herausfinden, wollte er nicht das Spiel aus der Hand geben.

Southwick wünschte eine gute Nacht, und Ramage nahm an dem winzigen Tisch Platz, um ein paar Stichworte für seine Verteidigung zu notieren. Der Prozeß war so kurzfristig anberaumt worden, daß er durchaus eine Aufschiebung hätte beantragen können, um Zeit zu gewinnen. Offensichtlich waren die Anschuldigungen gegen ihn schon vor Tagen ausgearbeitet worden, als die Chance bestand, daß die *Triton*, wenn durch den Hurrikan auch angeschlagen, das Ziel erreichen könnte. Das erklärte die Geschwindigkeit, mit welcher Syme die Dokumente vorgelegt hatte. Ein Aufschub würde ihm jedoch nicht weiterhelfen, da so nur die Gefahr wuchs, daß Goddard vom Überleben der französischen Gäste Wind bekam. Und das würde ja eine Änderung der Anklagepunkte zur Folge haben.

Er beschloß, auf weitere Notizen zu verzichten, wischte die Feder ab, faltete das einzige beschriebene Blatt Papier zusammen und steckte es in seine Tasche. Dann zog er sich aus und legte sich in seine Koje. Seit der Mittagszeit hatte er keinen Bissen gegessen, fühlte sich jetzt aber zu müde, um zu versuchen, noch etwas aufzutreiben. Er fiel sofort in Schlaf.

19

Als Ramage aufwachte, stand ein Steward neben ihm. Die Laterne in der einen, ein Tablett in der anderen Hand, sagte er fröhlich: „Es dämmert, Sir. Der Wind weht mit fünf Knoten aus Nord; keine Wolke am Himmel, trotzdem viele Moskitos."

Er hängte die Lampe an einen Haken.

„Ich stelle das Frühstück hier auf dem Tisch ab, Sir. Und dort steht ein Topf mit heißem Wasser zum Rasieren.

Zum Waschen bringe ich noch weiteres heißes Wasser; ich konnte nicht mehr auf einmal tragen."

Ramage brummte eine unverständliche Antwort, rieb sich die Augen und fragte sich, warum die Offiziere, für welche dieser Steward arbeitete, ihm noch nicht beigebracht hatten, daß er zuerst Wasch- und Rasierwasser brachte und erst danach das Frühstück. Er richtete sich auf und schwang sich vorsichtig aus seiner Koje. In der Kajüte war es stickig und heiß, und er fühlte sich am ganzen Körper verschwitzt und unbehaglich. Seine Zähne schienen mit einem Wollbelag überzogen zu sein; darüber hinaus hatte er einen Geschmack im Mund, als ob er an einer Münze herumgelutscht hätte. Sein Kopf schmerzte.

Der Steward brachte eine weitere Schüssel voll Wasser sowie Seife und Handtuch. Die Morgenwäsche fiel recht kurz aus. Mehr Sorgfalt legte er auf die Rasur. Er schäumte sein Gesicht ein und benutzte zum Rasieren einen zerbrochenen Spiegel, der mit drei Nägeln an einem Schott festgeklemmt war. Er beseitigte die letzten Schaumspuren und trocknete sorgfältig sein Gesicht ab. Langsam zog er sich an und achtete besonders darauf, die Falten aus den Seidenstrümpfen zu streichen. Das Hemd stopfte er mit einer Sorgfalt in die Kniehose hinein, wie man sie bei einer würdevollen Dame erwartet hätte, die sich für einen Hofball zurecht machte. Es gelang ihm tatsächlich, den Gedanken an den Prozeß zu verdrängen, bis er seinen steifen Kragen angelegt, sich gekämmt und an den Frühstückstisch gesetzt hatte.

Der Kaffee war mittlerweile fast kalt geworden. Trotzdem nippte er daran und knabberte ein wenig an einem Stück Brot herum. Den Rest des Frühstücks ließ er unberührt. Schließlich stellte er das ganze Tablett auf den Boden und nahm die Feder und das Blatt Papier aus seiner Tasche.

Er schrieb in großen Lettern das Wort „Verteidigung"

über das Deckblatt und unterstrich das Wort sorgfältig. Da ihm nichts besseres einfiel, schrieb er aus der Erinnerung den zehnten Artikel aus den Kriegsstatuten und genoß es sichtlich, sich auf sein gutes Gedächtnis verlassen zu können.

„Jeder Flaggoffizier, Kapitän und Kommandant in einer Flotte, der auf Flaggzeichen oder Befehl zu kämpfen, oder bei Sichtung eines Schiffes oder von Schiffen, die seine Hilfe benötigen, oder der Wahrscheinlichkeit eines bevorstehenden Gefechts nicht die nötigen Kampfvorbereitungen trifft und der nicht selbst oder entsprechend seiner Pflicht die ihm unterstehenden Offiziere und Männer ermutigt, tapfer zu kämpfen, soll mit dem Tode bestraft werden oder eine andere Bestrafung ... die ein Gericht für angemessen hält; und sollte jemand aus der Flotte sich aus niedrigen Beweggründen wie Verrat oder Feigheit zurückziehen ... soll diese Person ... den Tod erleiden."

Recht entnervend klang das. Doch, so dachte Ramage bitter, was zum Teufel hatte das damit zu tun, daß er den Angriff der *Peacock* auf die *Topaz* erfolgreich abschlagen konnte?

Natürlich hatte es überhaupt nichts damit zu tun. Doch der Admiral warf ihm vor, die *Peacock* nicht zum Kampf gestellt zu haben. Jeder würde aber zugeben müssen, daß das Kanonenfeuer der *Triton* in der Dunkelheit nicht zu übersehen gewesen war. Verstand der Admiral es aber, geschickt zu fragen, konnte er die an Bord der *Lion* dienenden Offiziere verunsichern; sie würden zugeben müssen, nicht mehr genau zu wissen, wie dicht die *Triton* bei der *Peacock* lag, und ob das Feuer nicht etwa doch aus den Kanonen auf der Fregatte *Greyhound* stammte. Hatte seine Mannschaft tapfer gekämpft? Sie würden ihre Aussagen doch offensichtlich nur aus Angst davor machen, daß man ihnen ebenfalls Feigheit vorwerfen und sie wegen Verstoß gegenArtikel zehn anklagen würde.

Wieder griff er zur Feder und schrieb, diesmal Artikel zwölf.

„Jeder in der Flotte, der durch Feigheit, Nachlässigkeit oder Untreue sich während eines Kampfes zurückzieht oder von Anfang an demselben fernbleibt, oder der nicht das äußerste tut, um jedes gegnerische Schiff zu zerstören, obwohl das seine Pflicht ist, und den anderen Schiffen Seiner Majestät oder der Verbündeten im Notfall zu Hilfe kommt, soll mit dem Tode bestraft werden."

Das war Goddards eigentliche Trumpfkarte. Sie hatte auch Admiral John Bynge im Jahre 1756 vor Gericht gebracht. Und er war damals zum Tode durch Erschießen auf dem Achterdeck der *St. George* verurteilt worden.

Der erste Artikel zielte offensichtlich darauf ab, die Offiziere der *Triton* mundtot zu machen, ihre Glaubwürdigkeit zu erschüttern. Mit dem zweiten wollte Goddard ihn an den Galgen bringen. Ramage erinnerte sich, daß man auch Admiral Bynge ursprünglich hängen wollte, bis der alte Mann gegen diese Unwürde protestierte und den Strick gegen eine schießende Schwadron der Marine vertauschte...

Es war dunkel gewesen, und die Offiziere der *Lion* waren in ihrer Aussage leicht dahingehend zu beeinflussen, daß die *Triton* die *Peacock* gefährlich spät und aus zu großer Entfernung angegriffen hatte. „Oder fernbleibt", besagte der Artikel. Angriff aus großer Entfernung wurde mit „Fernbleiben" interpretiert. Goddard mußte nur diesen Tatbestand beweisen, was ihm bei fehlenden Zeugenaussagen von seiten der *Greyhound* oder der *Topaz* nicht schwerfallen dürfte.

Sollte Ramage trotzdem wider Erwarten allen Fallen

entkommen sein, würde immer noch Artikel sechsundzwanzig auf ihn warten. Noch einmal zückte er die Feder:

„Die Offiziere und Seeleute aller Schiffe, die für den Konvoi und die Bewachung der Handelsschiffe benannt wurden, sollen sorgfältig beachten, daß ... und jeder, der sich falsch verhält, nicht ergeben seine Pflicht tut und die Schiffe mit ihren Ladungen im Konvoi verteidigt oder sich weigert oder versäumt im Falle eines Angriffs, sich dem Kampf zu stellen, oder feige davonzieht und die Schiffe des Konvois so Gefahr und Risiko aussetzt ... soll entsprechend der Schwere seines Vergehens mit dem Tode oder einer anderen Strafe bestraft werden, die vom Gericht festzusetzen ist."

Nachdem diese drei Artikel geschrieben waren, nahm Ramage ein neues Blatt Papier und schrieb erneut „Verteidigung" darüber. Und wieder ertappte er sich, wie er gedankenverloren auf die Buchstaben starrte.

Er mußte an Deck frische Luft schnappen. Vielleicht schärften sich seine Gedanken beim Anblick der Rahnock auf Steuerbord ... Er hämmerte an die Tür, rief den Wachposten und beauftragte ihn, den Marschall zu informieren.

Bevor es dazu kam, stand der Marineleutnant in der offenen Tür.

„Was wollen Sie?"

„Guten Morgen", sagte Ramage freundlich.

„Oh — guten Morgen. Sie ..."

„Will etwas sportliche Bewegung."

„Sie können nicht —"

„Dann schicken Sie einen Arzt."

„Warum, Sie sind doch nicht krank, oder?"

„Ich will eine Bescheinigung, um den Prozeß aufschieben zu können."

„Was um alles in der Welt ist ..."

„Ich habe rasende Kopfschmerzen und bin nicht in der Lage, an meiner Verteidigung zu arbeiten."

„Ihre Verteidigung!" spöttelte der Mann. „Sie sollten wirklich nicht viel Zeit brauchen, um *die* niederzuschreiben!"

„Den Arzt", beharrte Ramage auf seinem Wunsch und setzte sich unvermittelt hin.

„Gut, denn! Eine halbe Stunde Spaziergang, also."

Der Tag schien schön zu werden, wie er oben an Deck feststellen konnte. Vielleicht setzte der Passat früh ein und würde die große Kajüte etwas kühlen. Ramage schritt das Deck auf und ab und schaute dabei auf alle in der Nähe vor Anker liegende Schiffe. Der Marschall folgte ein paar Schritte hinter ihm.

Mindestens fünf Kapitäne würden ihn verfluchen, weil sie diesen schönen Tag wegen seines Prozesses opfern mußten. Fünf Kapitäne waren nötig, um einen Prozeß durchziehen zu können. Der Gedanke befriedigte ihn nicht. Seine Aufmerksamkeit richtete sich nun auf einen Matrosen, der zum Flaggenschrank ging, zwei Flaggen entnahm, sie an der Signalfall befestigte und hißte.

Ramages Interesse wuchs, als die Signalnummer erkennbar wurde. Es war Nummer 223. An den genauen Wortlaut konnte er sich zwar nicht mehr erinnern, wußte jedoch, daß durch diese Flagge sich alle an Bord des Schiffes einfinden mußten, die in irgendeiner Weise mit dem Prozeß zu tun hatten. Kurze Zeit später wurde dieses Signal eingeholt und durch die Nummer der *Arrogant* ersetzt.

Der an der Spitze des Besanmastes flatternde Union Jack verriet, daß an Bord eine Gerichtsverhandlung unmittelbar bevorstand. Sein Prozeß! Wie unwirklich und weit zurückliegend schien jene Nacht, in welcher die Karronaden der *Triton* die Deckplanken der *Peacock* durchschlugen und Jackson mit einer Muskete auf die Steuermänner zielte. Eigentlich stand er wegen des Prozesses gegen seinen Vater hier; Jebediah Arbuthnot Goddard, damals Kapitän und heute Konteradmiral, war der Mann, der die beiden Prozesse miteinander verknüpfte.

Ramage zog seine Uhr aus der Tasche. Sie zeigte eine Minute nach sieben. Der Prozeß begann in eineinhalb Stunden.

Ransom, der Kommandeur der Militärpolizei, hatte sich die ganze Zeit an die Heckreling gelehnt gehabt. Jetzt kam er zu Ramage herüber.

„Kommen Sie. Zeit, zurück in die Zelle zu gehen."

„Zelle?"

„Kajüte also."

„Müssen Sie eigentlich in diesem rüden Ton mit mir umgehen? Noch hat man mich nicht schuldig gesprochen."

„Das wird noch kommen", sagte Ransom verächtlich.

„Falls nicht, tun Sie gut daran, sich in acht zu nehmen", erwiderte Ramage verärgert. „Sie benehmen sich wie ein Rüpel, nicht wie ein Herr."

In diesem Augenblick rief jemand Ransoms Namen. Die Stimme klang verächtlich und war Ramage wohl vertraut. Er drehte sich um und sah auch sofort Kapitän Croucher hinter sich stehen. Seine Augen sprühten Feuer unter den buschigen Augenbrauen, wie die einer Echse, die ein Opfer entdeckt hatte. Sein ganzer Auftritt zeigte, wie verärgert er war. Ramage wandte sich ab; keiner der beiden sollte denken, er wollte sie belauschen. Croucher bemühte sich jedoch überhaupt nicht, leise zu sprechen, und so drangen ein paar Fetzen an Ramages Ohr.

„... denke, Sie tun das? ... Sie können es zumindest versuchen ... Herr ... nur angeklagt ... selbst, wenn es verworfen ... könnte ... eines Tages Ihre Chance ..."

Ein gezüchtigter Ransom kehrte zurück. Croucher hatte ihm Angst eingejagt.

„Lord Ramage", sagte er, „wir gehen nun besser nach unten."

„Ich mache keinen Gebrauch von meinem Titel", sagte Ramage schnippisch. „Sie wissen das!"

„Eh — ja; ganz wie Sie es wünschen."

Ramage ging nach unten und war verunsichert wegen Crouchers Auftritt. Sicher hatte der Kapitän seinen Wortwechsel mit Ransom nicht gehört; warum aber kümmerte er sich als einziger darum, wie der Kommandeur der Militärpolizei ihn behandelte? Er war bei Gott nicht der Mann, der einem anderen grundlos Ratschläge erteilte. Hatte ihn Goddards Verhalten im Hurrikan derart umgekrempelt?

Eine Stunde später lag die kleine Jolle, das Beiboot der *Lion*, längsseits neben der *Arrogant*. Ramage kletterte an der Bordwand hoch, Ransom mit den beiden Degen dicht hinter ihm. Als schließlich auch er oben angekommen war, konnte Ramage nicht an sich halten: „Sollten Sie wieder einmal zum Kommandeur der Militärpolizei gemacht werden, möchte ich Ihnen raten, dem Angeklagten seinen Degen zu belassen, bis Sie beide an Bord des Schiffes angekommen sind, auf welchem der Prozeß stattfinden soll. Man würde Sie nämlich mit hundert Guinees für einen neuen zur Kasse bitten, falls Sie ihn fallen ließen."

Ransom errötete. Ein Leutnant der *Arrogant*, offensichtlich der diensthabende Offizier, bemerkte ohne jedes Mitleid: „Sie wissen, daß er recht hat. Nur ein Narr klettert mit zwei Degen in der Hand an der Schiffswand hoch, besonders, wenn er so ungeschickt ist wie Sie!"

Er wandte sich Ramage zu.

„Die Anwesenheit unseres Freundes sagt mir, daß Sie der unglückliche Kamerad sind, der auf meiner Liste als der ‚Gefangene' Leutnant Ramage ausgewiesen ist."

Ramage grinste und verbeugte sich spöttisch. „‚Leutnant Ramage, der Gefangene' zu Ihren Diensten."

Der Leutnant schaute auf seine Liste und wandte sich dann Ransom zu.

„Und Sie, mein flinker Freund, sind wahrscheinlich der Mißgriff des Königs, hier aufgeführt als ‚Leutnant Ransom, beim Prozeß als Kommandeur der Militärpolizei eingesetzt'; und wenn Sie nur leicht mit dem Kopf nicken, dürfen Sie meiner Hochachtung sicher sein."

Ransom nickte stumm; die Hänselei des Leutnants hatte ihm die Sprache verschlagen.

„Gut", fuhr dieser fort, „Sie haben den schlimmstmöglichen gesellschaftlichen Verstoß begangen, indem Sie zu spät zum Ball erschienen. Ganz abgesehen von einem Admiral namens Goddard, müssen erst zahlreiche hochverdiente ehemalige Kapitäne an Bord kommen und das Eröffnungsmenuett tanzen, bevor Sie hier zufällig aufkreuzen und gleich auf die Nase fallen, weil Sie über Ihren Degen stolpern. Kaum zu glauben, welche Fußfallen auf einen Kommandeur der Militärpolizei warten, nicht wahr? Doch bis die Sonne untergeht, werden Sie bestimmt die Ihnen zustehenden vier Schillinge pro Trag erarbeitet haben."

Damit drehte er sich wieder Ramage zu: „Sollten Sie eine Flucht im Schilde führen, möchte ich Sie bitten, damit zu warten, bis ich als Wacheschiebender abgelöst werde. Es wäre nämlich jammerschade, wenn meine erfolgversprechende Karriere nur dadurch enden würde, daß ich Sie nicht festhalten konnte. Die Marine kann es sich nicht leisten, so hervorragende junge Männer wie mich zu verlieren."

„Wie können Sie nur denken, ich sei so rücksichtslos!" entrüstete sich Ramage. „Nur ein Flegel würde so handeln."

„Es freut mich, daß Sie derselben Meinung sind wie ich", erwiderte der Leutnant, „es macht solche Freude, mit einem Herrn das Vergnügen zu haben. Unsere Klasse stirbt langsam aus, nicht wahr?"

„In der Tat", sagte Ramage, „sie wird immer kleiner."

„Ja, ein trauriges Geschäft. Wie war doch gleich Ihr Name?" fragte er plötzlich den Marinesoldaten.

„Alfred Ransom."

Der Leutnant wandte sich wieder Ramage zu und spielte den Verzweifelten. „*Alfred* — Sie verstehen, was ich meine? Und wer zum Teufel verpaßte Ihnen diesen Nachnamen? War Ihr Großvater vielleicht Kidnapper? Oder nur Geldverleiher, dessen Raten seine unglücklichen Klienten an Lösegeld denken ließen? Ransom bedeutet doch ‚Lösegeld', nicht wahr?"

Bevor der Marinesoldat antworten konnte, schickte ihn der Leutnant in seiner burschikosen Art weg. „Wandern Sie um den Glockenturm herum; hier kommen einige der Richter von Mr. Ramage — Käpt'n Ormsby und dicht hinter ihm Käpt'n Robinson von der *Valiant* beehren uns mit ihrer Anwesenheit."

Noch eine halbe Stunde hatten Ramage und Ransom Zeit, an Deck auf und ab zu gehen, bis die übrigen Kapitäne eingetroffen sein würden. Rossi steuerte das Beiboot der *La Perla* und brachte Southwick, Appleby, Jackson und Stafford. Als der Italiener Order erteilte, das Boot zurückzurudern, sah er plötzlich Ramage und sagte, immer noch nach vorn blickend, in großer Lautstärke und breitem neapolitanischem Akzent, *„Sta tranquille, commandante!"*

Ramage lächelte ihm zu und blickte dann zu Jackson und Stafford hinüber. Wahrscheinlich hatten Sie noch nie vorher in ihrem Leben so gepflegt ausgesehen. Ramage war überzeugt, daß jeder an Bord seine Garderobe durchsucht hatte, um für die beiden Männer das Beste vom Besten hervorzuzaubern.

Der Prozeß sollte in fünfzehn Minuten eröffnet werden. Ramage erkannte das Beiboot der *Lion*, das am Ufer abgelegt hatte. Und es bestand für ihn überhaupt kein Zweifel, wem die dicke Figur im Heck gehörte ...

Der Leutnant an der Gangway wandte sich Ramage zu und winkte mit seiner Liste in die Richtung des Bootes: „Der letzte Gast, der zu Ihrem Empfang geladen ist."

Ramage nickte. „Danke für Ihre Hilfe. Sind Sie denn geladen?"

„Nein, ich kann aber auch ohne Einladung beiwohnen."

„Tun Sie es, dann wird die Geschichte vielleicht nicht so langweilig."

Nachdem Konterardmiral Goddard in die große Kajüte gewatschelt war, konnte der Prozeß seinen Anfang nehmen.

„Kommen Sie, Ramage, wir werden gerufen."

Die sieben für den Prozeß abgestellten Kapitäne hatten ebenfalls die Kajüte betreten und Angaben zu ihrer Person gemacht. Von Kapitän Napier, dem Kommandant der *Arrogant* und Gerichtsvorsitzenden, war ihnen, nach Alter geordnet, an dem großen, runden Tisch Platz angeboten worden. Syme, der geschäftige stellvertretende Rechtsoffizier, breitete alle seine Unterlagen aus, legte die gespitzten Federn, das volle Tintenfaß, die gewienerte Brille und auch Bibel und Kruzifix zur Vereidigung bereit. Goddard wartete mit seinem treuen Schatten Hobson auf den Beginn der Verhandlung. Auch Croucher hatte sich eingefunden und stand bei den Zeugen.

Das sollte ein großer Tag für Goddard werden. Er wollte endgültig klaren Tisch machen und auf seine Weise die leidigen und schon seit ewigen Zeiten bestehenden Rachegefühle gegen Admiral Graf von Blazey aus der Welt schaffen. Ramage hatte sich schon am vergangenen Abend gefragt, wie er sich während dieser letzten Schritte in die Kajüte fühlen würde. Jetzt wußte er es: er fühlte nur Ärger. Ärger darüber, daß Goddard eigentlich nicht ihn, sondern seinen Vater angriff. Da er diese Attacke über den Sohn des Grafen vortrug, hatte Blazey keine Möglichkeit zur Verteidigung. Goddard glich einem Meuchelmörder, der leise durch eine dunkle neapolitanische Gasse schlich, das Stilett gezückt. Ein feiger Anschlag; ein unnötiger, vielleicht tödlicher Anschlag. Goddard baute darauf, daß der Vater aus Gram darüber sterben würde, daß der Sohn der Feigheit für schuldig befunden würde. Und auch die Mutter würde, wenn alles gut ging, an gebrochenem Herzen sterben. Der Tod sollte vor der Entehrung oder eben verdammt schnell danach über die Familie kommen. Der Plan war teuflisch, denn er war auf den schwächsten Punkt eines Mannes, nämlich seine Familie aufgebaut. Und Goddard wollte diese Achillessehne unbedingt treffen.

Männer wie der Marineleutnant, der dort einhertrottete und sich wegen seiner augenblicklichen Rolle als Kommandeur der Militärpolizei aufblies, verhielten sich, wenn man einen Vergleich aus der Tierwelt suchte, wie Schakale; sie waren zufrieden, wenn auch sie an einem Opfer herumnagen durften. Die Goddards dieser Welt glichen dagegen den Hyänen, waren größer und bösartiger, dabei aber auch feiger und doch so gierig, daß sie sich die Gelegenheit nicht entgehen ließen, ein waidwundes Tier vollends zu vernichten.

Der Wachposten an der Tür klatschte in die Hände, um die Aufmerksamkeit auf sich zu lenken. Ramage zog die Mütze vom Kopf und wollte gerade eintreten, als Ransom ihn beiseite drängte und — Brust vor, Schultern zurück und Ramages Degen wie ein Fernrohr unter den Arm geklemmt — in die Kajüte marschierte. Erbost blieb Ramage vor der Tür stehen und beobachtete, wie Ransom geradewegs auf die letzten beiden Stühle zusteuerte, von denen der eine für ihn, den Gefangenen, vorgesehen war.

Alle Anwesenden beobachteten Ransom. Er gestaltete seinen Auftritt als militärisches Ritual, indem er zu den Stühlen marschierte, dort stoppte, sich zackig drehte und dem Gefangenen seinen Stuhl zuwies.

Der Kapitän am Kopfende hob die Augenbrauen.

„Ich bitte Sie, was haben Sie vor, Leutnant?"

Ransom riß den Kopf herum. „Mein Gefangener!"

„Sie sind Kommandeur der Militärpolizei?"
„Ja, Sir!"
„Nun, Ihr Gefangener scheint sich Ihnen entzogen zu haben."
„Ich — nun, Sir, er war ... Ich habe seinen Degen!"
„Wir brauchen den Gefangenen, Leutnant", sagte Napier. „Sie sind vermutlich von der *Lion?*"
„Ja, Sir", stammelte er.
„Dachte ich mir", murmelte Napier. „Laufen Sie schon los und fangen Ihren Gefangenen."

Ramage hatte vor der Tür die ganze Unterhaltung mithören können und war einigermaßen erstaunt über die Art, in der Napier über die *Lion* gesprochen hatte. Das schien ein berechneter Seitenhieb auf Croucher gewesen zu sein. Er betrat die Kajüte, bevor Ransom auch nur den halben Weg zurückgelegt hatte, verbeugte sich kurz und schritt zielstrebig auf den ihm zugedachten Stuhl zu. Ransom existierte überhaupt nicht für ihn.

Syme, der stellvertretende Rechtsoffizier, hatte sich erhoben, um ihn besser beobachten zu können. Goddard dagegen schaute zur Seite und spielte völliges Desinteresse vor.

„Setzen Sie sich", sagte Kapitän Napier, „ich möchte schnell ein paar Papiere heraussuchen."

Der Vorsitzende gewährte Ramage auf diese Weise ein paar Minuten, in denen er sich umblicken konnte. Acht Mann saßen an dem mit grünem Tuch überzogenen Tisch, der fast so lang war wie die Kajüte. Napier und Syme saßen sich an den kurzen Seiten gegenüber, je drei Kapitäne hatten an den Längsseiten Platz genommen. Die ältesten nahe bei Napier, die jüngsten nahe bei seinem Gegenüber. Ramages Stuhl stand etwa vier Fuß vom Tisch entfernt, links von Syme. Konteradmiral Goddard saß links von Napier, seine rechte Hand, Hobson, direkt hinter ihm.

Die Zeugen standen hinter diesen beiden: Croucher, Southwick, verschiedene Leutnante, bei denen es sich wahrscheinlich um Offiziere der *Lion* handelte, sowie Jackson und Stafford, die vollkommen ruhig wirkten.

Kapitän Napier legte seine Uhr auf den Tisch, klopfte auf die Tischplatte und sagte mit scharfer, eindringlicher Stimme: „Meine Herren, es ist acht Uhr dreißig. Die Sitzung ist eröffnet." Dann sprach er Goddard an: „Admiral, sind alle Zeugen der Anklage anwesend?"

Goddard nickte gleichgültig.

„Mr. Ramage, sind alle Ihre Zeugen im Raum?"

„Alle Zeugen, die ich in der Kürze der Zeit erreichen konnte, Sir."

„Gut denn. Ich werde diese Frage noch einmal stellen, wenn das Gericht vereidigt ist und eine entsprechende Aktennotiz vorgenommen werden kann."

Ramage schaute Kapitän Napier an und fühlte, daß dieser Herr auf echte Rechtsprechung Wert legen würde. Auch Goddards Augen wanderten zu ihm. Der Konteradmiral glich jedoch eher einem Ehemann, der seine Frau in Armen hält und genau dann von ihr gesagt bekommt, welche Fehler sie an ihm entdeckt hatte. Kapitän Napiers Name stand bestimmt ganz oben auf der Kapitänsliste. Er war älter als Goddard und besaß zu viel Selbstvertrauen, als daß er sich von dem Konteradmiral beeindrucken ließe.

Wieder klopfte er auf den Tisch, um für Ruhe zu sorgen. „Beginnen Sie, Mr, Syme."

Der stellvertretende Rechtsoffizier stand auf, rückte seine Brille zurecht, nahm ein einzelnes Blatt Papier vom Tisch, warf noch reihum einen kurzen Blick auf alle Kapitäne und begann schließlich damit, Sir Pilcher Skinners Worte zu verlesen: „Von Vizeadmiral Sir Pilcher Skinner ... Oberbefehlshaber der Schiffe Seiner Majestät ... in Jamaika ... ein Gerichtsprozeß gegen Leutnant Nicholas Ramage, Marinekapitän der verlorengegangenen *Triton*, Schiff Seiner Majestät, wegen verschiedener Anschuldigungen durch Konteradmiral Goddard ... Hiermit ermächtige ich Sie, bei obigem Anlaß das Amt des stellvertretenden Rechtsoffiziers zu übernehmen. Dieser Schrieb stellt Ihre Vollmacht dar."

Syme blickte sich um, wie wenn er Einspruch befürchtete.

„Adressiert an Harold Syme, Wohlgeboren", fügte er stolz hinzu. Napier nickte, und Syme holte ein zweites Blatt.

Napier war groß, hatte stahlgraues Haar, eine Adlernase und Augen, die Sinn für Humor erkennen ließen. Er strahlte Autorität aus, und Ramage vermutete, daß er in immer gleichbleibend sympathischem Tonfall kommandierte.

Syme las nun die Namen der Kapitäne vor, die das Gericht bildeten, und versäumte nicht, die jeweils angesprochene Person anzublicken. Da war links von Napier Kapitän Lockyer, ein plumper, väterlich wirkender Mann, der Ramage an Southwick erinnerte. Ihm gegenüber saß Kapitän Robinson mit sandfarbenem Haarschopf und rötlichem Gesicht, der bestimmt jünger aussah als er war. Neben ihm Woodgate und gegenüber Hamilton, den Ramage nur schwer beschreiben konnte. Typisch waren nur seine weit auseinanderstehenden, Gerissenheit ausdrückenden Augen. Rechts von Syme saß schließlich Ormsby; er war jung und offensichtlich ziemlich nervös. Die einzige Epaulette verriet, daß er noch einer niedrigen Dienstaltersstufe angehörte. Das traf auch auf den plumpen, jungen Mann namens Innes zu, der ihm gegenüber saß und aussah, als ob er häufiger zu Hause auf dem Rücken eines Pferdes die Felder durchstreifte als ein Kriegsschiff kommandierte.

Syme nahm die Bibel vom Tisch und schritt auf Napier zu. Er legte sie vor ihm nieder. Der Feierlichkeit angepaßt, sprach er sehr monoton:

„Legen Sie Ihre rechte Hand auf das Heilige Evangelium und nennen Sie Ihren Vor- und Zunamen."

Napier stand auf: „James Royston Napier."

Dann verlas Syme, Satzteil für Satzteil, den Eid: „Ich

will gemäß meinem Wissen, meinem Verständnis und der Sitte der Marine bei ähnlichen Verfahren Gerechtigkeit walten lassen..."

Auch die anderen Kapitäne leisteten diesen Eid. Schließlich wurde noch Syme von Napier zu Verschwiegenheit verpflichtet und darauf vereidigt.

Wie Napier so in die Runde blickte, wußte jeder, daß er dieselbe moralische Autorität besaß wie ein Richter.

„Lesen Sie die Anklagepunkte vor, Mr. Syme, langsam und *deutlich*."

Syme blickte etwas indigniert hoch; diese Belehrung war nicht nötig gewesen. Während er las, blickte Ramage zu Goddard hinüber. Der Beobachtete fuhr sich über das Gesicht, verschränkte die Hände und blickte dann starr auf den Boden.

Ramage gewahrte einen ziemlich verwahrlosten Gegner, der wie ein freundlicher Leichenbestatter seine Hände gefaltet hielt. Er hatte in der Marine eine steile Karriere gemacht. Sein Ehrgeiz war grenzenlos. Eines Tages würde er bestimmt den höchsten Rang bekleiden — vorausgesetzt er mußte nie eine Flotte in die Schlacht führen. Er war nicht der Mann, den sich bescheidene Leutnante zum Gegner machten... Aber, sinnierte Ramage, diesem hier sitzenden bescheidenen Leutnant hatte man keine andere Wahl gelassen. Goddard selbst hatte ihn zu seinem Feind auserwählt.

Als Syme zum Ende gekommen war, wandte sich Napier Goddard zu.

„Ihr erster Zeuge, Sir?"

Goddard deutete auf Croucher.

„Alle anderen Zeugen verlassen den Gerichtssaal", bestimmte Napier und winkte Syme zu, das nötige zu veranlassen.

Syme bedeutete Croucher, auf dem Stuhl rechts von ihm Platz zu nehmen. Ein Dutzend andere Anwesende, darunter auch der Leutnant, dessen kesse Art Ramage auf der Gangway so aufgeheitert hatte, nahmen im hinteren Teil der Kajüte Platz.

Croucher nannte seinen Namen und wurde vereidigt. Goddard würdigte er keines Blickes.

Als ob die beiden noch nie einer Gerichtsverhandlung beigewohnt hätten, wurden sie von Syme ernsthaft ermahnt. „Sie müssen mir Zeit lassen, jede Frage zu notieren, ehe Sie sie beantworten. Und dann geben Sie mir wieder Zeit, die Antwort festzuhalten."

Goddard deutete auf Hobson, der mehrere Blätter in seinen Händen hielt.

„Die ersten Fragen sind schriftlich fixiert."

Goddard schien sich mit seinen Busenfreunden gut vorbereitet zu haben. Hatte der Ankläger seine Fragen auf Papierstreifen festgehalten, mußte der Angeklagte sofort antworten. Der Text wurde in diesem Falle nur ins Gerichtsprotokoll eingeklebt. Trug er dagegen seine Fragen mündlich vor, brauchte der Protokollant ein wenig Zeit, sie mitzuschreiben; Zeit, in der sich der Angeklagte seine Antwort kurz überlegen konnte.

Hobson reichte Syme den Wortlaut der ersten Frage. Bevor dieser sie verlesen konnte, fragte Kapitän Napier den Angeklagten noch einmal: „Stehen Ihnen alle Zeugen zur Verfügung?"

„Nein, ich konnte nur die benennen, die mir sofort zur Verfügung standen."

Ramage fühlte instinktiv, daß Goddard eigentlich nicht viel gegen diese Antwort unternehmen konnte, selbst wenn er hinter den sorgfältig gewählten Worten eine Falle vermutete.

„Was meinen Sie mit ‚sofort zur Verfügung standen'?" fragte Napier weiter.

„Nur die, die anwesend sein konnten, als die Sitzung eröffnet wurde, Sir."

Syme rückte wieder die verrutschte Brille zurecht. „Alle sind anwesend, die Sie auf der Liste vermerkt haben", sagte er verärgert.

„So ziemlich", orakelte Ramage.

„Wie meinen Sie das?" wollte Napier wissen.

„Ich hoffe, daß das Gericht in Anbetracht der Schwere der gegen mich erhobenen Anklagepunkte Nachsicht walten lassen wird, wenn noch weitere Zeugen zu meiner Verfügung stehen sollten."

Ob Napier sich mit dieser Antwort zufrieden geben würde? Oder wollte er genaueres wissen, bevor er sich entschied? Ramage versuchte, so gleichgültig wie möglich dreinzublicken.

„In Ordnung. Fahren Sie fort, Mr. Syme."

„Ich konnte nicht so schnell mit meinen Notizen folgen", bemerkte er sauer, und Ramage war sich sicher, daß er über dem spannenden Dialog das Schreiben vergessen hatte.

Hobson reichte ihm das erste Blatt. Er las:

„Kommandierten Sie die *Lion*, als am 18. Juli die *Triton* während eines Angriffs auf ein Schiff des Konvois —"

„Halt!" fuhr Napier scharf dazwischen. „Streichen Sie das." Er schaute dem Admiral direkt ins Gesicht. „Der Ankläger ist sich doch zweifelsohne der Bedeutung des Wortes ‚Leitfragen' bewußt?"

Als Goddard die Antwort schuldig blieb, fuhr er leise fort: „Das Gericht wartet auf eine Antwort. Doch zuvor", wandte er sich an Syme, „notieren Sie meine Frage."

Er blickte Goddard voller Erwartung an.

„Die Anklage ist informiert", erwiderte der Admiral unwillig.

„In Ordnung. Der Protokollant wird geschriebene Fragen ab sofort vor dem Verlesen sorgfältig überprüfen. — Fahren Sie fort."

Einen Augenblick lang fragte sich Ramage, warum Napier wohl auf seiner Seite stand. Dann aber erkannte er, daß das gar nicht zutraf; er leitete die Sitzung lediglich völlig neutral. Seine bisher einzige Erfahrung über den Verlauf eines Prozesses hatte er in Bastia gesammelt. Damals hatte Croucher in seiner Funktion als Präsident alles zugunsten der Anklage ausgelegt.

Goddard entschloß sich, auf die geschriebenen Fragen zu verzichten, neue zu formulieren und mündlich vorzutragen.

„Was machten Sie am 18. Juli?"

„Ich kommandierte die *Lion*, ein Schiff Seiner Majestät."

„Worin bestanden Ihre Aufgaben?"

„Einen Konvoi von Barbados nach Jamaika zu eskortieren."

„Geschah irgendetwas Ungewöhnliches während jener Nacht?"

„Ja, ein französischer Freibeuter griff eines der Schiffe an."

„Welche Position hatte das angegriffene Schiff inne?"

„Es führte die Reihe auf Steuerbord an."

„Wo befand sich die *Lion* zu dieser Zeit?"

„Auf der vorgesehenen Position; sie führte die Mittelreihe des Konvois an."

„Welches der Schiffe der Königlichen Marine hatte den geringsten Abstand zu dem angegriffenen Schiff?"

„Die Brigg *Triton*."

„Wer kommandierte die *Triton*?"

„Der Angeklagte."

„Wie wurde der Angriff auf das Handelsschiff durchgeführt und wie hieß das Handelsschiff?"

„Es war die *Topaz*. Der Freibeuter schob sich von hinten an sie heran, legte sich längs daneben und griff an."

„Bestand die Möglichkeit", fragte Goddard weiter, „daß der Freibeuter von der *Lion* aus gesehen werden konnte?"

„Nein", antwortete Croucher. „Zum einen war die Nacht sehr dunkel, zum anderen betrug der Abstand zur *Lion* etwa eine Meile und zum dritten versperrten alle Schiffe am Nordrand des Konvoi die Sicht auf die fragliche Stelle."

„Trug ein Schiff für diese Seite des Konvois die Verantwortung?"

„Ja, die *Triton*."

„Verhinderte sie den Angriff?"

„Möglicherweise feuerte sie aus einer gewissen Entfernung."

„Aus welcher Entfernung und von welcher Position?"

„Die Entfernung betrug etwa eine Meile. Sie schoß von Steuerbord aus."

Ramage fragte sich, ob er sich wohl später an all' die Diskrepanzen würde erinnern können.

„Wie lange bekämpfte die *Triton* den Angreifer, oder wie lange feuerte sie wenigstens?"

„Vielleicht eine Viertelstunde lang."

Napier fuhr dazwischen: „Können Sie sich nicht ein bißchen präziser ausdrücken?"

„Eine Viertelstunde lang."

„Überwältigte der Freibeuter die *Topaz*?" fragte Goddard weiter.

„Nein, die *Topaz* vertrieb ihn mit ihren eigenen Kanonen. Und dann kam die Fregatte *Greyhound* zur Hilfe und kaperte den Freibeuter."

„Welches Verhalten hatten Sie von der *Triton* erwartet?"

„Daß sie an den Wind geht und den Freibeuter früher einholt als dieser die *Topaz*."

Kapitän Robinson meldete sich zu Wort.

„Ist Ihnen irgendein Grund bekannt, warum das nicht geschah?" fragte er.

„Nein. Auch später gab der Gefangene keine entsprechende Erklärung ab."

„Beantworten Sie nur Fragen, die man Ihnen stellt", unterbrach Napier ein weiteres Mal. „Streichen Sie den letzten Teil der Antwort aus dem Protokoll."

Goddard war etwas unruhig geworden, setzte aber auf ein entsprechendes Zeichen die Befragung fort.

„Haben Sie als erfahrener Offizier angesichts der besonderen Umstände aus dem Verhalten des Angeklagten irgendwelche Schlußfolgerungen gezogen?"

Hmm, dachte Ramage, sehr geschickt gefragt. Wahrscheinlich ist diese Art der Fragestellung gar nicht zulässig, doch keiner von uns kennt sich im Gesetz so gut aus, daß er dagegen einschreiten könnte. Napier runzelt zwar die Stirn, ist sich aber offensichtlich auch nicht ganz sicher.

„Ja", antwortete Croucher und flüsterte fast. „Er verstieß damit gegen Artikel zehn, zwölf und siebzehn des Kriegsgesetzes."

„Können Sie sich genauer ausdrücken?"

Croucher trat nervös von einem Fuß auf den anderen; es schien, als ob Goddard ihn zwänge, die gewünschte Antwort zu geben.

„Er blieb dem Angriff fern. Er griff nicht das Schiff an, das zur Gefahr wurde. Er hat sich nicht, wie das der Vorschrift entspricht, bis zum äußersten eingesetzt. Er hat die Schiffe des Konvois nicht verteidigt."

Kapitän Innes, der Ramage am nächsten saß, wandte sich an Croucher: „Sie haben unter Eid ausgesagt, daß es die *Triton* war, die das Feuer eröffnete."

„Ja", bestätigte Croucher.

Goddard fragte weiter: „Konnte sie den Freibeuter, nachdem sie ihn gesichtet hatte, in der verbleibenden Zeit einholen?"

„Halt!" warf Napier ein. „Streichen Sie diese Frage."

Ramage erhob sich. „Mit Ihrer Erlaubnis, Sir, ich habe nichts gegen diese Frage einzuwenden."

„Du lieber Himmel", rief Napier aus. „Gut denn, machen Sie weiter."

Croucher beantwortete die Frage: „Ja, es wäre ihr möglich gewesen."

„Keine weiteren Fragen", schloß Goddard.

„Das Gericht hat noch ein paar Fragen, bevor der Angeklagte zu Wort kommt. Sie sagten, die *Lion* lag etwa eine Meile vor dem Konvoi?"

„Ja, ungefähr eine Meile, so weit ich mich erinnern kann."

„Und vor der Mitte des Konvois?"

„Richtig."

„Aus wievielen Reihen bestand der Konvoi, und wie groß war der Abstand zwischen ihnen?"

„Sieben Reihen, jeweils zwei Kabellängen voneinander entfernt."

„Der Konvoi erstreckte sich damit über eine Fläche von zweitausendvierhundert Yards?"

„Das ist richtig."

„Und die *Triton* fuhr etwa eine Meile neben dem Konvoi auf Steuerbord?"

„Das ist richtig."

„Danke."

Napier hatte wohl eine Diskrepanz festgestellt, dachte Ramage und verfluchte seine eigenen schlechten mathematischen Kenntnisse. Als Syme das Protokoll verlas, malte Ramage ein rechtwinkliges Dreieck auf ein Stück Papier. Am Scheitelpunkt zeichnete er die *Lion* ein, an den beiden Endpunkten der Grundlinie das erste Schiff hinter der *Lion* und die *Topaz*. Die Entfernung zwischen der *Lion* und ihrem Hintermann betrug eine Meile, von diesem zur *Topaz* zwölfhundert Yards.

Er zeichnete ein weiteres Dreieck, in welchem er, der Position im Konvoi entsprechend, die *Triton* rechts neben die *Topaz* setzte. Nun bildete die Hypothenuse die Entfernung zwischen *Lion* und *Triton*. Verflucht sei Pythagoras! Einneinviertel Meilen von der *Lion* zur *Topaz*; ungefähr zwei Meilen zur *Triton*. Zwei? Er prüfte noch einmal nach. Ja, ein paar Yards weniger als zwei Meilen.

„Der Angeklagte kann nun den Zeugen befragen", sagte Napier.

Ramage erhob sich.

„Könnten Sie das Gericht die Position wissen lassen, die die *Triton* einzunehmen hatte?"

„Zwei Kabellängen neben der *Topaz*."

„Warum haben Sie der *Triton* kein Zeichen gesetzt, falls sie sich tatsächlich eine Meile von der angeheißenen Position entfernt hatte?"

„Ich konnte sie in der Dunkelheit nicht sehen!"

„So wußten Sie also nicht, daß sie sich wirklich auf der eben geschilderten Position befand?"

„Nein", antwortete Croucher indigniert und bemerkte Goddards wütenden Blick nicht.

„Sie haben das Gericht aber bereits wissen lassen, wo sich die *Triton* befand. Wie konnten Sie das, sogar mit Entfernungsangabe, schätzen?"

„Mittels des Gewehrfeuers, als sie das Feuer eröffnete."

„Würden Sie zustimmen, daß der Abstand zwischen *Lion* und *Topaz* etwa einviertel Meilen, der zwischen *Lion* und *Triton* etwa zwei Meilen betrug?"

„Ohne Bleistift und Papier ist mir das nicht möglich."

Napier mischte sich ein: „Falls der Zeuge den mathematischen Fähigkeiten des Gerichts Vertrauen schenkt, darf ich feststellen, daß diese Entfernungsangaben annähernd mit den Aussagen übereinstimmen, die der Zeuge bereits selbst gegeben hat."

„Ich bin Ihnen dankbar dafür", sagte Croucher.

„Wie feuerte die *Triton* auf den Freibeuter?"

„Nur sporadisch", sagte Croucher recht unsicher. „Die Kanonen wurden einzeln abgefeuert."

„Wie groß schätzen Sie die Zeitspannen zwischen den einzelnen Feuerstößen ein?"

„Zwei oder drei Kanonen pro Minute; vielleicht auch weniger."

„Aber Sie sahen die Feuerstöße und wußten, daß sie von der *Triton* stammten?"

„Natürlich."

„Können Sie unter Eid erklären", fuhr Ramage fort und betonte jedes seiner Worte, „wie Sie in der Dunkelheit mit solcher Sicherheit die Entfernung auf zwei Meilen schätzen konnten, wenn die Szene nur durch einzelne sporadische Feuerstöße erhellt wurde?"

„Dank meiner Erfahrung, natürlich. Ich habe viele Jahre auf See gedient", erwiderte er scharf.

„Würden Sie behaupten, Sie haben Ihre früheren Erfahrungen bezüglich des Abschätzens von Entfernungen unter ähnlichen Umständen gewonnen? Wenn ja, beweisen Sie bitte, daß solche Schätzungen tatsächlich richtig waren."

Goddard sprang auf.

„Unverschämtheit", explodierte er. „Verdammte Unverschämtheit. Der Angeklagte greift die Ehre eines der erfahrensten —"

„Zur Ordnung!" fuhr Napier den entrüsteten Konteradmiral an. „Bitte unterlassen Sie solche Unterbrechungen. Die Frage ist vollkommen korrekt. Sie ist sogar sehr wichtig, denn das Gericht versucht, die Wahrheit zu finden."

Die sieben Kapitäne am Tisch schauten Croucher gespannt an.

„Schätzungen lassen sich im Nachhinein nie überprüfen, das ist absurd. Aber da ich schon oft..."

Ramage wartete darauf, daß er den Satz zu Ende brachte. Das war aber nicht der Fall, und er fühlte keine Notwendigkeit, noch einmal nachzuhaken.

„Sie erwähnten einen Freibeuter", fuhr er fort. „Könnten Sie dem Gericht das Schiff beschreiben?"

Wieder war Goddard auf die Füße gesprungen. „Das ist Wahnsinn! Es war voller Franzosen und —"

Napier klopfte energisch auf den Tisch, was Goddard zum Schweigen veranlaßte.

„Der Vertreter der Anklage mußte nun schon zum zweiten Mal vom Gericht verwarnt werden..."

Goddard setzte sich wie ein schmollender Schuljunge nieder, und Napier sprach weiter. „Der Zeuge wird die Frage beantworten!"

„Es war ein ziemlich großes Schiff. Es kam von hinten —"

„Welche Position hatten Sie ihm innerhalb des Konvois angewiesen?" unterbrach Ramage ihn ruhig und merkte, wie die Köpfe aller sieben Kapitäne überrascht hochfuhren.

„Sie war das achte Schiff auf Steuerbord."

„Das letzte Schiff in der Reihe der *Topaz?*"

„Ja."

„Wann schloß sich das Schiff dem Konvoi an?"

„Ich sollte das eigentlich erklären, wenn —"

Napier hatte erneut Grund, einzugreifen. „Beschränken Sie sich darauf, nur auf die Frage zu antworten. Es steht Ihnen nicht zu, Erklärungen abzugeben."

„Ich kann nicht gezwungen werden, jemanden zu belasten..." Croucher sah recht unglücklich aus. Er redete nicht weiter, als er Goddards kalten Blick auf sich spürte. Alle sieben Kapitäne drehten sich langsam zu Goddard um.

„Wünschen Sie, daß hierüber unter Ausschluß der Öffentlichkeit verhandelt wird?" fragte Napier den Admiral.

„Ich weiß nicht, wovon der Zeuge spricht", war dessen Antwort.

„Gut", entschied Napier und sein Interesse galt wieder Croucher. „Sie werden die Frage beantworten."

Croucher atmete tief. „Sie schloß sich dem Konvoi in Barbados an."

„Ein britisches Schiff?"

„Nein, ja, ich meine..."

Robinson bemühte sich um eine unmißverständliche Auskunft.

„Das Gericht verstand Sie so, als ob es sich um einen französischen Freibeuter handelte."

„Ja, das stimmt."

„Aber gerade eben sprachen Sie von einem britischen Schiff."

„Wir hielten sie für britisch", gestand er verzweifelt. „Alle Papiere waren in Ordnung. Der Kapitän gab sie als Schnellboot aus, das sich dem Konvoi bis Jamaika anschließen wollte, um nicht auf diesem Streckenabschnitt einem der vielen Freibeuter in die Hände zu fallen."

Kapitän Innes mußte lachen, wurde aber durch einen Blick Napiers zur Ordnung gerufen. Ramage schaute auf seine Uhr und fuhr dann fort: „Erhielten Sie oder der Admiral einen Bericht, der von einem seltsamen Verhalten dieses Schiffes vor dem Angriff auf die *Topaz* handelte?"

„Ja", gestand er zerknirscht.

„Handelte es sich dabei um einen schriftlichen oder mündlichen Bericht?"

„Um einen schriftlichen."

„Haben Sie ihn bei sich?"

„Nein!"

„Erinnern Sie sich an den Wortlaut?"

Napier unterbrach das Verhör ein weiteres Mal. „Ich könnte mir vorstellen, daß das Gericht darauf bestehen wird, diesen Bericht als Beweisstück hier zu haben."

„Er steht auf Wunsch zur Verfügung." Goddard hatte diese Antwort selbst gegeben.

„In Ordnung. Fahren Sie fort."

„Soweit ich mich erinnern kann, wird darin mitgeteilt, daß das Schiff namens *Peacock* sich in der Nacht zuvor neben seinen Vordermann gelegt hatte."

„War das alles?"

„Nun, er enthielt die Warnung, daß irgendetwas nicht in Ordnung sein könnte."

„Wer verfaßte den Bericht?"

„Sie."

„Und wie groß war der Abstand zwischen der *Triton* und dem Vordermann der *Peacock*?"

„Der Abstand innerhalb einer Reihe betrug von Schiff zu Schiff eine Kabellänge; sechs Kabellängen also."

„Die Wachposten der *Triton* hatten also in der Dunkelheit in zwölfhundert Yards Entfernung eine verdächtige Bewegung wahrgenommen."

„Das vermute ich."

„Was wurde auf diesen Bericht hin unternommen?"

„Eine Fregatte wurde zur Überprüfung hinbeordert", antwortete Croucher triumphierend; er war froh, endlich einmal eine positive Aussage machen zu können.

„Was unternahm die Fregatte?"

„Sie berichtete, daß alles in Ordnung sei."

„Ich fragte, was sie unternahm, nicht was sie berichtete."

„Nun, sie lief dicht zu dem anderen Handelsschiff auf und rief sie an."

„Wissen Sie jetzt, wer in Wirklichkeit den Ruf der Fregatte erwiderte?"

„Ja, französische Enterer."

„Wie kam diese französische Mannschaft an Bord?"

„Sie war in der Nacht zuvor von der *Peacock* übergesetzt worden."

„Danke", sagte Ramage mit Nachdruck. „Sie haben bewiesen, daß die *Triton* in der Nacht des Angriffs der *Peacock* auf die *Topaz* ihrer Pflicht nachkam. Sind Sie der Meinung, daß das Feuer von der *Triton* die Enterer vertrieben oder zu ihrer Gefangennahme beigetragen hat?"

„Das kann ich mir nicht vorstellen. Die Wachsamkeit der Offiziere der *Topaz*, die Tapferkeit der eigenen Mannschaft und die Hilfe der *Greyhound* brachten die Sache zu Ende."

„Was gibt Ihnen die Sicherheit, daß es so war?"

„Der Kapitän der *Topaz* kam am darauffolgenden Tag zu uns an Bord und erstattete dem Admiral Bericht."

„Schriftlich?"

„Nein, mündlich."

„Haben Sie meinen diese Angelegenheit betreffenden Bericht gelesen?"

„Nein", antwortete Croucher nervös und blickte zu Goddard. „Sie schrieben darüber keinen Bericht."

Ramages Unterkiefer klappte vor Sprachlosigkeit herunter. Er schaute zu Goddard hinüber, dieser starrte seinerseits zurück. Seine Augen waren haßerfüllt und spiegelten seinen Triumph wider. Er hatte Croucher mit Erfolg überredet, den Bericht zu unterschlagen.

„Machten Sie irgendwelche Anklagen oder Vorhaltungen, als ich am Morgen nach der Attacke an Bord der *Lion* kam?"

„Sie wissen sehr genau, daß das der Admiral tat. Und ich vermute, daß der Kapitän der *Topaz*, Mr. Yorke, genauso verfuhr."

Napier beobachtete Ramage und schien dessen Protest förmlich herbeizusehnen, weil diese Aussage jeder Grundlage entbehrte. Ramage aber rieb, wie so oft in ähnlichen Situationen, die Narben über seiner Braue und konnte die folgende Frage nicht unterdrücken: „Brachte Mr. Yorke irgendwelche speziellen Anklagen wegen feigen Verhaltens gegen mich vor?"

„Ich war nicht dabei", antwortete er schlapp. „Doch ich möchte annehmen, daß er sehr schlecht auf Sie zu sprechen war."

„Warf er mir Feigheit vor?"

„So sagte man mir."

„Und darüber hinaus noch weitere Vergehen?"

„Man unterrichtete mich, daß Sie fast den Tod für seine Passagiere bedeutet hätten und daß er sich deshalb beim Oberbefehlshaber beklagen wollte."

„Kam es dazu?"

„Nein, niemand von der *Topaz* überlebte den Hurrikan."

„Legte Mr. Yorke irgendeinen schriftlichen Protest wegen meines feigen Verhaltens vor?"

„Der Admiral meinte, es sei nicht nötig. Nichts deutete darauf hin, daß eine solche Tragödie, alle Mann an Bord hinwegraffen würde. Man hätte das noch bei der Ankunft in Kingston nachholen können."

„Berichtete der Kapitän der Fregatte *Greyhound* in geschriebener Form über den Angriff der *Peacock*?"

„Wahrscheinlich, doch er wurde dem Flaggschiff nicht ausgehändigt."

Wieder blickte Ramage auf die Uhr, um etwas Zeit zum Nachdenken zu gewinnen. Croucher verwirrte ihn. Der Mann schien nervös. Viele seiner Antworten waren in Ordnung; die flüchtigen Blicke zu Goddard bewiesen wohl, daß er gegen seinen Willen aussagte, daß er versuchte, so wenig wie möglich vom wahren Sachverhalt aufzudecken, um nicht Goddards Haß auf sich zu ziehen. Hatte Croucher den Admiral endlich durchschaut? Hatte dessen Verhalten im Hurrikan dazu beigetragen? — Viele Fragen, doch verdammt wenige Antworten ...

„Ich habe nur noch zwei weitere Fragen. Erinnern Sie sich noch einmal an den Angriff der *Peacock*; wie können Sie mir einerseits aus Ihren Wahrnehmungen, andererseits aus Ihrem Berufswissen bzw. Ihrer Erfahrung Feigheit unterstellen?"

„Ich war zu weit weg, um alles exakt verfolgen zu können."

„Halten Sie die von Mr. Yorke gegen mich erhobene Anklage der Feigheit für gerechtfertigt?"

„Nach allem, was ich über den Vorfall hörte, ja."

„Danke. Ich habe keine weiteren Fragen."

Die sieben Kapitäne schauten Ramage verständnislos an. Syme hatte fieberhaft versucht, alles zu Papier zu bringen. Immer wieder schob er dabei seine von der Nase rutschende Brille zurück. Sein zweifelhaftes Vermögen, Entfernungen richtig abzuschätzen, würde Croucher zwar nicht das Genick brechen, doch Ramage hatte es fertig gebracht, mit seinen Fragen zu beweisen, wie wenig er im Grunde genommen seine Aussagen auf eigene Anschauung aufbauen konnte; wie stark er Goddards Einfluß unterlegen war.

Ramage zog ein weiteres Mal seine Uhr heraus. In spätestens fünf Minuten würde das Protokoll verlesen und von Croucher unterzeichnet worden sein.

Bevor Syme beginnen konnte, klopfte jemand an die Tür. Ramage schoß es siedend heiß durch den Kopf, daß er sich für die kommenden Ereignisse noch keinen genauen Schlachtplan zurechtgelegt hatte. Verärgert über die Störung schaute Napier hoch. Der Kommandeur der Militärpolizei ging zur Tür, flüsterte mit jemandem und kam wieder zurück.

Er übergab Napier einen Brief und flüsterte auch ihm etwas zu. Der Vorsitzende schickte ihn zu seinem Platz zurück und öffnete den Brief. Drei kleine, weiße Kärtchen fielen heraus, und Napier starrte verblüfft auf sie, bevor er den Brief zu lesen begann. Dann schaute er zu Ramage hinüber, faltete das Schriftstück zusammen und steckte es mit den Karten in den Umschlag zurück.

Syme verlas das Protokoll, während Napier den Zeugen Croucher beobachtete.

„Falls Sie es wünschen, können Sie weiter an der Verhandlung teilnehmen", bot er ihm schließlich an.

Er hat alles herausgefunden, vermutete Ramage, oder hegt doch wenigstens einen starken Verdacht!

„Mr. Ramage", begann Napier, „früher erwähnten Sie, daß Sie vielleicht weitere Zeugen benennen könnten. Es scheint, sie sind angekommen. Das hier ist für Sie abgegeben worden, und das Gericht erteilt Ihnen die Erlaubnis, es in Empfang zu nehmen."

Er hielt den Brief hoch, und Ramage ging hinüber, um ihn zu holen. Goddard lehnte sich in seinem Stuhl zurück.

Er war völlig zufrieden mit dem Gang der Dinge und bemühte sich nicht, seine Langeweile zu verbergen. Er begann mit einem in Elfenbein gefaßten Stück Chamoixleder, seine Nägel zu polieren. Croucher verließ in der Zwischenzeit den Zeugenstand und setzte sich auf einen im hinteren Teil des Raumes angebotenen Stuhl.

Ramage nahm ebenfalls wieder auf seinem Stuhl Platz und begann zu lesen. Der Brief trug keine Unterschrift und enthielt nur folgenden Wortlaut: „Drei für Ihre Verteidigung äußerst wichtige Zeugen warten darauf, ihre Aussage machen zu dürfen."

Er las die Namen auf den Visitenkarten. Auf der ersten stand „Sydney Yorke"; die zweite war größer und lautete auf „Le Duc de Bretagne", der Name war in getriebener Schrift wiedergegeben. Die dritte schließlich entzifferte er mit „Le Comte de Chambéry."

Ramage schwirrte der Kopf. Der Mann, der sich St. Brieuc nannte, war also kein geringerer als der Herzog der Bretagne, einer der mächtigsten Männer Frankreichs vor der Revolution, ein enger Freund des verstorbenen französischen Königs und nun der Anführer der französischen Flüchtlinge in London. „Wertvolle Fracht", kam es ihm in den Sinn. In der Tat! Goddard mußte gewußt haben, mit wem er es zu tun hatte. Und mit einem Mal verstand er, daß der Konteradmiral um seine weitere Berufslaufbahn kämpfte!

Sir Pilcher wollte bestimmt wissen, warum der Herzog der Bretagne von der *Lion*, die dem Hurrikan entkommen konnte, auf die *Topaz*, die der Naturgewalt zum Opfer fiel, umgestiegen war. Selbst wenn man Sir Pilcher zufriedenstellen könnte, würden Admiralität und Regierung erbarmungslos nach dem wahren Grund forschen. Er stellte sich vor, wie der Außenminister verärgert bei der Admiralität anfragte, warum der Herzog die *Lion* verlassen habe; wie es möglich sein konnte, daß ein französischer Freibeuter ungehindert die *Topaz* angriff; warum man schließlich den Herzog nicht dazu überreden konnte, auf die *Lion* zurückzukehren, nachdem man wußte, daß ein Hurrikan im Anzug war. Goddard würde kaum wahrheitsgemäß antworten wollen. Er selbst hatte ja den Stein ins Rollen gebracht, indem er sich der Tochter des Herzogs gegenüber nicht sehr gentlemanlike benommen hatte. Er brauchte also einen Sündenbock und glaubte, ihn in dem „feigen" Leutnant Ramage gefunden zu haben ...

Ramage überlegte, welchen der drei Herren er zuerst hereinbitten sollte. Am besten Yorke, weil ... Doch plötzlich kam ihm siedendheiß zum Bewußtsein, daß er einen schrecklichen Fehler gemacht hatte; einen Fehler, der so ungeheuerlich war, daß er ihn am ganzen Körper zittern ließ.

Er hatte St. Brieuc, den Herzog, und Yorke gebeten, um halb elf zu kommen, in der Annahme, daß bis zu dem Zeitpunkt die strafrechtliche Verfolgung größtenteils über die Bühne gegangen sein würde. Die Sache wurde aber so langsam abgewickelt, daß noch verschiedene Zeugen der Anklage vorher vernommen werden mußten. Seine Entlastungszeugen würden frühestens am kommenden Morgen ihre Aussagen machen können. Da der Herzog, der Graf und Yorke schon an Bord der *Arrogant* waren und Kapitän Napier ihre Visitenkarten gesehen hatte, war es bestimmt unmöglich, sie auch nur weitere zehn Minuten, geschweige denn vierundzwanzig Stunden incognito zu halten. Erschienen sie aber nicht völlig überraschend, war er verloren. Höchstens, wenn ... Er erkannte, daß ihm noch eine kleine Chance geblieben war, den Kopf aus der Schlinge zu ziehen.

Er erhob sich plötzlich, und, sah man von Goddard ab, aller Augen ruhten auf ihm.

„Falls das Gericht zustimmt, möchte ich gerne einen meiner Zeugen als Zeugen der Anklage aussagen lassen; er paßt besser auf jene Seite."

Napier richtete sich kerzengerade auf. Er schien die Welt nicht mehr zu verstehen.

„Als Zeuge der Anklage?" wiederholte er ungläubig.

„Ja, Sir."

„Ich hoffe, Sie wissen, was Sie tun!"

„Ja, Sir."

Goddard erhob sich mißtrauisch.

„Wen schlagen Sie als Zeugen der Anklage vor?"

Ramage übergab Syme Yorkes Karte und ließ sie Goddard bringen.

„Bedenke ich es richtig, Sir", sprach Ramage weiter, „ist auch der zweite Zeuge besser bei der Anklage aufgehoben, da ich selbstverständlich annehme, daß das Gericht wirklich an der Wahrheitsfindung interessiert ist."

Napier hob beschwörend beide Hände hoch. Dies schien er nicht mehr verkraften zu können.

Also gelangte auch die Karte des Herzogs zum Admiral.

„Ist das nun alles?" fragte Napier.

„Die Anklage kann auch den dritten Zeugen übernehmen, falls sie es wünscht, Sir."

Mehrere Anwesende stöhnten plötzlich auf, und Ramage schaute zu Goddard hinüber. Er war in seinem Stuhl zusammengesunken; mit aschfahlem Gesicht rang er nach Atem.

Das Schwein ist ziemlich am Ende, dachte Ramage ohne jedes Mitleid. Trotzdem wird er mir entkommen!

Croucher kam Hobson schnell zur Hilfe. Sie bemühten sich gemeinsam, Goddard wieder auf den Stuhl zu heben.

„Holen Sie einen Arzt", sagte Napier und seine Stimme klang eher schnippisch denn besorgt.

Goddard griff sich an die Brust. Croucher zerrte am Stehkragen und lockerte ihn. Die sieben Kapitäne beobachteten das Geschehen von ihren Plätzen aus. An Deck hörte man das Getrapple von Füßen und aufgeregte Stimmen, die nach dem Arzt riefen.

Wie der Admiral so dahing und nach Luft schnappte, stellte sich Ramage vor, wie er selbst vielleicht bald am Arm der Rahnock hängen würde. Brach ihm der plötzliche Ruck nicht augenblicklich das Genick, würde er genau so nach Atem ringen. Er beobachtete die Kapitäne und stellte fest, daß sie sich nicht sonderlich aufregten. Zu oft hatten sie dem Tod schon ins Auge geblickt.

Der Arzt betrat, begleitet von seinem Assistenten, die Kajüte und eilte zu Goddard, der zwar immer noch aschfahl, aber wieder bei Bewußtsein war und versuchte, sich aufzurichten. Croucher unterhielt sich im Flüsterton mit dem Arzt. Ohne den Patienten zu untersuchen, begab sich dieser sofort zu Napier hinüber und sprach leise auf ihn ein. Der Präsident nickte zustimmend. Der Arzt beauftragte seinen Assistenten, Hobson und zwei Offiziere, die der Verhandlung beigewohnt hatten, den Admiral ins Freie zu transportieren.

Kaum hatte sich die Tür hinter ihnen geschlossen, als Napier energisch um Ruhe bat.

„Das Gericht vertagt sich bis morgen früh um acht Uhr dreißig. Der Angeklagte bleibt in der Obhut des Kommandeurs der Militärpolizei."

Ramage erhob sich müde, nachdem Ransom auf seine Schulter getippt hatte. Die Kajüte war heiß, und seine Kleider schienen wie nasse Säcke an seinem Körper zu hängen. Sein Degen lag noch auf dem Tisch. Er hatte hoch gesetzt und bestimmt verloren, falls der Admiral morgen um diese Zeit noch am Leben war. Als er hinter Ransom aus der Kajüte schritt, dachte er, daß es wahrscheinlich doch besser gewesen wäre, Yorkes Rat zu befolgen.

Die kleine Kajüte auf der *Lion* glich selbst bei geöffneter Tür einem Brutofen. Sogar das über die Dielen gespannte Segeltuch schien Hitze abzustrahlen. Ramage hatte seinen Oberkörper entkleidet.

Wie erstaunt war er, als eine Stunde, nachdem Ransom ihn hier mit genauen Anweisungen an den Wachposten zurückgelassen hatte, ein Leutnant auftauchte, der ihm eine Botschaft von Kapitän Croucher überbrachte. Ihr entnahm er, daß er sich als Gefangener frei bewegen durfte. Das war eine nette Geste, selbst wenn es in der Praxis nur bedeutete, daß er die Tür offenhalten durfte, und kein Posten davor mehr Wache zu schieben hatte. Stand ihm der Sinn danach, konnte er sogar auf dem Schiff herumbummeln. Er bevorzugte jedoch, in der Kajüte zu bleiben, um nicht von allen Seiten angegafft zu werden.

Er war gerade dabei, sich mit einem Handtuch den Schweiß von der Stirn zu wischen, als ein Leutnant erschien. „Besuch für Sie, Ramage."

Und schon blinzelten Yorke und Southwick in die Kajüte. Ihre Augen mußten sich erst an die Dunkelheit gewöhnen.

„Ist das hier eine Kajüte oder ein besserer Kleiderschrank?" fragte Yorke hänselnd.

„Warten Sie draußen; ich kleide mich rasch an", sagte Ramage kurz. „Ich darf mich frei bewegen; wir können an Deck eine Runde drehen."

Fünf Minuten später standen die drei Männer im Schatten eines Sonnensegels und ließen ihren Blick über Kingston schweifen. Recht dankbar waren sie für die leichte Passatbrise, die etwas Kühlung brachte.

„Nach ungefähr einer Stunde ging er an Land", sagte Southwick ohne lange Einleitung. „Nur er und der Dreikäsehoch Hobson. Er hatte auch wieder Farbe im Gesicht. Kann nichts Ernstes gewesen sein, sonst hätte man ihn an Bord der *Arrogant* behalten oder zumindest einen Arzt in der Jolle mitgeschickt."

„Mir scheint, es war ein Anfall von Hypochondrie", meinte Yorke und seine Stimme klang nicht sehr mitleidsvoll. „Eine Tante von mir erlitt genau den gleichen Anfall, als der Bischof von Lincoln aus der Kutsche stieg, um ihr die Hand zu küssen. Unglücklicherweise ließ eines der Pferde genau in dem Augenblick einen Wind, und meine Tante dachte, der Bischof sei es gewesen."

„Die beiden Fälle ähneln einander wirklich auffallend. Bei Goddard trat der Anfall genau dann auf, als er Ihren Namen auf der Visitenkarte las."

„Was auch immer dahinter steckt", mischte sich Southwick in das Gespräch, „es war nichts Schlimmes, und das alleine zählt. Wie gehen die Dinge jetzt wohl weiter, Sir?"

„Morgen früh bei Prozeßbeginn wird Goddard seine Anklagepunkte zurückziehen.

„Doch wird er sich damit zufrieden geben?" Southwick schien das sehr zu bezweifeln.

„Ich wette, der stellvertretende Rechtsoffizier schaut alle Akten durch, um eventuell einen Präzedenzfall ausfindig zu machen; und Admiral Goddard wird wahrscheinlich die ganze Angelegenheit mit Sir Pilcher Skinner durchdiskutieren."

„Seltsam, daß sich niemand auf der *La Perla* sehen ließ", meinte Yorke. „Sobald das Geheimnis gelüftet war, schickte der Herzog einen formellen Brief an den Gouverneur, in welchem er seine Ankunft bestätigte und gleichzeitig ankündigte, daß er vorläufig an Bord bleiben wolle, um gegebenenfalls in den Prozeß eingreifen zu können."

„Das ist sehr nett von ihm", sagte Ramage. Dem Leutnant war jedoch klar, daß in der Kürze der Zeit niemand an Land irgendwie auf die neue Situation reagieren konnte. Zu überraschend war die Mitteilung, daß der Herzog nicht den Tod gefunden hatte, sondern sich an Bord eines geankerten spanischen Schoners aufhielt.

Yorke blickte um sich; er wollte sicher gehen, daß niemand sie belauschen konnte.

„Meinen Sie wirklich, Goddard wird jetzt die Anklagepunkte fallen lassen? Was hindert ihn daran, sie aufrechtzuerhalten und nach der Aussage des Herzogs bzw. meiner eigenen aufzustehen und alles als dummes Mißverständnis hinzustellen? Warum sollte er nicht behaupten, daß die Anklagen nie erhoben worden wären, hätte man früher mit uns reden können? Daß nur einfach der *Eindruck* bestand, als habe sich Leutnant Ramage feige verhalten; daß man nun natürlich... und so weiter?"

Ramage fiel plötzlich ein, daß weder Southwick noch Yorke die volle Tragweite der morgen vor Gericht gemachten Aussagen kennen konnten. „Müßten Sie morgen aussagen, würde ich Ihnen das folgende wahrscheinlich nicht erzählen", sagte er, „da das aber nicht der Fall sein wird, kann ich frei sprechen. Kapitän Croucher sagte heute früh unter Eid aus, daß Sie nach dem Angriff der *Peacock* an Bord der *Lion* gegangen seien, um mich der Feigheit zu bezichtigen."

„Großer Gott, welche Lüge! Ich kann beweisen —"

„Aber Sie werden nicht aussagen", wiederholte Ramage. „Sie werfen mir nicht nur Feigheit vor, sondern erklären in Anwesenheit des Admirals —"

„Aber das ist ungeheuerlich!" rief Yorke voller Entrüstung aus.

„— und weiter sagen Sie aus, daß ich fast den Tod der Passagiere verursacht hätte und daß Sie sich beim Oberbefehlshaber beschweren wollten."

Yorke wurde weiß wie die Wand. Er mußte sich an eine Kanone lehnen. Das eben Gehörte schien ihn völlig aus der Fassung gebracht zu haben. Erst nach ein oder zwei Minuten konnte er weitersprechen.

„Jetzt begreife ich allmählich, was Sie gestern meinten. Ich hielt Sie für — überreizt. Diese Leute können einfach alles tun, was sie wollen!"

Ramage verneinte. „Nicht ganz. Goddard muß den Prozeß unbedingt platzen lassen. Jede Verschleppung erhöht das Risiko, daß Sie und der Herzog aussagen und so den von ihm und Croucher geschworenen Meineid beweisen werden. Einen Meineid, mit welchem er eine Verschwörung gegen mich anzetteln und mich mittels falscher Anschuldigungen an den Galgen bringen wollte."

„Aber der Oberbefehlshaber ..." fragte Yorke gedehnt.

„Ich wette, daß er die gleiche Angst aussteht wie Goddard. Vergessen Sie nicht, daß er mit seiner Unterschrift den Prozeß guthieß. Vergessen Sie weiter nicht, daß Goddard ihm direkt untersteht; und daß jeder Skandal, der Goddard trifft, auch Sir Pilcher Skinner mit hineinreißt ..."

„Doch der Herzog wird dem Gouverneur die Wahrheit berichten!"

„Und der Gouverneur wird jeden Brief kommentarlos nach London schicken. Weiß die Regierung erst, daß der Herzog lebt und in Sicherheit ist, wird sie sich einen Dreck scheren um irgendeinen verrückten jungen Leutnant!"

„Das würde der Herzog niemals zulassen", sagte Yorke mit Bestimmtheit.

„Der Herzog wird in dieser Angelegenheit bestimmt nichts zu sagen haben. Die Admiralität entscheidet, was mit mir geschieht, und ich versichere Ihnen: sie wird einen Skandal tunlichst vermeiden; jedenfalls einen, in den der Oberbefehlshaber und sein Stellvertreter verwickelt sind."

„Was werden Sie tun?"

„Morgen höflich den Prozeß verfolgen; mich auf einen weiteren Besuch des stellvertretenden Rechtsoffiziers vorbereiten und mich schließlich bemühen, den Wortlaut der neuen Anklage, die sich mit dem Verlust der *Triton* befaßt, parat zu haben."

„Gut; und was können wir tun?" fragte Yorke sachlich.

Ramage hob die Hände. „Ich wünschte, ich wüßte es."

„Vielleicht sollten Mr. Yorke und der Herzog morgen auf der *Arrogant* sein, wenn der Prozeß weitergeht", schlug Southwick vor. „Nur für den Fall, Sir. Schließlich weiß man ja nie, wie sich die Dinge entwickeln."

Ramage lachte zynisch und rieb sich einmal mehr die Narbe. „Ich denke, wir wissen genug. Dennoch, wenn Sie es wünschen..."

„Wir werden hier sein", versprach Yorke. „Der Herzog ist sehr verärgert."

„Das bin ich auch", gestand Ramage. „Schließlich geht es in diesem Prozeß um mein Genick, das wir aus der Schlinge ziehen wollen!"

20

Der Wachposten vor der Tür salutierte zackig, als Ramage am nächsten Morgen zusammen mit Ransom die Kajüte betrat. Die Sonne schien zwar schon hell vom wolkenlosen Himmel, auf dem Schiff war es aber noch angenehm kühl. Ramage hielt sich einmal mehr an seinen Vorsatz, nach dem Aufstehen jeden Gedanken an den Prozeß zu verdrängen. Er hatte schlecht geschlafen. In der Dunkelheit ließ sich Hoffnung nur schwer aufrechterhalten. Tausend Bilder waren durch seinen Kopf geschossen, als er in seiner Koje gelegen hatte. Bilder, die in dieser Intensität sonst nur durch hohes Fieber ausgelöst wurden. Da stand zum Beispiel Croucher auf dem Achterdeck der *Lion* und gab Befehl, ihm die Schlinge um den Hals zu legen. Sein Vater hörte in Cornwall von dem Prozeß und der Hinrichtung. Der Herzog tröstete eine verzweifelte Maxine... Und kaum hatte er endlich etwas Schlaf gefunden, als er auch schon wieder von einem einfältigen Steward, der den unvermeidbaren schwachen Kaffee brachte, herausgerissen wurde

Seine Morgentoilette und das Ankleiden besorgte er mit

ganz besonderer Sorgfalt. Jeden Handgriff kontrollierte er nochmals. Nur so konnte er vermeiden, an das zu denken, was in Kürze auf ihn zukommen würde. Und dabei wurde ihm so richtig bewußt, wieviele alltägliche Handgriffe ohne bewußtes Erleben erledigt wurden. Nie vorher war ihm aufgefallen, daß er seine linke Wange vor der rechten rasierte, daß er mit dem linken Bein zuerst in die Hose stieg, daß der linke Arm vor dem rechten in das Jackett schlüpfte. Ob Linkshänder das alles entsprechend umgekehrt machten?

Die große Kajüte war seit dem vorigen Tag in keiner Weise verändert worden. Napier hatte bereits Platz genommen. Auch die anderen Kapitäne waren schon anwesend. Syme wühlte in irgendwelchen Papieren. Admiral Goddard saß auf demselben Stuhl wie tags zuvor, und Hobson hielt sich wieder fast auf Tuchfühlung hinter ihm auf. Einen kurzen Moment lang fragte sich Ramage, ob die Ereignisse des vorigen Tages nicht nur Traumbilder gewesen waren.

Napier blickte kurz hoch und nickte Ramage flüchtig zu, als dieser sich setzte. Das schon bekannte Klopfen auf die Tischplatte sorgte für Ruhe.

„Die Sitzung ist eröffnet. Müssen noch irgendwelche Zeugen ihre Aussage machen?"

Er schaute um sich, doch niemand meldete sich.

„Das scheint nicht der Fall zu sein. Dann wird der stellvertretende Rechtsoffizier das gestrige Protokoll verlesen. Danach geht die Beweisaufnahme weiter. Vereidigung entfällt; sie hat ja bereits gestern stattgefunden."

Als Syme nach dem Stapel Papieren griff, der vor ihm auf dem Tisch lag, stand Admiral Goddard auf. Er hüstelte. Sein Gesicht glänzte schweißnaß; seine Augen wanderten hin und her. Napier blickte ihn fragend an.

„Die Anklagevertretung —" Goddard hielt inne, wie wenn ihm das Sprechen schwer fiele. „Die Anklagevertretung ist — falls das Hohe Gericht zustimmt — bereit, sämtliche Anklagepunkte gegen Leutnant Ramage fallen zu lassen."

Einen Augenblick lang hätte man in der Kajüte die berühmte Stecknadel fallen hören können. Wie auf Kommando drehten sich die sieben Kapitäne zum Admiral um. Symes Brille rutschte einmal mehr bis zur Nasenspitze herunter. Ramage fühlte deutlich, daß Goddard die Anwesenden voll überrascht hatte. Napier hatte offensichtlich den Inhalt des Briefes für sich behalten.

Er sprang auf. „Sir, ich lege Protest ein!" Das war zu laut, zu scharf, zu aggressiv. Bleib ruhig, sagte er beschwörend zu sich selbst. „Schwerste Anschuldigungen sind gegen mich erhoben worden, und die Anklage hat bereits viele angebliche Beweise gegen mich vorgebracht. Ich weise darauf hin, daß der Vertreter der Anklage diese Anschuldigungen nicht einfach zurückziehen kann ohne ein Wort meiner Verteidigung gehört zu haben!"

Napier ergriff das Wort. „Der Gerichtssaal wird geräumt. Nur der Ankläger und der Angeklagte bleiben hier."

Kaum hatte sich die Tür hinter dem letzten geschlossen, als Napier sich an Goddard wandte.

„Das Gericht möchte gerne die Gründe erfahren, die Sie zu diesem Schritt bewogen haben."

Goddard zuckte mit den Schultern und wischte sich mit einem Taschentuch über den Mund.

„Die Anschuldigungen waren auf Vermutungen aufgebaut, die sich inzwischen als falsch herausgestellt haben."

„Was für Vermutungen?"

„Auf die Vermutung, daß niemand auf der *Topaz* überlebte."

„Was?" rief Napier sichtlich überrascht aus. „Sie wollen damit sagen, daß man das nur vermutete?"

„Nein, natürlich nicht", beeilte sich Goddard zu sagen. „Das war nur ein Beispiel."

Napier wandte sich an Ramage. „Was sagen Sie dazu?"

„Hat die Anklagevertretung einen der Überlebenden der *Topaz* zur Sache gehört, Sir?"

Napier gab die Frage weiter. „Haben Sie?"

„Nun, nein, noch nicht."

Ramage zuckte mit den Schultern, schaute Napier an und sagte völlig ruhig: „Woher kann die Anklagevertretung wissen, daß die Aussagen der Überlebenden der *Topaz* überhaupt etwas an dem über mich gezeichneten Bild ändern können? Ich bin wegen Feigheit im Dienst angeklagt — wie kann diese Anklage geschmälert werden, nur weil die Menschen auf dem Schiff überlebten, Sir?"

„Aber!" entrüstete sich Goddard. „Darum dreht es sich doch überhaupt nicht. Die Anklagevertretung hat jederzeit das Recht, eine Anklage fallen zu lassen, falls sie es für richtig erachtet!"

Napier blickte fragend zum stellvertretenden Rechtsoffizier. „Stimmt das? Wie lautete die Rechtsprechung bei ähnlichen Fällen, Syme? Mir ist nichts darüber bekannt."

Syme zog nervös die Brille von der Nase.

„Ich — em — ich kann keinen entsprechenden Fall finden, Sir. Aus purer Neugier suchte ich gestern danach; wirklich, nur aus Neugier. Und am nächsten kommt wohl der Fall von Admiral Keppel."

Napier verstand nicht. „Ich kann wirklich keinen Zusammenhang zwischen den beiden Fällen erkennen."

„Admiral Keppel war vom Vizeadmiral angeklagt worden. Die Sache wurde zum Politikum, indem die Abgeordneten beider Häuser darüber debattierten. Die Admiralität bestand jedoch darauf, daß keines der beiden sich einmischen durfte. Sie waren nur verpflichtet, die Anschuldigungen anzuerkennen und den Prozeß anzuordnen."

„Das hat doch nicht das geringste mit unserem Fall hier zu tun", sagte Napier etwas verdrossen.

Ramage packte die Gelegenheit beim Schopfe, seinen Einwand zu widerholen. „Wo bleibt die Gerechtigkeit, Sir, wenn ein aufs schwerste beschuldigter Offizier kein einziges Wort zu seiner Verteidigung vorbringen konnte, weil der Prozeß wegen mangelndem Interesse von seiten der Anklage abgebrochen wird. Jeder Offizier wird über diesen Fall reden. Wie auch das Gericht entscheiden mag — ein Makel wird für immer an mir hängen bleiben, weil ich mich nicht rechtfertigen konnte!"

Napier blickte wieder zu Goddard. „Was hat der Ankläger dazu zu sagen? Das Gericht meint, der Angeklagte hat einen wichtigen Gesichtspunkt angeschnitten."

Der Admiral machte eine verächtliche Handbewegung in Richtung Ramage: „Es bleibt Sache der Anklagevertretung, hier eine Entscheidung zu treffen. Sonst wird bald die ganze Disziplin in der Marine in den Händen abtrünniger Seeleute liegen!"

Ramage erkannte sofort den Denkfehler in dieser Äußerung, und kalter Zorn stieg in ihm hoch. Goddard war dabei, sein inneres Gleichgewicht wiederzugewinnen. Vorsichtig schlüpfte er aus der Rolle des Anklägers in die des stellvertretenden Oberbefehlshabers, und als solcher behandelte er die Kapitäne in diesem Gremium als untergebene Offiziere, die sie nach Prozeßbeendigung ja auch wieder sein würden. Gut, dachte Ramage, der Zeitpunkt ist gekommen, dieses Gleichgewicht wieder zu erschüttern. Ich muß Goddard erneut in Angst und Schrecken versetzen.

„Mit Verlaub, Sir", sprach er Napier an, „die meisten Aussagen wurden unter Eid gegeben, in den Protokollen festgehalten und diese von den Zeugen ordnungsgemäß unterschrieben. Jede Aussage zielte darauf ab, mich der Feigheit zu überführen. Stimmen die Aussagen, bin ich tatsächlich ein Feigling und verdiene die dafür vorgesehene Todesstrafe. Stimmen sie aber nicht, haben die Zeugen Meineide geschworen, um mich an den Galgen zu bringen. Da die Anklagevertretung diese Anschuldigungen gegen mich vorbrachte, gibt es nur einen Grund, warum man plötzlich alles fallen lassen möchte: man *weiß*, daß die Aussagen falsch sind und daß die Zeugen Meineide geschworen haben.

„Das ist skandalös!" erregte sich Goddard. „Seit wann kann man sich verteidigen, indem man den Ankläger des Meineids beschuldigt?"

Der stellvertretende Rechtsoffizier ergriff schnell ein vor ihm liegendes Gesetzbuch, suchte das Inhaltsverzeichnis, blätterte, bis er die richtige Seite gefunden hatte und überschlug den Text.

„Kapitel siebzehn, Sir; ich lese die entscheidende Stelle. ,... Jeder absichtlich einen Meineid schwört ... oder eine andere Person zum Meineid verführt, soll angeklagt und vor ein Gericht Seiner Majestät gestellt werden ... durch Anklageschrift oder mündliche Information...'"

„Hmm, höchst interessant", war Napiers Kommentar. „Dieses Gericht, das auf Bitten der Anklagevertretung zusammentrat, muß auf den guten Ruf einer jeden Person bedacht sein. Es zieht sich zur Beratung zurück. Die gegnerischen Parteien warten, bis ein Entschluß gefaßt ist."

Goddard verließ die Kajüte, Ramage folgte ihm. Ransom hatte neben der Tür gewartet und nahm Ramage nun großtuerisch in Empfang.

Nervös rieb Ramage seine Narbe. Er fühlte sich leicht schwindlig, und war von der Helligkeit geblendet. Er versuchte, sich die Worte der vergangenen paar Minuten ins Gedächtnis zurückzurufen, doch war ihm nur noch Napiers Satz in Erinnerung, den er gesprochen hatte, als Syme den Abschnitt über Meineid vorgelesen hatte. „... muß auf den guten Ruf einer jeden Person bedacht sein..."

Das konnte bedeuten, daß der gute Ruf des stellvertretenden Oberbefehlshabers von Jamaika geschützt werden mußte. Damit würde das Gericht wahrscheinlich zu Goddards Gunsten entscheiden, und er durfte die Anklage zurückziehen.

„Was aber würde mit den Protokollen geschehen? Es war noch nicht lange her, als er zu Yorke gesagt hatte, daß sie der Admiralität auf jeden Fall zugeschickt werden müßten; jetzt war er sich dessen aber ganz und gar nicht mehr sicher. Zurückziehung der Anschuldigungen bedeutete schließlich, daß dem Gesetz nach nie ein Prozeß stattgefunden hat, und somit konnten keine Protokolle angefordert werden. Plötzlich war Ramage klar, daß Goddard sich völlig sicher fühlen konnte: alle Berichte würden automatisch verschwinden, weil er die Anklage gegen ihn fallen gelassen hatte.

Ransom packte ihn am Arm. „Das Gericht hat die Beratung beendet", zischte er. „Kommen Sie mit!"

Kaum im Saal, warf Ramage einen prüfenden Blick auf die Anwesenden. Napier blickte völlig nichtssagend in die Runde, die anderen Kapitäne starrten vor sich hin. Ihre Gesichtszüge verrieten nichts. So mußte er noch weiter warten, um zu erfahren, ob sie den Siegerlorbeer dem Ankläger oder dem Angeklagten zugesprochen hatten.

Er blickte auf Goddard. Die plumpen Wangen, die wulstigen Lippen und das Doppelkinn strahlten Selbstgefälligkeit aus. Er fixierte die Decke; jeder Ausdruck von Nervosität war aus seinen Augen verschwunden. Goddard fühlte sich offensichtlich als Sieger ...

Angst kroch in Ramage hoch. Sie kam, wie Nebel im Wald, langsam, ja fast unbemerkt, aber unaufhaltsam. Und diese kriechende Angst war es, die jegliche Energie erschlaffen und das Opfer lethargisch auf sein Schicksal warten ließ. Diese Furcht war völlig verschieden von der, die man vor einer Schlacht fühlte, die die Sinne schärfte und die Muskeln stärkte.

Napier klopfte auf den Tisch. „Die Sitzung ist wieder eröffnet."

Er blickte Syme an. Der Rechtsoffizier war bereit, mitzuschreiben.

„Das Gericht hat beschlossen, dem Antrag der Anklage stattzugeben und die Anschuldigungen gegen Leutnant Ramage fallen zu lassen. Es hat weiter beschlossen, dem Antrag des Angeklagten stattzugeben und den Prozeß fortzusetzen, um ihm die Möglichkeit zur Verteidigung einzuräumen und gegebenenfalls seinen Leumund wiederherzustellen."

Er legte eine Pause ein und blickte um sich. Seine Stimme klang völlig neutral. Ein gutes Urteil, dachte Ramage.

„Das Gericht kann sich auf keinen Präzedenzfall bezüglich der beiden Anträge berufen."

Wieder hielt er kurz inne, damit Syme ihm folgen konnte. Ramage war sich bewußt, daß dieser Prozeß tagelang dauern würde; und er konnte nur dasitzen und warten und warten und warten ...

„Was für ein Urteil das Gericht auch immer fällen wird, es schafft einen Präzedenzfall für die Zukunft."

Mach' schon weiter, um Himmels willen, sagte Ramage zu sich; ist doch klar, daß man keinen Präzedenzfall für die Vergangenheit schaffen kann.

„Das Gericht hat überlegt, ob die Vertretung der Anklage einen Prozeß begonnen hat, der nach logischen und gesetzlichen Gesichtspunkten erst beendet sein kann, wenn das Gericht nach Anhörung aller Zeugen ein Urteil gefällt hat."

Ramage wurde hellwach. Bot sich hier vielleicht seine Chance?

„Andererseits hat es die Situation des Angeklagten in Betracht ziehen müssen. Ihm werden schwerste Vergehen vorgeworfen, doch er ist in der Lage, sich zu verteidigen und hofft, auf diese Weise seine Unschuld unter Beweis zu stellen. Dennoch muß das Gericht entscheiden, ob die Zurückziehung der Anschuldigung durch die Anklagevertretung nicht bereits einer Unschuldserklärung gleichkommt. Der Ankläger sagt aus, daß er den Angeklagten zuerst für schuldig gehalten habe, nun aber zu dem Schluß gekommen sei, daß dies nicht zutrifft."

Jetzt ist der letzte Hoffnungsschimmer erloschen, dachte Ramage resignierend. Die Kapitäne müssen Kenntnis von der Blutrache haben; jahrelang war sie allgemeines Gesprächsthema gewesen. Jetzt aber ignorieren sie sie. Oder sie glauben tatsächlich Napiers Argumentation, vergessen darüber den ihm anhaftenden Schandfleck und das Geschwätz. Sie vergessen, daß neue Anschuldigungen folgen werden. Sie bevorzugen die sichere Linie — und wer kann ihnen das verdenken?

Im gleichen Tonfall fuhr Napier fort: „Nach reichlicher Überlegung weist das Gericht den Antrag der Anklage zurück. Der Prozeß wird fortgeführt, und die Seite der Anklage wird aufgefordert, den nächsten Zeugen zu befragen."

Ramage begriff Napiers Worte nicht sofort. Er starrte Goddard an. Dieser fixierte Napier. Nur ganz langsam erschlafften seine erstarrten Gesichtsmuskeln. Ramage bemerkte wohl, daß er jetzt nur noch seinen völligen beruflichen Untergang vor Augen hatte.

Napier und die anderen Kapitäne hatten sich offensichtlich um Gerechtigkeit bemüht. Obgleich sie wußten, daß Goddard mit dem Moment des Prozeßendes wieder ihr Vorgesetzter sein würde und er somit aus Rache jeden von ihnen ruinieren konnte, haben sie ein Urteil gefällt, das einer genauen Untersuchung durch den obersten Richter von England standhalten würde.

Napier drehte sich zu Goddard und sagte knapp: „Die Vereidigung ist nicht aufgehoben. Rufen Sie bitte Ihren nächsten Zeugen."

Goddard erhob sich taumelnd. „Holen Sie Sydney Yorke", flüsterte er.

Yorke kam herein, so höflich und unbekümmert wie er sich auch damals gegeben hatte, als Ramage ihn an Bord der *Lion* auf Barbados zum ersten Mal sah. Während er vereidigt wurde, überlegte Ramage, welche Fragen Goddard ihm stellen würde, um Crouchers Aussagen irgendwie zu erhärten.

Ramage vermutete, daß Yorke lässig und etwas keck auftreten würde. Darüber ärgerte sich Goddard immer, und es war der beste Weg, ihn zu einem selbstvernichtenden Eingeständnis herauszulocken oder ihn wenigstens aus dem Konzept zu bringen.

Er schaute Goddard neugierig an. Nun, da der Mann sich erhoben hatte, wirkte er irgendwie seltsam. Er bewegte sich ruckartig, wie eine Marionette. Seine Augen waren glasig, geistesabwesend, wie auf etwas gerichtet, das außerhalb dieser stickigen Kajüte zu suchen war. Er gab ganz das Bild eines von Angst gelähmten Mannes ab.

Napier fragte ihn sehr geduldig: „Ist die Anklagevertretung bereit?" Als Goddard die Antwort schuldig blieb, fuhr er fort: „Das Gericht muß an den Zeugen auch ein paar Fragen stellen; wir können diese vorziehen."

Yorke verbeugte sich. Ihm war nicht bekannt, was passiert war, doch Goddards Verhalten verunsicherte ihn etwas.

„Sie waren Kapitän des Handelsschiffes *Topaz*?"

„Kapitän und Besitzer."

„Sie hatten auch das Kommando in einem Konvoi, der am 18. Juli von der *Lion* und der Brigg *Triton* eskortiert wurde?"

„Ja, Sir."

„Berichten Sie, was sich in jener Nacht abgespielt hat."

„Mein Schiff wurde von einem französischen Freibeuter, der *Peacock* angegriffen. Sie segelte im Konvoi mit und hatte sich als Handelsschiff ausgegeben. Glücklicherweise hatte Leutnant Ramage Verdacht geschöpft, weil das Schiff in der Nacht zuvor sich seltsam verhalten hatte. Aus diesem Grunde konnte er die *Peacock* überwältigen, bevor sie uns enterte."

„Wo befand sich die *Peacock* zu der Zeit?"

„Fast längsseits der *Topaz*. Oder, besser ausgedrückt, die *Triton* schob sich wenige Augenblicke früher längs neben die *Peacock*, als sich diese neben uns schieben konnte."

„Hätten Sie den Angriff ohne Hilfe abwehren können?"

„Nein, niemals!" rief Yorke aus. „Die *Peacock* hatte mehr als hundert Mann an Bord, ganz abgesehen von etwa einem weiteren Hundert auf einem anderen Schiff, das sie in der Nacht zuvor geentert hatte. Wir waren nicht gewarnt worden, hatten also nur die übliche Wache an Deck."

„Wir befragten Sie noch nicht wegen des anderen Schiffes. Bitte antworten Sie nur auf gestellte Fragen."

Yorke verbeugte sich entschuldigend.

„Am folgenden Tag gingen Sie an Bord des Flaggschiffes?"

„Ja."

„Sagen Sie dem Gericht etwas über den Grund Ihres Besuches."

„Ich wollte mich beim Admiral beschweren, daß er so unvorsichtig war und einem französischen Freibeuter die Gelegenheit bot, sich dem Konvoi anzuschließen. Ich wollte mich beschweren, weil man diesem Freibeuter erlaubt hatte, ein anderes Handelsschiff in seine Gewalt zu bringen und dieses noch im Konvoi zu einem weiteren Freibeuter umzufunktionieren. Um dem Admiral zu sagen —"

Syme winkte heftig ab. „Langsam, damit ich alles mitschreiben kann!"

Yorke wartete bis der Mann die Feder absetzte.

„— um dem Admiral zu sagen, daß aus der Sicht des Duc de Bretagne, für dessen Sicherheit er besondere Verantwortung trug —"

„Entspricht das der Tatsache?"

„Ich weiß es nur vom Hörensagen", antwortete Yorke vergnügt, „doch es läßt sich leicht feststellen."

„Bleiben Sie bei den Tatsachen, bitte."

„In Ordnung. Ich wollte dem Admiral den Protest des Monsieur le Duc überbringen und ihn informieren, daß Monsieur le Duc beabsichtigte, in einem Brief an den König die höchste Auszeichnung für Ramages umsichtiges Verhalten zu beantragen. Der Brief ist geschrieben und wartet nur auf seine Weiterbeförderung."

„Lassen Sie das Gericht wissen, wie Sie es schafften, hierher zu kommen." Goddard hatte endlich seine Sprache wiedergefunden.

Yorke zuckte die Schultern. „Die *Topaz* verlor im Hurrikan etwa zur gleichen Zeit den Mast wie die *Triton*. Einem glücklichen Umstand ist es zu verdanken, daß die beiden Schiffe nicht auseinandergetrieben wurden. Schließlich strandeten sie gemeinsam auf einem Riff."

„Und dann?" drängte Napier.

„Dann organisierte Leutnant Ramage den Bau von Flößen, auf welchen alle Mann sicher an Land gebracht werden konnten."

„Welches Land war das?"

„Snake Island, östlich von Puerto Rico."

„Was geschah mit den Schiffen?" fragte Goddard scharf.

„Sie wurden aufgegeben."

„Stark beschädigt?"

„Mastlos — ja, sicher — und gestrandet, aber nicht allzu stark beschädigt."

„Sie sahen das Wrack der *Triton* mit Ihren eigenen Augen?"

„Ja."

„Zerstörte der Angeklagte das Schiff, um es nicht in spanische Hände fallen zu lassen?"

„Nein", entgegnete Yorke belustigt. „Er hat sogar den Entschluß gefaßt, keines der Schiffe anzuzünden."

„Kennen Sie den Grund für diese Entscheidung?"

„Er wollte nicht die Aufmerksamkeit einer spanischen

Garnison auf sich lenken, die auf der Insel hätte stationiert sein können."

„Gab es dort eine solche Garnison?"

„Oh, ja, ein Dutzend Mann und einen Leutnant."

„Und aus Furcht vor einem Dutzend spanischer Soldaten wurde die Brigg nicht zerstört?"

„Nun, das stimmt nicht ganz", korrigierte ihn Yorke. „Wir nahmen die Soldaten gefangen. Den Rauch hätte man aber von Puerto Rico aus sehen können, wo, wie ich vermute, ein paar tausend Soldaten stationiert sind. Wir waren der Meinung, die Spanier wären besonders wachsam wegen des Schatzes auf der Insel."

„Wegen des *Schatzes?*"

„Ja, sehen Sie, die Männer der Garnison gruben überall auf der Insel Löcher."

„Löcher?"

„Nun, eigentlich Gräben", verbesserte sich Yorke lässig. „Sie sahen wie Gräber aus, und in einem Falle gab es auch ein großes Grab. Jede Menge Skelette darin."

„Skelette, Mr. Yorke?"

„Ja. Tote Menschen. Sie waren ermordet worden, müssen Sie wissen. Ich fand das alles höchst bedrückend. Ihnen wäre das genau so gegangen, da bin ich sicher. Alle waren in den Hinterkopf geschossen worden. Eine Kugel richtet einen Schädel fürchterlich zu."

„Aber wer waren diese Toten?" stammelte Goddard.

„Völlig unklar, fürchte ich. Alle liegen in einem Kreis. Piraten... Sklaven... wer weiß das schon? Sie waren gefesselt gewesen. Vielleicht um sie daran zu hindern, sich am Schatz zu vergreifen."

„Der Schatz!" rief Goddard wieder aus, wie wenn er ihm erneut in den Sinn gekommen wäre, nachdem seine Aufmerksamkeit vorübergehend auf die Skelette gelenkt worden war. Was *ist* das für ein Unfug mit dem Schatz?"

Napier unterbrach ihn: „Ich bitte Sie, was hat das alles

mit den Anschuldigungen zu tun, die gegen den Angeklagten erhoben worden sind?"

„Verstehen Sie, der Angeklagte ging auf Schatzsuche, und ich dachte, Admiral Goddard ließ Interesse erkennen."

Napier schaute Goddard an. „Meinen Sie, das alles ist für die Seite der Anklage wichtig?"

„Wie soll ich das wissen!" sagte Goddard und ließ leichten Ärger erkennen. „Falls das Hohe Gericht nichts einzuwenden hat, sollte man der Sache vielleicht auf den Grund gehen."

„In Ordnung... Das Gericht setzt die Befragung fort. Mr. Yorke, was veranlaßte Sie zu glauben, daß auf der Insel ein Schatz verborgen sei?"

„Nicht ich wurde zur Schatzsuche veranlaßt, sondern Mr. Ramage."

„Beschreiben Sie die Ereignisse bitte."

Yorke blickte kurz zu Ramage und bemerkte, daß dieser ihm fast unsichtbar zunickte.

„Die spanischen Soldaten bewachten Sklaven, die überall auf der Insel Gräben zogen. Leutnant Ramage spricht spanisch und fand so heraus, daß man nach einem Schatz suchte."

„Hatten Sie eine Karte, die Ihnen sagte, wo er sein könnte?"

„Nein, da gab es nur einen Reim, so eine Art Rätsel, in dem man den Schlüssel zu dem Geheimnis vermutete."

„Konnten Sie es lösen?"

„Mr. Ramage schaffte es."

„Und was geschah dann?"

„Wir ließen unsere Männer graben."

„Ohne Erfolg, wie ich annehme?"

„Oh, nein", sagte Yorke so gleichgültig wie möglich. „Ich glaube, der Aufwand hat sich wirklich gelohnt. Wir fanden zahlreiche Schatzkisten: alte spanische Münzen, Metallschmuck und -gefäße, solche Sachen."

„Ohne großen Wert also?"

„Mir schienen sie wertvoll zu sein, aber ich bin ein armer Mann! Der Schatz wiegt viele Zentner und war größtenteils aus Gold."

Das hatte gesessen. In der Kajüte war es absolut still, bis Napier etwas gequält fragte: „Und wo ist er jetzt?"

„An Bord der *La Perla,* einem spanischen Schoner..."

„Ich vermutete, Sie hätten ihn von Snake Island mitgenommen", wunderte sich Napier.

„Das geschah durch Leutnant Ramage."

„Aber Sie sagten, er sei an Bord der *La Perla?"*

„Die *La Perla* liegt etwa eine halbe Meile von hier vor Anker. Leutnant Ramage überwältigte die spanische Besatzung und segelte sie als Beuteschiff hierher."

„Lassen Sie den Gerichtssaal räumen", ordnete Napier an. „Das Gericht vertagt sich. Der Angeklagte bleibt hier."

In der Kajüte hielten sich nun nur noch Ramage, Syme, die sieben Kapitäne und Napier auf. Der Vorsitzende fuhr Ramage an: „Denken Sie daran, Ramage, daß es das Gericht nicht gerne sieht, wenn Sie den Prozeß zur Zirkusveranstaltung umfunktionieren."

„Ich stehe hier und kämpfe um mein Leben, Sir."

„Das weiß ich, verdammt nochmal. Doch diese Schatzgeschichte. Steckt wirklich so viel dahinter wie dieser Yorke behauptet?"

„Mehr, Sir. Ungefähr fünf Tonnen. Der Gesamtwert dürfte mehr als eine Million Pfund darstellen, rechnet man die Feinunze mit drei Pfund siebzehn Komma sechs."

Napier hob beschwörend die Hände. „Sie tun sich so keinen Gefallen. Mein Gott!" rief er aus. „Wir müssen eine Wache aufstellen!"

„Hundert Seeleute und Marinesoldaten bewachen den Schatz, Sir."

„Aber wer kommandiert augenblicklich die *La Perla?* Ihr Kapitän ist als Zeuge hier."

„Der Kapitänsmaat, Sir."

„Tonnen von Gold und Silber, und ein Kapitänsmaat als Kommandeur! Sie sind wahnsinnig, Ramage! Die ganze Schiffsbesatzung könnte sich gegen Sie stellen und die Anker lichten!"

„Erlauben Sie mir zu bemerken, Sir, daß diese Männer halfen, den Schatz zu finden, auszugraben, in Kisten zu verpacken, die *La Perla* zu überwältigen, den Schatz an Bord zu hieven und das Schiff mehrere hundert Meilen hierher zu segeln. Sie hätten tausend Gelegenheiten gehabt, den Kapitän, dessen Maat, Yorke, den Herzog und dessen Begleitung umzubringen und mit dem Schatz abzuhauen. Das wäre leichter gewesen als zum augenblicklichen Zeitpunkt."

„Schon gut; seien Sie nicht so schrecklich empfindlich. Warum berichteten Sie nicht früher über diese ganze Geschichte?"

„Ich habe meine Berichte hier, Sir." Er schwenkte die Papiere, die er in der Hand gehalten hatte.

„Warum übergaben Sie sie nicht direkt nach Ihrer Ankunft?"

„Ich ging sofort zu Admiral Goddard, übergab ihm den Bericht, den ich über den Verlust der *Triton* angefertigt hatte, und wurde sofort unter strengen Arrest gestellt. Ich hatte also keine Gelegenheit, die anderen Berichte zu übergeben, Sir. Eine Marineeskorte führte mich ab."

„Sie hätten den Bericht über den Schatzfund trotzdem weiterleiten können."

„Das hätte ich tun können, Sir", gab er zu.

„Aber Sie wollten den Schatz als Trumpf ausspielen, nicht wahr?"

„Wirklich nicht, Sir!" antwortete Ramage verärgert. „Wie hätte ich das denn anstellen sollen, Sir, selbst wenn ich es gewollt hätte?"

„Warum gaben Sie dann Goddard den Bericht nicht?"

„Weil mir der Admiral, ohne meinen ersten Bericht gelesen zu haben, ins Gesicht sagte, ich würde wegen Verstoßes gegen Artikel zehn, zwölf und siebzehn vor ein Gericht gestellt werden. Damit konnte nur Feigheit gemeint sein, Sir."

„Verdammt!" fluchte Napier. „Warum muß ausgerechnet *ich* Präsident dieses Gerichtes sein! Was haben alle diese Herren —" er zeigte auf jeden von ihnen „— getan, daß sie in all' das verwickelt werden sollen?"

„Gestatten Sie, Sir", sagte Ramage schnell, „was habe *ich* getan, um hier wegen Feigheit angeklagt zu stehen?"

Kapitän Robinson schaltete sich ein: „Ein häßliches Geschäft, das ganze! Wir wollen uns raushalten, sage ich. Ein Bericht an Sir Pilcher Skinner. Sie arbeiten ihn aus und wir unterzeichnen alle. Protokolle über den bisherigen Prozeßverlauf können beigelegt werden. Wir sollten darüber abstimmen. Wäre verdammt töricht von uns, eine andere Entscheidung zu treffen. Das ist meine Meinung."

„Meine auch", pflichtete ihm Innes bei, und alle anderen nickten zustimmend.

„Schauen Sie, junger Ramage", sagte Napier plötzlich. „Sie sollten das eigentlich nicht hören. Gehen Sie hinaus; grüßen Sie ihre Begleitung und drehen Sie an Deck ein paar Runden. Sprechen Sie sonst mit niemandem."

Auf dem Weg zur Tür hörte er einen erschöpften Napier brummen: „Syme, Sie sind der blödeste, nutzloseste stellvertretende Rechtsoffizier, der mir jemals begegnet ist!"

Eine halbe Stunde später tagte das Gericht weiter. Goddard und Ramage wurden hereingerufen. Syme hatte einen hochroten Kopf. Ramage vermutete, daß er die unangenehme Pflicht übertragen bekommen hatte, Präzedenzfälle, Gesetze und Beschlüsse zu finden, die den morgendlichen Ereignissen entsprachen. Der kleine Stapel von Gesetzbüchern vor ihm war wild durcheinandergeworfen.

Napier schaute zu Goddard hinüber.

„Das Gericht hat beschlossen, daß alle Aussagen des letzten Zeugen, die sich auf den Schatz beziehen, aus dem Protokoll entfernt werden."

Entfernt? Ramage fühlte, daß das Wort wohlüberlegt worden war; „gestrichen" oder „getilgt" wären gebräuchlichere Ausdrücke gewesen. *Völlig* entfernt, und dann dem Oberbefehlshaber zugeschickt? Alle Aussagen waren unter Eid gemacht worden ...

„Der Schwere der Anschuldigungen entsprechend", fuhr Napier fort, „hat das Gericht jedoch beschlossen, den Prozeß weiterzuführen. Hat die Seite der Anklage noch Fragen an den letzten Zeugen?"

„Nein", sagte Goddard fast flüsternd. Der Mann schien in sich zusammenzusacken. Nichts mehr von seiner gewöhnlich hochnäsigen Haltung. Er ließ die Schultern hängen; die gewölbte Brust, die direkt in den hervorstehenden Magen überging, war eingesunken. Jetzt quoll nur noch der Bauch. Seine Augen waren blutunterlaufen und eingefallen. Er glich einem Menschen, der schuldig gesprochen und zum Tode verurteilt werden würde. Und vielleicht traf das zu. Vielleicht wußte Goddard, daß er mit hohen Einsätzen gespielt und alles verloren hatte.

„Rufen Sie dann bitte Ihren nächsten Zeugen."

„Die Seite der Anklage hat keine weiteren Zeugen."

„Gut, dann wird die Verteidigung ihre Argumente darlegen."

Eigentlich hätte Ramage nun seine Verteidigungsrede vorzulesen und danach seine Zeugen zu rufen gehabt; stattdessen stand er auf.

„Mit Zustimmung des Hohen Gerichts werde ich auf mein Recht verzichten, meine Verteidigung zu verlesen. Ich bin bereit, mich mit den schon gemachten Zeugenaussagen zufriedenzugeben und bitte das Hohe Gericht, sich die übrigen Zeugen anzuhören."

„In Ordnung", stimmte Napier zu. „Vermerken Sie das bitte, Syme."

Als Syme das Protokoll ergänzt hatte, sagte Napier zu Ramage: „Sie können Ihren ersten Zeugen hereinrufen." Offiziell stand er immer noch unter den schwersten Anschuldigungen, und die Gerichtsprotokolle würden bei der Admiralität von Leuten gelesen werden, die keine Ahnung hatten, was sich im Hintergrund abspielte.

„Rufen Sie Edward Southwick."

Der Kapitän wurde vereidigt, und Ramage fragte ihn nach Einzelheiten bezüglich des seltsamen Verhaltens der *Peacock* in der Nacht vor der Attacke auf die *Topaz*. Die Aussage sollte als Begründung dienen, warum er seinen Bericht an Bord der *Lion* ausgehändigt hatte.

Die folgenden Fragen waren so abgefaßt, daß Southwick in einfachen aber plastischen Sätzen den Überfall auf die *Topaz* und das Eingreifen der *Triton* schildern konnte. Southwicks ganze Bewunderung für seinen Vorgesetzten waren seiner Schilderung zu entnehmen.

Nur kurz streiften Ramages Fragen den Aufenthalt auf Snake Island; dennoch rundete die Schilderung von der Enterung der *La Perla* und der letzten Etappe der Reise nach Jamaika den Bericht ab. Nun blieben nur noch wenige Fragen offen. Ramage wollte sie aber unbedingt unterbringen, denn sie würden Southwicks Namen in der Marine berühmt machen.

„Hat die *La Perla* beim Verlassen von Snake Island Schwierigkeiten bezüglich des Manövrierens gemacht?"

„Ja, sie war kopflastig."

„Erzählen Sie dem Gericht, welche Anweisung Sie zur Abhilfe erhalten haben."

„Ich sollte das Gewicht neu verteilen und das Heck stärker belasten."

„Wieviel Gewicht luden Sie um, und um was für eine Ladung handelte es sich?"

„Ungefähr zwei Tonnen Gold- und Silbermünzen."

„Ich habe keine weiteren Fragen an den Zeugen", schloß Ramage.

Napier wandte sich Goddard zu.

„Ihr Zeuge."

„Ich habe keine Fragen."

Syme verlas seinen Mitschrieb, legte ihn Southwick zur Unterschrift vor und forderte ihn dann auf, den Zeugenstand zu verlassen.

„Ihr nächster Zeuge?" fragte Syme, als ob er sich entschlossen hätte, etwas aktiver ins Geschehen einzugreifen.

„Rufen Sie den Duc de Bretagne."

Der Herzog schritt herein und verbeugte sich tief vor dem Vorsitzenden. Napier wußte nicht so recht, wie er den Gruß erwidern sollte, stand aber schließlich auch auf, um sich seinerseits zu verbeugen.

„Euer Gnaden", begann er zögernd. „Ich — eh — ist Euer Gnaden mit der englischen Sprache vertraut?"

„Perfekt, danke schön."

Napier wurde rot. „Sie wissen, daß ich verpflichtet bin, diese Frage zu stellen?"

„Natürlich", antwortete der Herzog, „aber ich benötige keine Erklärung."

„Bitte vereidigen", sagte er kurz zu Syme.

Seine Hand auf dem Kruzifix, legte der Herzog den Eid ab. Wie um sich nochmals im voraus entschuldigen zu wollen, begann Napier: „Der stellvertretende Rechtsoffizier muß die Fragen notieren, bevor Sie die Antworten geben, so daß..."

„Ich verstehe völlig", kam ihm der Herzog zuvor.

„Sie reisten auf einem Schiff namens *Topaz* nach Jamaika?" begann Ramage die Befragung und hoffte, der Herzog würde die Bedeutung der Frage erkennen.

„Ich fuhr einen Teil der Strecke auf der *Topaz*", erklärte er, und ehe ihn jemand unterbrechen konnte, fuhr er fort:

„Meine Begleiter und ich wechselten von der *Lion* auf die *Topaz* wegen des Verhaltens von Admiral Goddard."

In der darauf folgenden Stille konnte Ramage das Pochen seines Herzens hören. Würde Napier die Frage sperren lassen? Würde Goddard Protest einlegen? Schnell hängte er eine weitere Frage an: „Was ereignete sich in der Nacht des letzten 18. Juli?"

„Die *Topaz* wurde von einem französischen Freibeuter angegriffen."

„War der Angriff erfolgreich?"

„Nein, er wurde vereitelt durch die weise Voraussicht und den Mut der Brigg *Triton*."

„Beklagten Sie sich in irgendeiner Weise beim Admiral nach diesem Zwischenfall?"

„Ja, weil er sträflich leichtsinnig war, indem er diesem Freibeuter erlaubt hatte, sich dem Konvoi mehrere Tage lang anzuschließen."

Immer noch erhob niemand gegen die Rechtmäßigkeit der Frage Protest, und Ramage, der sein Glück kaum glauben konnte, setzte sein Verhör fort. Wie oft, rieb er sich dabei unbewußt über die beiden Narben.

„Vor diesem Gericht wurde ausgesagt, daß Sie den Kapitän der *Topaz* an Bord der *Lion* geschickt hätten. Er sollte sich wegen meiner Feigheit beschweren, die sich darin zeigte, daß ich der *Topaz* nicht zu Hilfe eilte. Aufgrund welcher Erkenntnisse konnten Sie diese Behauptung aufstellen?"

„Ich machte keine solche Anschuldigung", sagte der Herzog völlig gelassen. „Es steht mir nicht zu, nach den Motiven zu forschen, die jemanden bewegen können, solche Dinge zu behaupten."

Napier unterbrach ihn: „Das Gericht besteht darauf zu erfahren, ob Sie über den Kapitän der *Topaz* dem Admiral eine Botschaft zukommen ließen, und — wenn ja — welchen Inhalts sie war."

„Natürlich überbrachte Mr. Yorke eine schriftliche Botschaft. Sie lobte Mr. Ramage und kündigte an, daß ich beabsichtigte, Seiner Majestät einen Brief zu schreiben, um Seiner Majestät Augenmerk auf den jungen Leutnant zu lenken, der durch seinen Mut meine Sicherheit gewährleistete und mir ermöglichte, den Auftrag auszuführen, den mir Seine Majestät übertragen hatte."

„Ich danke Ihnen", sagte Napier.

„Haben Sie Grund, sich über mein Verhalten Ihnen gegenüber auf Snake Island oder an Bord der *La Perla* zu beschweren?"

„Ja", antwortete der Herzog mit ernster Miene. Er senkte seinen Blick und preßte die Lippen leicht zusammen. Goddard richtete sich auf, und alle Anwesenden warteten gespannt. Ramage war sprachlos.

„Würden Sie bitte das Hohe Gericht wissen lassen, wie diese Beschwerde aussieht?"

Nun konnte der Herzog sein Lächeln nicht mehr unterdrücken.

„Mr. Ramage lehnte es ab, mich in seine Mannschaft aufzunehmen."

Die Mitglieder des Gerichts brachen in schallendes Gelächter aus und übertönten damit Ramages Lachen, das sich anfangs leicht hysterisch angehört hatte.

„Danke, Euer Gnaden. — Ich habe an diesen Zeugen keine weiteren Fragen."

Syme las das Protokoll vor. Dann wurde Admiral Goddard gefragt: „Haben Sie Fragen an diesen Zeugen?"

Goddard schüttelte den Kopf, und Ramage sagte fast gleichzeitig: „Das war mein letzter Zeuge."

Napier nahm seine Uhr vom Tisch. Ramages Degen lag noch immer auf dem Tuch.

„Das Gericht vertagt sich bis morgen früh acht Uhr dreißig zur Urteilsverkündung. Der Angeklagte bleibt natürlich unter Bewachung."

21

Am nächsten Morgen stieg Ramage von der *Arrogant* in das schmuddelige Beiboot der *La Perla* um, bei dem die Farbe abblätterte und die Ruder schwer zu bewegen waren. Lauter freundliche Gesichter hießen ihn willkommen. An der Ruderpinne stand Jackson, sauber gekleidet, frisch rasiert und mit zu einem ordentlichen Zopf frisierten Haar. Southwick hielt sich im Heck auf; sein volles, weißes Haar ließ sich wieder einmal unter der Mütze nicht bändigen. Er hielt die Scheide seines Degens dicht an sich gepreßt. Neben ihm stand Yorke. Sein Grinsen zeigte einen gewissen Übermut, als ob er gerade mit hohem Einsatz gespielt und gewonnen hätte. Hinter ihm strahlte das Gesicht des Herzogs Zufriedenheit aus; so strahlte ein Vater, der seinen verlorenen Sohn wieder zuhause willkommen heißen durfte.

Southwick streckte die Hand aus.

„Ich nehme Ihren Degen, Sir."

Nicht zuletzt durch diese Geste des treuen Southwick, war Ramage den Tränen nahe. Er wußte, daß er diesen Augenblick des Sieges seinen Freunden zu verdanken hatte.

Ewig lang schien es zurückzuliegen, daß er als vor Gericht gestellter Offizier seinen Degen, sein Rangabzeichen also, dem Kommandeur der Militärpolizei übergehen mußte. Während des ganzen Prozesses war er auf dem grünen Tuch des Tisches vor den Kapitänen gelegen, mit allen für einen Prozeß notwendigen Utensilien drum herum. Da waren die Gesetzbücher, auf die man sich berufen mußte;

die Logbücher und die Stammrollenbücher der Schiffe, die zu numerierten Beweisstücken gestempelt worden waren. Da lagen ihre Aufzeichnungen, die oft in Eile oder nachträglich niedergeschrieben worden waren. Alles Dinge von enormer Wichtigkeit, um einen längst zurückliegenden Vorfall richtig zu beleuchten und einzuschätzen.

Dann hatten alle Zeugen gehört und die darüber angefertigten Protokolle verlesen werden müssen. Die sieben Kapitäne hatten erst nach eingehender geheimer Beratung ein Urteil fällen können. Zur Verkündung desselben war Ramage, der „Gefangene" gerufen, die in die große Kajüte führende Tür vor ihm aufgestoßen worden. In tadelloser Haltung, mit erhobenem Kopf und zurückgenommenen Schultern, aber auch rasend schnell schlagendem Herzen war er eingetreten und hatte sofort versucht, einen flüchtigen Blick auf seinen Degen zu werfen. Leider war er von Syme und den drei nächstsitzenden Kapitänen bedeckt worden. So hatte er sich auf dem kürzesten Weg zu seinem Platz begeben, um nicht länger die Augen aller Anwesenden auf sich ruhen zu fühlen. Bevor er sich gesetzt hatte, hatte er sich leicht verbeugt.

Und dabei war es ihm gelungen zu entdecken, daß sein Degen in der Scheide steckte und mit dem Griff in seine Richtung ausgerichtet war. Damit hatte sich das Rätsel gelöst, konnte die Spannung nachlassen, denn die Lage des Degens symbolisierte, daß das Gericht ihn nicht für schuldig befunden hatte. Ganz ungewollt war sein Blick zu Goddard hinübergeglitten, der seinerseits auf die Waffe starrte. Da die beiden sich diagonal gegenübersaßen, zeigte die Klinge in seine Richtung.

Dann hatte Napier das Urteil verkündigt und ihm seinen Degen ausgehändigt. Er hatte nur noch seinen Dank murmeln können und war aus der Kajüte in das gleißende Sonnenlicht gewankt. Ans Schanzkleid gelehnt, hatte er ins Wasser gestarrt und dabei einen Schwarm kleiner, an Elritzen erinnernde Fische beobachtet, der in wilder Flucht vor irgendeiner verborgenen Gefahr davonstob. Ihnen mit den Augen folgend, hatte er die vor Anker liegende *Lion* wahrgenommen. Sie war von elf Handelsschiffen, dem traurigen Rest des Konvois, umgeben.

Er hatte diese wenigen Minuten des Alleinseins gebraucht. Erst dann war er in der Lage, sich umzudrehen. Jackson hatte geduldig gewartet. Ein paar Fuß vor den anderen stehend, hatte er ihn begrüßt: „Ihr Boot ist bereit, Sir." Er hatte dem Amerikaner die Hand geschüttelt und dabei gemerkt, daß er zitterte und ein fester Händedruck nicht möglich war.

Stafford, Appleby, Southwick, Yorke und der Herzog hatten ihn nacheinander mit Handschlag begrüßt. Die Worte des Herzogs klangen noch in seinem Ohr: „Auch meine Frau und meine Tochter danken für alles, was Sie für uns getan haben und bedauern alles, was Sie durch uns an Schwierigkeiten erdulden mußten."

Als Ramage sich neben den Herzog auf die Ruderbank setzte, gab Jackson das Kommando zum Ablegen. Stafford war Schlagmann; Rossi und Maxton paßten sich seinem Schlagrhythmus an. Der letzte in der Reihe war dagegen immer um den Bruchteil einer Sekunde langsamer als die anderen. Dieser Farbige war der ehemalige spanische Sklave Roberto, der nun der Königlichen Marine angehörte.

Jackson steuerte nicht die *La Perla* an. Ramage wollte ihn darauf aufmerksam machen, unterließ es dann aber, weil er sich vorstellen konnte, daß der Herzog und Yorke an Land gebracht werden wollten.

Southwick beugte sich zu ihm hinüber und übergab einen Brief.

„Wurde heute morgen überbracht, Sir."

Er war einfach an „Leutnant Ramage" adressiert. Sollte das...?

Obwohl das Gericht seine Unschuld bestätigt hatte und keine Gefahr mehr bestand, daß er sich, sah man von einer routinemäßigen Befragung wegen des Verlustes der *Triton* ab, erneut würde verantworten müssen, hatte er immer noch kein neues Schiff. Sir Pilcher Skinner würde ihm nach all dem Schaden, den er seinem Stellvertreter zugefügt hatte, nicht einmal mehr ein Proviantboot übertragen. Und das bedeutete, daß er die Rückreise nach England als Passagier anzutreten haben würde; daß er dort seine Ankunft der Admiralität mitteilen und — warten mußte.

Er würde nach Cornwall gehen. Bestimmt wären seine Eltern überglücklich, ihn wiederzusehen. Ein paar Wochen lang könnte er dann das Leben in Blazey Hall genießen; könnte zu Fuß und zu Pferde die cornischen Moore durchqueren. Wahrscheinlich würde auch Gianna dort sein ... Und dann würde er unruhig und lustlos werden, würde die Freude an all dem verlieren, was ihn vorher so tief befriedigt hatte. Und er würde sich danach sehnen, zur See zurückkehren zu können, doch die Admiralität würde niemals jemanden verpflichten, der, wie er, einen Admiral ruiniert hatte, wie unfair sich dieser Admiral auch immer verhalten haben mochte ...

Southwick beobachtete Ramages Tagträume und wurde etwas nervös. Vielleicht war der Brief wichtig, meinte er. Ramage riß ihn schließlich auf. Zu spät stellte er fest, daß er versäumt hatte, einen Blick auf den Siegelabdruck zu werfen; nun war es zu spät, der Lack war zerstört.

Das Schreiben war von Sir Pilchers Sekretär: Leutnant Ramage wurde aufgefordert, um vier Uhr nachmittags beim Oberbefehlshaber vorzusprechen. Er schaute auf seine Uhr. Jetzt war es gerade neun Uhr dreißig.

Er hielt Southwick den Brief hin, doch dieser winkte ab.

„Ich nahm mir die Freiheit, den diesen Brief überbringenden Leutnant nach dem Inhalt zu fragen", gestand er und wiederholte den Wortlaut: „Der Leutnant ist dazu ernannt, das Kommando über die *La Perla* zu übernehmen."

Sir Pilcher hatte also umgehend gehandelt.

„Ihre Ausrüstung wurde an Land gebracht, Sir."

„Was geschieht mit meiner Besatzung?" fragte Ramage.

„Geht vorübergehend an Bord der *Arrogant*, Sir. Die Männer der *Topaz* sind noch an Bord. Mr. Yorke kümmert sich um sie, Sir."

„Prima", sagte Ramage wie betäubt. Leider ließ es sich nicht ändern, daß er von Southwick und seinen Leuten getrennt wurde; das war bei Schiffsverlusten so üblich. Trotzdem traf es ihn hart, denn irgendwie hatte jeder einzelne so hervorragend zum Gelingen beigetragen.

Der Herzog bemerkte seine Niedergeschlagenheit.

„Wir haben uns die Freiheit genommen, Ihnen zu Ehren ein Festessen zu arrangieren."

„Seien Sie nicht so traurig, Ramage", versuchte Yorke ihn aufzuheitern, „man könnte meinen, Sie hätten den Prozeß verloren!"

„Welchen Ort haben Euer Gnaden für die Feier ausgesucht?" fragte Ramage höflich, wollte dadurch aber unbedingt erfahren, ob Maxine dabei sein würde.

„Nicht ich habe die Wahl getroffen", antwortete der Herzog. „Ja, eigentlich sind wir alle Gäste; Mr. Yorke, Mr. Southwick, meine Familie, der Graf, Mr. Bowen und der junge Appleby. Der Graf ist übrigens traurig, daß er nicht aussagen durfte; er hat eine scharfe Zunge und wollte sie zu Ihren Gunsten einsetzen."

„Wirklich?" fragte Ramage und war schon etwas besserer Dinge. „Und wem schulden wir Dank für diese Einladung?"

„Dem Gouverneur. Wir sind schon auf dem Weg zum Regierungssitz."

„Unglaublich!" rief Ramage aus. „Auf dem Weg zum Regierungssitz?"

„Ich habe — eh — wie nennen die Seeleute das: ich habe dort meine Hängematte festgemacht. Der Gouverneur ist interessiert an unserer — eh — kürzlichen Exkursion und möchte Einzelheiten von Ihnen erfahren. Nachdem ich mein Beglaubigungsschreiben überreicht hatte, war er nett genug, mich wissen zu lassen, wie sehr er sich freut, daß wir in Sicherheit sind. Er bestand darauf, uns als seine Gäste empfangen zu dürfen. Tatsächlich, ich fürchte, ich brachte ihn um seine Nachtruhe, als ich ihm von unseren Abenteuern erzählte."

„Ihr Beglaubigungsschreiben?" wunderte sich Ramage und merkte, daß er laut gedacht hatte, wofür er sich sofort entschuldigte.

„Das erzähle ich Ihnen später", vertröstete ihn der Herzog. „Sie werden dann verstehen, warum der Admiral unzufrieden war, als wir sein Schiff verließen und auf die *Topaz* umstiegen. Bei Gott, dieser Schiffswechsel hat Ihnen wirklich genug Schwierigkeiten eingebracht."

„Euer Gnaden!" beschwerte sich Ramage. „Sie täuschen sich. Die Freibeutergeschichte war nur eine aufregende nächtliche Episode; der Hurrikan hätte uns auch den Mast gekostet, wenn Sie auf der *Lion* geblieben wären."

Jackson rief: „Wir sind am Ziel!"

Als sich das Boot an den Steg heranschob, bemerkte Ramage, daß eine mit vier Schimmeln bespannte Kutsche auf sie wartete. Neben ihr standen vier Männer in Livree.

„Ah", sagte der Herzog erfreut, „wie aufmerksam vom Gouverneur. Und meine Damen werden uns auch schon erwarten."

Den ganzen Morgen über und während des Mittagessens hatte sich Ramage nur ein einziges Glas Champagner einschenken lassen, um die Toasts erwidern zu können. Trotzdem fühlte er sich ziemlich beschwipst, als ihn eine der Karossen zum Haus der Admiralität brachte, wo er sich mit dem Oberbefehlshaber treffen sollte.

Ramage und Yorke hatten schon lange gefühlt, daß der Herzog für die britische Regierung von außerordentlicher Wichtigkeit sein mußte. Sie waren aber doch sehr überrascht gewesen, als er ihnen auf dem Weg zum Wohnsitz des Gouverneurs seine Geschichte erzählte.

Die britische Regierung hatte einen schweren Angriff auf Guadeloupe und Haiti, die letzten Bollwerke des revolutionären Frankreich in der Karibik, geplant. Der Herzog sollte die Schlüsselfigur sein, der Mann, dem alle noch auf den Inseln lebenden Royalisten zu unterstellen waren. Damit würde er der Vizekönig eines neuen französischen Karibikreiches werden, eines Reiches, das die Briten vorher in ihren Besitz gebracht und einer französischen Exilregierung zur Verwaltung übergeben hatten.

Der Herzog wurde hierher geschickt, um auf französischem Boden im karibischen Raum den Grundstock für eine neue französischen Nation zu legen und damit den Gedanken an das „Exil" zu verdrängen.

Die Verwirklichung dieser Idee, so erklärte der zukünftige Vizekönig in seiner, ruhigen, geduldigen Art, war nur möglich, wenn genug Schiffe und Truppen zur Verfügung standen. Und die erste Nachricht, die ihn nach dem Treffen mit dem Gouverneur erreicht hatte, war, daß der Angriff auf die beiden Inseln verschoben worden war. Dieser Beschluß des Außenministers, Lord Grenville, war von einer Fregatte überbracht worden. Sie war nach ihrer Fahrt von England nach Jamaika erst vor vier Tagen im Hafen von Kingston eingelaufen.

Ramage und Yorke versuchten, ihr Bedauern auszudrücken, doch der Herzog zuckte nur mit den Schultern.

„Manchmal meine ich", erklärte er, „wir versuchen, eine neue Welt im Gewand der alten aufzubauen. Und ich habe zu viel gesehen, um die Fehler der alten nicht zu kennen. Doch ich bin auch zu alt, um zu versuchen, diese Fehler auszumerzen. Veränderung ist der Feind des Alters, mein junger Freund, und wir alten Leute neigen dazu, uns gegen sie zu wehren."

Nach diesem Gespräch hatte sich Ramage für eine halbe Stunde mit dem Generalstaatsanwalt zusammengesetzt. Dieser liebenswerte Mann wollte mit ihm über den Prozeß diskutieren. Danach begriff Ramage, warum man ihn vor Antritt der Fahrt gewarnt und zu erhöhter Aufmerksamkeit aufgefordert hatte: der Gouverneur war über den Auftrag des Herzogs informiert gewesen.

Als die Pferde auf Sir Pilchers Haus zutrabten, fragte sich Ramage, warum er wohl zu diesem Besuch aufgefordert wurde. Natürlich war die Annahme töricht, der Oberbefehlshaber habe nur Interesse an einem schlichten Leutnant. Goddard hatte wesentlich dazu beigetragen, daß er der nicht mehr war. Er glich nun viel mehr so berühmt-berüchtigten Persönlichkeiten wie dem Liebhaber einer Königin oder einem Straßenräuber.

Ramage fuhr sich noch einmal mit dem Taschentuch über die nasse Stirn, rückte seine Mütze zurecht, klemmte die Papiere unter den Arm und griff nach seinem Degen. Der Kutscher hatte die Pferde vor ein großes, quadratisches, von Marinesoldaten bewachtes Haus gelenkt.

Schon zehn Minuten später wurde Ramage in das Büro von Sir Pilcher gebeten.

Der Admiral war plump, kleiner als Ramage und hatte einen etwas watschelnden Gang. Sein dickes Doppelkinn, seine prallen Wangen und die rosige Gesichtsfarbe ließen erkennen, daß er gerne gut lebte.

„Ah, Mr. Ramage?"

Sein Handschlag war schlaff.

„Kommen Sie, wir wollen es uns bequem machen."

Er ging auf eine Gruppe von Sesseln zu, die in der Mitte des Zimmers um einen kleinen Tisch angeordnet waren.

Er setzte sich und bot Ramage durch eine Handbewegung den Platz gegenüber an.

„Ein erfrischender Drink? Nein? Nun, ich vertraue darauf, daß Sie beim Governeur bestens versorgt werden und einen angenehmen Aufenthalt haben."

„Ja, Sir, einen sehr angenehmen."

„Gut, gut; ein sympathischer Mensch und so tüchtig. Und der Herzog — er erfreut sich hoffentlich guter Gesundheit?"

„Ja, Sir."

„Ich beglückwünsche Sie dazu, Ramage, daß Sie den Herzog und seine Begleitung gesund hierher gebracht haben."

Ramage nickte höflich.

„Der Herzog hat — eh — erklärt . . .?"

„Höchst vertraulich, Sir."

„Richtig so, richtig so. Er ließ den Gouverneur wissen, daß er Sie zu informieren wünscht."

Sir Pilcher wischte sich eine gar nicht vorhandene Fussel vom Revers; offensichtlich war er etwas verlegen.

„Eh — ich habe Ihren an Konteradmiral Goddard gerichteten Bericht über den Verlust der *Triton* gelesen..."

„Die anderen Berichte sind hier, Sir."

„Oh, ausgezeichnet. Bitte geben Sie sie mir."

Ramage nahm den ersten zur Hand. „Dieser beschreibt den letzten Abschnitt der Fahrt, den wir auf der *La Perla* hinter uns brachten. Ich führte die Aufzeichnungen fort, bis Jamaika in Sicht kam."

„Ausgezeichnet, ausgezeichnet."

„Und dieser handelt von der Zeit auf Snake Island."

„Ah — als Sie den Schatz fanden, wie?"

„Genau, Sir."

„Hervorragende Arbeit, Ramage, ganz hervorragend. Die Admiralität — nein, was sage ich! — die ganze Regierung wird entzückt sein. Wir entladen ihn gerade. Ich ging selbst zum Hafen, um einen Blick darauf zu werfen. Kisten über Kisten! Mein lieber Freund, was für ein Fischzug!"

„Ja, Sir; ich frage mich, wer die Piraten waren?"

„Ah, ja, der Generalstaatsanwalt blättert gerade alte Aufzeichnungen durch. Wie Sie wissen, ist Piraterei hier in dieser Gegend, ich meine in den Gewässern um Jamaika, schon sehr alt. Jener gewisse Morgan war im Jahre 1690 hinter einem bestimmten Mann her. Zuerst scheinen die beiden Gesinnungsgenossen so etwas wie ‚Brüder der Küste' gewesen zu sein, doch dann entzweiten sie sich. Der Generalstaatsanwalt neigt dazu anzunehmen, daß der größte Teil des Schatzes höchstwahrscheinlich von dem gesuchten Mann stammt. Man erzählt sich, daß er und seine Bande spurlos verschwanden und er sich nach einem Streit mit Morgan auf eine einsame Insel absetzte und zu Tode trank."

„Ein trauriges Ende", sagte Ramage, als er merkte, daß der Admiral seine Meinung darüber hören wollte.

„Ja, ja! So viel Geld, und keine Möglichkeit es auszugeben, was? Nun, ‚wie begonnen, so zerronnen', vermute ich."

Ramage wartete. Er wollte diesen Besuch so schnell wie möglich hinter sich bringen.

Sir Pilcher zog mit einem Finger an seinem steifen Kragen. Anscheinend saß er zu eng.

„Sie wollen wirklich keinen Drink, Ramage?"

„Danke nein, Sir."

„Aber ich werde mir einen genehmigen: läuten Sie doch bitte dem Diener."

Ramage ging zu einer langen, reich verzierten Kordel und zog daran. In der Ferne konnte er ein schwaches Läuten vernehmen, und schon flog ein farbiger Bediensteter herein.

„Rum mit Zitrone, Albert. Der Herr hat keinen Wunsch."

Kaum hatte der Mann den Raum verlassen, als Sir Pilcher begann: „Diese Prozeßgeschichte, Ramage..."

Ramage blickte ihn mit hochgezogenen Augenbrauen an und wartete.

„Verflixt, es ist schwierig, Sie wissen ja."

„Inwiefern, Sir?"

„Es bestehen Zweifel, ob er rechtmäßig abgewickelt wurde. Napier, der Vorsitzende, war in einer verteufelt schwierigen Lage. Der stellvertretende Rechtsoffizier war ihm alles andere als eine große Hilfe."

Angst kroch in Ramage hoch. Nie war ihm der Gedanke gekommen, daß Sir Pilcher jederzeit einen Prozeß für null und nichtig erklären und einen neuen ansetzen konnte, wenn ihm das notwendig erschien. Sollte es tatsächlich zu einem neuen Prozeß kommen, würde man ihn nicht noch einmal wegen Feigheit anklagen. Sir Pilcher und Goddard würden vielmehr mit Hilfe der fähigsten Richter neue Anschuldigungen ausarbeiten, denen er sich zu verantworten hätte ... Plötzlich kam dem Gespräch mit dem Generalstaatsanwalt eine neue Bedeutung zu, und er versuchte sich an die Fälle zu erinnern, die der Herr so genau geschildert hatte und die ihm so unbedeutend erschienen waren.

„Warum war der Prozeß gesetzwidrig, Sir?"

„Nun, nicht direkt gegen das Gesetz. Fest steht aber, daß der Vertreter der Anklage ohne Kenntnis aller Zeugen seine Beschuldigungen aufstellte."

„Es obliegt aber doch der Anklagevertretung, sich darum zu kümmern, Sir", protestierte Ramage. „Die Zeugen waren rechtzeitig zur Stelle, und die entscheidenden Tatsachen stellten sich erst im Laufe des Prozesses heraus!"

„Oh, ja; richtig, richtig. Das bestreitet ja niemand. Es fragt sich eben nur, wie die Beweisführung aufgebaut war. Sie wissen ja, wie griffelspitzerisch diese Anwälte sind!"

„Während des Prozesses wurden nicht die geringsten Zweifel geäußert, Sir."

„Nein, nein; doch wie ich gerade zum Ausdruck brachte,

hat dieser verdammte stellvertretende Rechtsoffizier — wie heißt er doch gleich? Syme? — er hat den Vorsitzenden nicht richtig informiert."

„Was soll nun geschehen, Sir?"

„Verflixt schwierige Situation, Ramage. Ich wäre selig, wenn ich es wüßte. Mir widerstrebt es, einen neuen Prozeß ansetzen zu müssen, nach allem, was Sie durchgemacht haben; wobei man nicht vergessen darf, daß Ihnen natürlich noch die gerichtliche Anhörung über den Verlust der *Triton* bevorsteht."

War das eine versteckte Drohung? Sir Pilcher wollte ihm offensichtlich vor Augen führen, was passieren könnte, falls er sich gegen das stellte, was der Oberbefehlshaber vorhatte. Doch was hatte er eigentlich vor? Er war immer noch bemerkenswert freundlich.

„Der Fall ähnelt wohl dem von Kapitän Powlett, Sir, nicht wahr?"

„Powlett, Powlett? Das war doch anno zweiundfünfzig?" dachte Sir Pilcher laut, und Ramage merkte sofort, daß er darüber erst in jüngster Zeit gesprochen haben konnte; zu leicht erinnerte er sich an das Datum.

„Das Gericht tagte mehrere Tage lang", erklärte Ramage den Fall. „Als man schließlich im Zweifel war, ob man überhaupt im Namen des Gesetzes ein Urteil finden konnte, wurden die Protokolle der Admiralität zugeschickt. Man hoffte, sie würde die Entscheidung abnehmen."

„Sie scheinen ein Querulant zu sein", bemerkte Sir Pilcher scharf.

„Ich habe während der vergangenen Stunden verdammt wachsam sein müssen", antwortete Ramage voll Bitterkeit. Eigentlich hatte er erwartet, daß sein Gesprächspartner wegen dieses rüden Tones explodieren würde, doch nichts dergleichen geschah. So beschloß er, ein weiteres scharfes Geschütz aufzufahren; das Gespräch mit dem Generalstaatsanwalt hatte ihn dazu ermutigt.

„Als General Griffin sich entschloß, Kapitän Powlett unbehelligt zu lassen, weil die Zeugen nicht anwesend sein konnten, hat das Gericht —"

„Ich weiß, ich weiß", unterbrach ihn Sir Pilcher gereizt: „Ich habe die halbe Nacht damit verbracht, den Fall nachzulesen!"

„Dann verstehe ich nicht, wo noch Schwierigkeiten liegen können, Sir. Könnten Sie ..."

„Verdammt, Ramage", explodierte sein Gegenüber schließlich doch, „sehen Sie denn nicht, daß sie Goddard in eine entsetzliche Lage gebracht haben?"

„Ich bitte um Entschuldigung, Sir", erwiderte Ramage darauf ganz ruhig, „aber der Konteradmiral hat versucht, mich *an den Galgen* zu bringen." Er fragte sich, ob Sir Pilcher jetzt erkannte, daß sogar dieser Versuch zur Rettung seines Stellvertreters mißglückt war. Goddard durfte nicht auf öffentliche Gnade hoffen. Seine nächste Bitte sollte den Mann endgültig davon überzeugen!

„Würden Sie bitte die Freundlichkeit haben, Sir, und beantragen, daß mir eine beglaubigte Kopie der Gerichtsprotokolle zugeht?"

Sir Pilcher leerte sein Glas, bevor er antwortete. „Für was, zum Teufel, brauchen Sie die denn?"

„Als Beweismaterial, Sir."

„Sie können damit nichts anfangen, wenn Sie sich wegen des Verlustes der *Triton* verantworten müssen."

„*Darum* dreht es sich nicht."

„Worum dann? Brauchen Sie ein Andenken?" fragte er.

„Nein, Sir, ich benötige Sie in meinem Verfahren gegen Konteradmiral Goddard."

Jetzt gab es, und das war Ramage völlig klar, nur noch zwei Möglichkeiten: entweder der Trumpf stach, oder er hatte das Spiel verloren! Sir Pilchers Augen weiteten sich, und Ramage merkte, daß der Admiral nicht sicher war, ob er richtig verstanden hatte.

„Die Protokolle von Konteradmiral Goddards Verfahren gegen Sie; die meinen Sie doch, oder? — Ja, ich sagte es schon. Sie brauchen sie dafür nicht."

„Doch, Sir", widersprach Ramage ruhig, „für das Verfahren *gegen* Konteradmiral Goddard."

„Worüber, zum Teufel, reden Sie? Drohen Sie einem vorgesetzten Offizier?"

„Oh nein, Sir", sagte Ramage mit Unschuldsstimme.

„Was für ein Verfahren, also?" fragte Sir Pilcher mißtrauisch.

„Ein Verfahren wegen Ablegen eines Meineids, Sir."

Sir Pilchers gerunzelte Stirn verriet, wie er sich konzentrierte.

„Verfahren ... Meineid ..." wiederholte er halblaut. Plötzlich unterbrach er seine Gedankengänge: „Mein Lieber, Sie meinen das doch nicht im Ernst!"

Doch die gespielte Herzlichkeit klang keineswegs überzeugend.

„Man sagte mir, daß der Meineid in den Protokollen festgehalten ist, Sir. Sie vermögen weitere Zeugen zu ersetzen — obgleich ich welche einberufen werde."

„Sie wollen damit sagen, daß Sie darüber bereits mit Anwälten gesprochen haben?"

Es war das Wörtchen „bereits", das Ramage die Sicherheit gab, daß seine Trumpfkarte gestochen hatte. Nun mußte er in diese Kerbe weiterbohren.

„Ja, Sir." Das stimmt auch mehr oder weniger.

„Sie glauben, das läßt sich beweisen?"

Sir Pilcher hatte seinen Schlachtplan geändert. Er war sachlich, seine Stimme härter. Er schien distanzierter zu sein, mehr der Oberbefehlshaber.

„Ja, Sir. Daneben existieren noch die Gerichtsprotokolle von Bastia."

„Ja, die habe ich nicht vergessen", sagte Sir Pilcher langsam.

Er war nicht der Mann, der versuchte, seine Gedankengänge zu verbergen. Ramage konnte wahrlich erkennen, wie der Admiral in Gedanken versuchte, eine Waage ins Gleichgewicht zu bringen; auf der einen Schale stand Konteradmiral Goddard und auf der anderen — ja, wer stand dort wohl?"

„Ihre Zeugen", überlegte Sir Pilcher, „der Herzog, der Graf von Chambéry, der Eigner des Handelsschiffes..."

„Und Lord St. Vincent und Commodore Nelson für den Prozeß von Bastia", ergänzte Ramage.

„Ja, ja, ja; eine eindrucksvolle Liste. Sie würde in Whitehall sehr schwer wiegen."

„In der Tat, Sir", sagte Ramage und fügte ruhig hinzu, „falls sie benötigt wird."

„Ein Prozeß dieser Art würde für Sie das Ende Ihrer Laufbahn bedeuten, mein Lieber. Sie wissen das, nicht wahr? Sollten Sie den Prozeß gewinnen, würde man Sie nie mehr bei der Marine berücksichtigen."

„Das wird auch ohne den Prozeß mein Schicksal sein, Sir."

Sir Pilcher dachte angestrengt nach. Ramage war überzeugt, daß er die Waagschale mit Goddard gerne mehr belasten würde. Früher war Goddards Beziehung zum Hof für ihn zwar recht nützlich gewesen; jetzt schien es ihm aber wesentlich klüger, zu vergessen, daß sie einmal eng befreundet waren.

„Ihr Entschluß steht fest, nehme ich an?"

„Nicht endgültig, Sir; ich bemühe mich nur, das richtige zu tun."

Diese Antwort empfand Ramage selbst als sehr heuchlerisch, aber Sir Pilcher bereitete immer intensiver seine eigene Verteidigung vor. Immerhin war Goddard noch zweiter Oberbefehlshaber.

„Sie wollen nach England zurückkehren?"

„Ja, Sir."

„Um Konteradmiral Goddard vor Gericht zu bringen?"

„Wenn es sich als notwendig erweist, Sir." Er war sich der Doppeldeutigkeit dieser Antwort wohl bewußt. Nun sprachen Sir Pilcher und er dieselbe Sprache.

„Sie wollen einen Handel mit uns abschließen, eh?"

Ramage hatte diese Offenheit nicht erwartet; er nickte zustimmend.

„Was wollen Sie denn herausholen?"

Auch diese Frage überraschte ihn. Jetzt mußte er bis zum äußersten gehen. Eigentlich sollte es nicht allzu schwierig sein, den Mann davon zu überzeugen, daß das, was er wollte, auch für ihn am besten wäre.

„Sehr wenig, Sir. Nur Gerechtigkeit, wirklich."

Seine Stimme erstaunte ihn selbst. Alles klang so vernünftig, fast schon naiv.

„Natürlich, natürlich; die steht Ihnen zu! Aber", fuhr er argwöhnisch fort, „wie sieht Ihre Gerechtigkeit aus?"

„Nun, Sir, falls tatsächlich Zweifel an der Rechtsprechung vom heutigen Vormittag bestehen, sollte man sich an dem Präzedenzfall des Kapitän Powlett orientieren."

„Sie meinen, die Unterlagen sollten der Admiralität zugeschickt werden, damit Ihre Lordschaften darüber befinden können?"

„Ja, Sir."

„Sehr gut; diesen Vorschlag wollte ich Ihnen ohnehin unterbreiten. Sonst noch einen Wunsch?"

Ramage rechnete ihm seine Ehrlichkeit hoch an. Sir Pilcher hätte das tatsächlich vorgeschlagen, wenn auch aus anderen Beweggründen. Er hätte es getan, weil Ramage nicht bereit war, ihm beim Vertuschen eines Skandals zu helfen.

„Nur zwei Punkte, Sir, beides reine Routinesachen."

Das Wort „Routine" war gut gewählt; es ließ Sir Pilcher einen Ausweg offen. Nachdem er bereits beschlossen hatte, die Protokolle aufgrund des erwähnten Präzedenzfalles der Admiralität zuzuschicken, konnte er nun die beiden Wünsche als Routineangelegenheiten abhandeln.

„Reden Sie schon, Mann", drängte der Admiral.

„Die Anhörung über den Verlust der *Triton* — könnte sie morgen oder übermorgen über die Bühne gehen?"

„Das wird möglich sein. Ja", sagte er schnell, um zu verhindern, daß Ramage noch weitere Bedingungen stellen könnte, „übermorgen. Ich werde das heute nachmittag veranlassen."

Und damit standen Ramage seine Zeugen zur Verfügung. Sie konnten nicht aus irgendeinem trivialen Grund auf eines der Schiffe gesteckt werden, die zur Rückreise startklar waren.

„Und was noch?" wollte Sir Pilcher wissen, als ob Gerechtigkeit ein reiner Begriff wäre, eine Forderung, die man eben zu Beginn eines Ersuchens stellt.

„Beschäftigung, Sir. Ich hätte gerne für mich und meine Mannschaft ein neues Schiff."

Sir Pilcher runzelte die Stirn und faltete die Hände. Wie ein Wahrsager auf seine Kristallkugel, so starrte er auf den polierten Tisch. Ramage war in keiner Weise erstaunt über dessen Verhalten. Der Admiral war in einer Zwickmühle. Gab er ihm ein Schiff, brachte er damit stilischweigend zum Ausdruck, daß er Goddard das seine entzogen hatte. Die Situation war kritisch; was er nun sagte oder tat, es diente als Richtschnur für die Zukunft. Gab er Ramage ein Schiff, ließ er damit die Admiralität wissen, daß er Ramages Handeln billigte, daß er den jungen Leutnant zu Ungunsten des Konteradmirals unterstützte.

Verweigerte er ihm aber ein Schiff, hieß das, daß er sein Handeln mißbilligte. Das bedeutete aber, daß er als Oberbefehlshaber seinen Stellvertreter unterstützte, obwohl dieser durch die Gerichtsprotokolle in Verruf kommen würde. Und somit würde ein Teil des Schmutzes auch an ihm, seinem Freund, hängen bleiben.

Brachte er Goddard in Mißkredit, bedeutete das dennoch nicht gleichzeitig automatische Bejahung der Handlungsweise des Übeltäters Ramage, welcher, wie unabsichtlich auch immer, die ganzen Schwierigkeiten heraufbeschworen hatte. Tradition und die Tatsache, daß die Admiralität immer die Disziplin der gesamten Marine vor Augen haben mußte, standen einer solchen Denkweise entgegen.

Sir Pilcher löste seine Hände und schaute Ramage an.

„Gut, ich werde Ihnen ein Schiff geben."

Ramage wollte sich gerade bedanken, als der Oberbefehlshaber weitersprach: „Augenblicklich kann ich zwar keines anbieten, doch in ein paar Wochen wird eines zur Verfügung stehen. Und für den nächsten Monat möchte ich Ihnen ohnehin Urlaub gewähren. Ich werde Ihre Leute auf das Wachschiff überwechseln lassen, und Sie kommen in einem Monat wieder zurück. Sie werden den Gouverneur nochmals sehen?"

„Ja, Sir, er war so freundlich, mir für ein paar Tage Quartier in seinem Haus anzubieten."

„Ausgezeichnet, prima; dann werden Sie auch den Herzog sehen?"

„Ja, Sir", sagte Ramage und wußte, daß Sir Pilcher noch etwas hören wollte. „Sie werden alle glücklich sein zu vernehmen, daß verschiedene Probleme aus der Welt geschafft wurden."

„Großartig. In Ordnung, Ramage", sagte Sir Pilcher und erhob sich. „Ich bin begeistert, wie Sie die Geschichte mit dem Schatz eingefädelt haben. Der Generalstaatsanwalt versucht herauszufinden, ob es sich, wie er gefunden wurde, um eine echte Beute handelt. Niemand weiß das so genau."

„Ich hoffte, Sir", begann Ramage, „daß die Regierung vielleicht der Mannschaft eine Art *ex gratia* Bezahlung zukommen lassen würde, falls sich der Schatz nicht als Beute deklarieren läßt. Sie waren höchst loyal. Die Versuchung muß groß gewesen sein, sich mit dem Reichtum aus dem

Staub zu machen. Schließlich waren nur drei Offiziere der Königlichen Marine an Bord ...

„Richtig, richtig, ich werde in meinem nächsten Bericht an die Admiralität entsprechende Empfehlung machen — falls sie nicht automatisch einen Anteil davon erhalten."

„Danke, Sir."

„Nichts zu danken, nichts zu danken. Ich wünsche Ihnen einen schönen Urlaub und werde Sie in einem Monat zurückerwarten."

Wieder im Haus des Gouverneurs angekommen, fand er Maxine in ihrem Zimmer. Sie hatte sich zum Essen umgezogen, und ein Mädchen kämmte ihr langes, schwarzes Haar. Ohne sich vom Spiegel abzuwenden, sagte sie: „Du hast den Admiral getroffen?"

Ihre Stimme klang gedämpft, und das Spiegelbild verriet, daß sie wieder geweint hatte. Sie versuchte, ihm zuzulächeln, begann aber plötzlich zu schluchzen und gab dem Mädchen zu verstehen, es solle das Zimmer verlassen. Dann verbarg sie ihr Gesicht in den Händen.

Ramage fühlte sich hilflos, legte aber, nachdem das Mädchen die Tür sanft hinter sich zugezogen hatte, seine Hände vorsichtig auf ihre Schultern.

„Oh, Nicholas", weinte sie, „ich war so in Sorge!"

„Warum, was ist geschehen?" fragte er höchst erstaunt.

Sie ließ ihre Hände sinken, schaute ihn im Spiegel an. Ihre Augen waren weit aufgerissen. Sie sah so erregt aus, daß Ramage sogar nervös auflachte. Sie schnellte plötzlich hoch, drehte sich blitzartig um und umarmte ihn heftig.

„Es spielt keine Rolle, was mich beunruhigt hat", murmelte Sie und vergrub ihr Gesicht auf seiner Schulter. „Erzähle mir, wie es beim Admiral war."

„Oh, nun ja, alles ist in Ordnung."

Als sie das hörte, schob sie ihn bis auf Reichweite von sich weg und lächelte ihn an.

„Alles in Ordnung", imitierte sie ihn. „Nicholas, tage-

und wochenlang hat meine Familie vor dem Moment gezittert, in welchem du zur Berichterstattung vor dem Admiral würdest stehen müssen. Mein Vater hat heute nachmittag Branntwein nötig gehabt, um die Zeit zu überstehen. Meine Mutter ist zu Bett gegangen. Ich selbst lag auf dem Bett und weinte" — sie deutete auf die zerwühlte Tagesdecke — „und ich saß auf jenem Stuhl und weinte. Und dann" — sie seufzte erneut auf — „dann marschierst du hier herein, wie wenn es niemals Veranlassung gegeben hätte, sich Sorgen zu machen und sagst einfach ‚alles in Ordnung'!"

Bevor sie ihn aufklärte, war Ramage sprachlos gewesen, sie in Tränen zu sehen; und nun stand er, ohne ein Wort über die Lippen zu bringen, vor dem fast hysterischen Mädchen.

„Nicholas", sagte sie und war schon wieder etwas ruhiger geworden, „du bist ohne Zweifel *le plus grand* Lümmel, der mir jemals begegnet ist. Warum ich mich in dich verliebt habe, ist mir nicht klar. Wenn aber ‚alles in Ordnung' ist, dann küsse mich!"

Fünfzehn Minuten später hatte sie ihre Augen gebadet und ihr Gesicht gepudert, um sowohl die Spuren der Tränen als auch die der Küsse zu beseitigen. Sie rief das Mädchen zurück. Ramage verließ sie, um den Herzog zu suchen.

Er saß im großen Salon und spielte mit Yorke eine Partie Schach. Der Graf von Chambéry beobachtete ihr Spiel. Als Ramage im Raum stand, erhoben sie sich alle drei und schauten ihn fragend an.

Ramage grinste schüchtern. „Ich habe gerade Maxine gesehen. Ich wußte nicht, daß —"

Als er abbrach, sagte der Herzog: „War Ihr Besuch beim Admiral — eh — zufriedenstellend?"

„Sehr. Ich bekomme ein neues Schiff und habe einen Monat Urlaub."

„Das klingt gut", freute sich Yorke. „Bedeutet das, daß Sir Pilcher seinen Busenfreund im Stich gelassen hat?"

Ramage nickte. „Bekomme ich ein Schiff, heißt das, daß Goddard offiziell vom Dienst suspendiert wurde."

„Ein kluger Mann, dieser Sir Pilcher", bemerkte der Herzog anerkennend. „Vielleicht ist damit die Blutrache endgültig aus der Welt."

„Das nehme ich an."

Der Herzog nahm seinen schwarzen Springer vom Schachbrett. „Seine Bewegung — zwei Schritte vor und einen zur Seite ... sie charakterisiert Goddard bestens. Er kann nicht den direkten Weg gehen, ist, wie ein Springer, zu dieser Art von Vorwärtsbewegung verdammt."

Plötzlich kam Ramage die Konvoi-Konferenz in den Sinn. Er saß in der Kajüte der *Lion*. Das den Boden bespannende Tuch war in schwarze und weiße Quadrate aufgeteilt, wie ein Schachbrett, und Goddard hatte ihn an einen Springer, Croucher an den Läufer erinnert.

„Übrigens", sagte der Herzog, „hat uns einer der Gäste beim gestrigen Abendessen ein Haus in den Bergen angeboten. Es gehört seinem Bruder, der für ein Jahr in England weilt. Dort ist es herrlich und wunderbar kühl."

Ramage senkte den Blick. Er fragte sich, ob ein paar von Maxines Tränen auf den Gedanken an ihre baldige Trennung zurückzuführen waren ...

Der Herzog schien Gedanken lesen zu können, denn er sagte: „Wir wollten eigentlich morgen dorthin umziehen. Der Admiral hat Sie für einen Monat beurlaubt — hätten Sie Lust, mit uns zu kommen?"

Einen Monat mit Maxine in den Bergen! Vor einer Woche kämpfte er ums Überleben in einem Hurrikan; noch vor wenigen Stunden stand er vor Gericht. Und ein paar Minuten waren erst vergangen, seit er mit dem Oberbefehlshaber sein Abkommen getroffen hatte. Hart, das alles zu verdauen ...

„Sie werden sich auch mit meiner Anwesenheit zufriedengeben müssen", sagte Yorke verschmitzt. „Ich wurde auch eingeladen, und man hat mir in Aussicht gestellt, daß die Jagd dort oben ganz besonders schön sei!"

Konnte man sein Schweigen vielleicht als Ablehnung interpretieren? Er verbeugte sich vor dem Herzog. „Danke", murmelte er.

„Gut, meine Frau und meine Tochter werden sich sehr freuen", sagte er. „Wir haben das Angebot nicht sofort angenommen, weil wir erst sichergehen wollten, daß Ihre Angelegenheiten im Haus des Admirals zu unser aller Zufriedenheit geregelt wurden."

Er hatte das Wort „aller" leicht betont. Ramage schloß daraus, daß vom Haus des Gouverneurs aus Druck auf Sir Pilcher ausgeübt worden war. Der Einfluß des Herzogs war, gepaart mit der Kenntnis aller Einzelheiten, stark genug gewesen, um den Gouverneur und den Generalstaatsanwalt zu mobilisieren.

„Ich verlasse Sie jetzt, damit Sie Ihre Partie zu Ende spielen können", verabschiedete sich Ramage. Er wollte sich in seinem Zimmer frisch machen und umkleiden.

Einen Monat mit Maxine in den Bergen von Jamaika! Das Haus würde zwar überfüllt sein: der Herzog, die Herzogin, Chambéry, Yorke. Würde er sie nie für sich alleine haben, könnte es durchaus der härteste Monat seines Lebens werden. Aber es könnte auch der herrlichste ...

Bitte beachten Sie
die folgenden Seiten

Maritimes im Ullstein Buch

Bill Beavis
Anker mittschiffs! (20722)

Ernle Bradford
Großkampfschiffe (22349)

Dieter Bromund
Kompaßkurs Mord! (22137)

Fritz Brustat-Naval
Kaperfahrt zu
fernen Meeren (20637)
Die Kap-Hoorn-Saga (20831)
Im Wind der Ozeane (20949)
Windjammer auf großer
Fahrt (22030)
Um Kopf und Kragen
(22241)

L.-G. Buchheim
Das Segelschiff (22096)

Alexander Enfield
Kapitänsgarn (20961)

Gerd Engel
Florida-Transfer (22015)
Münchhausen im Ölzeug
(22138)
Einmal Nordsee linksherum
(22286)
Sieben-Meere-Garn (22524)

Wilfried Erdmann
Der blaue Traum (20844)

Horst Falliner
Brauchen Doktor
an Bord! (20627)
Ganz oben auf dem
Sonnendeck (20925)

Gorch Fock
Seefahrt ist not! (20728)

Cecil Scott Forester
11 Romane um
Horatio Hornblower
Die letzte Fahrt der Bismarck
(22430)

Rollo Gebhard
Seefieber (20597)
Ein Mann und sein Boot
(22055)

**Rollo Gebhard/
Angelika Zilcher**
Mit Rollo
um die Welt (20526)

Kurt Gerdau
Keiner singt ihre Lieder
(20912)
La Paloma, oje! (22194)

Horst Haftmann
Oft spuckt mir Neptun Gischt
aufs Deck (20206)
Mit Neptun
auf du und du (20535)

Jan de Hartog
Der Commodore (22477)

Alexander Kent
19 marinehistorische Romane um Richard Bolitho und 22 moderne Seekriegsromane

Wolfgang J. Krauss
Seewind (20282)
Seetang (20308)
Kielwasser (20518)
Ihr Hafen ist die See (20540)
Nebel vor
Jan Mayen (20579)
Wider den Wind
und die Wellen (20708)
Von der Sucht
des Segelns (20808)

Klaus-P. Kurz
Westwärts wie die Wolken (22111)

Sam Llewellyn
Laß das Riff ihn töten (22067)
Ein Leichentuch aus Gischt (22230)

Wolfram zu Mondfeld
Das Piratenkochbuch (20869)

Nicholas Monsarrat
Der ewige Seemann, Bd. 1 (20227)
Der ewige Seemann, Bd. 2 (20299)

C. N. Parkinson
Horatio Hornblower (22207)

Dudley Pope
Leutnant Ramage (22268)
Die Trommel schlug zum Streite (22308)
Ramage und die Freibeuter (22496)
Kommandant Ramage (22538)

Herbert Ruland
Eispatrouille (22164)
Seemeilensteine (22319)

Hank Searls
Über Bord (20658)

Antony Trew
Regattafieber (20776)

Karl Vettermann
Hollingers Lagune (22363)

Rudolf Wagner
Weit, weit voraus liegt Antigua (22390)

James Dillon White
5 Romane um Roger Kelso

Richard Woodman
Die Augen der Flotte (20531)
Kurier zum
Kap der Stürme (20585)
Der Mann
unterm Floß (20881)
In fernen Gewässern (22124)
Der falsche Lotse (22375)
Die Korvette (22559)

Dudley Pope

Die Lord-Ramage-Romane

Marinehistorische Romanserie

Leutnant Ramage
Ullstein Buch 22268

Ramage und die Freibeuter
Ullstein Buch 22496

Die Trommel schlug zum Streite
Ullstein Buch 22308

Kommandant Ramage
Ullstein Buch 22538

ein Ullstein Buch